westermann

Markus Bauder, Birgit Franzreb, Volker Holzer, Thomas Paaß,
Christian Seifritz

Holzer Stofftelegramme Wirtschaftsgymnasium

Profil Internationale Wirtschaft

Baden-Württemberg

3. Auflage

Bestellnummer 14921

Die in diesem Produkt gemachten Angaben zu Unternehmen (Namen, Internet- und E-Mail-Adressen, Handelsregistereintragungen, Bankverbindungen, Steuer-, Telefon- und Faxnummern und alle weiteren Angaben) sind i. d. R. fiktiv, d. h., sie stehen in keinem Zusammenhang mit einem real existierenden Unternehmen in der dargestellten oder einer ähnlichen Form. Dies gilt auch für alle Kunden, Lieferanten und sonstigen Geschäftspartner der Unternehmen wie z. B. Kreditinstitute, Versicherungsunternehmen und andere Dienstleistungsunternehmen. Ausschließlich zum Zwecke der Authentizität werden die Namen real existierender Unternehmen und z. B. im Fall von Kreditinstituten auch deren IBANs und BICs verwendet.

Die in diesem Werk aufgeführten Internetadressen sind auf dem Stand zum Zeitpunkt der Drucklegung. Die ständige Aktualität der Adressen kann vonseiten des Verlages nicht gewährleistet werden. Darüber hinaus übernimmt der Verlag keine Verantwortung für die Inhalte dieser Seiten.

service@westermann.de
www.westermann.de

Bildungsverlag EINS GmbH
Ettore-Bugatti-Straße 6-14, 51149 Köln

ISBN 978-3-427-**14921**-7

westermann GRUPPE

Vorwort

Liebe Schüler/-innen und Lehrer/-innen,

das vorliegende Buch gewährleistet ein **systematisches Fitnesstraining** für Unterricht + Klassenarbeit **+ Abitur.**

Ein großer Vorteil: Nach Behandlung eines Themenkomplexes entfällt das aufwendige Heraussuchen der zugehörigen Abituraufgaben. Die Stoffinhalte und i. d. R. deren Reihenfolge entsprechen dem **neuen Lehrplan für Baden-Württemberg.** Alle Kapitel sind einheitlich aufgebaut und bestehen überwiegend aus den folgenden Modulen:

Stofftelegramm	Abiturwissen in Kurzform
Aufgaben	typische Fragen zum Abiturstoff (Grundwissen)
Abituraufgaben	Kapitelzugehörige Abituraufgaben (themensortiert) aus dem Profil Internationale Wirtschaft und zur Vervollständigung lehrplankonforme Abituraufgaben bis 2016 aus dem Profil Wirtschaft in deutscher Sprache. Die Abiturprüfungen aus den beiden vergangenen Jahren befinden sich komplett am Ende des Buches.

Verfasser und Verlag wünschen Ihnen viel Erfolg beim Lernen, in der Klassenarbeit und vor allem beim Abitur. Wir freuen uns, wenn das vorliegende Buch für Sie eine entscheidende Hilfe darstellt.

Viel Spaß und Glück beim Abi!

Hinweise für den Ernstfall:

BWL:	**Aufgaben:** **Punkte:**	Sie wählen aus drei vorgelegten Aufgaben zwei aus. je Aufgabe 30 Punkte = insgesamt **60 Punkte**	**Gesamtpunktzahl: 90 Punkte**
VWL:	**Aufgaben:** **Punkte:**	Sie wählen aus zwei vorgelegten Aufgaben eine aus. **30 Punkte**	**Gesamtarbeitszeit: 270 Minuten**

Inhaltsverzeichnis

Betriebswirtschaftslehre

Volkswirtschaftslehre

Abituraufgaben

1 Kosten- und Leistungsrechnung I: Grundlagen – Abgrenzungsrechnung

1.1 Grundbegriffe und Aufgaben

Stofftelegramm

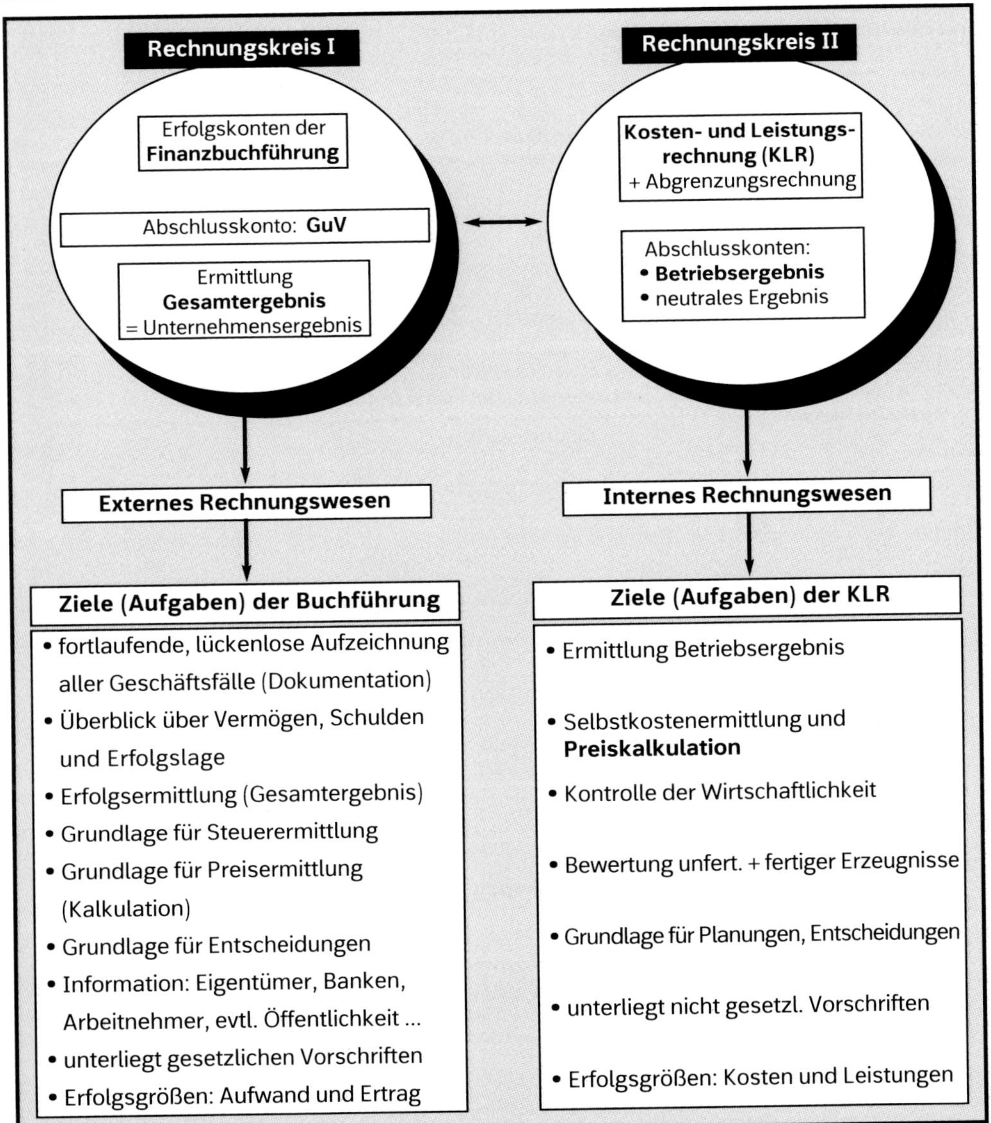

Ausgabe: **Einnahme:**	Geldabfluss Geldzufluss
Aufwand: **Ertrag:**	Begriff der GuV-Rechnung; <u>gesamter</u> Werteverzehr in einer Periode Begriff der GuV-Rechnung; <u>gesamter</u> erfolgswirksamer Wertezufluss einer Periode
Kosten: **Leistungen:**	Begriff der KLR; betrieblich bedingter Werteverzehr in einer Periode, kurz: betriebliche Aufwendungen Begriff der KLR; betrieblich bedingter Wertezufluss in einer Periode, kurz: betriebliche Erträge

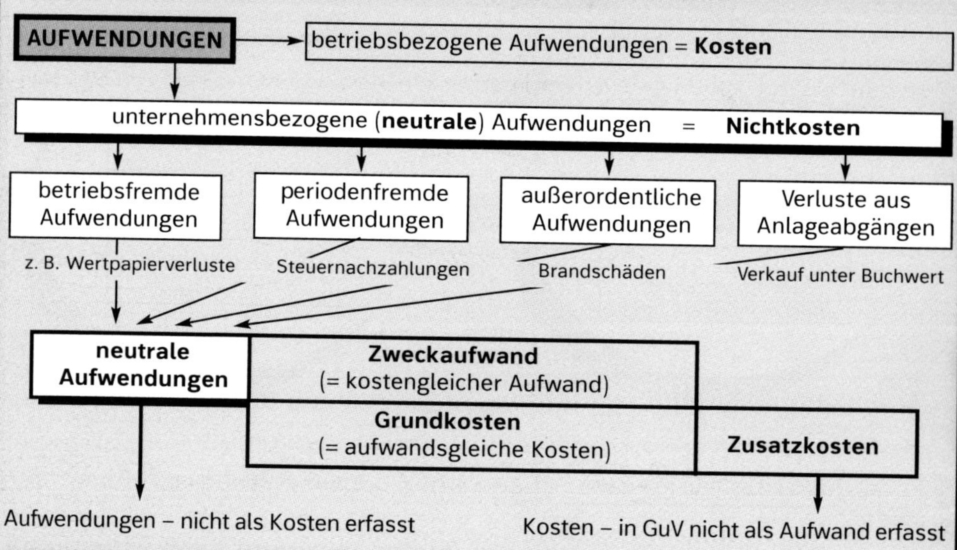

***Hinweis:** Auf eine analoge Darstellung der betriebsbezogenen und neutralen **Erträge** wird hier verzichtet.*

Aufgaben (Grundwissen)

1. Definieren Sie kurz: Ausgabe, Aufwand und Kosten.
2. Entscheiden Sie, ob Ausgaben oder Aufwendungen vorliegen:
   a) Abschreibungen b) Zinszahlung bar c) Kredittilgung
   d) Kauf Maschine auf Ziel e) Verbrauch Rohstoffe
3. Nennen Sie die vier Gruppen neutraler Aufwendungen.
4. Definieren Sie kurz: a) neutrale Aufwendungen b) Zweckaufwand c) Grundkosten
   d) Zusatzkosten e) Anderskosten
5. Zeigen Sie mithilfe einer Skizze den Zusammenhang zwischen neutralen Aufwendungen, Zweckaufwand, Grundkosten und Zusatzkosten.
6. Ordnen Sie die Begriffe „neutrale Aufwendungen" (betriebsfremd, außerordentlich, periodenfremd, Verluste aus Anlageabgängen) bzw. „Kosten" zu:
   a) Gehälter
   b) Nachzahlung betriebl. Steuern für Vorjahr
   c) Verlust aus Lkw-Verkauf
   d) Fertigungslöhne

e) Abschreibung auf nicht betriebsnotw. Gebäude
f) Sozialaufwendungen
g) Verlust aus Wertpapierverkauf
h) Rohstoffaufwand

7. Welche Aufgabe hat die Abgrenzungsrechnung?

8. Nennen Sie fünf Aufgaben der Kostenrechnung.

1.2 Kalkulatorische Kosten

Stofftelegramm

Merke:

Kalkulatorische Kosten = Kosten, die in der GuV überhaupt nicht (z. B. kalkulatorischer Unternehmerlohn = Zusatzkosten) oder in anderer Höhe als Aufwendungen berücksichtigt werden (= Anderskosten)

Kalkulatorische Abschreibungen

Gründe für das Auseinanderfallen von bilanziellen und kalkulatorischen Abschreibungen:

Bilanzielle Abschreibungen (GuV)	Kalkulatorische Abschreibungen (KLR)
• Erfassung des gesamten Vermögens	• Erfassung nur des betriebsnotwendigen Vermögens
• lineare Abschreibung (degressiv nur möglich, wenn belegbar, dass der tatsächliche Werteverzehr entsprechend erfolgt)	• lineare Abschreibung (Grund: konstante Verkaufspreise)
• Nutzungsdauer laut AfA-Tabelle	• betriebsindividuelle Nutzungsdauer
• Grundl.: Anschaff.- oder Herstellungskosten	• Grundlage: Wiederbeschaffungskosten

Kalkulatorischer Unternehmerlohn

Ansatz nur bei **Einzelunternehmen und Personengesellschaften**, weil bei Kapitalgesellschaften der Unternehmerlohn bereits aufwands- und kostenmäßig erfasst ist (Geschäftsführergehalt bzw. Vorstandsgehalt); Folge: kostenmäßige Gleichstellung von Personen- und Kapitalgesellschaften

Höhe: vergleichbares Gehalt eines vergleichbaren Geschäftsführers bzw. Vorstands in einer vergleichbaren Unternehmung derselben Branche und Größe

Aufgaben (Grundwissen)

1. a) Was versteht man unter kalkulatorischen Kosten?
   b) Nennen Sie zwei typische kalkulatorische Kostenarten.

2. Nennen und begründen Sie die Unterscheidungsmerkmale zwischen kalkulatorischen und bilanziellen Abschreibungen.

3. a) Begründen Sie die Notwendigkeit des Ansatzes eines kalkulatorischen Unternehmerlohnes in der Kostenrechnung.
   b) Wie wird der kalkulatorische Unternehmerlohn ermittelt?

4. Ermitteln Sie in folgenden Fällen jeweils den Zweckaufwand, neutralen Aufwand, die Grundkosten und Zusatzkosten.

   a) • kalkulatorische Abschreibungen: 100.000,00 EUR
      • bilanzielle Abschreibungen: 120.000,00 EUR
   b) • kalkulatorische Abschreibungen: 90.000,00 EUR
      • bilanzielle Abschreibungen: 70.000,00 EUR

5. Kalkulatorische Abschreibung (Maschine A): 15.000,00 EUR
   Bilanzielle Abschreibung (Maschine A): 20.000,00 EUR

   Worauf könnte der Unterschied beruhen, wenn

   - keine Sonderabschreibungsmöglichkeiten vorliegen,
   - die Bewertungsfreiheit für geringwertige Wirtschaftsgüter nicht in Anspruch genommen wurde und
   - das betriebsnotwendige Vermögen dem bilanziellen Vermögen entspricht?

   (zwei Beispiele mit Begründung)

6. Gegeben sind folgende Größen:

   - Aufwendungen laut GuV: 110.000,00 EUR
   - Erträge laut GuV: 70.000,00 EUR
   - neutrale Aufwendungen: 60.000,00 EUR
   - Leistungen: 60.000,00 EUR

   Ermitteln Sie folgende Größen:

   a) Gesamtergebnis
   b) Betriebsergebnis
   c) neutrales Ergebnis
   d) Kosten

1.3 Ergebnistabelle

Stofftelegramm

Abkürzungen:

- UA = unternehmensbezogene Abgrenzungen
- nA = neutrale Aufwendungen
- nE = neutrale Erträge
- KK = kostenrechnerische Korrekturen
- KLR = Kosten- und Leistungsrechnung

Ergebnistabelle (Kopfzeilen)

GuV		UA		KK		KLR	
Aufwend.	Erträge	nA	nE	A (GuV)	K (KLR)	Kosten	Leistungen

Gesamtergebnis (Gewinn/Verlust)

neutrales Ergebnis (neutraler Gewinn/Verlust)

Betriebsergebnis (Betriebsgewinn/-verlust)

Hinweis zur Spalte „**Kostenrechnerische Korrekturen**“:

Linke Seite = Aufwendungen laut GuV, die in der Kostenrechnung in anderer Höhe als Kosten angesetzt werden

Rechte Seite = Kosten laut KLR, die in der GuV in anderer Höhe als Aufwendungen angesetzt werden

Aufgaben (Grundwissen)

1. Unternehmensergebnis: Gewinn 750.000,00 EUR, Betriebsergebnis nur 300.000,00 EUR. Nennen Sie mögliche Ursachen.
2. Unternehmensergebnis: Verlust 20.000,00 EUR, Betriebsergebnis: Gewinn 40.000,00 EUR. Nennen Sie mögliche Ursachen.

1.4 Abituraufgaben Profil Internationale Wirtschaft

Abituraufgaben 2016 (Aufgabe 3, Teil 1, teilweise)

Die Cartilli & Meyer Teigwaren OHG stellt industriell die Nudelsorten „Prima Pasta“, „Badisch’ Knöpfle“ und „Schwäbisch’ Spätzle“ her. Das Unternehmen hat 20 Beschäftigte in der Fertigung und fünf in der Verwaltung. Die Geschäfte führen die beiden Gesellschafter Paula Cartilli und Jonas Meyer.

1. In einer Besprechung der Abteilung Kostenrechnung sind verschiedene Sachverhalte zu klären.

1.1 Die Bilanzbuchhalterin legt den Gesellschaftern der Cartilli & Meyer Teigwaren OHG die Ergebnistabelle für das Geschäftsjahr 2015 vor (alle Werte in Euro).

Konto-Nr.	Kontenbezeichnung	Rechnungskreis I		Rechnungskreis II					
		Finanzbuchführung		Abgrenzungsbereich				Kosten- und Leistungsrechnung	
		GuV-Konto		Unternehmensbezogene Abgrenzungen		Kostenrechnerische Korrekturen		Betriebsergebnisrechnung	
		Aufwendungen	Erträge	Neutrale Aufwendungen	Neutrale Erträge	Verrechnete Aufwendungen	Verrechnete Kosten	Kosten	Leistungen
		S	H	S	H				
500	Umsatzerlöse		790.000						790.000
578	Erträge aus Wertpapieren		5.000		5.000				–
600	Aufwendungen für Rohstoffe	280.000						280.000	
620	Löhne	345.000						345.000	
640	Arbeitgeberanteil Sozialversicherung	35.000						35.000	
650	Abschreibungen auf Sachanlagen	60.000				60.000	80.000	80.000	
680	Büromaterial	1.000						1.000	
–	Kalkulatorischer Unternehmerlohn	–				–	60.000	60.000	
	Summe	721.000	795.000	0	5.000	60.000	140.000	801.000	790.000
	Saldo	74.000		5.000		80.000			11.000

1.1.1
- Erläutern Sie, wie sich die Erfassung der Erträge aus Wertpapieren auf das Unternehmens- und das Betriebsergebnis ausgewirkt hat.
- Geben Sie zwei Gründe für die unterschiedlichen Abschreibungsbeträge in der Finanzbuchhaltung und der Kosten- und Leistungsrechnung an.

1.1.2 Erklären Sie,

- weshalb der kalkulatorische Unternehmerlohn nur in der Kosten- und Leistungsrechnung berücksichtigt wird und
- wie sich die Höhe des kalkulatorischen Unternehmerlohns bestimmt.

1.1.3 Jonas Meyer ist mit dem Ergebnis des Geschäftsjahres unzufrieden. Paula Cartilli hingegen verweist auf die positive wirtschaftliche Lage der OHG.
Erklären Sie, wie es zu diesen unterschiedlichen Sichtweisen kommt.

1.5 Abituraufgaben Profil Wirtschaft

Abituraufgaben 2006 (Aufgabe 1, teilweise, verändert)

1. Die Bianca Sauter GmbH, Herstellerin von Drehteilen, hat zum 01.01.2003 ihre Tätigkeit aufgenommen. Die zusammengefasste Bilanz für 2005 hat folgendes Aussehen:

Aktiva	Bilanz zum 31.12.2005 (in Euro)		Passiva
bebaute Grundstücke	746.000,00	gezeichnetes Kapital	1.000.000,00
Maschinen	409.600,00	Rücklagen	152.000,00
Betriebs- und Geschäftsausstattung	102.400,00	Darlehen	458.000,00
Fuhrpark	20.000,00	erhaltene Anzahlungen	85.000,00
Roh-, Hilfs- und Betriebsstoffe	150.000,00	Verbindlichkeiten a. LL.	115.000,00
Forderungen	220.000,00	sonst. Verbindlichkeiten	18.000,00
Bank	180.000,00		
	1.828.000,00		1.828.000,00

Maschinen und Betriebs- und Geschäftsausstattung (BuG) wurden jeweils bilanziell mit 20 % geometrisch-degressiv und kalkulatorisch linear abgeschrieben. Der kalkulatorische Wertansatz für den Fuhrpark übersteigt zum Jahresende 2005 den Bilanzansatz um 10.000,00 EUR. Für die Maschinen und die BuG wird eine Nutzungsdauer von jeweils zehn Jahren angenommen.

Die Wiederbeschaffungskosten betragen:

- Maschinen 960.000,00 EUR
- BuG 240.000,00 EUR

1.1 Erklären Sie allgemein, in welchem Fall bei der Position „Abschreibungen auf Maschinen" entweder neutraler Aufwand oder Zusatzkosten entstehen können.

1.2 In welcher Höhe sind seit der Aufnahme der Geschäftstätigkeit bis zum 31.12.2005 durch Abschreibungen auf die Position „Maschinen" Grundkosten, Zusatzkosten und neutrale Aufwendungen angefallen?

1.3 Angenommen, der Höchstsatz der geometrisch-degressiven Abschreibung wäre in der Ausgangssituation niedriger als 20 % gewesen. Begründen Sie ohne rechnerischen Nachweis, ob und gegebenenfalls wie sich dies in den ersten Nutzungsjahren auf das Unternehmensergebnis und das Betriebsergebnis ausgewirkt hätte.

1.6 Weshalb wird im vorliegenden Fall kein kalkulatorischer Unternehmerlohn in der KLR angesetzt?

Abituraufgaben 2016 (Aufgabe 1, teilweise)

Frank Bauser und Hans König gründen Anfang 2015 die B&K Präzisionswerkzeuge OHG mit Sitz in Reutlingen.

5. Die Gesellschafter Frank Bauser und Hans König wollen sich mithilfe der Ergebnistabelle (**Anlage**) einen Überblick über den wirtschaftlichen Erfolg des Unternehmens im Geschäftsjahr 2015 verschaffen. Hierbei sind zu verschiedenen Positionen noch einige Fragen aufgetreten.

5.1 Im August 2015 verursachte ein Unwetter schwere Hagelschäden an der Produktionshalle der B&K Präzisionswerkzeuge OHG. Der nicht durch eine Versicherung abgedeckte Sachschaden belief sich auf 350.000,00 EUR.

Ermitteln und begründen Sie, wie das Unternehmens- und das Betriebsergebnis ausgefallen wären, wenn es im Jahr 2015 keinen Hagelschaden gegeben hätte.

5.2 Erläutern Sie, worauf die unterschiedlichen Beträge in der Position „Abschreibungen auf Sachanlagen“ im Rechnungskreis I und II der Ergebnistabelle zurückzuführen sind (zwei Aspekte).

5.3 Erläutern Sie, weshalb die Position „Kalkulatorischer Unternehmerlohn“ im Rechnungskreis I keinen Betrag aufweist, während im Rechnungskreis II 150.000,00 EUR verrechnet werden.

Anlage

Ergebnistabelle 2015 (Zahlen in Euro)								
	Rechnungskreis I		Rechnungskreis II					
			Abgrenzungsbereich					
	Finanzbuchhaltung		Unternehmensbezogene Abgrenzung		Kostenrechnerische Korrekturen		Kosten- und Leistungsrechnung	
Konten	Aufwendungen	Erträge	Neutrale Aufwendungen	Neutrale Erträge	Verrechnete Aufwendungen	Verrechnete Kosten	Kosten	Leistungen
Umsatzerlöse		4.100.000,00						4.100.000,00
außerordentliche Erträge		10.000,00		10.000,00				
Aufwendungen für Fertigungsmaterial	1.560.000,00						1.560.000,00	
Aufwendungen für Hilfs- u. Betr.stoffe	1.040.000,00						1.040.000,00	
Aufwendungen für Fertigungslöhne	500.000,00						500.000,00	
Aufwendungen für Gehälter	500.000,00						500.000,00	
außerordentliche Aufwendungen	350.000,00		350.000,00					
Abschreibungen auf Sachanlagen	200.000,00				200.000,00	250.000,00	250.000,00	
kalkulatorischer Unternehmerlohn						150.000,00	150.000,00	
Summe	4.150.000,00	4.110.000,00	350.000,00	10.000,00	200.000,00	400.000,00	4.000.000,00	4.100.000,00
Ergebnis		40.000,00		340.000,00	200.000,00		100.000,00	
Summe	4.150.000,00	4.150.000,00	350.000,00	350.000,00	400.000,00	400.000,00	4.100.000,00	4.100.000,00

2 Kosten- und Leistungsrechnung II: Kostenstellenrechnung – Kostenträgerstückrechnung

2.1 Die Kostenstellenrechnung (BAB)

Stofftelegramm

Einzelkosten

Kosten, die einem Produkt (Kostenträger) unmittelbar (direkt) zugerechnet werden können

Beispiele: Fertigungslöhne (= Fertigungseinzelkosten = FEK) und Fertigungsmaterial (= Materialeinzelkosten = MEK = Rohstoffaufw.), Beispiele für Sondereinzelkosten: Spezialwerkzeuge, Modellkosten (= SEKF) und Spezialverpackung (= SEKV)

Gemeinkosten

Kosten, die für mehrere Kostenträger gemeinsam anfallen und nicht unmittelbar dem Produkt zugerechnet werden können. Sie werden mithilfe von im Betriebsabrechnungsbogen (BAB) ermittelten Zuschlagssätzen auf die Kostenträger verrechnet.

Hauptkostenstellen Die Gemeinkosten werden auf die vier Hauptkostenstellen (z. B. nach Schlüsseln) verteilt und dann mithilfe von Kalkulationszuschlägen auf die Kostenträger verrechnet (Beispiele: Material, Fertigung, Verwaltung, Vertrieb).

Einstufiger BAB (Aufbau)

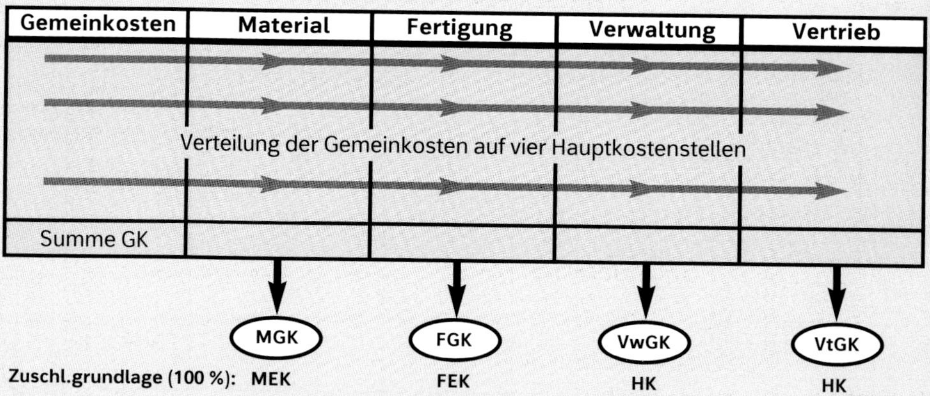

Formeln zur Berechnung der Gemeinkostenzuschlagssätze:

MGK = Materialgemeinkosten : MEK · 100
FGK = Fertigungsgemeinkosten : FEK · 100
VwGK = Verwaltungsgemeinkosten : HK · 100
VtGK = Vertriebsgemeinkosten : HK · 100

Gesamtkalkulation und Stückkalkulation

	MEK
+	MGK
+	FEK
+	FGK
+	SEKF
=	Herstellkosten
+	VwGK
+	VtGK
+	SEKV
=	Selbstkosten

Abkürzungen:

MEK	=	Materialeinzelkosten
MGK	=	Materialgemeinkosten
FEK	=	Fertigungseinzelkosten
FGK	=	Fertigungsgemeinkosten
VwGK	=	Verwaltungsgemeinkosten
VtGK	=	Vertriebsgemeinkosten
SEKF	=	Sondereinzelkosten der Fertigung
SEKV	=	Sondereinzelkosten des Vertriebs

2.2 Normalkosten und Ist-Kosten

Stofftelegramm

Ist-Gemeinkosten: tatsächlich entstandene Kosten laut BAB

Normalgemeinkosten: Im Laufe der Periode verrechnete Gemeinkosten, Normalzuschlagssätze sind Durchschnittssätze (der Vergangenheit).

Überdeckung: Normalkosten > Ist-Kosten (zu viel kalkuliert)

Unterdeckung: Normalkosten < Ist-Kosten (zu wenig kalkuliert)

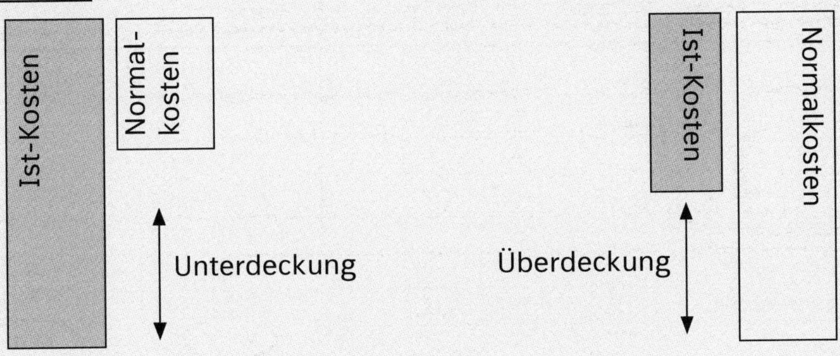

Mögliche Abweichungsursachen:

- Unterdeckung, falls trotz gesunkener Einzelkosten (niedrigere Materialeinkaufspreise) Normalzuschlagssatz unverändert angewendet
- Preise gestiegen für über Gemeinkosten verrechnete Kosten (z. B. Gehälter, Strom, Hilfsstoffe)
- Mehrverbrauch (Beispiel siehe oben) bei gleicher Produktionsmenge und Einzelkosten
- Anschaffung neuer Maschine (Abschreibung steigt)
- Beschäftigungsabweichung: Bei Produktionsmengenrückgang reduzieren sich die Gemeinkosten nicht in gleichem Verhältnis wie die Einzelkosten.

Ermittlung der Über- und Unterdeckungen

Alternative 1: Unterhalb des BAB

Normalzuschlagssätze: MGK = 10 % FGK = 120 % VwGK = 12 % VtGK = 4 % MEK = 100.000,00 EUR FEK = 80.000,00 EUR

BAB mit Normalgemeinkosten:

Gemeinkosten		Material	Fertigung	Verwaltung	Vertrieb
Ist-Gemeinkosten (Summen)		9.500,00	88.000,00	39.690,00	19.050,00
Verrechnete Normalgemeinkosten		10.000,00	96.000,00	34.320,00	11.440,00
Überdeckung	(+)	+ 500,00	+ 8.000,00		
Unterdeckung	(–)			– 5.370,00	– 7.610,00

Alternative 2: Kostenträgerzeitblatt

Kostenträgerzeitblatt

	Ist-Kosten		Normalkosten		Unterdeckung (–) Überdeckung (+)
MEK		100.000,00		100.000,00	
MGK	9,5 %	9.500,00	10 %	10.000,00	+ 500,00
FEK		80.000,00		80.000,00	
FGK	110 %	88.000,00	120 %	96.000,00	+ 8.000,00
HK		277.500,00		286.000,00	
VwGK	14,3 %	39.690,00	12 %	34.320,00	– 5.370,00
VtGK	6,7 %	19.050,00	4 %	11.440,00	– 7.610,00
Selbstkosten		336.240,00		331.760,00	– 4.480,00
Umsatzerlöse		500.000,00		500.000,00	
Umsatzergebnis		*************		168.240,00	
– Unterdeckung		*************		4.480,00	
Betriebsergebnis		163.760,00		163.760,00	

Betriebsergebnis (Ist-Kosten) 163.760,00 → **tatsächliches Ergebnis**

Umsatzergebnis (Normalkosten) 168.240,00 → **im Voraus angenommenes (geplantes) Ergebnis**

2.3 Kostenträgerstückrechnung

Stofftelegramm

Zuschlagskalkulation → Anwendung: Serien- und Einzelfertigung

MEK		1.400,00 EUR
MGK	10 %	140,00 EUR
FEK		1.000,00 EUR
FGK	120 %	1.200,00 EUR
HK		3.740,00 EUR
VwGK	12 %	448,80 EUR
VtGK	4 %	149,60 EUR
SK		4.338,40 EUR
Gewinn	15 %	650,76 EUR
Barverkaufspreis		4.989,16 EUR
Kundenskonti	2 %	101,82 EUR
Zielverkaufspreis		5.090,98 EUR
+ Kundenrabatt	5 %	267,95 EUR
Nettoverkaufspreis (NVP)		5.358,93 EUR

Einzelkosten und Zuschlagssätze sind hier vorgegeben.

MEK → NVP:	**Vorwärtskalkulation**
NVP → MEK:	**Rückwärtskalkulation**
Gewinnermittlung:	**Differenzkalkulation**

98 % = 4.989,16 EUR
2 % = x = 101,82 EUR

95 % = 5.090,98 EUR
5 % = x = 267,95 EUR

2.4 Aufgaben zu den Kapiteln 2.1 bis 2.3

Aufgaben (Grundwissen)

1. Welche Aufgaben hat die Kostenstellenrechnung?
2. Definieren Sie die Begriffe „Einzelkosten“ und „Gemeinkosten“.
3. Definieren Sie kurz den Begriff „Kostenstelle“.
4. Nach welchem Kriterium werden die Gemeinkosten im BAB auf die Kostenstellen verteilt?
5. Verteilen Sie die Gemeinkosten gemäß der Verteilungsschlüssel auf die Kostenstellen.
   Verteilungsschlüssel:
   - Sozialkosten: 1 : 3 : 7 : 2
   - Instandhaltung laut Arbeitsstunden: 25 : 79 : 2 : 9
   - kalkulatorische Abschreibung laut gebundenem Kapital: 1 : 5 : 2 : 2
   - Energiekosten laut kW/h: 1.000 : 36.000 : 9.000 : 4.000
   - sonstige Kosten laut Belegen: 1 : 5 : 3 : 1

Gemeinkosten (in Euro)	Gesamt	Material	Fertigung	Verwaltung	Vertrieb
Hilfs- und Betriebsstoffe	12.000,00	2.700,00	7.300,00	300,00	1.700,00
Gehälter	19.000,00	2.400,00	5.000,00	9.400,00	2.200,00
Sozialkosten	2.600,00	200	600	1.400	400
Instandhaltung	23.000,00	5000	15800	400	1800
Kalkulatorische Abschr.	24.000,00	2400	12000	4800	4800
Energiekosten	6.000,00	120	4320	1080	480
Sonstige Kosten	9.600,00	960	4800	1920	960
Summe Gemeinkosten	96200	13780	49820	18900	12340

6. a) Ermitteln Sie die üblichen Zuschlagssätze:

Fertigungsmaterial	100.000,00 EUR		
Materialgemeinkosten	65.000,00 EUR		
Fertigungslöhne	70.000,00 EUR	Verwalt.gemeinkosten	49.500,00 EUR
Fertigungsgemeinkosten	105.000,00 EUR	Vertriebsgemeinkosten	16.500,00 EUR

b) Zur Herstellung des Produkts A werden für 200,00 EUR Fertigungsmaterial benötigt. Außerdem sind zwei Arbeiter mit je 1,5 Stunden am Produkt tätig (verrechnete Lohnkosten je Arbeitsstunde: 14,00 EUR).

Ermitteln Sie die Selbstkosten unter Verwendung obiger Zuschlagssätze.

7. **Sachverhalt**

Von einer Metallfabrik liegt Ihnen der Quartals-BAB (siehe unten) als Auszug vor. Außerdem stehen folgende Angaben zur Verfügung:

- Fertigungsmaterial: 160.000,00 EUR
- Fertigungslöhne: 50.000,00 EUR

a) Nach welchen Gesichtspunkten würden Sie im BAB die Gemeinkosten „Aufwendungen für Hilfs- und Betriebsstoffe", „freiwilliger sozialer Aufwand" und „Fuhrpark" auf die Kostenstellen verteilen?

b) Ermitteln Sie die fehlenden Werte:

Gemeinkosten	Zahlen Buchh.	Material	Fertigung	Verwaltung	Vertrieb
....	....	....	....	....	....
Summen (Ist)	244.000,00	8.000,00	70.000,00	63.000,00	23.000,00
Zuschlagsgrundlage		MEK 160.000,00	FEK 50.000,00	?	?
Ist-Zuschläge		5 %	140 %	21,88 %	?
Normalzuschläge		6 %	136 %	13 %	8 %
Normalgemeinkosten		?	68.000,00	?	23.008,00
Überdeckung/Unterdeckung		+ 1.600,00	?	?	+ 8,00

8. Ermitteln Sie den Nettoverkaufspreis anhand folgender Daten:

   - Fertigungsmaterial 2.650,00 EUR, Fertigungslöhne 3.400,00 EUR, besonderer Konstruktionsaufwand 352,00 EUR
   - Normalzuschläge: MGKZ 12 %, FGKZ 120 %, VwtGKZ 15 %, Gewinnzuschlag 10 %, Kundenskonto 2 %

9. Eine Unternehmung muss den Nettoverkaufspreis für ein Produkt mit 556,70 EUR festsetzen.

   Folgende Daten liegen vor:

   - Fertigungszeit Fertigungsstelle: 2 Stunden zu je 20,00 EUR
   - Modellkosten: 4,00 EUR je Stück
   - Zuschlagssätze: MGK 10 %, FGK 120 %, Verwaltungsgemeinkosten 10 %, Vertriebsgemeinkosten 15 %, Gewinnzuschlag 8 %, Kundenskonto 3 %, Kundenrabatt 20 %

   Wie viel Euro können für das Fertigungsmaterial des Produkts maximal ausgegeben werden?

10. Ermitteln Sie die Selbstkosten durch eine Ist-Kosten- und Normalkostenkalkulation und vervollständigen Sie den BAB.

    Angaben:
    - Materialeinzelkosten 100.000,00 EUR
    - Fertigungseinzelkosten 200.000,00 EUR

	Material	**Fertigung**	**Verwaltung**	**Vertrieb**
Ist-Gemeinkosten	50.000,00	300.000,00	66.000,00	33.000,00
Zuschlagsgrundlage (Ist)	100.000,00	200.000,00		
Sondereinzelkosten		10.000,00		
Ist-Zuschlagssatz				
Normalzuschlagssatz	60 %	140 %	8 %	2 %
Normalgemeinkosten				
Kostenüberdeckung				
Kostenunterdeckung				

	Ist-Kosten-Kalkulation		**Normalkostenkalkulation**	

2.5 Abituraufgaben Profil Internationale Wirtschaft

Abituraufgaben 2014 (Aufgabe 2, Teil 1)

Das mittelständische Unternehmen Aero GmbH mit Sitz in Stuttgart zählt zu den führenden Ventilatorenherstellern in Deutschland. Die Produktpalette umfasst sowohl Ventilatoren verschiedenster Bauart für den Einsatz in Wohnraum, Industrie und Gewerbe als auch das dazu passende Zubehör.

1. Wachsender Konkurrenzdruck zwingt das Unternehmen zu einer Überprüfung der eigenen Kostensituation. Für das abgelaufene Geschäftsjahr liegen folgende Zahlenangaben vor:

   - Normalgemeinkostenzuschlagssätze:

– Materialgemeinkosten	12,00 %
– Fertigungsgemeinkosten	130,00 %
– Verwaltungsgemeinkosten	15,00 %
– Vertriebsgemeinkosten	9,00 %

   - Gemeinkosten des vergangenen Abrechnungszeitraums:

– Materialgemeinkosten	67.500,00 EUR
– Fertigungsgemeinkosten	430.200,00 EUR
– Verwaltungsgemeinkosten	156.200,00 EUR
– Vertriebsgemeinkosten	134.800,00 EUR
– Fertigungsmaterial	467.900,00 EUR
– Fertigungslöhne	299.000,00 EUR

1.1 Erläutern Sie die unterschiedliche Zielsetzung der Kalkulation mit Ist- und Normalkosten.

1.2 Ermitteln Sie die Ist-Gemeinkostenzuschlagssätze (zwei Stellen nach dem Komma) und berechnen Sie die Kostenüber- bzw. Kostenunterdeckung der Kostenstellen. Verwenden Sie dazu **Anlage 1**.

1.3 Für den Bereich „Fertigung" wird die Kostenabweichung auf eine Beschäftigungsveränderung zurückgeführt.

Erläutern Sie für diesen Fall das Zustandekommen der Kostenabweichung.

1.4 Für das Produkt HV ECO, einen energiesparenden Hochleistungsventilator für die Industrie, soll zur Gewinnung neuer Marktanteile eine Verkaufsoffensive gestartet werden. Aus diesem Grund legt die Geschäftsführung der Aero GmbH den Bruttolistenverkaufspreis auf 297,50 EUR inklusive 19 % USt. fest. Es wird mit einem Kundenskonto von 2 % und einem Einführungsrabatt von 10 % kalkuliert sowie ein Gewinnzuschlag von 15 % verrechnet. Der Zeitbedarf zur Herstellung eines Ventilators beträgt 90 Minuten. Die Aero GmbH zahlt einen Stundenlohn von 25,00 EUR. Für die Kalkulation werden die gegebenen Normalgemeinkostenzuschlagssätze verwendet.

1.4.1 Berechnen Sie die Kosten, die maximal für das Fertigungsmaterial anfallen dürfen.

1.4.2 Tatsächlich entstehen Materialkosten in Höhe von 75,00 EUR.

Entscheiden Sie begründet, ob die Aero GmbH zum Bruttolistenverkaufspreis von 297,50 EUR anbieten soll.

Anlage 1

	Kostenstellen			
	Material	Fertigung	Verwaltung	Vertrieb
Ist-Gemeinkosten in Euro				
Ist-Zuschlagsgrundlage in Euro				
Ist-Zuschlagssätze in Prozent				
Normal-Zuschlagssätze in Prozent				
Normal-Zuschlagsgrundlage in Euro				
Normalgemeinkosten in Euro				
Kostenunterdeckung in Euro				
Kostenüberdeckung in Euro				

Abituraufgaben 2016 (Aufgabe 1, Teil 1)

1. Der Sportartikelhersteller Cool Runnings GmbH hat sich auf die Herstellung von qualitativ hochwertigen Laufshirts und Laufhosen spezialisiert. Zur Erstellung des Betriebsabrechnungsbogens (BAB) zum Ende des Geschäftsjahres 2014 liegen für die Shirtproduktion folgende Zahlen aus der Kosten- und Leistungsrechnung (KLR) in Euro vor:

Einzelkosten Shirtproduktion	
Fertigungsmaterial	101.176,00
Fertigungslöhne	286.827,00
Gemeinkosten	
Wartungskosten Fertigungsanlagen	102.000,00
Stromkosten	8.820,00
Gehälter	79.060,00
Kaufmännische Auszubildende	43.000,00
Abschreibungen	205.520,00
Büromaterial	45.150,00
Steuern und Abgaben	80.000,00
Sozialkosten	56.700,00
Summe bereits verrechnete Gemeinkosten	620.250,00
Noch zu verrechnende Restgemeinkosten	83.250,00

Zusätzliche Angaben:

- Ein Teil der Gemeinkosten ist bereits aus der KLR in den BAB übertragen und auf die Kostenstellen verteilt worden.
- Die noch zu verrechnenden Restgemeinkosten von 83.250,00 EUR werden nach folgendem Verteilungsschlüssel auf die Hauptkostenstellen verteilt:

	Material	Fertigung	Verwaltung	Vertrieb
Verteilungsschlüssel	5	12	4	4

1.1 Vervollständigen Sie den BAB in **Anlage 1**.

1.2 Berechnen Sie die Gemeinkostenzuschlagssätze für alle Hauptkostenstellen. Runden Sie diese gegebenenfalls auf eine Dezimale.

1.3 Kalkulieren Sie mit den von Ihnen errechneten Zuschlagssätzen den Listenverkaufspreis für ein Cool-Runnings-Shirt aufgrund folgender Zusatzangaben:

Der Verbrauch von Fertigungsmaterial pro Stück beläuft sich auf 2,84 EUR, die Fertigungslöhne betragen pro Stunde 20,00 EUR, die Fertigungszeit pro Shirt beläuft sich auf 6 Minuten. Es wird mit einem Gewinnzuschlag von 20 % kalkuliert, für Kundenskonto werden 2 % veranschlagt. Die Cool Runnings GmbH gewährt ihren Kunden einen Rabatt in Höhe von 10 %.

Hinweis: Sollten Sie die Aufgaben 1.1 und 1.2 nicht gelöst haben, kalkulieren Sie mit folgenden alternativen Gemeinkostenzuschlagssätzen: MGKZS: 75 %, FGKZS: 100 %, VwGKZS: 12,5 %, VtGKZS: 15 %.

1.4 Die Geschäftsleitung der Cool Runnings GmbH rechnet aufgrund steigender Konkurrenz damit, dass die Shirts künftig zu einem Listenverkaufspreis von 15,00 EUR angeboten werden.

Kalkulieren Sie die maximalen Kosten für das Fertigungsmaterial, die unter Beibehaltung aller übrigen Kosten und Zuschläge zukünftig noch anfallen dürfen, um bei diesem Stückerlös keinen Verlust zu machen.

Anlage 1

Betriebsabrechnungsbogen der Cool Runnings GmbH für das Geschäftsjahr 2014 (alle Angaben in Euro)					
Kostenarten	**Zahlen der KLR**	**Material**	**Fertigung**	**Verwaltung**	**Vertrieb**
Wartungskosten Fertigungsanlagen	102.000,00	-	102.000,00	-	-
Stromkosten	8.820,00	246,00	4.704,00	2.850,00	1.020,00
Gehälter	79.060,00	7.000,00	35.000,00	30.060,00	7.000,00
Kaufmännische Auszubildende	43.000,00	8.600,00	17.200,00	8.600,00	8.600,00
Büromaterial	45.150,00	3.150,00	14.700,00	16.800,00	10.500,00
Steuern und Abgaben	80.000,00	10.000,00	40.000,00	15.000,00	15.000,00
Sozialkosten	56.700,00	5.400,00	27.000,00	18.900,00	5.400,00
Abschreibungen	205.520,00	9.660,00	178.360,00	7.000,00	10.500,00
Zwischensummen	620.250,00	44.056,00	418.964,00	99.210,00	58.020,00
Umlage Restgemeinkosten nach Verteilungsschlüssel					
Summen					

Abituraufgaben 2016 (Aufgabe 3, Teil 1, teilweise)

1.2 Für die Nudelsorte „Prima Pasta“ liegt eine Anfrage einer Supermarktkette vor. Die Kostenrechnung liefert folgende Daten:

- Einzelkosten für 100 kg Nudeln:
  - Fertigungsmaterial 96,00 EUR
  - Fertigungslöhne 3,00 EUR
- 2,5 % MGKZ; 120 % FGKZ; 6 % VwGKZ; 2 % VtGKZ; 6 % Gewinnzuschlag; 16 % einzukalkulierender Kundenrabatt; Skonto wird nicht gewährt.

1.2.1 Kalkulieren Sie den Listenverkaufspreis für 100 kg Nudeln.

1.2.2 Die Cartilli & Meyer Teigwaren OHG kalkuliert die Listenverkaufspreise für alle drei Nudelsorten mit einheitlichen Gemeinkostenzuschlagssätzen. Diese wurden ermittelt, als die Auslastung der Nudelfabrik bei einem Beschäftigungsgrad von 80 % lag. Inzwischen ist die Auslastung auf 60 % gesunken.

- Begründen Sie, ob die Zuschlagssätze der Vollkostenrechnung für Fertigungs- und Materialgemeinkosten durch den Beschäftigungsrückgang sinken oder steigen werden (ohne rechnerischen Nachweis).
- Erläutern Sie, welches Problem durch die veränderten Zuschlagssätze bei der Preiskalkulation mittels der Vollkostenrechnung entsteht.
- Nehmen Sie zu den für alle Nudelsorten einheitlichen Gemeinkostenzuschlagssätzen Stellung.

Abituraufgaben 2017 (Aufgabe 3, teilweise)

Bereits seit mehr als 30 Jahren existiert die mittelständische Bruchsaler Segelflugzeuge GmbH (BRSF GmbH), die sich zum Weltmarktführer für Segelflugzeuge mit Klapptriebwerk entwickelt hat. In dieser Zeit hat das Unternehmen mehr als 2.000 Flugzeuge in Serienfertigung hergestellt, die mittlerweile weltweit im Einsatz sind. In seinem Hauptwerk in Bruchsal beschäftigt das innovative Unternehmen derzeit rund 70 Mitarbeiter.

1. Als Mitarbeiter im Rechnungswesen der BRSF GmbH beschäftigen Sie sich mit der Kostenstellenrechnung für den Monat Februar 2017. Die Aufteilung in Einzel- und Gemeinkosten ist bereits erfolgt. Der Betriebsabrechnungsbogen (**Anlage 1**) muss noch ergänzt werden:

- Die Stromrechnung für den Monat Februar über 14.280,00 EUR einschließlich 19 % USt. ist eingetroffen. Insgesamt hatte die BRSF GmbH im Monat Februar einen Stromverbrauch von 80.000 kWh. Davon entfielen 40.000 kWh auf die Materialkostenstelle, 20.000 kWh auf die Fertigungskostenstelle, 15.000 kWh auf die Verwaltungskostenstelle und 5.000 kWh auf die Vertriebskostenstelle.
- Im Januar 2016 wurden fünf Gabelstapler angeschafft. Die Anschaffungskosten beliefen sich auf insgesamt 120.000,00 EUR. Bis zum Zeitpunkt der Wiederbeschaffung wird mit einer Preissteigerung von 20 % gerechnet. Laut AfA-Tabelle beträgt die betriebsgewöhnliche Nutzungsdauer eines Gabelstaplers acht Jahre. Die BRSF GmbH geht aus eigenen Erfahrungen von einer Nutzungsdauer von sechs Jahren aus. Die Abschreibung erfolgt linear. Im Monat Februar wurden die Gabelstapler in der Materialkostenstelle 350 Stunden, in der Fertigungskostenstelle 250 Stunden und in der Vertriebskostenstelle 200 Stunden eingesetzt. Die Verwaltungskostenstelle nutzt die Gabelstapler nicht.

1.1 Erläutern Sie den Unterschied zwischen Einzelkosten und Gemeinkosten und geben Sie jeweils ein Beispiel.

1.2 Die BRSF GmbH hat im Februar Fertigungsmaterialien im Wert von 330.300,00 EUR verbraucht. Die Fertigungslöhne betrugen 397.900,00 EUR.

Vervollständigen Sie den BAB (**Anlage 1**) und ermitteln Sie die Ist-Gemeinkostenzuschlagssätze für den Monat Februar. Runden Sie auf eine Nachkommastelle.

2. Im folgenden Monat März geht eine Anfrage des Segelflugvereins SSV Stuttgart e. V. für ein Segelflugzeug des Typs SF3 bei der BRSF GmbH ein. Die Materialkosten für ein solches Flugzeug betragen 30.000,00 EUR. Die Fertigungseinzelkosten für diesen Auftrag werden mit 500 Fertigungsstunden zu je 58,00 EUR angesetzt. Die BRSF GmbH verwendet für die Zuschlagskalkulation folgende Normal-Gemeinkostenzuschlagssätze:

MGKZ: 20 %, FGKZ: 80 %, VerwGKZ: 6 %, VertrGKZ: 4 %.

Ferner wird mit einem Gewinnzuschlag von 20 %, 2 % Kundenskonto und 10 % Kundenrabatt kalkuliert.

2.1 Ermitteln Sie den Listenverkaufspreis für ein Segelflugzeug des Typs SF3.

2.2 Da beim Fertigungsmaterial kein Einsparpotenzial besteht, möchte die Geschäftsleitung zukünftig durch Verbesserungen in den Verfahrensabläufen der Produktion die Fertigungszeiten deutlich reduzieren, um dadurch bei gleichem Listenverkaufspreis einen höheren Gewinn zu erzielen.

Ermitteln Sie für obigen Auftrag, wie viel Fertigungszeit eingespart werden muss, damit die BRSF GmbH bei gleichbleibenden Materialkosten und gleichem Listenverkaufspreis einen Gewinn von 25 % erzielen kann.

3. Die BRSF GmbH führt am Ende des Monats März eine Nachkalkulation durch. Dabei stellt sich heraus, dass die Materialkostenstelle eine Kostenunterdeckung in Höhe von 10.500,00 EUR aufweist. Der Leiter der Kostenrechnungsabteilung behauptet, diese Unterdeckung sei auf eine Beschäftigungsabweichung zurückzuführen.

Erläutern Sie den Zusammenhang zwischen Kostenunterdeckung und Beschäftigungsabweichung für den vorliegenden Fall.

Anlage 1

BAB der BRSF GmbH für den Monat Februar

		Kostenstellen			
Gemeinkostenarten	**Zahlen der KLR**	**Material**	**Fertigung**	**Verwaltung**	**Vertrieb**
Sonstige Gemeinkosten	456.200,00 EUR	75.700,00 EUR	294.800,00 EUR	54.500,00 EUR	31.200,00 EUR
Stromkosten					

		Kostenstellen			
Gemeinkostenarten	**Zahlen der KLR**	**Material**	**Fertigung**	**Verwaltung**	**Vertrieb**
Kalkulatorische Abschreibung für Gabelstapler im Februar					
Summen					
Zuschlagsgrundlage					
Ist-Gemeinkostenzuschlagssätze					

Abituraufgaben 2018 (Aufgabe 3, teilweise)

Silver Eagle Ltd. is one of Britain's leading manufacturers of outdoor equipment. Two years ago the company decided to enter the German market by exporting its products to selected German wholesalers. Since then, Peter Silver, a member of the executive management board, has been in charge of sales in Germany. So far sales have remained much lower than expected and the number of new customers per month has been steadily decreasing.

3. Die Silver Eagle Ltd. produziert nun seit einigen Monaten in ihrem neuen Zweigwerk in der Nähe von Stuttgart *Packs and Bags* im Premiumsegment. Für den Monat Februar geht der Auftrag eines Neukunden ein, der das Premium-Rucksackmodell *Runaway* mit der zugehörigen Regenschutzmembran *Purple Rain* bestellt.

   Für die Vorkalkulation des Gesamtauftrags lieferte die Kostenrechnung folgende Angaben in Euro:

	Rucksack *Runaway*	**Regenschutzmembran *Purple Rain***
Fertigungsmaterial	5.500,00	8.000,00
Fertigungslöhne	7.000,00	6.000,00

   Für das Zweigwerk gelten folgende Normalgemeinkostenzuschlagssätze:

   - Materialgemeinkostenzuschlagssatz 15 %
   - Fertigungsgemeinkostenzuschlagssatz 30 %
   - Verwaltungsgemeinkostenzuschlagssatz 8 %
   - Vertriebsgemeinkostenzuschlagssatz 4 %

3.1 Führen Sie die Vorkalkulation der Selbstkosten für den gesamten Auftrag durch.

3.2 Mitte März liegt für den Monat Februar folgender BAB-Auszug für das Zweigwerk vor (Angaben in Euro):

	Material	Fertigung	Verwaltung	Vertrieb
Summe Gemeinkosten	45.000,00	100.000,00	60.000,00	32.500,00

- Fertigungsmaterial: 337.500,00 EUR
- Fertigungslöhne: 325.000,00 EUR

Der Beschäftigungsgrad des Unternehmens im Premiumsegment hat sich seit der Vorkalkulation nicht verändert.

3.2.1 Berechnen Sie die Ist-Gemeinkostenzuschlagssätze für den Monat Februar auf zwei Nachkommastellen genau.

3.2.2 Die Geschäftsführung der Silver Eagle Ltd. möchte über die Ergebnisse der Kostenkontrolle des Auftrags informiert werden.

- Führen Sie die Nachkalkulation der Selbstkosten für den Auftrag durch und berechnen Sie die Kostenabweichungen in den einzelnen Kostenstellen und für die Selbstkosten.
- Kennzeichnen Sie, ob es sich jeweils um eine Kostenüber- oder Kostenunterdeckung handelt.
- Erläutern Sie zwei mögliche Gründe für die Kostenabweichungen.

2.6 Abituraufgaben Profil Wirtschaft

Abituraufgaben 2011 (Aufgabe 3, teilweise, verändert)

1. Die Apparatebau German GmbH stellt elektronische Messgeräte her. Im unteren Preissegment ist der Wettbewerbsdruck durch die fernöstliche Konkurrenz sehr hoch. Die Kostenrechnungsabteilung arbeitet an einem Konzept, das gewährleisten soll, dass trotz reduzierter Angebotspreise die gewünschte Kapitalrendite erzielt werden kann.

   Aus Konkurrenzgründen soll im zweiten Quartal das Produkt D 101 zum Listenverkaufspreis von 1.350,00 EUR angeboten werden. Aus diesem Grund sollen die gesamten Fertigungskosten höchstens 587,00 EUR betragen. Die Kosten für das Fertigungsmaterial belaufen sich derzeit auf 220,00 EUR.

   Aus der Kostenrechnung sind des Weiteren folgende Angaben bekannt:

   - Verwaltungsgemeinkostenzuschlagssatz 5 %
   - Vertriebsgemeinkostenzuschlagssatz 2 %
   - Materialgemeinkostenzuschlagssatz 15 %
   - Sondereinzelkosten des Vertriebs 16,81 EUR
   - Gewinnzuschlagssatz 20 %
   - Kundenskonto 3 %
   - Kundenrabatt 247,73 EUR

   Die angegebenen Gemeinkostenzuschlagssätze sind Durchschnittswerte aus den vergangenen Abrechnungsperioden.

1.1 Berechnen Sie, um wie viel Prozent das Fertigungsmaterial günstiger bezogen werden muss, um unter den angegebenen Bedingungen den angestrebten Gewinn zu erreichen (Rundung auf eine Nachkommastelle).

1.3 Die Auswertung der vergangenen Quartalszahlen ergibt, dass abgesehen von den Vertriebsgemeinkosten die Ist-Gemeinkosten in allen anderen Kostenstellen höher sind als die Normalgemeinkosten.

1.3.1 Begründen Sie, ob diese höheren Ist-Gemeinkosten zu einer Kostenüber- oder Kostenunterdeckung in den betreffenden Kostenstellen führen.

1.3.2 Nennen Sie zwei Ursachen, die diese Entwicklung ausgelöst haben könnten.

1.3.3 Beschreiben Sie die Auswirkung der festgestellten Kostenabweichung auf das Betriebsergebnis des ersten Quartals.

1.4 Beurteilen Sie das Ergebnis aus Aufgabe 1.1 (Preisreduktion bezüglich des Fertigungsmaterials zur Erzielung des gewünschten Gewinns) unter Beachtung der beschriebenen Kostenentwicklung (Aufgabe 1.3).

Abituraufgaben 2012 (Aufgabe 2, teilweise)

6. Im Jahr 2012 soll der neue Bootslack SHELTER in Zehn-Liter-Kanistern auf den Markt kommen. Aus der Kostenrechnung liegen für einen Kanister folgende Angaben vor:

• Fertigungsmaterial	140,00 EUR
• Fertigungslöhne	80,00 EUR
• Materialgemeinkostenzuschlagssatz	10 %
• Fertigungsgemeinkostenzuschlagssatz	110 %
• Verwaltungsgemeinkostenzuschlagssatz	12 %
• Vertriebsgemeinkostenzuschlagssatz	5 %
• Kundenskonto	3 %
• Kundenrabatt	15 %
• Sondereinzelkosten des Vertriebs	1,26 EUR

6.1 Bestimmen Sie den Listenverkaufspreis für einen Kanister, wenn ALCON mit einem Gewinnzuschlag von 8 % kalkuliert (Rundung auf zwei Nachkommastellen).

6.2 Berechnen Sie für die ALCON GmbH den Gewinn je Stück in Euro und in Prozent, wenn die Bootswerft SEASIDE bei einem Großauftrag lediglich einen Listenverkaufspreis von 460,00 EUR pro Kanister unter sonst gleichen Bedingungen akzeptiert (Rundung auf zwei Nachkommastellen).

6.3 Koch hat in der letzten Zeit gelegentlich Aufträge zu nicht kostendeckenden Preisen angenommen. Arnold hätte dagegen solche Aufträge abgelehnt. Beurteilen Sie die unterschiedlichen Auffassungen aus kostenrechnerischer Sicht.

Abituraufgaben 2014 (Aufgabe 1, teilweise)

Die mittelständische Schnoor KG stellt in ihrem Hauptwerk in Elsbach exklusive Wohnzimmermöbel her. Folgende Zahlen ergeben sich aus der Kosten- und Leistungsrechnung der Schnoor KG für den Monat März:

- Fertigungsmaterial: 310.000,00 EUR
- Fertigungslöhne: 280.000,00 EUR

Die folgenden Gemeinkosten sollen im Betriebsabrechnungsbogen (vgl. **Anlage 1**) verteilt werden:

- Gehälter im Verhältnis: 1 : 3 : 3 : 1
- Raumkosten nach m^2: 500 : 650 : 250 : 100

Als Mitarbeiter im Rechnungswesen sollen Sie die Kostenstellenrechnung für den Monat März durchführen.

1. Vervollständigen Sie den Betriebsabrechnungsbogen (vgl. **Anlage 1**) und ermitteln Sie die Summe der Ist-Gemeinkosten der einzelnen Kostenstellen.

2. Bei der Schnoor KG wird mit folgenden Normal-Gemeinkostenzuschlagssätzen kalkuliert: MGKZ 25 %, FGKZ 140 %, VwGKZ 10 %, VtGKZ 7 %. Berechnen Sie im Rahmen einer Gesamtkalkulation

   - die Ist-Gemeinkostenzuschlagssätze,
   - die Selbstkosten,
   - die Kostenabweichungen in den Kostenstellen.

   Hinweis: Erstellen Sie Ihre Lösung nach folgendem Muster:

Kalkulationsschema	%	Ist-Kosten in Euro	%	Normalkosten in Euro	Kostenüber-/ -unterdeckung in Euro

3. Da in der Vergangenheit öfter Kostenabweichungen aufgetreten sind, finden zwischen der Geschäftsleitung und den Kostenstellenleitern Informationsgespräche statt.

3.1 Der Leiter der Kostenstelle Verwaltung argumentiert, dass der Normal-Gemeinkostenzuschlagssatz gleich groß sei wie der Ist-Gemeinkostenzuschlagssatz. Deswegen habe er die vorliegende Kostenabweichung in der Kostenstelle Verwaltung nicht zu vertreten.

Nehmen Sie zu dieser Aussage Stellung.

3.2 Der Leiter der Kostenstelle Material wird von der Geschäftsleitung aufgefordert, die Kostenabweichung in seiner Abteilung zu begründen.

Erläutern Sie zwei Ursachen von Kostenabweichungen, welche der Kostenstellenleiter anführen könnte, ohne die Verantwortung für die Abweichung übernehmen zu müssen.

4. Im Zweigwerk Ahrheim der Schnoor KG werden Büromöbel hergestellt. Im März trifft eine Anfrage über 100 Schreibtische der Modellreihe „Nova“ ein. Folgende Zahlen sind aus der Kosten- und Leistungsrechnung bekannt:

   - Fertigungsmaterial pro Schreibtisch: 135,00 EUR
   - Fertigungslöhne pro Schreibtisch: 2,5 Stunden zu je 36,00 EUR/Std.

Im Zweigwerk der Schnoor KG wird mit folgenden Normal-Gemeinkostenzuschlagssätzen kalkuliert: MGKZ 20 %, FGKZ 105 %, VwGKZ 8 %, VtGKZ 5 %.

Die Schnoor KG gewährt ihren Kunden 20 % Rabatt und 3 % Skonto. Der Gewinnzuschlagssatz beträgt 20 %.

4.1 Berechnen Sie den Listenverkaufspreis für einen Schreibtisch (Rundung auf zwei Nachkommastellen).

4.2 Aus Konkurrenzgründen muss die Schnoor KG den Listenverkaufspreis für einen Schreibtisch „Nova" auf 580,00 EUR senken.

Berechnen Sie den Gewinn in Euro und in Prozent, den die Schnoor KG je Schreibtisch erzielt (Rundung auf zwei Nachkommastellen).

Anlage 1: Betriebsabrechnungsbogen

		Kostenstellen			
Gemeinkostenarten	**Betrag**	**Material**	**Fertigung**	**Verwaltung**	**Vertrieb**
Gehälter	120.000,00 EUR				
Raumkosten	45.000,00 EUR				
Sonstige Gemeinkosten	416.850,00 EUR	63.000,00 EUR	271.500,00 EUR	49.400,00 EUR	32.950,00 EUR
Summe	581.850,00 EUR				

Abituraufgaben 2015 (Aufgabe 3, teilweise)

1. Die Milu AG mit Sitz in Heilbronn stellt hochwertige Tische und Stühle für den pharmazeutischen und medizinischen Bereich her. Neben der Serienfertigung werden auch Schreibtische nach individuellen Kundenwünschen produziert.

Für das abgelaufene Geschäftsjahr 2014 sind bei der Milu AG folgende Kosten angefallen:

- Materialgemeinkosten 216.000,00 EUR
- Fertigungsgemeinkosten 1.750.000,00 EUR
- Verwaltungsgemeinkosten 337.820,00 EUR
- Vertriebsgemeinkosten 627.380,00 EUR
- Fertigungsmaterial 2.160.000,00 EUR
- Fertigungslöhne 700.000,00 EUR

1.1 Berechnen Sie im Rahmen einer Gesamtkalkulation die Selbstkosten und die Gemeinkostenzuschlagssätze für das abgelaufene Geschäftsjahr 2014.

1.2 Ein Kunde wünscht im Januar 2015 eine Sonderfertigung eines Schreibtisches passend zur sonstigen Ausstattung seines Arbeitszimmers.

Für die Kalkulation dieses Schreibtisches sind zu berücksichtigen:

- Fertigungsmaterial 90,00 EUR
- Fertigungslöhne 86,00 EUR
- Gewinnzuschlagssatz 20 %
- Kundenrabatt 25 %
- Kundenskonto 4 %

Die Milu AG kalkuliert mit den Gemeinkostenzuschlagssätzen aus dem abgelaufenen Geschäftsjahr 2014.

Ermitteln Sie den Angebotspreis für den Schreibtisch.

1.3 Anfang 2015 ist die Auftragslage im Bereich der Stuhlproduktion rückläufig. Erläutern Sie die Problematik der Zuschlagskalkulation bei sinkendem Beschäftigungsgrad.

Abituraufgaben 2016 (Aufgabe 1, teilweise, verändert)

6. Für die Kalkulation der Verkaufspreise ab dem Geschäftsjahr 2016 benötigt die Geschäftsführung Gemeinkostenzuschlagssätze, die auf der Basis der Zahlen aus dem Geschäftsjahr 2015 ermittelt werden sollen.

Die Aufwendungen für Fertigungsmaterial betrugen 1.560.000,00 EUR, für Fertigungslöhne 500.000,00 EUR.

Die Aufteilung der Gemeinkosten auf die Kostenstellen wurde für den gleichen Zeitraum mithilfe eines Betriebsabrechnungsbogens vorgenommen und ergab folgende Gemeinkostensummen:

Kostenstellen	Material	Fertigung	Verwaltung	Vertrieb
Summe in Euro	390.000,00	1.140.000,00	143.600,00	251.300,00

Zusätzlich sind noch Sondereinzelkosten des Vertriebs in Höhe von 15.100,00 EUR zu berücksichtigen.

Ermitteln Sie im Rahmen einer Gesamtkalkulation die Ist-Gemeinkostenzuschlagssätze des Geschäftsjahres 2015.

7. Die Verkaufsabteilung der B&K Präzisionswerkzeuge OHG erhält im Januar 2016 eine Anfrage der Rheinischen Metallwerke AG über die Lieferung von 400 Stück des Fräskopfes CFK300 für den Einsatz in CNC-Maschinen.

Folgende Kalkulationsdaten liegen für ein Stück vor:

Fertigungsmaterial 120,00 EUR, Fertigungslöhne 50,00 EUR, Sondereinzelkosten der Spezialverpackung 4,26 EUR, Gewinnzuschlagssatz 10 %, Kundenrabatt 12 %, Kundenskonto 2 %.

Für die Berücksichtigung der Gemeinkosten werden die Ist-Gemeinkostenzuschlagssätze des Jahres 2015 (siehe Aufgabenteil 6) verwendet.

Ermitteln Sie den Angebotspreis für die Anfrage der Rheinischen Metallwerke AG Düsseldorf.

Hinweis: Falls Sie im Aufgabenteil 6 keine Zuschlagssätze ermitteln konnten, gehen Sie von folgenden Sätzen aus: MGKZ 20 %, FGKZ 240 %, VwGKZ 5 %, VtGKZ 6 %.

3 Kosten- und Leistungsrechnung III: Kostenanalyse

3.1 Grundlagen

Stofftelegramm

Abhängigkeit der Kosten von der Ausbringungsmenge (vom Beschäftigungsgrad)

Beschäftigungsgrad:
Kapazität = 100 %
tatsächl. Produktion = x %

$$\text{Beschäftigungsgrad (x \%)} = \frac{\text{tatsächl. Produktion} \cdot 100}{\text{Kapazität}}$$

Fixe Kosten

- beschäftigungsunabhängige Kosten
- z. B. Mieten, Gehälter, Zinsen
- fixe Stückkosten: sinken bei steigender Beschäftigung (verteilen sich auf immer mehr Stück) = Fixkostendegression = Gesetz der Massenproduktion

Variable Kosten

- beschäftigungsabhängige Kosten
- z. B. Fertigungsmaterial, Fertig.löhne
- variable Stückkosten: konstant bei linearem Gesamtkostenverlauf (proportionale Kosten)

Sprungfixe Kosten

Bei fortschreitender Erhöhung des Beschäftigungsgrades steigen Fixkosten von einer best. Menge an sprunghaft an und bleiben dann in dieser Höhe wieder fix.

Mischkosten

Kosten, die sowohl fixe als auch variable Kostenbestandteile enthalten, z. B. Stromkosten, Fuhrparkkosten, Heizungskosten, Reisekosten

Umsatzformel (Erlösformel)

Umsatz = Preis · Produktionsmenge

$U = p \cdot x$

Gesamtkostenformel

Kosten = variable Kosten + Fixkosten

$K = K_v + K_f$

$K = k_v \cdot x + K_f$

Gewinnformel

Gewinn = Umsatz − Kosten

$\text{Gewinn} = p \cdot x - (k_v \cdot x + K_f)$

Nutzenschwelle (Gewinnschwelle)

Umsatz = Kosten

$p \cdot x = k_v \cdot x + K_f$

Gewinnmaximum ⟶ an der **Kapazitätsgrenze**

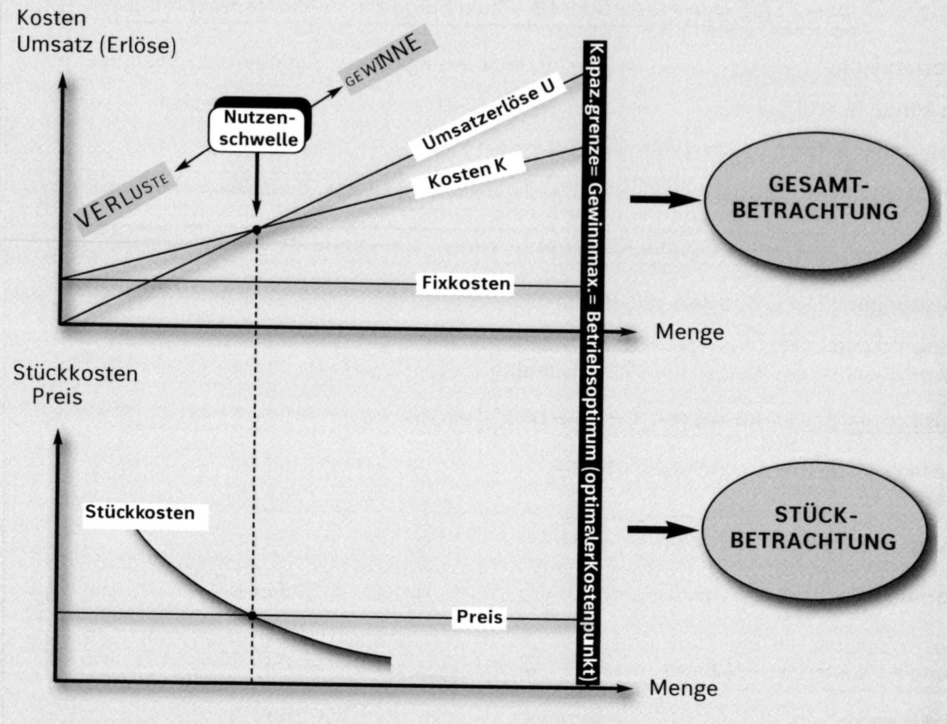

Kritische Menge

Produktionsmenge, ab der ein Produktionsverfahren (z. B. lohnintensiv) kostengünstiger wird als ein anderes Produktionsverfahren (z. B. kapitalintensiv)

Hier gilt:	Kosten (Verfahren I)	=	Kosten (Verfahren II)	
	$k_v \cdot x + K_f$	=	$k_v \cdot x + K_f$	x = ...

Rationalisierung und Kostenstruktur

mehr Maschinen – weniger menschliche Arbeit (= Substitution arbeitsintensiver Verfahren durch anlageintensive Verfahren)

Folge: Fixkosten steigen – variable Stückkosten sinken. Ab bestimmter Produktionsmenge (**kritische Menge**) wird das anlageintensive Verfahren kostengünstiger.

Wichtig somit bei anlageintensiven Verfahren: **hohe Stückzahlen!!!**

Beschäftigungsgrad und BAB – Zuschläge bei Vollkostenrechnung

steigende Beschäftigung → sinkende Zuschlagssätze (niedrigere Preiskalkulation!)

sinkende Beschäftigung → steigende Zuschlagssätze (höhere Preiskalkulation!)

Begründung: Fixkostenbestandteile bei Gemeinkosten

Problem: Preisgestaltung widerspricht der Absatzsituation! **(Vgl. auch DB-Rechnung.)**

Rechnerische Kostenauflösung (fixe – variable Kosten)

Ausbringung bei 100-prozentiger Kapazitätsausnutzung:	2.000 Stück
Gesamtkosten bei 70 % Kapazitätsauslastung	300.000,00 EUR
Gesamtkosten bei 90 % Kapazitätsauslastung	380.000,00 EUR

Ermittlung der variablen Stückkosten und Fixkosten:

Gesamtkosten bei 1.400 Stück (= 70 %)		300.000,00 EUR
Gesamtkosten bei 1.800 Stück (= 90 %)		380.000,00 EUR
variable Kosten	400 Stück	80.000,00 EUR
variable Kosten	**1 Stück**	**200,00 EUR**
Gesamtkosten bei 1.400 Stück:		300.000,00 EUR
variable Kosten bei 1.400 Stück: 1.400 · 200,00 =		280.000,00 EUR
Fixkosten		**20.000,00 EUR**

Aufgaben (Grundwissen)

1. Die Kapazität eines Betriebes beträgt 60.000 Stück, die tatsächliche Produktion 50.000 Stück. Ermitteln Sie den Beschäftigungsgrad.
2. Erklären Sie die Begriffe „fixe und variable Kosten“ und nennen Sie je zwei Beispiele.
3. Erklären und begründen Sie das Gesetz der Massenproduktion.
4. Die Firma AUMO-GmbH in Stuttgart produziert Motorroller. Kosten- und Erlössituation:
   - Fixkosten 20.000,00 EUR
   - variable Kosten je Stück 1.000,00 EUR
   - Preis 2.000,00 EUR

   a) Ergänzen Sie die Tabelle.

Produktions-menge in Stück	Fixkosten in Euro	Variable Kosten in Euro	Gesamt-kosten in Euro	Stück-kosten in Euro	Umsatz-erlöse in Euro	Gewinn (Verlust) in Euro
5	20.000,00					
10						
15						
20						
25						
30						
35						
40						
45						
50						

b) Berechnen Sie die Nutzenschwelle (Gewinnschwelle) mit Formeln und überprüfen Sie Ihr Ergebnis anhand der Tabelle.
c) Bei welcher Menge liegt das Gewinnmaximum?
d) Welche Spalte zeigt das Gesetz der Massenproduktion?
e) Zeichnen Sie in ein Koordinatensystem (analog zum Stofftelegramm) die Kosten- und Umsatzfunktion, ins untere Koordinatensystem den Preis und die Stückkosten. Bezeichnen Sie die Nutzenschwelle und das Gewinnmaximum (Gesamtbetrachtung: 5 Stück = 1 cm, 10.000,00 EUR = 1 cm; Stückbetrachtung: 5 Stück = 1 cm, 1.000,00 EUR = 1 cm).

5. Ein Betrieb erzeugt bei voller Kapazitätsausnutzung monatlich 12.000 Stück bei 60.000,00 EUR Gesamtkosten, wovon ein Fünftel fixe Kosten sind. Verkaufspreis: 6,20 EUR.

a) Welcher Beschäftigungsgrad entspricht einer monatlichen Ausbringung von 7.200 Stück?
b) Wie viel Euro betragen Gewinn, fixe und variable Kosten insgesamt jund je Stück bei Vollbeschäftigung?
c) Wie viel Euro betragen Gesamtgewinn und Stückgewinn bei einer Fertigung von 9.000 Stück?
d) Bei welcher Fertigungsmenge liegt die Nutzenschwelle?
e) Wie verschiebt sich die Nutzenschwelle, wenn Gesamtkosten und Verkaufspreis gleichbleiben, aber die fixen Kosten zwei Fünftel der Gesamtkosten bei normaler Kapazitätsausnutzung betragen?

6. Ausbringung eines Betriebes bei 100-prozentiger Kapazitätsauslastung: 800 Stück

Gesamtkosten bei 80 % Kapazitätsauslastung: 88.000,00 EUR
Gesamtkosten bei 90 % Kapazitätsauslastung: 96.000,00 EUR

Ermitteln Sie die variablen Stückkosten und die Fixkosten.

7. Ein Industriebetrieb produziert Zubehörteile für die Automobilindustrie. Je nach Bedarf werden unterschiedliche Mengen hergestellt und verkauft. Der Verkaufspreis für ein Zubehörteil beträgt 30,00 EUR. Bei voller Kapazitätsausnutzung können pro Tag insgesamt 800 Zubehörteile hergestellt werden. Aufgrund der Nachkalkulation ergaben sich die folgenden Gesamtkosten (fixe und proportionale Kosten):

a) Bei welcher Ausbringungsmenge liegt die Nutzenschwelle?

b) Ermitteln Sie die Ausbringungsmenge, bei der ein Gesamtgewinn von 2.500,00 EUR erzielt wird.

c) Wie hoch ist der Stückgewinn beim Beschäftigungsgrad 60 %?

d) Bei welcher Produktionsmenge erreicht der Betrieb das Gewinnmaximum (Begründung)?

Menge	Gesamtkosten in Euro
100	6.000,00
200	8.000,00
300	10.000,00
400	12.000,00
500	14.000,00
600	16.000,00
700	18.000,00
800	20.000,00

e) Begründen Sie, ob es sinnvoll ist, durch eine Preissenkung (für den Zusatzauftrag) von $33\frac{1}{3}$ % einen Zusatzauftrag hereinzunehmen, wodurch der Beschäftigungsgrad von zurzeit 60 % um $12\frac{1}{2}$ % erhöht wird?

f) Auf welche möglichen Ursachen könnte ein überdurchschnittlicher Kostenanstieg kurz vor der Kapazitätsgrenze zurückzuführen sein?

8. Eine Maschinenfabrik hat zwei Werke. Im Werk I wurde ein neues Verwaltungsgebäude errichtet. Von den hierdurch entstandenen Fixkosten von 4.000.000,00 EUR/Jahr werden 25 % anteilmäßig dem Werk I belastet.

Von Werk I sind außerdem folgende Zahlen bekannt:

- bisherige Gesamtkosten bei maximaler Kapazitätsausnutzung von 1.000 Stück pro Jahr — 15.000.000,00 EUR
- konstante Grenzkosten — 10.000,00 EUR
- Stückerlös — 25.000,00 EUR

a) Berechnen Sie die der Nutzenschwelle zugeordnete Produktionsmenge für Werk I **vor** der Belastung mit zusätzlichen Fixkosten (NS_{vor}) und **nach** der entsprechenden Belastung (NS_{nach}).

b) Berechnen Sie die Produktions- und Absatzmenge, bei der **nach** Belastung mit zusätzlichen Fixkosten ein Gewinn von 2.000.000,00 EUR erwirtschaftet wird.

c) Nennen und begründen Sie, bei welchem Beschäftigungsgrad bei linearem Kostenverlauf allgemein das Gewinnmaximum praktisch und theoretisch erreicht wird.

9. Eine Nähmaschinenfabrik stellt elektrische Nähmaschinen verschiedener Typen her:

- Typ A: einfache Ausführung mit Nutzstichen
- Typ B: gehobene Ausführung mit Nutz- und Zierstichen
- Typ C: Luxusausführung

Für Maschine Typ A, von der maximal 5.000 Stück pro Periode produziert werden können, fallen für 1.000 Stück folgende Kosten (linearer Kostenverlauf) in den einzelnen Kostenstellen an:

<table>
<tr><th rowspan="2">Kosten / Kostenstellen</th><th rowspan="2">Einzelkosten in Euro</th><th colspan="2">Gemeinkosten in Euro</th></tr>
<tr><th>Fix</th><th>Proportional variabel</th></tr>
<tr><td>Material</td><td>180.000,00</td><td rowspan="3">55.800,00</td><td>22.000,00</td></tr>
<tr><td>Fertigung</td><td>70.000,00</td><td>20.000,00</td></tr>
<tr><td>Verwaltung und Vertrieb</td><td></td><td></td></tr>
</table>

Die Nähmaschinenfabrik, die keine marktbeherrschende Stellung genießt, verkauft die Maschine Typ A für 340,00 EUR je Stück.

a) Wie hoch ist für Maschine A die gewinnmaximale Angebotsmenge und der dazugehörige Gewinn?
b) Bei welcher Angebotsmenge liegt die Nutzenschwelle?
c) Wegen Importen aus Ostasien ist mit einem Preisrückgang für Typ A zu rechnen.

   c1) Wo liegt die kurzfristige Preisuntergrenze je Stück?

   c2) Zu welchem Preis kann bei voller Kapazitätsausnutzung langfristig gerade noch angeboten werden?

d) Eine geplante Ersatzinvestition zur Herstellung von Typ A erhöht die Kapazität um 20 %, verdoppelt aber die fixen Kosten und vermindert die variablen Kosten um 25 %.

   d1) Wie verändern sich dadurch bei Ausnutzung der neuen Kapazität die Stückkosten?

   d2) Wie viel Gewinn je Stück ergibt sich dann?

   d3) Warum kann eine Ersatzinvestition zu einer Erhöhung der Kapazität führen? Geben Sie ein Beispiel an.

   d4) Bei welcher Ausbringungsmenge erzielt das Unternehmen keinen Gewinn, wenn es die neue Maschine voll ausnutzt und der Preis auf dem Maschinenmarkt aufgrund der Ostasienimporte um 30 % sinkt?

3.2 Abituraufgaben Profil Internationale Wirtschaft

Abituraufgaben 2014 (Aufgabe 1, Teil 2, teilweise)

4. Die Veoklar GmbH erwägt, im Zweigwerk Waiblingen zusätzlich Fenster des Typs D in den Standardmaßen 78 × 160 cm herzustellen. Im laufenden Geschäftsjahr wird mit folgenden Daten kalkuliert:

   Bei einer Produktionsmenge von 1.000 Stück entstehen Gesamtkosten von 1.160.000,00 EUR. Bei einer Produktionsmenge von 3.000 Stück, das entspricht der Kapazitätsgrenze, liegen die Gesamtkosten bei 2.050.000,00 EUR. Die Gesamtkosten verlaufen linear. Der Verkaufspreis je Stück beträgt 820,00 EUR.

4.1
- Erläutern Sie, bei welcher Absatzmenge die Veoklar GmbH ihren Gewinn für den Fenstertyp D maximiert.
- Berechnen Sie den maximalen Gewinn.

4.2 Im kommenden Geschäftsjahr sinkt die Nachfrage nach Typ D so stark, dass die Veoklar GmbH mit der produzierten und abgesetzten Menge gerade ihre Kosten decken kann. Aufgrund der laufenden Tarifverhandlungen ist zudem mit einem Anstieg der variablen Stückkosten um 5 % zu rechnen.

Berechnen Sie die Stückzahl, um welche die Absatzmenge von Fenstertyp D steigen muss, um auch nach der Lohnerhöhung einen Verlust zu vermeiden.

Abituraufgaben 2015 (Aufgabe 2, Teil 2)

4. Die Tierer GmbH produziert in ihrem Stuttgarter Zweigwerk ausschließlich Diagnosewaagen, die u. a. den Body-Mass-Index bestimmen. Die Fertigungskapazität beträgt momentan 8.800 Stück je Monat.
Für die Monate Januar und Februar 2014 liegen folgende Zahlen vor:

Monat	Gesamtkosten in Euro	Beschäftigungsgrad
Januar	295.000,00	70 %
Februar	310.400,00	80 %

Für den Monat März 2014 rechnet das Unternehmen mit einer maximalen Kapazitätsauslastung. Es wird ein Verkaufspreis von 55,00 EUR je Waage erzielt.

4.1
- Ermitteln Sie die fixen Gesamtkosten, die variablen Stückkosten und jeweils für die Monate Januar und März die Gesamtkosten je Stück.
- Begründen Sie die Entwicklung der Stückkosten.

4.2
- Ermitteln Sie die Gewinnschwelle.
- Erläutern Sie den Zusammenhang zwischen Fixkosten und Deckungsbeitrag an der Gewinnschwelle.

4.3 Prognosen besagen, dass sich verschiedene Elektronikbauteile im Monat April 2014 um 6 % verteuern werden. Der Anteil dieser Materialkosten an den variablen Kosten betrug bisher 20 %.

Ermitteln Sie, wie viele Diagnosewaagen im April zusätzlich hergestellt und abgesetzt werden müssen, wenn der Gewinn des Monats Februar erreicht werden soll.

4.4 Aufgrund gezielter Verkaufsförderungsmaßnahmen wird für den Monat Mai mit einem Anstieg des Absatzes auf 9.500 Stück gerechnet. Die Geschäftsleitung der Tierer GmbH diskutiert die folgenden Maßnahmen zur Ausweitung der Produktion:

- Anschaffung neuer Maschinen und Neueinstellungen oder
- Bewältigung der Mehrproduktion durch Überstunden.

Beurteilen Sie die beiden Maßnahmen hinsichtlich der Auswirkungen auf die wirtschaftliche Situation des Unternehmens.

4.5 Durch wachsenden Konkurrenzdruck erwartet die Tierer GmbH künftig sinkende Absatzzahlen bei Diagnosewaagen.

Entscheiden Sie begründet, ob es für die Tierer GmbH im vorliegenden Fall sinnvoller ist, sich bei der Festsetzung des Verkaufspreises an der langfristigen oder an der kurzfristigen Preisuntergrenze zu orientieren.

Abituraufgaben 2018 (Aufgabe 3, teilweise)

4. Die Geschäftsführung der Silver Eagle Ltd. ist mit der Kostenentwicklung im Premiumsegment zufrieden. Aber die rückläufige Beschäftigung bei den Rucksäcken der Basic Product Line, die im englischen Stammwerk produziert werden, bereitet ihr Kopfzerbrechen.

Ihnen liegen folgende Daten zur Basic Product Line vor:

	Auslastung	Gesamtkosten
Monat Januar	78,125 %	91.000,00 £
Monat Februar	62,500 %	76.000,00 £

Bei voller Kapazitätsauslastung können 3.200 Stück produziert werden.

Die Silver Eagle Ltd. erhält eine Anfrage einer großen Outdoorkette. Diese würde im Monat April 1.000 Rucksäcke zu einem Preis von 39,90 £ abnehmen. Dies sind 10,00 £ weniger als der übliche Großhandelspreis für diesen Artikel. Bisher sind bei der Silver Eagle Ltd. für den Monat April Aufträge über 1.800 Rucksäcke eingegangen.

4.1 Prüfen Sie, wie sich die Annahme des Auftrages auf das Betriebsergebnis der Silver Eagle Ltd. im Monat April auswirken würde.

4.2 Beurteilen Sie anhand von zwei weiteren Argumenten, ob die Silver Eagle Ltd. diesen Auftrag annehmen sollte.

3.3 Abituraufgaben Profil Wirtschaft

Abituraufgaben 2013 (Aufgabe 1, teilweise)

5. Die High Energy GmbH hat ein Bauteil für Elektrofahrzeuge entwickelt. Die Nachfrage nach diesem Bauteil steigt.

Für dieses Bauteil liegen aus dem Werk Isny folgende Daten vor:

	Januar	Februar
Kapazitätsauslastung	60 %	80 %
Gesamtkosten	124.000,00 EUR	132.000,00 EUR

Die Kapazitätsgrenze für das Bauteil liegt bei 2.000 Stück pro Monat. Der Verkaufspreis beträgt 120,00 EUR je Stück. Es liegt ein linearer Kosten- und Erlösverlauf vor.

5.1 Ermitteln Sie den Beschäftigungsgrad, bei welchem die Kosten gerade gedeckt sind.

5.2 Bestimmen Sie den maximal möglichen Stückgewinn.

5.3 Stellen Sie das Ergebnis aus 5.2 grafisch dar (Skalierung: x-Achse → 250 Stück = 1 cm; y-Achse → 20,00 EUR = 1 cm).

4 Kosten- und Leistungsrechnung IV: Deckungsbeitragsrechnung (Teilkostenrechnung)

4.1 Grundlagen

Stofftelegramm

Abkürzungen: VK = variable Kosten, FK = Fixkosten, P = Preis, vk = variable Stückkosten

Vollkostenrechnung

- Rechnung mit Vollkosten (VK und FK)
- Preisermittlung auf Basis der Vollkosten (Abwälzung aller Kosten auf die Preise)
- Annahme: **P < Vollkosten**

  Entscheidung evtl.: Ausscheiden des Produkts! Dies ist evtl. eine Fehlentscheidung!
- **Preisuntergrenze** = Vollkosten

Teilkostenrechnung

- Rechnung mit Teilkosten (VK)

P < vk	Entscheidung: Ausscheiden des Produkts
P = vk	**Preisuntergrenze**
P > vk	Verbesserung des Betriebserfolgs; Produkt leistet Beitrag zur Fixkostendeckung.

P – vk = Deckungsbeitrag

Problembereiche der Vollkostenrechnung (Fehlentscheidungen!)

Problembereich 1 → **Hereinnahme, Streichung, Rangfolge der Produkte:**

Nur die **Deckungsbeitragsrechnung** kann diese Probleme lösen:

- **Hereinnahme** eines Produkts, wenn es einen positiven Deckungsbeitrag (Beitrag zur Fixkostendeckung) leistet
- **Streichung** eines Produkts nur, wenn sein Deckungsbeitrag negativ ist
- **Rangfolge** der Produkte („Hitparade“) nach Deckungsbeiträgen

Problembereich 2 → **Entscheidungsfrage: Eigenfertigung oder Fremdbezug?**

Der Bezugspreis ist mit den eigenen variablen Kosten zu vergleichen. Auch dies ist nur mithilfe der Deckungsbeitragsrechnung möglich:

Ist keine Kapazitätserweiterung für die Eigenfertigung notwendig, gilt grundsätzlich: Eigenfertigung, sofern VK < Bezugspreis.

Problembereich 3 → **Beschäftigungsschwankungen:**

Sinkende Beschäftigung (sinkende Nachfrage) führt zu steigenden Stückkosten (Fixkosten verteilen sich auf weniger Stück).

Nach der Vollkostenrechnung würde dies zu Preiserhöhungen führen, obwohl eigentlich zur Nachfrageankurbelung eine Preissenkung nötig wäre. Der Betrieb sollte somit vorübergehend auf Vollkostendeckung verzichten: Deckungsbeitragsrechnung notwendig.

Einfluss des Beschäftigungsgrades auf BAB – Zuschlagssätze bei Vollkostenrechnung:

- Sinkende Beschäftigung: Gemeinkosten sinken nicht im gleichen Umfang wie Einzelkosten (Begründung: Gemeinkosten enthalten im Gegensatz zu den Einzelkosten Fixkosten). Folge: steigende Zuschlagssätze, steigende Preise (Probleme: siehe oben).
- Steigende Beschäftigung: sinkende Zuschlagssätze

Vermeidung dieser Zuschlagssatzschwankungen durch die Deckungsbeitragsrechnung

Vorteile der Deckungsbeitragsrechnung (Zusammenfassung)

- Ermittlung der absoluten Preisuntergrenze (= variable Kosten) möglich
- verbesserte Entscheidungen bezüglich:
  - Hereinnahme
  - Streichung
  - Rangfolge der Produkte
- verbesserte Wahlentscheidungen:
  - Produkt A oder B produzieren?
  - Eigenfertigung oder Fremdbezug?
- Entscheidung über Zusatzauftrag nur mit Deckungsbeitragsrechnung lösbar
- verbesserte Kostenkontrolle (i. d. R. nur variable Kosten vom Kostenstellenleiter beeinflussbar)
- verbesserte Gewinnplanung
- marktorientierte Preispolitik
- Kostenverursachungsprinzip verbessert

Stückbetrachtung		**Gesamtbetrachtung**
Preis	→ · Stück =	**Umsatzerlöse**
– **variable Stückkosten**	→ · Stück =	– **variable Kosten**
= **Deckungsbeitrag je Stück**	→ · Stück =	= **Deckungsbeitrag insgesamt**

Schema der Deckungsbeitragsrechnung:

	Produkt A	Produkt B	Produkt C	Insgesamt
Umsatzerlöse	72.000,00	20.000,00	5.000,00	97.000,00
– variable Kosten	56.000,00	21.000,00	4.000,00	81.000,00
= Deckungsbeitrag	16.000,00	– 1.000,00	1.000,00	16.000,00
– Fixkosten	– – – – –	– – – – –	– – – – –	5.000,00
= Betriebsergebnis	– – – – –	– – – – –	– – – – –	11.000,00

Produkt B hat **negativen Deckungsbeitrag:** aus Produktionsprogramm herausnehmen!

Aus folgenden Gründen wird B **trotz negativem Deckungsbeitrag evtl. weiterproduziert:**

- Arbeitsplatzsicherung
- Sortimentsvielfalt
- „Vorzeigeartikel“
- Ergänzung anderer Produkte
- Deckungsbeitrag evtl. nur vorübergehend negativ
- Produkteinführung

Grafische Darstellung der Deckungsbeitragsrechnung

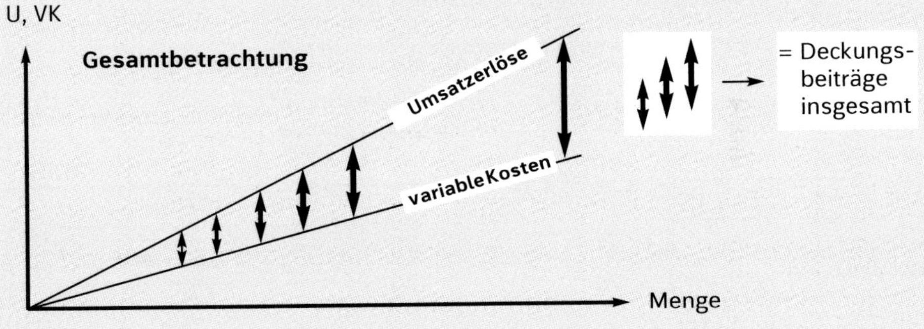

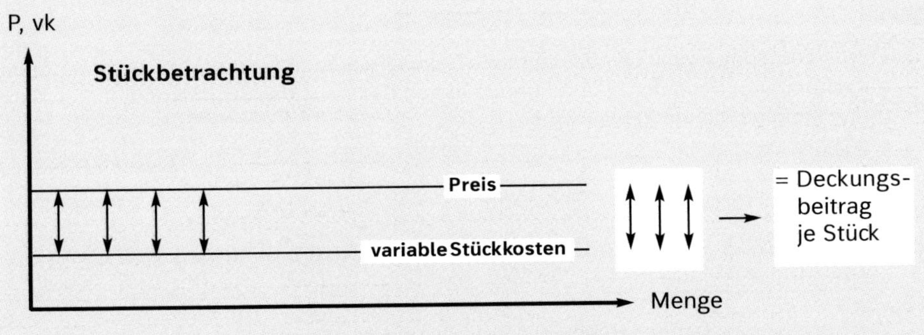

Relativer Deckungsbeitrag

= Deckungsbeitrag je Minute

$$= \frac{\text{absoluter Deckungsbeitrag pro Stück}}{\text{Fertigungszeit je Stück in Min.}}$$

Anwendung: in Engpasssituationen!

(Nicht alle Produkte können hergestellt werden, weil z. B. in einer „Engpass"-Abteilung die verfügbare Fertigungszeit begrenzt ist.)

Folge: Produktion der Erzeugnisse nach der Höhe ihrer relativen Deckungsbeiträge!

Beispiel: drei Produkte; zur Verfügung stehende Zeit im Engpass: 4.682 Min.

	Produkt A	**Produkt B**	**Produkt C**
Maximal absetzbare Stückzahl	100	150	200
Davon Lieferverpflichtung in Stück	–	30	–
DB absolut pro Stück	10,00 EUR	12,00 EUR	6,00 EUR
Fertigungszeit in Min. im Engpass	10	24	10
DB relativ pro Min.	**1,00**	**0,50**	**0,60**
Rang	1	**3**	**2**

Sortierung nach der Reihenfolge der relativen Deckungsbeiträge. Eventuell bestehende Lieferverpflichtungen sind vorrangig zu produzieren (muss!).

Produkt	Maximale Stückzahl	Zeit pro Stück	**OPP = optimales Produktionsprogramm**	Zeitbedarf	Restzeit
LV B	30	24	**30**	720	3.962
A	100	10	**100**	1.000	2.962
C	200	10	**200**	2.000	962
B	120	24	**40**	960	2

Aufgaben

1. a) Eine Unternehmung hat im abgelaufenen Geschäftsjahr drei neue Artikel in ihr Sortiment aufgenommen. Nach der ersten Periode liegen dazu aus der Buchhaltung laut Vollkostenrechnung folgende Zahlen vor:

	A	B	C
Erlöse (in Euro)	900.000,00	1.700.000,00	1.250.000,00
Gesamtkosten (in Euro)	850.000,00	1.350.000,00	1.360.000,00
Absatzmenge (in Stück)	30.000	30.000	35.000

Wie hoch ist das Betriebsergebnis je Produkt und insgesamt?

b) Das „verlustbringende“ Produkt soll evtl. aus dem Sortiment genommen werden. Die Kostenanalyse liefert folgendes Bild:

- fixe Kosten (für A, B und C insgesamt) 850.000,00 EUR

	A	B	C
• variable Kosten (in Euro)	650.000,00	1.200.000,00	860.000,00

b1) Wie hoch ist der Deckungsbeitrag je Artikel sowie das Gesamtergebnis?

b2) Wie würde sich eine Streichung des verlustbringenden Produkts (a) auf das Betriebsergebnis auswirken (Begründung)?

b3) Welche Gründe könnten dafür sprechen, Produkte mit negativen Deckungsbeiträgen weiterzuproduzieren?

b4) Wie viel Euro betragen die Preisuntergrenzen der Artikel?

2. Nennen Sie fünf Argumente, die gegen die Vollkostenrechnung und für die Deckungsbeitragsrechnung sprechen.

3. Stellen Sie die Deckungsbeitragsrechnung grafisch dar (Gesamt- und Stückbetrachtung).

4. Die Mineralbrunnen AG kalkulierte bisher nur nach dem System der Vollkostenrechnung. Konkurrenzdruck und Konjunkturschwankungen zwingen die Geschäftsleitung zur Einführung der Deckungsbeitragsrechnung.

a) Eine Kundenbefragung ergab, dass neben dem Eigenprodukt Mineralwasser auch 15.000 Kästen Bier pro Jahr abgesetzt werden könnten.

Ermitteln Sie das voraussichtliche Betriebsergebnis mittels Deckungsbeitragsrechnung, wenn folgende Daten erwartet werden:

	Mineralwasser	**Bier**
Absatzmengen in Kästen	120.000	15.000
Verkaufspreis je Kasten in Euro	3,50	12,00
variable Kosten je Kasten in Euro	1,81	
Einstandspreis je Kasten in Euro		6,00
Fixkosten des Betriebes in Euro	185.000,00	

b) Preiserhöhungen verteuern den Einstandspreis bei Bier je Kasten um 1,50 EUR. Gleichzeitig wäre ein Großabnehmer bereit, pro Jahr 30.000 Kästen Bier zu einem Preis von 8,00 EUR je Kasten abzunehmen.

b1) Soll die Mineralbrunnen AG diese Lieferverpflichtung eingehen?
Begründen Sie rechnerisch Ihre Entscheidung.

b2) Erläutern Sie, wie sich das Betriebsergebnis verändert.

b3) Warum wird in der Praxis dieses theoretische Ergebnis nicht zutreffen?

5. Eine Getränke-AG vertreibt die Fremdprodukte A, B, C und D. Folgende Zahlen liegen vor:

Produkte	**A**	**B**	**C**	**D**
Variable Kosten in Euro/100 Liter	100,00	100,00	100,00	100,00
Erlöse in Euro/100 Liter	200,00	170,00	270,00	285,00

a) Nennen Sie die Rangfolge der Produktförderung

   a1) unter Vernachlässigung der Absatzmengen,

   a2) wenn folgende Absatzmengen zugrunde gelegt werden:

Produkte	A	B	C	D
Verk.menge (in 100 Liter/Periode)	2.000	500	2.200	1.000

b) Der Kostenrechner schlägt vor, Produkte, die nur mit Verlust zu verkaufen sind, aus dem Sortiment zu nehmen. Nennen Sie drei Gründe, die dagegen angeführt werden könnten.

c) Erläutern Sie den Zusammenhang zwischen Teilkostenrechnung und Gewinnmaximierung.

6. Eine Nähmaschinenfabrik fertigt Maschinen der Typen A, B und C. Die Verkaufspreise ab Werk liegen im Augenblick bei 340,00 EUR, 395,00 EUR und 445,00 EUR je Stück.

In der abgelaufenen Periode wurden hergestellt und verkauft:

- Typ A: 5.000 Stück zu 1.515.800,00 EUR Selbstkosten
- Typ B: 7.000 Stück zu 2.658.000,00 EUR Selbstkosten
- Typ C: 4.000 Stück zu 1.773.000,00 EUR Selbstkosten

Die Selbstkosten wurden aufgrund der Vollkostenrechnung ermittelt. Bei jedem Typ ist der Gesamtkostenverlauf linear.

a) Wie hoch waren für die abgelaufene Periode das Ergebnis je Typ und das Betriebsergebnis?

b) Für die kommende Periode rechnet man – bei noch unveränderten Absatzpreisen – wegen der rückläufigen Konjunktur im Inland mit einem Absatzrückgang von 10 % bei jedem Typ. Die Gesamtkosten je Typ werden sich dann auf 1.369.800,00 EUR, 2.399.000,00 EUR und 1.621.000,00 EUR belaufen.

   b1) Wie verändern sich dadurch die Ergebnisse von Aufgabe 6a)?

   b2) Worauf führen Sie den überproportionalen Rückgang des Betriebsgewinnes zurück?

c) Die Geschäftsleitung überlegt, ob sie das Produkt C aus dem Produktionsprogramm nehmen soll, um dadurch ein besseres Betriebsergebnis zu erreichen. Die für Produkt C anfallenden Fixkosten sind kurzfristig nicht abzubauen.

   c1) Wie würden Sie entscheiden, wenn die Fixkostenverteilung je Produktart aufgrund der Werte der Vollkostenrechnung vorgenommen würde (rechnerischer Nachweis)?

   c2) Ermitteln Sie für die Produkte A, B und C die Deckungsbeiträge je Stück und insgesamt für die unter 6b) angegebenen Produktionsmengen.

   c3) Welche Empfehlung geben Sie der Geschäftsleitung für Produkt C, wenn Sie die Deckungsbeitragsrechnung verwenden?

d) Die Geschäftsleitung zieht auch in Erwägung, das Produkt C weiterhin im Verkaufsprogramm zu lassen, aber von außen zu beziehen. Die Fixkosten für C können kurzfristig nicht abgebaut werden. Der Bezugspreis von C beträgt 443,00 EUR/Stück (bei 3.600 Stück je Periode).

Wie verändert sich das Gesamtergebnis und wozu raten Sie der Geschäftsführung?

4.2 Abituraufgaben Profil Internationale Wirtschaft

Abituraufgaben 2014 (Aufgabe 1, Teil 2, teilweise, verändert)

3. Fenster werden bei der Veoklar GmbH aus Kunststoff und Holz hergestellt. Die Veoklar GmbH stellt Klapp-Schwing-Fenster in verschiedenen Standardmaßen her. Es gibt vier verschiedene Fenstertypen pro Standardmaß.

   Für Fenster mit dem Standardmaß 114 cm × 140 cm liegen folgende Daten vor:

Artikelbezeichnung (Klapp-Schwing-Fenster in den Standardmaßen 114 × 140 cm)	Preis je Fenster in Euro
Typ A	750,00
Typ B	830,00
Typ C	850,00
Typ D	920,00

   Aus dem vergangenen Jahr liegen folgende Zahlen vor:

Artikelbezeichnung	Menge in Stück	Variable Kosten je Stück in Euro
Typ A	5.000	320,00
Typ B	4.200	450,00
Typ C	7.500	470,00
Typ D	6.300	490,00

3.1 Berechnen Sie den Gesamtdeckungsbeitrag je Fenstertyp und die gesamten fixen Kosten für das vergangene Jahr. Das Unternehmen erwirtschaftete einen Gewinn von 4.500.000,00 EUR.

3.2 Aufgrund der immer höheren energetischen Mindestanforderungen bei Neubauten geht der Absatz bei den zweifach verglasten Fenstern (Typ A und Typ B) immer weiter zurück. Die Geschäftsleitung erwartet für das kommende Jahr eine Reduzierung des Absatzes bei Fenstertyp A um 15 % und bei Fenstertyp B um 10 %. Den Rückgang möchte man durch eine Mehrproduktion bei den dreifach verglasten Fenstern des Fenstertyps C ausgleichen.

Weisen Sie für diesen Fall rechnerisch nach, welche Menge an dreifach verglasten Fenstern des Typs C abgesetzt werden muss, um den gleichen Deckungsbeitrag wie im letzten Jahr zu erzielen. Unterschiedliche Produktionszeiten bleiben unberücksichtigt.

3.3 Die Fensterproduktion erfolgt im Zweigwerk Esslingen auf zwei Fertigungsstraßen F1 und F2. Durch einen Bedienungsfehler wird eine Maschine der Fertigungsstraße F2 so schwer beschädigt, dass sie längere Zeit nicht mehr genutzt werden kann. Die gesamte Produktion muss daher im laufenden Monat auf der Fertigungsstraße F1 erfolgen. Das geplante Produktions- und Absatzprogramm kann nur teilweise umgesetzt werden.

Geplantes Produktionsprogramm:

Artikelbezeichnung/Typ	Menge in Stück	Produktionszeit je Stück in Minuten
A	400	15
B	350	23
C	600	20
D	350	25

Bei der Ermittlung des neuen Produktions- und Absatzprogrammes sind folgende Angaben zu beachten:

- Da ein Vertrag mit einem Großkunden vorliegt, müssen mindestens 350 Fenster des Typs C produziert werden.
- Um für die übrigen Kunden zumindest eine Grundversorgung sicherzustellen, sollen mindestens 50 % des geplanten Produktionsprogramms der Fenstertypen A, B und D umgesetzt werden.
- Die Maximalkapazität der Fertigungsstraße F1 liegt bei 380 Stunden im Monat.

Ermitteln Sie aufgrund der vorliegenden Bedingungen das optimale Produktionsprogramm für diesen Monat für das Zweigwerk Esslingen.

Abituraufgaben 2016 (Aufgabe 1, Teil 2)

2. In einer Sitzung im Mai 2015 äußert der geschäftsführende Gesellschafter, Herr Herold, dass die Produktion der Laufshirts demnächst eingestellt werden müsse. Im April habe das Unternehmen für die verkauften Shirts nur noch einen Barverkaufspreis von 10,50 EUR erzielen können. Die bisherige Menge von monatlich 90.000 Stück könne auch in den kommenden Monaten abgesetzt werden, ein höherer Verkaufspreis sei aber nicht möglich. Seiner Einschätzung zufolge sei bei diesem Verkaufspreis die Produktion der Shirts für das Unternehmen unwirtschaftlich.

   Der Leiter der Controllingabteilung widerspricht. Bisher würden 40 % der fixen Kosten durch die Umsatzerlöse der Shirts gedeckt, die restlichen 60 % durch die Umsatzerlöse der Hosen.

   Die aktuelle monatliche Kostensituation der Shirtproduktion stellt sich wie folgt dar:

Gesamte proportional-variable Kosten für die Shirts	644.000,00 EUR
Fixe Kosten	700.000,00 EUR

2.1 Weisen Sie rechnerisch nach,

- ob der aktuelle Barverkaufspreis von 10,50 EUR ausreicht, um 40 % der fixen Kosten zu decken,
- wie hoch der Barverkaufspreis der Shirts mindestens sein muss, damit der Deckungsbeitrag der Shirts genau 40 % der fixen Kosten abdeckt.

2.2 Herold liegt ein Zusatzauftrag über 15.000 Stück Laufshirts aus dem Ausland vor. Pro Stück könnte ein Nettoverkaufserlös von 8,50 EUR erzielt werden. Herold möchte den Auftrag trotz freier Kapazitäten nicht zu diesem Preis annehmen.

Begründen Sie rechnerisch und verbal, ob der Auftrag tatsächlich abgelehnt werden sollte.

2.3 Erläutern Sie für den vorliegenden Fall einen Vorteil der Deckungsbeitragsrechnung gegenüber der Vollkostenrechnung in Form der Zuschlagskalkulation.

3. Im weiteren Verlauf der Sitzung schildert Vertriebsleiterin Worgeld die Absatzplanung für Kindermode für den Monat Juni:

Im Rahmen eines langfristigen Liefervertrags mit einem neuen Geschäftspartner wurde eine monatliche Lieferung von 1.600 Kindershirts zum Preis von je 12,50 EUR und 1.500 Kinderhosen zu 19,50 EUR pro Stück verbindlich vereinbart.

Der Kunde ist darüber hinaus bereit, im Juni einmalig bis zu 300 Shirts und 300 Hosen zusätzlich zur monatlich vereinbarten Menge abzunehmen. Für die herkömmliche Produktionsmethode stünden ausreichend Fertigungskapazitäten zur Verfügung. Der neue Kunde besteht jedoch auf der Einhaltung besonderer Qualitätsstandards. Daher muss jedes der für ihn gefertigten Produkte von einer speziellen Faserprüfmaschine kontrolliert werden. Die Prüfzeit für Kindershirts beträgt sechs Minuten, die Prüfzeit für Kinderhosen zehn Minuten. Aus Kostengründen kann zunächst nur eine einzige Faserprüfmaschine angeschafft werden, deren maximale Laufzeit 450 Stunden pro Monat beträgt.

Die aktuellen variablen Stückkosten betragen je Shirt 4,10 EUR und je Hose 8,20 EUR.

Berechnen Sie das optimale Produktionsprogramm sowie die Höhe des maximalen Deckungsbeitrags für diesen Auftrag im Juni.

4. Herr Herold äußert den Vorschlag, die in einem Zweigwerk gefertigten Langarmshirts künftig von einem asiatischen Hersteller zu beziehen und zu vertreiben, statt sie weiterhin selbst zu produzieren. Auf diese Weise könne ein höherer Deckungsbeitrag erzielt werden. Er sei in dieser Angelegenheit wegen eines langfristigen Liefervertrags schon mit einem Produzenten in Kontakt getreten und legt als Grundlage für seinen Vorschlag folgende Zahlen für das Zweigwerk vor:

Verkaufserlös pro Stück	10,50 EUR
Durchschnittliche monatliche Produktions- und Absatzmenge	1.500 Stück
Proportional-variable Stückkosten	5,20 EUR
Fixe Kosten pro Monat	6.000,00 EUR
Kosten pro Shirt bei Fremdbezug	7,68 EUR

Bei Fremdbezug können zwei Drittel der Fixkosten eingespart werden.
Frau Worgeld lehnt den Fremdbezug ausdrücklich ab.

4.1
- Weisen Sie auf der Grundlage der obigen Angaben rechnerisch nach, ob die Geschäftsleitung der Cool Runnings GmbH Herrn Herolds Vorschlag zustimmen und die Langarmshirts von einem anderen Hersteller beziehen sollte.
- Formulieren Sie zwei Einwände, die Frau Worgeld gegen den Fremdbezug vorbringen könnte.

4.2
- Berechnen und interpretieren Sie auf Basis der obigen Angaben die Stückzahl, bei der Eigenproduktion und Fremdbezug Kosten in gleicher Höhe verursachen.
- Veranschaulichen Sie Ihre Berechnungen mit einer aussagekräftigen Skizze.

4.3 Abituraufgaben Profil Wirtschaft

Abituraufgaben 2011 (Aufgabe 3, teilweise, verändert)

2. Eine Planungsrechnung der Apparatebau German GmbH für das Zweigwerk III, in dem ausschließlich das Produkt F 302 hergestellt wird, geht davon aus, dass man bei einer Kapazitätsauslastung von zwei Dritteln einen Umsatz von 1.000.000,00 EUR pro Quartal und einen Deckungsbeitrag von 480.000,00 EUR pro Quartal erzielen kann. Die Fixkosten pro Quartal betragen 600.000,00 EUR.

   Es ist von einem linearen Gesamterlös- und Gesamtkostenverlauf auszugehen.

2.1 Ermitteln Sie das Betriebsergebnis für die oben beschriebene Situation und berechnen Sie den erforderlichen Gesamterlös, um die Gewinnschwelle zu erreichen.

2.2 Berechnen Sie das maximal erreichbare Betriebsergebnis.

Abituraufgaben 2012 (Aufgabe 2, teilweise)

7. ALCON bietet u. a. drei Unterwasserlacke an. Diese werden in Zehn-Liter-Kanistern abgefüllt. Für das laufende Quartal liegen folgende Zahlen vor:

	AXXON	DELTA	XYLON
Erlös/Kanister	236,00 EUR	148,00 EUR	132,00 EUR
Fertigungszeit/Kanister	4 Stunden	4 Stunden	2 Stunden
Sonstige variable Kosten pro Kanister	72,00 EUR	16,00 EUR	34,00 EUR
Geplante Menge	240 Kanister	300 Kanister	400 Kanister

   Fertigungslohn pro Stunde: 20,00 EUR

7.1 Berechnen Sie den Gesamtdeckungsbeitrag für diese Produkte, wenn die geplanten Mengen auch tatsächlich abgesetzt werden können.

7.2 Ein Großauftrag für das Produkt SHELTER führt dazu, dass für die Produkte AXXON, DELTA und XYLON insgesamt im laufenden Quartal nur noch 2.560 Stunden Fertigungszeit zur Verfügung stehen.

   Bestimmen Sie das optimale Produktionsprogramm.

Abituraufgaben 2013 (Aufgabe 1, teilweise)

6. Die High Energy GmbH stellt am Standort Ulm drei Typen von elektronischen Steckverbindungen für Küchengeräte her.

   Folgende Daten liegen hierfür vor:

Typ	A	B	C
Verkaufspreis in Euro	15,00	21,00	12,50
Fertigungszeit in Minuten	5	10	8
Sonstige variable Stückkosten in Euro	7,00	12,00	5,00

   Die Lohnkosten pro Fertigungsstunde betragen 36,00 EUR.

6.1 Ein Großhändler bestellt insgesamt 1.000 Stück dieser Steckverbindungen. Von jedem Typ verlangt er eine Mindestliefermenge von 200 Stück. Die Produktionskapazitäten der High Energy GmbH sind zur Ausführung dieses Auftrags ausreichend.

Bestimmen Sie aus Sicht der GmbH die optimale Zusammensetzung dieses Auftrags.

6.2 Die Nachfrage nach den Steckverbindungen steigt, sodass von jedem Typ pro Monat 10.000 Stück absetzbar wären. Es stehen in der Produktion insgesamt 3.000 Fertigungsstunden zur Verfügung.

Bestimmen Sie das optimale Produktionsprogramm.

7. Bei der Steckverbindung vom Typ A gibt es einen neuen Anbieter, welcher den bisherigen Verkaufspreis der High Energy GmbH unterbietet. Zur Vorbereitung einer Besprechung der Verkaufsmitarbeiter soll die Preisuntergrenze der High Energy GmbH für dieses Produkt ermittelt werden.

- Ermitteln Sie die kurzfristige Preisuntergrenze für den Typ A.
- Erläutern Sie, warum die langfristige Preisuntergrenze im vorliegenden Fall nicht berechnet werden kann.

Abituraufgaben 2015 (Aufgabe 3, teilweise)

2. Im Zweigwerk I der Milu AG in Michelbach werden ausschließlich Gartentische hergestellt. Die Kapazitätsgrenze liegt bei 1.250 Stück pro Monat. Der Verkaufspreis beträgt 120,00 EUR je Stück.

Für das erste Quartal 2015 liegt folgende Kostenstruktur vor:

Monat	Produzierte Menge	Gesamtkosten
Januar	600 Stück	77.000,00 EUR
Februar	900 Stück	98.000,00 EUR
März	1.050 Stück	?

Es liegt ein linearer Kosten- und Erlösverlauf vor.

2.1 Weisen Sie rechnerisch nach, bei welcher Stückzahl das Zweigwerk I die Gewinnschwelle erreicht.

2.2 Ermitteln Sie die langfristige Preisuntergrenze eines Gartentisches bei Vollauslastung der Produktion.

2.3 Berechnen Sie das Betriebsergebnis des Zweigwerks I im ersten Quartal 2015.

2.4 Für den Monat April besteht die Möglichkeit, einen Auftrag über 200 Gartentische aus Frankreich anzunehmen. Der Kunde verlangt jedoch einen Preisnachlass in Höhe von 30 % gegenüber dem üblichen Verkaufspreis.
Der Produktionsleiter gibt zu bedenken, dass die Kapazität im Monat April voll ausgelastet ist. Die Kapazitätsgrenze kann kurzfristig um 200 Gartentische überschritten werden, wenn auch am Samstag gearbeitet wird. Gemäß einer Betriebsvereinbarung erhalten dann die Arbeitnehmer für diese Mehrarbeit einen Lohnzuschlag in Höhe von 25 %. Ohne diesen Zuschlag beträgt der Lohnanteil an den variablen Stückkosten 28,00 EUR.

Weisen Sie rechnerisch nach, wie sich eine Annahme des Auftrags aus Frankreich auf das Betriebsergebnis auswirkt.

2.5 Erläutern Sie je ein weiteres Argument, welches für bzw. gegen die Annahme des Auftrags aus Frankreich spricht.

3. Im Zweigwerk II in Öhringen werden drei hochwertige ergonomische Drehstuhlmodelle hergestellt. Aufgrund einer technischen Störung steht im Monat Februar 2015 nur ein Gerät zur Qualitätskontrolle zur Verfügung. Die im Februar 2015 zur Verfügung stehende Prüfzeit beträgt daher nur 236 Stunden.

Der Produktionsplan für den Monat Februar 2015 sieht vor:

Modell	Modell 1	Modell 2	Modell 3
Nettoverkaufserlös/Stuhl	2.780,00 EUR	2.145,00 EUR	1.660,00 EUR
Prüfzeit/Stuhl	80 Minuten	70 Minuten	30 Minuten
Variable Kosten pro Stuhl	2.060,00 EUR	1.200,00 EUR	1.300,00 EUR
Geplante Stückzahl	100	120	160

3.1 Erstellen Sie das optimale Produktionsprogramm für Februar 2015.

3.2 Ermitteln Sie das Betriebsergebnis für Februar 2015, wenn die Fixkosten im Zweigwerk II 120.000,00 EUR pro Monat betragen.

5 Rechtsformen I: Grundlagen – Personengesellschaften

5.1 Kaufmann – Handelsregister – Firma

Stofftelegramm

Kaufmann im Sinne des HGB

- Für wen gilt das **HGB?** → für **Kaufleute**
- **Wer** ist **Kaufmann nach HGB?**

  → jeder Gewerbetreibende mit kaufmännischer Organisation (mit kaufmännischem Geschäftsbetrieb)

  → jeder Gewerbetreibende ohne kaufmännische Organisation, sofern freiwillig im Handelsregister eingetragen

  = **Kannkaufmann** (Er **kann**, muss sich jedoch nicht im Handelsregister eintragen lassen.)

  → jede Kapitalgesellschaft (GmbH, AG) = **Formkaufmann**

  → jeder Land- und Forstwirt, sofern freiwillig im Handelsregister eingetragen = **Kannkaufmann**

- Wer im Handelsregister steht, ist **Kaufmann nach HGB.**

  (Bei deklaratorischer Wirkung besteht die Kaufmannseigenschaft evtl. schon vorher.)

- Alle **Kleingewerbetreibenden**

  = Gewerbetreibende, deren Unternehmen einen in kaufmännischer Weise eingerichteten Geschäftsbetrieb nicht erfordert,

  kurz: Gewerbetreibende ohne kaufmännische Organisation

  können freiwillig die **Kaufmannseigenschaft** erwerben, indem sie sich ins Handelsregister eintragen lassen („**Kannkaufleute**").

- Auch **Kleingewerbetreibende** können eine **OHG bzw. KG** gründen, sofern sie im Handelsregister eingetragen sind.

Vgl. Übersicht nächste Seite!

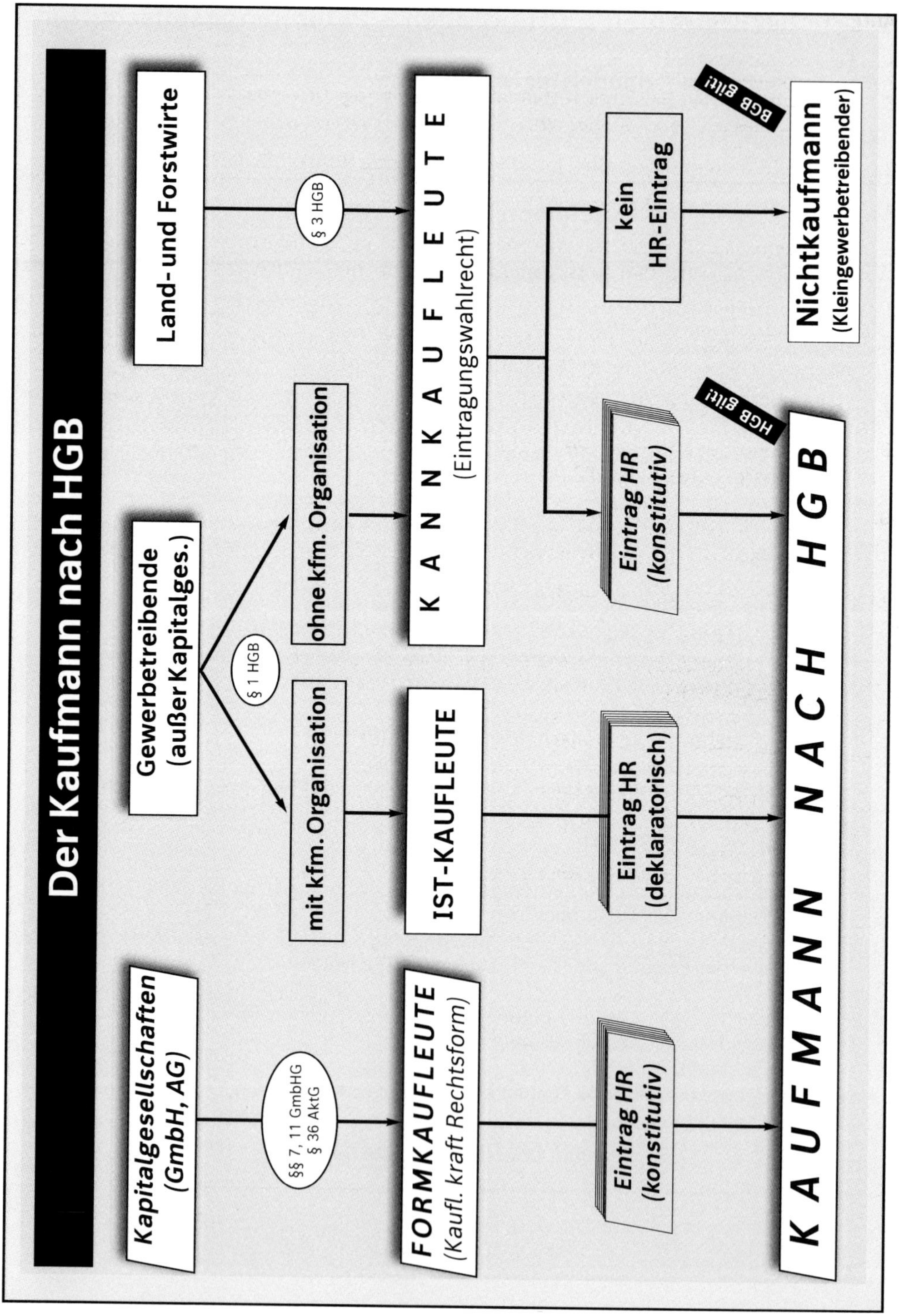
Der Kaufmann nach HGB
Kapitalgesellschaften (GmbH, AG)
§§ 7, 11 GmbHG § 36 AktG
FORMKAUFLEUTE (Kaufl. kraft Rechtsform)
Eintrag HR (konstitutiv)
Gewerbetreibende (außer Kapitalges.)
§ 1 HGB
mit kfm. Organisation
IST-KAUFLEUTE
Eintrag HR (deklaratorisch)
ohne kfm. Organisation
Land- und Forstwirte
§ 3 HGB
K A N N K A U F L E U T E (Eintragungswahlrecht)
Eintrag HR (konstitutiv)
kein HR-Eintrag
K A U F M A N N N A C H H G B
HGB gilt!
Nichtkaufmann (Kleingewerbetreibender)
BGB gilt!

Aufgaben (Grundwissen)

1. Für wen gilt das HGB?
2. Unterscheiden Sie hinsichtlich Handelsregistereintrag: Gewerbetreibende mit bzw. ohne kaufmännischen Geschäftsbetrieb.
3. Welche Besonderheiten gelten für gewerbetreibende Nichtkaufleute?
4. Welche Kaufleute sind immer Kaufleute nach HGB?
5. Inwiefern unterscheidet sich die rechtliche Wirkung der Handelsregistereintragung bei Formkaufleuten von den sonstigen Gewerbetreibenden mit kaufmännischem Geschäftsbetrieb?
6. Nennen Sie vier Kriterien für die Beurteilung, ob ein Gewerbetreibender einen in kaufmännischer Weise eingerichteten Geschäftsbetrieb unterhält.
7. Unterscheiden Sie die Begriffe „Kann- und Formkaufmann". Nennen Sie je zwei Beispiele.
8. Ingo Schopf ist alleiniger Gesellschafter und Geschäftsführer der Schopf GmbH. Ist er Kaufmann im Sinne des HGB?
9. Welche Gewerbetreibenden können nicht Prokura erteilen?
10. Welche Nachteile haben eingetragene Kaufleute im Vergleich zu Nichtkaufleuten?
11. Welche Kaufmannsart/-en liegt/liegen jeweils vor?

    a) Firma Opf & Co. KG, Kunststoffverarbeitung, 70 Beschäftigte
    b) Großkino in Hamburg, 15 Beschäftigte, 2 Mio. EUR Jahresumsatz
    c) Rechtsanwaltspraxis Dr. Para
    d) Würstchenbude in der Innenstadt
    e) Handels-GmbH, ein Gesellschafter, keine Mitarbeiter
    f) landwirtschaftlicher Großbetrieb des Bauern Gerster
    g) EDV-Beratungsbetrieb „Daty e. K." ohne Mitarbeiter, Jahresumsatz 70.000,00 EUR
    h) Firma Poppe e. K., Zwei-Mann-Betrieb, Jahresumsatz 30.000,00 EUR
    i) Ravensburger Spiele AG
    j) Industriekaufmann Sebastian Schaufel

Stofftelegramm

Handelsregister → öffentliches Verzeichnis aller Kaufleute nach HGB des Amtsgerichtsbezirks

Inhalt:
- Firma
- Inhaber
- Kapital
- Prokura
- Geschäftssitz
- Gegenstand d. U.
- Geschäftsführer bzw. Vorstandsmitglieder

Öffentlichkeit des Handelsregisters:

- § 9 HGB: Einsicht für jeden
- § 10 HGB: Veröffentlichung aller Eintragungen und Löschungen (letztere erfolgen durch rotes Unterstreichen) im Bundesanzeiger und örtl. Tageszeitung
- § 15 Abs. 2 HGB: öffentlicher Glaube (eingetragene und bekannt gemachte Tatsachen muss jeder gegen sich gelten lassen)

Abt. A: Einzelunternehmen und Personengesellschaften

Abt. B: Kapitalgesellschaften

Beginn der rechtlichen Wirkung der Eintragung:

1. **deklaratorisch** (rechtsbezeugend): Die Rechtswirkung besteht schon vor Eintrag im Handelsregister.

   Beispiele: Einzelunternehmen, Personengesellschaften jeweils mit kaufmänn. Organisation
2. **konstitutiv** (rechtserzeugend): Die Rechtswirkung besteht erst durch die Eintragung.

   Beispiele: Kapitalgesellschaft, Kannkaufmann

Firma → Name, unter dem der Kaufmann nach HGB seine Geschäfte betreibt und unterschreibt; er kann unter seiner Firma klagen und verklagt werden (§ 17 HGB).

Kurz: Handelsname

Arten:
- Personenfirma (Alf Moll e. K.)
- Sachfirma (Software Daten GmbH)
- Mischfirma (Bau Moll GmbH)
- Fantasiefirma (Softy OHG)

Firmengrundsätze:

- **Firmenöffentlichkeit:** Handelsregistereintrag → jeder kann einsehen
- **Firmenbeständigkeit:** Firmenbeibehaltungswahlrecht bei Inhaberwechsel, wenn bisheriger Inhaber einwilligt; eine Veräußerung der Firma ohne zugehörigen Geschäftsbetrieb ist nicht möglich.

- **Unterscheidbarkeit:** (= Firmenausschließlichkeit) Unterscheidbarkeit von anderen Firmen muss bei Neugründungen beachtet werden.
- **Offenlegung der Haftungsverhältnisse:** durch Rechtsformzusätze (z. B. e. K., OHG, ...)
- **Offenlegung der Gesellschaftsverhältnisse:** durch Rechtsformzusätze
- **Irreführungsverbot:** Der Firmenname darf nicht über geschäftliche Verhältnisse, die für die Geschäftspartner maßgeblich sind, täuschen.

Aufgaben (Grundwissen)

1. Erklären Sie den Begriff „Handelsregister“.
2. Wo kann das Handelsregister eingesehen werden?
3. Nennen Sie acht wesentliche Eintragungen im Handelsregister.
4. Wer darf das Handelsregister einsehen?
5. Wie wird formal eine Handelsregistereintragung gelöscht?
6. Wie werden HR-Eintragungen bzw. -Änderungen bekannt gemacht?
7. Welche Bedeutung hat das Handelsregister?
8. Welche Personenkreise haben ein besonderes Interesse an HR-Eintragungen bzw. -Änderungen (drei Nennungen inkl. Begründung)?
9. Welche Rechtsformen werden in welchen Abteilungen des Handelsregisters geführt?
10. Erklären Sie den Begriff „öffentlicher Glaube“.
11. Erklären Sie anhand je eines Beispiels die unterschiedliche rechtliche Wirkung einer Handelsregistereintragung. Verwenden Sie die üblichen Fachbegriffe.
12. Welche der folgenden Aussagen sind richtig?
    a) Das Handelsregister ist ein öffentliches Verzeichnis aller Kaufleute.
    b) Das Handelsregister unterrichtet u. a. über Kapitalverhältnisse eines Unternehmens.
    c) GmbHs werden in Abteilung A des Handelsregisters geführt.
    d) Prokuristen werden nur in Abteilung B des Handelsregisters geführt.
    e) Alle Eintragungen und Änderungen im Handelsregister werden veröffentlicht.
    f) Deklaratorische Wirkung des Handelsregistereintrags bedeutet, dass die Rechtswirksamkeit mit der Eintragung im Handelsregister eintritt.
    g) Die Löschung einer Handelsregistereintragung erfolgt durch Unterstreichen.
    h) Handelsregistereintragungen kann jeder einsehen, der ein berechtigtes Interesse nachweist.
    i) Das Handelsregister informiert Außenstehende über die Gewinnsituation des Unternehmens.
    j) Anmeldungen zur Eintragung im Handelsregister müssen in notariell beglaubigter Form erfolgen.
13. Erklären Sie den Begriff „Firma“.
14. Nennen und beschreiben Sie kurz sechs Firmengrundsätze.

15. Welche Firmenart liegt in folgenden Fällen jeweils vor?

    a) Sportgroßhandel KG
    b) Schneider-Video-GmbH
    c) Holzapfel OHG
    d) Biggy AG
    e) Müller e. Kffr.
    f) Schulbuchverlag Anne Pfeff KG

16. Anke Strupp, Inhaberin des Modegeschäfts „Anke Strupp e. Kffr." in Bonn, verkauft das Geschäft an Evi Pfau. Unter welchen Voraussetzungen darf die bisherige Firma beibehalten werden?

17. Franz Maier möchte in Wittenberg/Lutherstadt eine Firma mit der Bezeichnung „Franz Maier e. K." gründen, obwohl bereits eine andere gleichnamige Firma in Wittenberg existiert. Ist dies möglich (Begründung)?

18. Die Firma „Schulbuchverlag Pfau GmbH" ändert den Unternehmensgegenstand und verkauft nur noch Videos an Videotheken. Darf die Firma beibehalten werden (Begründung)?

5.2 Übersicht über die wesentlichen Rechtsformen

Stofftelegramm

Einzelunternehmung: ein Vollhafter (Alleinunternehmer)

Personengesellschaften:

- Offene Handelsgesellschaft (OHG): mindestens zwei Vollhafter
- Kommanditgesellschaft (KG): mindestens ein Vollhafter (Komplementär), mindestens ein Teilhafter (Kommanditist)
- GmbH & Co. KG: KG, bei der GmbH Vollhafter ist

Kapitalgesellschaften:

- Gesellschaft mit beschränkter Haftung (GmbH): mindestens ein Teilhafter
- Aktiengesellschaft (AG): mindestens ein Teilhafter

5.3 Entscheidungskriterien für die Wahl der Rechtsform

Stofftelegramm

- Gewinn- und Verlustbeteiligung
- Haftung
- Finanzierungsmöglichkeiten
- Geschäftsführung, Vertretung
- Gesellschafterzahl
- Mindestkapital
- Mitarbeitswille
- Vorschriften für Firma
- Besteuerung
- Publizitätspflichten
- Mitbestimmung
- Rechtsnachfolge (Erbfall)

5.4 Einzel- oder Gesellschaftsunternehmung

Stofftelegramm

Einzelunternehmung → Einzelunternehmer = alleiniger Eigentümer

Firma: Zusatz „e. K." (eingetragener Kaufmann) bzw. „e. Kfm." bzw. „e. Kffr."

Haftung: Privat- und Geschäftsvermögen (= unbeschränkte Haftung)

Vorteile:
- schnelle Entscheidungen (keine Abstimmungen)
- keine Streitigkeiten in der Unternehmensführung
- keine Gewinnaufteilung

Nachteile:
- keine Risiko-(Haftungs-)Teilung
- begrenzte Kapitalbeschaffungsmöglichkeiten
- einseitige Unternehmenspolitik
- evtl. Arbeitsüberlastung

Bedeutung:
- häufigste Unternehmensform
- geeignet für kleine bis mittelgroße Unternehmen
- große Entfaltungsmöglichkeiten des Unternehmers

Gesellschaft → mindestens zwei Gesellschafter

Gründe für Ges'bildung
- Kapitalvermehrung
- Verteilung der Arbeitslast
- Aufteilung Unternehmerrisiko
- Erhöhung der Kreditwürdigkeit
- Heranziehen von Fachleuten

Nachteile einer Gesellschaft
- weniger Entscheidungsfreiheit (Geschäftsführung und Vertretung in verschiedenen Händen)
- Entscheidungsverzögerungen durch Meinungsverschiedenheiten
- Gewinnaufteilung

Aufgaben (Grundwissen)

1. Knut Säusel eröffnet eine Einzelunternehmung. Wie könnte die Firma lauten?
2. Wie haftet der Einzelunternehmer?
3. Nennen Sie je drei Vor- und Nachteile der Einzelunternehmung.
4. Welche Bedeutung hat die Einzelunternehmung?
5. Nennen Sie Vor- und Nachteile einer Gesellschaftsbildung.

5.5 Offene Handelsgesellschaft (OHG)

Stofftelegramm

Gesellschaftsvertrag
- formfrei möglich, meist jedoch schriftlich
- notarielle Beurkundung bei Einbringung von Grundstücken

Firma
- Rechtsformzusatz „OHG"
- **Umwandlung der Einzelunternehmung in eine andere Rechtsform:**
  - Der Firmenkern kann beibehalten werden, der Rechtsformzusatz muss jedoch entsprechend geändert werden.
  - Beispiel: Aus der Firma „Ingo König e. K." wird „Ingo König OHG".

Haftung → unbeschränkt – unmittelbar – solidarisch

Gesetzl. Gewinnverteilung
- 4 % des Kapitals, Rest nach Köpfen (§ 121 HGB)
- Privatentnahmen und -einlagen eines Gesellschafters während des Jahres sind zinsmäßig zu berücksichtigen!

Gesetzl. Verlustverteilung
- Verteilung nach Köpfen (§ 121 HGB)

Privatentnahmen
- Bis zu 4 % des Kapitalanteils zu Geschäftsjahresbeginn (auch bei Verlusten) + (falls > 4 %) Gewinnanteil (§ 122 HGB).

Vermögen der OHG = Gesamthandvermögen (gemeinschaftliches Vermögen)

Wettbewerbsverbot § 112 HGB: Ohne Zustimmung der anderen Gesellschafter ...

... 1. keine eigenen Geschäfte im Handelsgewerbebereich der OHG

... 2. keine Beteiligung an einem gleichartigen (= gleiche Branche) Unternehmen als persönlich haftender Gesellschafter

Rechte der OHG bei Verstoß: Schadenersatz oder Selbsteintrittsrecht oder Herausgabe der Vergütung oder dgl. (§ 113 HGB)

Geschäftsführung (= Innenverhältnis) § 116 HGB: alle Gesellschafter!

- **gewöhnliche Geschäfte:** Einzelgeschäftsführungsbefugnis (sofern kein Widerspruch, vgl. § 115 HGB)
- **außergewöhnl. Geschäfte:** Gesamtgeschäftsführungsbefugnis (Zustimmung aller Gesellschafter notwendig)
- **Ausschluss einzelner Gesellschafter von der Geschäftsführung:**

Bei außergewöhnlichen Geschäften ist dennoch Zustimmung notwendig.

Vertretung (= Außenverhältnis) §§ 125, 126 HGB: alle Gesellschafter!
§ 106 Abs. 2 Nr. 4; § 107 HGB

Einzelvertretungsbefugnis bei gewöhnlichen und außergewöhnlichen Geschäften (Zweck dieser Regelung: Schutz des Dritten)

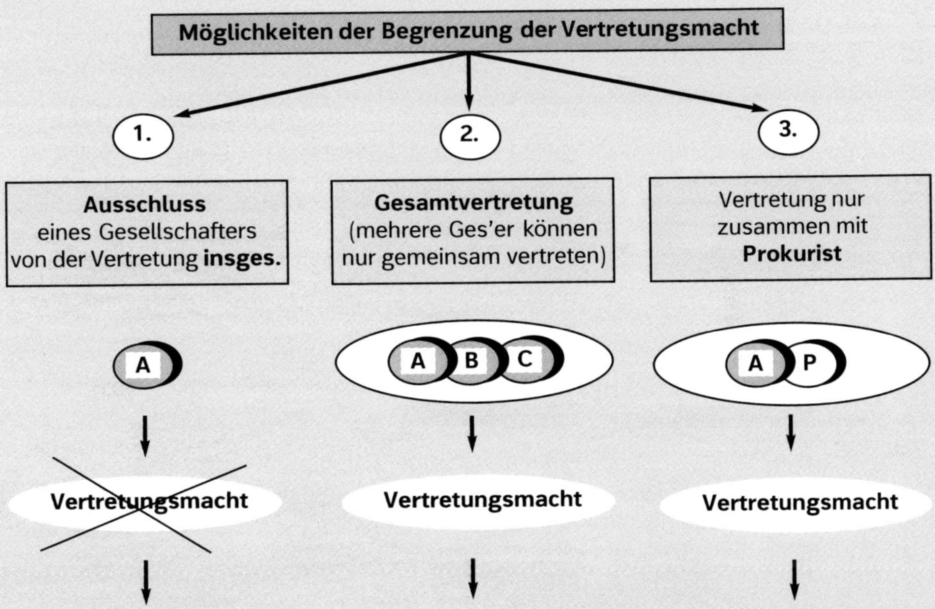

Voraussetzung: Anmeldung von sämtl. Gesellschaftern zum Eintrag ins **Handelsregister**

Nicht wirksam gegenüber Dritten:

Beschränkung des Umfangs der Vertretungsmacht

Beginn der OHG

- **Innenverhältnis:** laut Gesellschaftsvertrag
- **Außenverhältnis:** mit erstem Geschäft (Handelsregistereintrag ist **deklaratorisch**.)

Ausnahme: Kannkaufleute (OHG entsteht erst mit HR-Eintrag = konstitutiv); vgl. Kapitel 5.1

Aufnahme eines neuen Gesellschafters N

- N haftet auch für Schulden, die bei seinem Eintritt bereits bestehen. Ausschluss dieser Haftung ist nur im Innenverhältnis möglich (vgl. § 128 HGB).
- Möglichkeit bei **Eintritt in eine bisherige Einzelunternehmung:** N kann die Haftung auch im Außenverhältnis ausschließen durch:

1. Eintrag im Handelsregister und Bekanntmachung oder
2. Mitteilung an alle Gläubiger.

Ausscheiden eines Gesellschafters

- **Kündigungsfrist:** sechs Monate zum Geschäftsjahresende (§ 132 HGB)
- **Haftung:** weitere fünf Jahre für die bei seinem Austritt vorhandenen Verbindlichkeiten der Gesellschaft (§ 159 HGB)

Aufgaben (Grundwissen)

1. Welcher **Form** bedarf der Gesellschaftsvertrag einer OHG?
2. Welche der folgenden **Firmen** einer neu zu gründenden Unternehmung in der Rechtsform einer OHG sind rechtsgültig (Begründung)?

   a) Gerd Feger Nudelfabrik b) Gerd Feger & Co. c) Gerd Feger
   d) Feger & Frosch e) Eddy Frosch OHG f) Feger OHG

3. a) Einzelunternehmer Walter Schnorr nimmt den Gesellschafter Schnuff zwecks Gründung einer OHG auf. Darf die bisherige **Firma** („Walter Schnorr e. K.") beibehalten werden?
   b) Die OHG firmiert mit „Schnorr & Schnuff OHG". Darf die **Firma** beibehalten werden, wenn Schnuff wieder ausscheidet (Begründung)?
   c) Aus der Firma „Schnorr, Schnuff & Schnauff OHG" scheidet Schnuff aus. Darf die **Firma** beibehalten werden?
   d) An der „Schnorr OHG" sind drei Gesellschafter beteiligt. Schnorr scheidet aus. Darf die Firma beibehalten werden?
4. a) Erläutern Sie kurz die drei **Haftungsbegriffe** bei der OHG.
   b) Worin unterscheiden sich „**Haftung**" und „**Verlustbeteiligung**"?
5. Wie wird der **Gewinn (Verlust)** bei der OHG laut Gesetz verteilt?

6. Erklären Sie das gesetzliche **Wettbewerbsverbot** für OHG-Gesellschafter und nennen Sie je ein Beispiel.

7. Die ABC-OHG (50 Mitarbeiter, jährliche Erlöse 3 Mio. EUR, Bilanzsumme 1 Mio. EUR) hat bezüglich **Vertretung** und **Geschäftsführung** keine gesellschaftsvertraglichen Regelungen getroffen. B unterzeichnet ohne Vorabsprache mit A und C einen äußerst günstigen Kaufvertrag über ein Fließband im Wert von 800.000,00 EUR.
A und C sind nachträglich nicht einverstanden. Rechtslage?

8. Bei der ABC-OHG haben die Gesellschafter vereinbart, dass Grundstücksverträge nur gemeinsam abgeschlossen werden dürfen. Der Verkäufer eines Grundstücks weiß dies. A schließt dennoch – ohne Rücksprache mit den anderen Gesellschaftern – einen notariellen Kaufvertrag ab. Ist dieser gültig?

9. Gesellschafter A soll von der **Vertretung** ausgeschlossen werden.

   a) Unter welcher Voraussetzung ist dies nur rechtswirksam?
   b) Welche sonstigen Vertretungsbeschränkungen wären denkbar?
   c) Welche Vertretungsbeschränkung ist stets unwirksam?

10. a) Der Einzelunternehmer Ott nimmt den Vollhafter Neu auf. **Haftet** Neu auch für die alten Schulden der alten Firma?
    b) Welche Möglichkeit hat Neu?
    c) Wie wäre die Rechtslage, wenn Neu in eine OHG eingetreten wäre?

11. Gesellschafter Sauer will **ausscheiden.** a) Kündigungsfrist? b) Haftung?

12. Gesellschafter Streiter fasst am 2. Juli 01 den Entschluss, aus der Moppel & Sting OHG **auszuscheiden**.

    a) Wann ist er frühestens aus seinem Vertrag „befreit“ (Begründung)?
    b) Drei Jahre nach seinem Ausscheiden tritt ein Gläubiger der Moppel & Sting OHG an Streiter heran und verlangt die Begleichung einer am 14. Oktober 01 entstandenen und noch nicht verjährten Forderung. Muss Streiter zahlen?

13. Die Gesellschafter Schinkel und Brosius sind an der Schinkel OHG beteiligt. Brosius scheidet aus. Darf die bisherige **Firma** beibehalten werden (Begründung)?

14. Nehmen Sie Stellung zur Rechtsgültigkeit der Vorschläge einzelner Gesellschafter der „ABC OHG“ betr. Ausgestaltung des Gesellschaftsvertrages der neu zu gründenden OHG:

    - <u>Vorschlag A:</u> „Die Gesellschafter B und C dürfen die OHG nur gemeinsam vertreten.“
    - <u>Vorschlag B:</u> „Die Gesellschafter B und C sind nicht berechtigt, namens der Gesellschaft Grundstücke zu kaufen.“

15. Gesellschafter Mau ist an der Mau & Sauer OHG beteiligt:

    - Kapitalanteil Mau 1. Januar 01: 300.000,00 EUR
    - Verlustanteil Mau im Jahr 01: 50.000,00 EUR
    - Privatentnahmen Mau im Jahr 01: 12.000,00 EUR

    Sauer ist sauer über die seines Erachtens zu hohen **Privatentnahmen** von Mau. Zu Recht?

16. Der Kaufmann Alfons Storch betreibt seit 20 Jahren eine größere Einzelunternehmung. Für eine Betriebserweiterung soll in eine OHG umgewandelt werden. Als neue Gesellschafter sollen sein Sohn Ewald und der Mitarbeiter Sepp Eifer aufgenommen werden. Die Firma soll weiterhin den Firmenkern „Alfons Storch“ behalten.

Herr Storch sen. bringt seine Unternehmung (Gebäude, sonstiges Anlagevermögen, Umlaufvermögen) im Wert von 1,2 Mio. EUR ein, sein Sohn stellt seine Arbeitskraft zur Verfügung und Herr Eifer leistet eine Bareinlage von 200.000,00 EUR.

Die OHG beginnt laut Gesellschaftsvertrag vom 15. Dezember 01 am 1. Januar 02; Eintragung im Handelsregister am 10. Januar 02.

a) Welche **Form** muss der Gesellschaftsvertrag dieser OHG haben?
b) Kann die bisherige **Firma** beibehalten werden (Begründung)?
c) Kann Ewald Storch ohne Kapitaleinlage Gesellschafter werden?
d) Wann **entsteht** die OHG?
e) Ein Gläubiger der OHG, Georg Nieselpriem, wendet sich direkt an Eifer und verlangt von ihm die Begleichung seiner im März 02 entstandenen Forderung über 60.000,00 EUR. Muss Eifer zahlen oder kann er Nieselpriem an die OHG verweisen (Begründung)?

17. Nennen Sie die **Rechte** und **Pflichten** der OHG-Gesellschafter.

18. Ein Gesellschafter einer neu zu gründenden OHG leistet keine Einlage, sondern stellt seine Arbeitskraft zur Verfügung. Beurteilen Sie diese Vereinbarung im Gesellschaftsvertrag

    - im Hinblick auf die Einlagepflicht des OHG-Gesellschafters,
    - in bilanztechnischer Sicht,
    - aus der Sicht der Mitgesellschafter,
    - aus der Sicht der Gläubiger.

19. Angenommen, der Kapitalanteil eines OHG-Gesellschafters ist negativ geworden. Wie verhält es sich in einem solchen Fall mit dem Entnahmerecht des Gesellschafters?

5.6 Kommanditgesellschaft (KG)

Stofftelegramm

Gesellschaftsvertrag: vgl. OHG!

Firma Rechtsformzusatz „KG“

Gesellschafter

1. Komplementäre (= Vollhafter): vgl. OHG-Gesellschafter!

2. Kommanditisten (= Teilhafter):

- Merken Sie sich unbedingt folgende **fünf Haftungsregelungen:**
  1. Nur die Einlage laut HR-Eintrag (= **Haftsumme) haftet.**
  2. **unmittelbare Haftung** nur in Höhe einer nicht voll eingezahlten Einlage
  3. Die **Haftsumme** kann abweichen von der im Gesellschaftsvertrag **bedungenen Einlage (= Pflichteinlage).**
     Ist Haftsumme > Pflichteinlage: Für die Differenz haftet der Kommanditist **unmittelbar.**
  4. **Haftung bei Neueintritt:** bis zum Eintrag ins Handelsregister Haftung wie Vollhafter, erst nach HR-Eintrag Teilhafter
  5. **vor Eintragung der KG** ins Handelsregister ebenfalls volle Haftung

- **Ausschluss** von Geschäftsführung und Vertretung (§§ 164, 170 HGB)

- **Widerspruchsrecht** bei **außergewöhnlichen Geschäften** (§ 164 HGB)

- **Gewinnanteil:**
  - i. d. R. im Gesellschaftsvertrag festgelegt, **Anspruch auf Auszahlung** seines Gewinnanteils am Geschäftsjahresende, solange nicht ausgezahlt: Gewinnanteil = **sonst. Verbindl.**
  - Ist die Pflichteinlage noch **nicht voll eingezahlt:** Gewinnanteil wird seinem Kapital gutgeschrieben – also keine Auszahlung.

Aufgaben (Grundwissen)

1. An der Firma Moll & Co. KG sind die Komplementäre Moll und Stoll sowie die Kommanditisten Filz und Milz beteiligt. Moll kauft ohne Vorabsprache für die Gesellschaft Aktien für 390.000,00 EUR. Prüfen Sie die Rechtslage.

2. Am 13. Mai tritt ein Kommanditist in eine bestehende KG **neu** ein. Der Handelsregistereintrag erfolgt am 30. Mai. Erklären Sie die zwischenzeitliche Situation.

3. Wann haften **alle** Kommanditisten einer KG ausnahmsweise voll?

4. Ein **Kommanditist** schließt namens der KG einen Kaufvertrag über 100,00 EUR. Ist der Vertrag für die KG bindend (Begründung)?

5. Können **Kommanditisten** bei entsprechender Gesellschaftsvertragsgestaltung eine komplementärähnliche „Machtposition" ausüben (Innen- und Außenverhältnis berücksichtigen)?
6. Kommanditkapital des Kommanditisten K: 100.000,00 EUR (Haftsumme)
   Davon wurden bereits eingezahlt: 70.000,00 EUR
   Gläubiger G wendet sich an K zwecks Einziehung seiner Forderung gegenüber der KG in Höhe von 50.000,00 EUR. Muss K zahlen (Begründung)?
7. Wie beeinflusst der **Gewinnanteil** eines Kommanditisten seinen Kapitalanteil?
8. Haftet ein **neuer Kommanditist** auch für alte Schulden der KG?
9. Nennen Sie die **Rechte und Pflichten** der a) Komplementäre, b) Kommanditisten.
10. Welche **Bedeutung** hat die a) OHG, b) KG?
11. Einzelunternehmer Hans Motte will seine Produktionsanlagen erweitern. Die Finanzierung soll u. a. durch Aufnahme eines Gesellschafters und Umwandlung in eine KG erfolgen. Mit Umwandlung der EU in eine KG tritt Fred Rist am 31. Januar mit Unterzeichnung des Gesellschaftsvertrages als Kommanditist in das Unternehmen ein. Seine Einlage beträgt 100.000,00 EUR, wovon zunächst nur 50.000,00 EUR einbezahlt werden. Die Eintragung in das Handelsregister erfolgt am 15. Februar.

    a) Welche **Gründe** mögen Motte bewogen haben, eine KG und nicht eine OHG als Gesellschaftsform zu wählen (drei Gründe)?
    b) Wie könnte die **Firma** der KG lauten (zwei Möglichkeiten nennen)?
    c) Zu welchem Zeitpunkt **entsteht** die KG im Innen- und Außenverhältnis (Begründung)?
    d) Die KG kommt vorübergehend in Zahlungsschwierigkeiten. Gläubigerforderungen in Höhe von 120.000,00 EUR sind fällig. Die Verpflichtungen sind vor Eintritt des Gesellschafters Rist in die Unternehmung entstanden.
       Beurteilen Sie die **Haftungsgrundlage** des Gesellschafters Rist vor und nach der Handelsregistereintragung.
    e) Zwischen dem Komplementär Motte und dem Kommanditisten Rist ergeben sich in der Folgezeit Differenzen. Nehmen Sie zu folgenden Situationen Stellung:

       1) Rist widersetzt sich der Absicht von Motte, eine Zweigniederlassung in der Schweiz zu gründen.
       2) Rist tritt in ein neu gegründetes Konkurrenzunternehmen am Geschäftssitz der KG als Vollhafter ein.
       3) Rist kündigt aus diesem Grund am 30. November das Gesellschaftsverhältnis zum 31. Dezember desselben Jahres.

12. App und Birk wollen eine Unternehmung in der Rechtsform der **OHG oder KG** gründen, weitere Gesellschafter sollen zunächst nicht aufgenommen werden (Begründungen).

    a) Bei welcher Rechtsform wäre die Kreditwürdigkeit besser?
    b) Wann käme nur die KG infrage (zwei Beispiele)?
    c) Wann käme nur die OHG infrage (zwei Beispiele)?
    d) Bei welcher Rechtsform wären die Kapitalbeschaffungsmöglichkeiten langfristig besser?

13. Warum regeln OHG-Gesellschaftsverträge häufig, dass beim **Tod** eines Gesellschafters die OHG in eine KG umgewandelt wird?
14. Unterscheiden Sie die Begriffe „Haftsumme" und „bedungene Einlage" (= Pflichteinlage).
15. Bis zu welcher Höhe ist ein Kommanditist am **Verlust** beteiligt?

16. Nennen Sie vier mögliche Gründe für eine die Pflichteinlage übersteigende Haftsumme.

17. Die Firma Kurt Amann & Co. KG ist eine Unternehmung, die sich auf die Produktion von Gummiverbindungsteilen für Straßenbahnen und Omnibusse spezialisiert hat.

    Als Komplementäre sind beteiligt:

    - Kurt Amann mit 300.000,00 EUR
    - Heinrich Berger mit 200.000,00 EUR

    Als Kommanditisten sind beteiligt:

    - Franz Kramer mit 80.000,00 EUR
    - Horst Dreher mit 70.000,00 EUR mit Wirkung vom 1. Juli 20..

    Dreher hat 60.000,00 EUR am 30. Juni 20.. und den Rest am 30. September 20.. eingezahlt. Nach dem Gesellschaftsvertrag stehen die Geschäftsführung und Vertretung nur Kurt Amann zu.

    a) Nennen Sie vier betriebswirtschaftliche Gründe, die zu der vereinbarten Regelung über die Geschäftsführung und Vertretung geführt haben könnten.
    b) Ohne Absprache mit seinen Gesellschaftern kauft Amann von der Firma Pack AG eine sehr teure Spezialmaschine zur Verpackung für 200.000,00 EUR.
    Prüfen Sie, ob Amann dazu berechtigt war und ob ein Kaufvertrag mit der Firma Pack AG zustande gekommen ist.
    c) Ein Gläubiger hat bisher vergeblich versucht, eine Forderung über 12.000,00 EUR, fällig am 15. März 20.., einzutreiben. Er wendet sich daher am 20. August 20.. direkt an den Kommanditisten Dreher und verlangt von diesem die Zahlung. Wie ist die Rechtslage?
    d) Berger beabsichtigt Anfang März, sich mit einem Betrag von 10.000,00 EUR aus seinem Geschäftsanteil an den Technischen Gummiwerken Gerhard Neumann OHG zu beteiligen. Beurteilen Sie dieses Vorhaben aus rechtlicher Sicht.

18. An der Schober und Schwarz KG (Herstellerin von Wärmepumpen) sind die Komplementäre Schober und Schwarz mit 280.000,00 EUR bzw. 420.000,00 EUR und die Kommanditisten Berner und Renner mit 100.000,00 EUR bzw. 160.000,00 EUR beteiligt. Ausstehende Kommanditeinlage Berner: 40.000,00 EUR; Umsatzerlöse im letzten Jahr: 12,3 Mio. EUR; Reingewinn im letzten Jahr: 340.000,00 EUR.

    a) Erklären Sie die Geschäftsführungs- und Vertretungsbefugnisse der Komplementäre, wenn der Gesellschaftsvertrag hierzu keine Regelungen enthält.
    b) Kommanditist Berner wird vom Finanzamt aufgefordert, die für die KG fällige Umsatzsteuerschuld in Höhe von 56.720,00 EUR zu überweisen. Muss er zahlen (Begründung)?
    c) Schober und Schwarz haben in Verhandlungen mit der Commerzbank AG die Zusage für einen Investitionskredit in Höhe von 250.000,00 EUR erhalten. Kreditlaufzeit sechs Jahre, Festzins 12 % p. a. Mit diesem Kredit und eigenen Mitteln der KG soll der Betrieb eines Elektromotorenherstellers übernommen werden.
    Kommanditist Renner widerspricht: Die Kreditkonditionen der Commerzbank seien zu ungünstig und von der Eingliederung eines neuen Produkts in das Herstellungsprogramm der KG halte er nichts. Er habe seinerseits aber ein sehr günstiges Kreditangebot der Sparda Bank eG für die KG angenommen, das einen Vorzugszins von 8 % p. a. gewähre.

Beurteilen Sie die Handlungsweise des Kommanditisten Renner im Hinblick auf

c1) den Kreditantrag,
c2) die Übernahme des Betriebs des Elektromotorenherstellers,
c3) den Kreditvertrag mit der Sparda Bank eG.

5.7 Abituraufgaben Profil Internationale Wirtschaft

Abituraufgaben 2015 (Aufgabe 1, Teil 1)

Ute, Paul und Max Kullen sind Gesellschafter der Goldei-Nudeln KG in Münsingen. Ute Kullen (Diplomkauffrau) und Paul Kullen (Diplomingenieur) sind Komplementäre. Alle Regelungen des Gesellschaftsvertrags entsprechen den gesetzlichen Vorschriften des HGB.

Max Kullen ist als Kommanditist mit 150.000,00 EUR an der KG beteiligt. Bisher hat er 110.000,00 EUR seiner Einlage geleistet.

1. Folgende Fälle sind im laufenden Geschäftsjahr zu klären:

1.1 Ein Gläubiger der Goldei-Nudeln KG möchte am 5. April 2014 eine Forderung von 50.000,00 EUR eintreiben.

Prüfen Sie die Haftung der KG und ihrer Gesellschafter gegenüber dem Gläubiger.

1.2 Paul Kullen bekommt auf der Computermesse Cebit ein Angebot zum Kauf einer integrierten Unternehmenssoftware mit zehnjährigem Wartungsvertrag unterbreitet. Er möchte die günstigen Messekonditionen nutzen und unterschreibt sofort den Kauf- und Wartungsvertrag im Namen der KG. Die finanziellen Verpflichtungen belaufen sich einmalig auf 10.000,00 EUR für die Software. Zusätzlich entstehen während der Laufzeit jährliche Kosten aus dem Wartungsvertrag in Höhe von 20 % der Kaufsumme.

Ute und Max Kullen sind mit dem Abschluss des Kaufvertrages nicht einverstanden.

Prüfen Sie die Rechtslage mithilfe des Gesetzes.

1.3 Max Kullen ist der Meinung, dass er als Kommanditist im Vergleich zu einem GmbH-Gesellschafter hinsichtlich des Informations- und Kontrollrechts durch die gesetzlichen Bestimmungen schlechter gestellt ist.

Nehmen Sie hierzu begründet Stellung.

1.4 Erläutern Sie, unter welchen Voraussetzungen die Komplementäre über die gleiche Vertretungsbefugnis verfügen wie bisher, falls die KG in eine GmbH umgewandelt würde.

Abituraufgaben 2017 (Aufgabe 1, teilweise)

Der Stuttgarter Einzelunternehmer Julius Hartmann stellt Kabelbäume für E-Bikes in manueller Fertigung her. Hartmann wurde aufgrund seiner beständig hohen Produktqualität und Zuverlässigkeit von mehreren Kunden angesprochen, ob es möglich sei, die Kabelbäume in höherer Stückzahl zu produzieren. Hartmann beschließt deshalb, auf eine halbautomatisierte Fertigung umzustellen.

Aufgrund der Betriebserweiterung soll das Einzelunternehmen Julius Hartmann e. K. in eine Personengesellschaft umgewandelt werden.

1. Erläutern Sie einen Vor- und einen Nachteil, der sich aus der Umwandlung eines Einzelunternehmens in eine Personengesellschaft ergibt.

2. Julius Hartmann wird alleiniger Komplementär der neu gegründeten Julius Hartmann KG. Stefan Völter, langjähriger Mitarbeiter, tritt am 01.04.2015 als Kommanditist ein und leistet seine Einlage in voller Höhe. Die Eintragung ins Handelsregister erfolgt am 15.04.2015. Ende Juni verlangt ein Gläubiger von Stefan Völter die Begleichung einer Rechnung, die am 15.05.2015 bei der KG eingegangen ist. Völter lehnt die Zahlung ab.

   Prüfen Sie die Rechtslage mithilfe des Gesetzes.

3. In den ersten Monaten kommt es zwischen Hartmann und Völter zu mehreren Unstimmigkeiten.

   Prüfen Sie die Rechtslage in den folgenden beiden Fällen mithilfe des Gesetzes.

3.1 Völter beabsichtigt, gegen Hartmanns Willen als Vollhafter in ein neu gegründetes Konkurrenzunternehmen in Stuttgart einzusteigen.

3.2 Hartmann möchte eine Marketingleiterin einstellen. Völter ist der Meinung, dies sei zum aktuellen Zeitpunkt verfrüht und unnötig.

5.8 Abituraufgaben Profil Wirtschaft

Abituraufgaben 2009 (Aufgabe 3, Teil 1–7.1)

Der Goldschmied Patrick Braun stellt in seinem Einzelunternehmen Edelschmied e. K. mithilfe moderner CNC-Technik hochwertigen Edelstahlschmuck her. Das reduzierte Design der Schmuckstücke, kombiniert mit traditionellen Materialien wie Gold und Diamanten, findet weltweit immer mehr Anhänger. Braun beschließt daher, seinen Betrieb zu erweitern und eine Ladenkette aufzubauen. Die bisherige Einzelunternehmung soll dazu in eine Personengesellschaft in Form der KG umgewandelt werden.
Diplom-Kaufmann Andreas Müller möchte in das Unternehmen seines Freundes Patrick Braun einsteigen und ihn mit seinem betriebswirtschaftlichen Know-how unterstützen. Außerdem stellt er ein Grundstück mit Gebäude zur Verfügung, in dem die kaufmännische Verwaltung sowie die neuen Präsentations- und Verkaufsräume untergebracht werden sollen. Um den zusätzlichen Kapitalbedarf zu decken, überzeugt Patrick Braun seine ältere Schwester Beate Weiß, sich finanziell zu beteiligen. Die künftigen Geschäftspartner entwerfen folgenden Gesellschaftsvertrag:

Auszug aus dem Gesellschaftsvertrag

§ 1 Firma und Beginn der Gesellschaft
(1) Das Unternehmen wird unter der Firma „Edelschmied KG" geführt.
(2) Beginn der Gesellschaft ist der 01.01.2008.
(3) Das Geschäftsjahr entspricht dem Kalenderjahr.

§ 3 Gesellschafter und Einlagen
(1) Persönlich haftende Gesellschafter sind Patrick Braun und Andreas Müller, Kommanditistin ist Beate Weiß.
(2) Patrick Braun bringt sein bisheriges Einzelunternehmen im Gesamtwert von 550.000,00 EUR zum Geschäftsbeginn ein.
(3) Andreas Müller bringt ein Grundstück mit Gebäude im Wert von 370.000,00 EUR zum Geschäftsbeginn ein.
(4) Beate Weiß beteiligt sich mit einer Bareinlage von 200.000,00 EUR; 120.000,00 EUR sind bei Geschäftsbeginn zur Zahlung fällig, der Rest ist bis zum 30.06.2008 einzuzahlen.

§ 4 Geschäftsführung und Vertretung
Bezüglich Geschäftsführung und Vertretung gelten die gesetzlichen Bestimmungen.

§ 6 Haftung
Andreas Müller und Beate Weiß haften nicht für die bisherigen Verbindlichkeiten der Einzelunternehmung „Edelschmied e. K.".

§ 7 Gewinn- und Verlustbeteiligung
(1) Die Komplementäre erhalten vorab eine Tätigkeitsvergütung von je 4.000,00 EUR monatlich, die jeweils am Monatsanfang ausbezahlt wird.
(2) Vom erzielten Jahresgewinn erhält jeder Gesellschafter eine Verzinsung seines zu Beginn des Geschäftsjahres eingebrachten Kapitals gemäß der gesetzlichen Regelung des HGB. Am verbleibenden Jahresgewinn sowie am Verlust sind die Gesellschafter Braun, Müller und Weiß im Verhältnis 3 : 3 : 1 beteiligt.

Die zum Geschäftsbeginn fälligen Leistungen werden vertragsgemäß erbracht. Die Edelschmied KG wird am 14.01.2008 ins Handelsregister eingetragen. Dabei werden auch alle Vereinbarungen des Gesellschaftsvertrages, soweit sie für ihr Wirksamwerden gegenüber Dritten der Eintragung bedürfen, berücksichtigt. Die Veröffentlichung erfolgt acht Tage später.

1. Nennen Sie vier Gründe, die Patrick Braun bewogen haben könnten, die Einzelunternehmung in eine Personengesellschaft umzuwandeln.

2. Gemäß HGB gilt im Innenverhältnis weitgehend nachgiebiges Recht (= Vereinbarungen gemäß Gesellschaftsvertrag), im Außenverhältnis hingegen zwingendes Recht (= Gesetzesbestimmungen). Erläutern und begründen Sie diese unterschiedliche Regelung.

3. Der Hersteller einer im März 2008 bestellten und gelieferten CNC-Maschine verlangt von der vermögenden Beate Weiß die Begleichung der fälligen Rechnung in Höhe von 95.000,00 EUR. Begründen Sie, ob und gegebenenfalls in welcher Höhe Weiß zahlen muss.

4. Patrick Braun will eine größere Menge Edelmetall für 50.000,00 EUR erwerben. Beate Weiß und Andreas Müller sind der Meinung, dass der Kaufpreis stark überteuert ist, und sind gegen den Kauf. Patrick Braun schließt den Kaufvertrag trotzdem ab.

   Beurteilen Sie die Rechtslage im Innen- und Außenverhältnis.

5. Am Ende des ersten Geschäftsjahres (31.12.2008) beträgt der Gewinn der Edelschmied KG 256.600,00 EUR, der wie folgt verteilt wird:[1]

(Werte in Euro)	Komplementär Braun	Komplementär Müller	Kommanditistin Weiß	Insgesamt
Jahresgewinn				256.600,00
Tätigkeitsvergütung	48.000,00	48.000,00	–	96.000,00
Verzinsung 4 % des Jahresanfangskapitals	22.000,00	14.800,00	4.800,00	41.600,00
Restgewinn				119.000,00
Restgewinnanteil 3 : 3 : 1	51.000,00	51.000,00	17.000,00	119.000,00
Gesamter Gewinnanteil	121.000,00	113.800,00	21.800,00	256.600,00

5.1 Begründen Sie, welche Zwecke mit der in § 7 Abs. 2 des Gesellschaftsvertrages dargestellten Regelung verfolgt werden.

5.2 Prüfen Sie, inwieweit die einzelnen Gesellschafter nach Verteilung des Jahresgewinns 2008 zur offenen Selbstfinanzierung des Unternehmens beigetragen haben, wenn die Komplementäre in diesem Geschäftsjahr nur ihre Tätigkeitsvergütung entnehmen und die ausstehende Einlage der Kommanditistin bis zum Ende des ersten Geschäftsjahres noch nicht geleistet ist.

5.3 Erörtern Sie die Bedeutung der offenen Selbstfinanzierung für die Edelschmied KG.

6. Prüfen Sie, ob der Komplementär Andreas Müller nachfolgende Vorhaben ohne Zustimmung der anderen Gesellschafter durchführen kann.

6.1 Müller beabsichtigt, auf dem noch nicht bebauten Teil seines eingebrachten Grundstücks ein Privathaus für seine Familie zu errichten. Hierzu will er diesen Grundstücksteil aus dem Vermögen der KG entnehmen.

6.2 Andreas Müller möchte sich als Kommanditist beim Goldschmuckhersteller Schwarz & Söhne KG beteiligen.

7. Nach wiederholten familiären Differenzen zwischen den Geschwistern Patrick und Beate beschließt Beate Weiß, zum 31.12.2009 aus der Edelschmied KG auszutreten. Sie fordert für ihren Kommanditanteil mindestens 250.000,00 EUR.

7.1 Erörtern Sie zwei Probleme, die sich durch den Austritt von Beate Weiß für die Edelschmied KG ergeben können.
Begründen Sie mit einem betriebswirtschaftlichen Argument die Höhe der Forderung von Frau Weiß.

Abituraufgaben 2010 (Aufgabe 2, Teil 1–3)

Ernst Zeisel ist Fahrradmonteur und hat sich vor fünf Jahren selbstständig gemacht. Er rüstet Fahrräder auf, indem er Elektromotoren als Hilfsmotoren einbaut. Zeisel führt sein Unternehmen bisher als Einzelunternehmung. Er gründet mit dem Buchhalter Roland Berger eine OHG, an der sich Berger mit der Einlage eines Grundstücks im Wert von 50.000,00 EUR beteiligt.

[1] *Aufgabe 5 lösen, wenn die Finanzierung im Unterricht schon behandelt worden ist, sonst weiter mit Aufgabe 6.*

1. Begründen Sie, ob der Abschluss des Gesellschaftsvertrages einer Formvorschrift unterliegt.
2. Ernst Zeisel und Roland Berger schließen am 10. Dezember 2007 den Gesellschaftsvertrag. Beginn der Gesellschaft ist der 1. Januar 2008. Der Handelsregistereintrag erfolgt am 7. Januar 2008. Bezüglich Geschäftsführung und Vertretung gelten die gesetzlichen Regelungen.

   Prüfen Sie für die beiden nachfolgenden Fälle die Rechtsfolgen für die OHG und die beiden Gesellschafter.

2.1 Am 10. März 2008 schließt Zeisel einen Kaufvertrag über eine Montagevorrichtung im Wert von 4.000,00 EUR ab. Roland Berger hatte zuvor die Zustimmung verweigert.

2.2 Wegen Krankheit muss Berger im April 2008 einen längeren Kuraufenthalt antreten. Während Bergers Abwesenheit schließt Zeisel einen langfristigen Pachtvertrag über zehn Jahre für eine zusätzliche Verkaufsfläche in guter Innenstadtlage im Namen der OHG ab.

3. Erörtern Sie, weshalb der Gesetzgeber bei der OHG von dem im Gesellschaftsrecht üblichen Grundsatz der Gesamtgeschäftsführung abweicht.

Abituraufgaben 2011 (Aufgabe 1, Teil 1–2)

Dipl.-Kfm. Paul Adam und Dipl.-Ing. Peter Geiger wollen zur Erprobung eines umweltschonenden Verfahrens der Müllaufbereitung ein gemeinsames Unternehmen gründen. Das erforderliche Kapital beträgt 2.000.000,00 EUR, das von Adam und Geiger allein nicht vollständig aufgebracht werden kann.
Adam und Geiger entscheiden sich für die Gründung einer KG. Der Gesellschaftsvertrag wird am 10.01.2007 geschlossen, die Handelsregistereintragung der Green-Tec KG erfolgt am 01.02.2007. Adam übernimmt einen Kapitalanteil von 600.000,00 EUR, Geiger von 500.000,00 EUR. Die beiden Komplementäre werden in der KG mitarbeiten. Markus Klein beteiligt sich als Kommanditist mit 300.000,00 EUR, wovon er 200.000,00 EUR sofort einzahlt. Der Rest ist zum 01.07.2007 fällig. Die jeweiligen Kapitaleinlagen werden am Tag der Handelsregistereintragung erbracht. Bezüglich Geschäftsführung und Vertretung gelten die gesetzlichen Regelungen. Der restliche Kapitalbedarf wird fremdfinanziert.

1. Erläutern Sie zwei Gründe, weshalb sich die Komplementäre Adam und Geiger für eine KG entschieden haben könnten.
2. Nach Aufnahme der Geschäfte sind die folgenden rechtlichen Fragen zu klären:

2.1 Auf einer Messe kauft Peter Geiger am 15.02.2007 ohne Abstimmung mit den anderen Gesellschaftern eine Transportanlage zum Preis von 150.000,00 EUR bei der Maschinenfabrik Kraft AG. Der Lieferant verlangt von Markus Klein zum 01.03.2007 die Begleichung der Rechnung.
Beurteilen Sie die Rechtslage.

2.2 Im Juni 2007 erfährt Markus Klein von einem seiner Meinung nach ungünstigen Vertragsabschluss der KG mit einem Containerlieferanten. Er möchte deshalb die Geschäftsbücher einsehen. Erläutern Sie, ob Adam und Geiger ihm dies verweigern können.

2.3 Aus einer Erbschaft hat Markus Klein noch weiteres Kapital zur Verfügung. Damit möchte er sich an der Recycling GmbH als Gesellschafter beteiligen und als Geschäftsführer tätig werden.

- Begründen Sie, ob er dieses Vorhaben ohne die Zustimmung der beiden Komplementäre umsetzen kann.
- Beurteilen Sie, ob es zu einem Interessenkonflikt kommen könnte.

Abituraufgaben 2012 (Aufgabe 1, Teil 1 und 2)

Thomas Berger betreibt seit 1996 erfolgreich ein Einzelunternehmen in Karlsruhe, das Kunststoffteile für die Automobilindustrie herstellt. Zu Beginn des Jahres 2011 beschäftigt Berger 23 Mitarbeiter. Für eine Betriebserweiterung im Frühjahr 2011 benötigt er zusätzliches Kapital. Zusammen mit seinem Schwager Klaus Wegmann sowie seinem Mitarbeiter Hans Maier gründet er deshalb eine Kommanditgesellschaft.

Auszug aus dem Gesellschaftsvertrag

§ 1 Das Unternehmen wird unter der Firma Autoteile Berger KG geführt.

§ 2 Thomas Berger bringt als Komplementär seine bisherige Einzelunternehmung im Wert von 1.800.000,00 EUR in die Gesellschaft ein. Hans Maier tritt als weiterer Komplementär mit einer Bareinlage von 400.000,00 EUR ein. Klaus Wegmann beteiligt sich mit einer Bareinlage von 1.600.000,00 EUR als Kommanditist an der Gesellschaft.

§ 3 Beginn der Gesellschaft ist der 18. März 2011.

§ 4 Gewinn- und Verlustverteilung:

Die Komplementäre erhalten vorab eine gewinnunabhängige Tätigkeitsvergütung von jeweils 4.000,00 EUR pro Monat. Vom erzielten Jahresgewinn erhält jeder Gesellschafter zunächst eine Verzinsung in Höhe von 6 % seines zu Beginn des Geschäftsjahres vorhandenen Kapitalanteils. Ein evtl. vorhandener Restgewinn wird im Verhältnis 9 : 2 : 8 auf die Gesellschafter Berger, Maier und Wegmann verteilt. Die gleiche Regelung gilt für einen Verlust.

Ansonsten gelten die gesetzlichen Bestimmungen. Die KG wird am 31. März 2011 in das Handelsregister Karlsruhe eingetragen.

1. Nach Aufnahme der Geschäftstätigkeit sind die folgenden rechtlichen Fragen zu klären.

1.1 Während sich Hans Maier im Juni 2011 auf einer Urlaubsreise befindet, schließt Thomas Berger mit Einverständnis von Klaus Wegmann einen Vertrag über einen Großkredit in Höhe von 1,4 Mio. EUR mit der Sparkasse Karlsruhe ab.
Beurteilen Sie die Rechtslage im Innen- und im Außenverhältnis.

1.2 Wegmann möchte im August 2011 zur Finanzierung eines privaten Ferienhauses aus seiner Beteiligung 600.000,00 EUR entnehmen.
Nehmen Sie zu diesem Vorhaben begründet Stellung.

1.3 In § 4 des Gesellschaftsvertrages wird die Gewinn- und Verlustverteilung geregelt.
Beurteilen Sie die getroffenen Vereinbarungen aus der Sicht von Hans Maier durch Vergleich mit den gesetzlichen Regelungen (drei Aspekte).

2. Klaus Wegmann hätte lieber eine GmbH gegründet. Dies wurde jedoch von Thomas Berger abgelehnt.

- Stellen Sie zwei Vorteile einer GmbH gegenüber einer KG dar.
- Wegmann hatte Bedenken, dass sein Einfluss als Gesellschafter in einer KG schwächer ist als in einer GmbH.
- Begründen Sie diese Befürchtung.

Abituraufgaben 2013 (Aufgabe 2, teilweise)

Der Einzelunternehmer Thomas Steck, Meisterbetrieb für Öl- und Gasheizungen, Wärmepumpen und Solaranlagen, möchte aufgrund der wachsenden Nachfrage nach energiesparenden Heizungssystemen expandieren. Durch Umwandlung seines bisherigen Unternehmens, der Heizungstechnik Thomas Steck e. K., in eine Kommanditgesellschaft soll zusätzliches Kapital beschafft werden.

Sein Sohn Christoph Steck ist bereit, als persönlich haftender Gesellschafter die kaufmännische Leitung zu übernehmen. Thomas Steck bleibt als Vollhafter weiterhin für den technischen Bereich zuständig. Seine Tochter Julia und ein langjähriger Freund von Thomas Steck, der Ingenieur Oliver Götz, beteiligen sich jeweils mit einer Kapitaleinlage. Die künftigen Geschäftspartner entwerfen folgenden, auszugsweise dargestellten Gesellschaftsvertrag:

§ 1 Firma, Ort, Gegenstand des Unternehmens

1. Das Unternehmen wird unter der bisherigen Firma Heizungstechnik Thomas Steck e. K. weitergeführt.
2. Unternehmenssitz ist Ulm, Magirusstraße 24.
3. Gegenstand des Unternehmens ist die Installation von Heizungssystemen, deren Reparatur und Wartung sowie Energieberatung.

§ 2 Beginn und Geschäftsjahr

1. Der Geschäftsbetrieb beginnt am 01.01.2009.
2. Das Geschäftsjahr entspricht dem Kalenderjahr.

§ 3 Gesellschafter und Einlagen

1. Persönlich haftende Gesellschafter sind Thomas Steck und Christoph Steck. Als Kommanditisten beteiligen sich Julia Steck und Oliver Götz.
2. Thomas Steck bringt sein bisheriges Einzelunternehmen einschließlich eines bebauten Grundstücks im Gesamtwert von 300.000,00 EUR ein; Christoph Steck und Julia Steck leisten jeweils eine zu Beginn des Geschäftsbetriebs fällige Kapitaleinlage von 50.000,00 EUR. Oliver Götz beteiligt sich mit 300.000,00 EUR; davon sind 150.000,00 EUR bis zum Beginn des Geschäftsbetriebs, der Rest bis zum 31.12.2010 einzubringen.

§ 4 Geschäftsführung und Vertretung

Es gelten die gesetzlichen Bestimmungen.

§ 5 Haftung

Es gelten die gesetzlichen Bestimmungen.

§ 6 Gewinn- und Verlustverteilung

1. Die Vollhafter erhalten pro Monat eine Tätigkeitsvergütung von jeweils 5.000,00 EUR.
2. Eingezahlte Kapitalien werden mit 6 %, noch ausstehende Einlagen mit 7 % verzinst; Privatentnahmen werden nicht verzinst.
3. Ein Restgewinn wird auf die Gesellschafter Thomas Steck, Christoph Steck, Julia Steck und Oliver Götz im Verhältnis 3 : 2 : 1 : 1 verteilt, ebenso ein Verlust.

1. Der Gesellschaftsvertrag wird am 30.12.2008 abgeschlossen, die Handelsregistereintragung und Veröffentlichung erfolgen am 08.01.2009.

   Begründen Sie, welcher Form der Gesellschaftsvertrag bedarf, und beurteilen Sie die vorgesehene Firmierung.

2. Thomas Steck möchte einen zusätzlichen Kleintransporter im Wert von 60.000,00 EUR kaufen. Sein Sohn Christoph und seine Tochter Julia sind gegen den Kauf. Thomas Steck schließt den Kaufvertrag trotzdem ab.

   Beurteilen Sie die Rechtslage.

3. Der Lieferant von im November 2008 gekauften vier Heizkesseln im Wert von jeweils 4.200,00 EUR verlangt am 10.01.2009 die Zahlung des gesamten Kaufpreises von Oliver Götz.

   Begründen Sie, ob Götz diese verweigern kann.

4. Christoph Steck möchte im Jahr 2009 trotz einer geringen Gewinnerwartung eine Privatentnahme in Höhe von 10.000,00 EUR tätigen.

   Beurteilen Sie die Situation unter rechtlichem und wirtschaftlichem Aspekt.

6. Der Ingenieur Oliver Götz hat ein Kombigerät entwickelt, das verschiedene Heiztechniken miteinander verbindet. Mit diesem System können Kollektoren plus Speicher, Wärmepumpe und Gas-Brennwertgerät kombiniert und je nach Energiebedarf flexibel eingesetzt werden. Wegen steigender Energiekosten und der Förderung energetischer Maßnahmen durch die Politik sind hohe Absatzmengen zu erwarten. Die Gesellschafter beschließen, das Gerät selbst herzustellen. Geplant ist der Bau einer neuen Produktionshalle im Wert von 1,2 Mio. EUR. Zudem werden verschiedene Maschinen im Wert von 600.000,00 EUR benötigt. Das erforderliche Kapital soll durch Umwandlung der KG in eine AG aufgebracht werden, wobei das zusätzlich notwendige Kapital von Kleinaktionären übernommen wird.

6.1 Stellen Sie in einer Tabelle dar, wie sich KG und AG hinsichtlich der gesetzlichen Regelungen für

- ein Mindestkapital,
- die Mitbestimmung der Arbeitnehmer,
- die Vertretung

unterscheiden.

6.2 Erläutern Sie drei betriebswirtschaftliche Argumente, die für die Umwandlung in eine AG sprechen.

Abituraufgaben 2015 (Aufgabe 2, teilweise)

Die Auftragslage des Ulmer Ventilatorenherstellers Peter Huber e. Kfm. ist zu Jahresbeginn 2013 sehr gut. Daher benötigt Huber dringend Kapital für weitere Investitionen. Sein Mitarbeiter Paul Bauer ist bereit, sich mit der Einbringung eines Grundstücks im Wert von 100.000,00 EUR und einer Bareinlage von 50.000,00 EUR an einer gemeinsamen OHG zu beteiligen.

Für Geschäftsführung und Vertretung gelten die gesetzlichen Bestimmungen.

1. Prüfen Sie unter Angabe der gesetzlichen Vorschriften, ob

   - der Gesellschaftsvertrag einer gesetzlichen Formvorschrift unterliegt,
   - die bisherige Firma beibehalten werden kann, und unterbreiten Sie, falls notwendig, einen entsprechenden Firmierungsvorschlag.

2. Peter Huber und Paul Bauer schließen am 19.03.2013 den Gesellschaftsvertrag ab. Nach einer von der OHG veröffentlichten Stellenanzeige stellt Peter Huber am 27.03.2013 einen Mitarbeiter ein. Die Handelsregistereintragung erfolgt am 02.04.2013.

   Erläutern Sie, zu welchem Zeitpunkt die OHG entstanden ist.

3. Prüfen Sie in den folgenden beiden Fällen jeweils die Rechtslage.

3.1 Aufgrund günstiger Rohstoffpreise kauft Paul Bauer am 08.05.2013 ohne Wissen von Peter Huber den Monatsbedarf an Stahl.

3.2 Da sich die Rohstofflieferung verzögert, verfügt die OHG vorübergehend über liquide Mittel. Diese investiert Bauer in spekulative Aktiengeschäfte, obwohl sich Huber dagegen ausgesprochen hat.

4. Die beiden Gesellschafter harmonieren nicht gut miteinander, sodass Bauer zum 31.12.2013 aus der OHG ausscheidet. Huber sucht daher neue Gesellschafter.
   Ein Gläubiger des Unternehmens verlangt am 20.01.2014 von Bauer die Begleichung einer im November 2013 eingegangenen Verbindlichkeit in Höhe von 7.000,00 EUR.

   Erläutern Sie, ob Bauer für diese Verbindlichkeit haften muss.

Abituraufgaben 2016 (Aufgabe 1, teilweise)

Der Betriebswirt Frank Bauser und der Maschinenbauingenieur Hans König haben viele Jahre bei der Schwarzer Maschinenfabrik GmbH mit Sitz in Stuttgart in der Produktentwicklung zusammengearbeitet. Ende des Jahres 2014 haben sie sich entschlossen, die GmbH zu verlassen, um sich selbstständig zu machen.

Frank Bauser und Hans König gründen Anfang 2015 die B&K Präzisionswerkzeuge OHG mit Sitz in Reutlingen.

Der Gesellschaftsvertrag (Auszug) sieht u. a. folgende Bestimmungen vor:

§ 1 Die Gesellschaft entsteht am 7. Januar 2015.

§ 2 Die vertragsschließenden Personen errichten eine Offene Handelsgesellschaft unter der Firma B&K Präzisionswerkzeuge OHG.

§ 3 Gegenstand der Gesellschaft ist die Herstellung von Präzisionswerkzeugen.

§ 4 Frank Bauser leistet bei der Gründung eine Bareinlage in Höhe von 600.000,00 EUR. Hans König bringt in die Gesellschaft ein bebautes Grundstück ein, dessen Wert durch ein amtliches Gutachten auf 1.000.000,00 EUR festgelegt wird.

§ 5 Für die Gewinn- und Verlustverteilung und die Privatentnahmen gelten die gesetzlichen Bestimmungen.

Bezüglich der Geschäftsführung und der Vertretung der B&K Präzisionswerkzeuge OHG sieht der Gesellschaftsvertrag keine gesonderten Regelungen vor.

1. Prüfen Sie unter Angabe der gesetzlichen Vorschriften, ob die gewählte Firmierung den rechtlichen Vorgaben entspricht.

2. Begründen Sie unter Angabe der gesetzlichen Grundlage, welche Form der Gesellschaftsvertrag im vorliegenden Fall aufweisen muss.

3. Um die unerwartet hohe Nachfrage bedienen zu können, stellen Hans König und Frank Bauser Überlegungen an, in eine weitere Fertigungsstraße für ihren Werkzeugbau zu investieren. Während der urlaubsbedingten Abwesenheit von Frank Bauser führt Hans König daher ein Kreditgespräch mit der Hausbank. Er schließt aufgrund der günstigen Konditionen sofort den Darlehensvertrag mit einem Volumen von 1.500.000,00 EUR ab, ohne nochmals Rücksprache mit Frank Bauser genommen zu haben.

   Als Frank Bauser aus dem Urlaub zurückkommt und von der Darlehensaufnahme erfährt, widerspricht er der Entscheidung von Hans König und möchte die Darlehensaufnahme bei der Hausbank wegen zwischenzeitlich gesunkenem Kreditzinssatz rückgängig machen.

   Beurteilen Sie die Rechtslage.

4. Frank Bauser möchte sich im Herbst 2015 an der Feinwerkzeug KG als Kommanditist mit einer Einlage von 50.000,00 EUR beteiligen. Diesen Betrag will er zulasten seines Kapitalanteils aus der B&K Präzisionswerkzeuge OHG entnehmen. Hans König widerspricht sowohl der Beteiligungsabsicht als auch der Kapitalentnahme.

   Beurteilen Sie die Rechtslage.

8. Frank Bauser ist mit der Kalkulation auf der Grundlage von Zuschlagssätzen bei dem hohen Volumen der Anfrage unzufrieden. Er schlägt deshalb vor, die Materialbeschaffung prozessorientiert zu verrechnen. Das Angebot an die Rheinischen Metallwerke AG würde dadurch um 4 % günstiger ausfallen. Hans König ist gegen die prozessorientierte Kalkulation. Er besteht wegen der unbefriedigenden Ertragssituation des Geschäftsjahres 2015 auf dem höheren Angebotspreis.

8.2 Ungeachtet der Einwendung von Hans König unterschreibt Frank Bauser das prozessorientiert kalkulierte Angebot. Er versendet es an die Rheinischen Metallwerke AG, welche dieses Angebot fristgerecht annimmt.

   Beurteilen Sie die rechtliche Wirkung des Widerspruchs von Hans König.

6 Rechtsformen II: GmbH

6.1 GmbH

Stofftelegramm

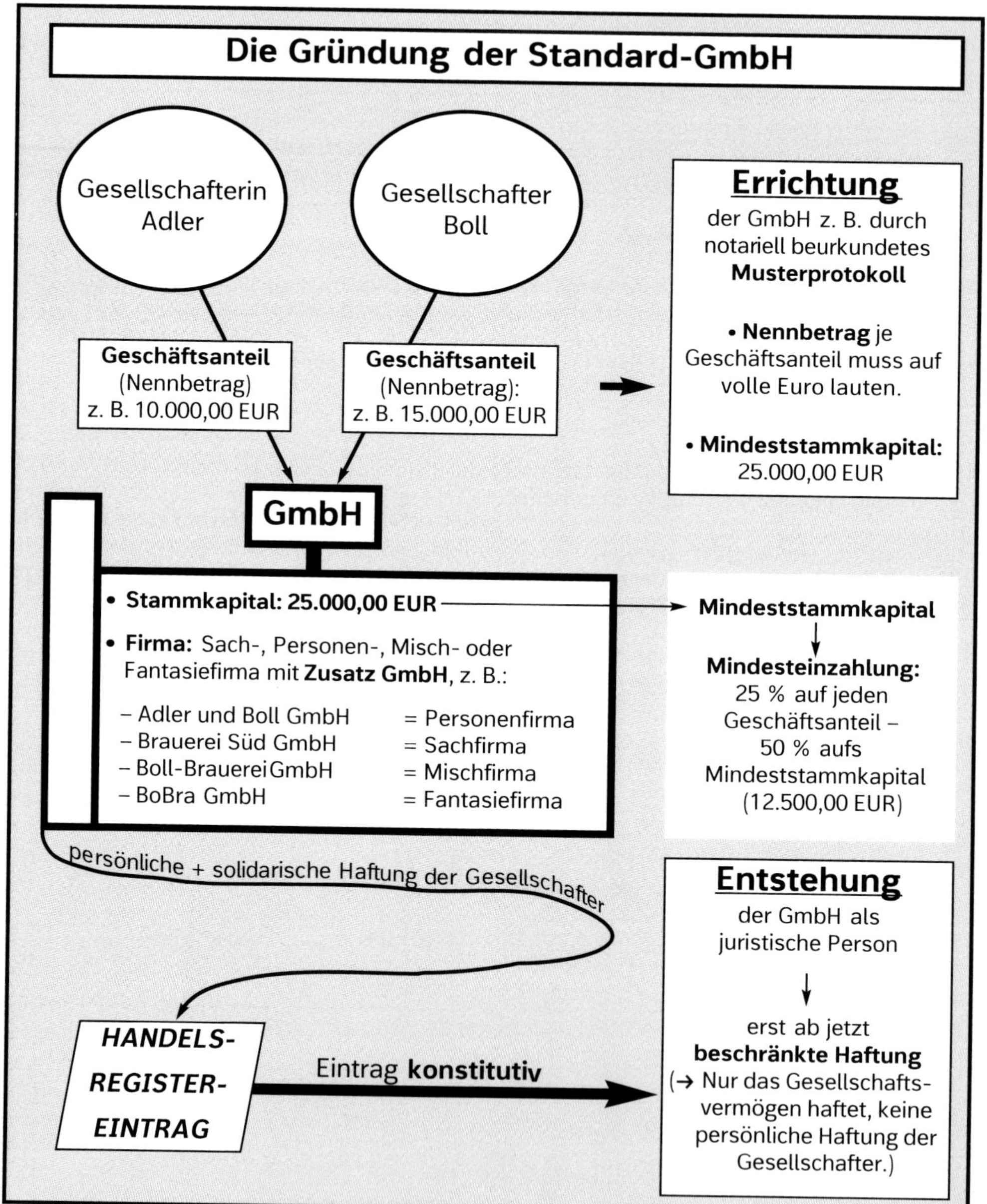

GmbH-Gestaltungsmöglichkeiten

Gesetz zur Modernisierung des GmbH-Rechts und zur Bekämpfung von Missbräuchen (MoMiG)

1. Gründungsverfahren

Standardgründung

- notarielle Beurkundung des Errichtungsprotokolls und des Gesellschaftsvertrages
- Bestellung der Geschäftsführer
- vom Notar unterzeichnete Gesellschafterliste
- Handelsregisteranmeldung

Wann Standardgründung?

- mehr als drei Gesellschafter
- bei Einbringung von Sacheinlagen
- mehr als ein Geschäftsführer
- Musterprotokoll für die betreffende GmbH nicht geeignet

Vorteile

- gestaltungsfrei
- anpassungsfähig

Nachteile

- aufwendigere Gründung
- höhere Kosten

Gründung mit Musterprotokoll

Musterprotokoll für **Ein**personengesellschaften: ein Gesellschafter

Musterprotokoll für **Mehr**personengesellschaften: zwei bzw. drei Gesellschafter

Wann Musterprotokollgründung?

- Kosten sollen reduziert werden.
- maximal drei Gesellschafter
- ausschließlich Bareinlagen
- nur ein Geschäftsführer geplant
- Musterprotokoll geeignet

Vorteile

- Vereinfachung
- kostengünstiger

Nachteile

- weniger Gestaltungsfreiheit
  → Risiko späterer Streitigkeiten

2. Gesellschaftsform

↓

Standard-GmbH

= GmbH mit mindestens 25.000,00 EUR Stammkapital

Im Wesentlichen entspricht die Gründung einer Standard-GmbH der Gründung einer herkömmlichen GmbH.

↓

Wann Standard-GmbH?

- „GmbH“ soll gegründet werden.
- genügend Kapital vorhanden
- höheres Stammkapital für Fremdfinanzierung unverzichtbar
- „GmbH“ soll Firmenbestandteil sein.

↓

Vorteile

- höhere Kreditwürdigkeit →
- leichtere Fremdfinanzierung

Nachteile

- Gründung ist
  - komplizierter,
  - langsamer,
  - kostenintensiver.

Die Organe der GmbH

Geschäftsführer

Vertretung = Außenverh.

- alle gewöhnl. + außergewöhnl. Geschäfte
- Beschränkungen gegenüber Dritten unwirksam
- mehrere Geschäftsführer: Gesamtvertretung

Geschäftsführung = Innenverhältnis

Eintritt durch:

Bestellung

+

Anstellungsvertrag

Ausscheiden durch:

Abberufung

+

Kündigung

Haftung: § 43 Abs. 2 GmbHG

solidarische Haftung für den entstandenen Schaden bei Verletzung ihrer Obliegenheiten

Personenkreis:

Gesellschafter- oder Fremdgeschäftsführer

Aufsichtsrat

GmbH mit maximal 500 Arbeitnehmern:

kein Aufsichtsrat notwend.

GmbH zwischen 501 und 2.000 Arbeitnehmern:

- Bildung Aufsichtsrat nach BetrVG
- Zusammensetzung:
  $\frac{2}{3}$ Ges'ervertreter
  $\frac{1}{3}$ Arbeitn.vertreter
- Mindestzahl der Aufsichtsratsmitglieder: 3

GmbH > 2.000 Arbeitn.:

- Bildung Aufsichtsrat nach Mitbest.gesetz
- Zusammensetzung:
  $\frac{1}{2}$ Ges'ervertreter
  $\frac{1}{2}$ Arbeitn.vertreter
- AR-Vorsitzender = Gesellschaftervertreter (hat bei Pattsituationen eine **zweite Stimme**)
- Mindestzahl der Aufsichtsratsmitglieder: 12

Aufgaben (z. B.):

Bestellung, Überwachung und Abberufung des Geschäftsführers ...

Gesellschafterversammlung

- oberstes Organ mit erheblich mehr Rechten wie die vergleichbare Hauptversammlung bei der AG
- bestellt den Geschäftsführer, sofern die GmbH max. 500 Arbeitn. hat (vgl. Aufsichtsrat!)
- jeder Euro eines Geschäftsanteils = 1 Stimme (Abweichungen laut Satzung möglich)
- zwingende Rechte der Gesellschafter:
  - Satzungsänderungen
  - Auflösung der GmbH
- Rechte der Gesellschafter, sofern keine andere Satzungsregelung vorliegt: (vgl. § 46 GmbHG)
  - Feststellung Jahresabschluss und Gewinnverwendung
  - Bestellung + Abberufung des Geschäftsführers
  - Bestellung von Prokuristen und allg. Handlungsbevollmächtigten

  ...

Aufgaben (Grundwissen)

1. a) Wann entsteht die GmbH?
   b) Wie ist die Haftung vor und nach der Entstehung geregelt?
   c) Welche Organe hat die GmbH?

2. Bei einer GmbH sind am Stammkapital von 50.000,00 EUR die Gesellschafter A mit 20.000,00 EUR, B mit 15.000,00 EUR und C mit 15.000,00 EUR beteiligt.

   a) Wie viele Stimmen haben A, B und C jeweils bei Abstimmungen?
   b) Wie hoch sind die Geschäftsanteile der Gesellschafter?
   c) Besteht die Möglichkeit, dass B Geschäftsführer wird?
   d) Geschäftsführer B kauft eine Fabrikhalle für 150.000,00 EUR, ohne vorher A und C zu fragen. Rechtsgültig (Begründung)?
   e) Wie ist d) zu beantworten, wenn A und B Geschäftsführer wären?
   f) Geschäftsführer A ernennt den Angestellten D zum Prokuristen. Rechtsgültig (Begründung)?
   g) Geschäftsführer A möchte einen Teil des Gewinnes in die Rücklage einstellen. Können B und C dies verhindern (Begründung)?
   h) Gesellschafter C vereinbart mit M schriftlich, dass er ihm seinen Geschäftsanteil veräußert. Rechtsgültig (Begründung)?

3. Unterscheiden Sie die Begriffe „Stammkapital“ und „Geschäftsanteil“.

4. a) Die Geschäftsführer einer GmbH sind laut Gesellschaftsvertrag zur Gesamtvertretung befugt. Erklären Sie diesen Begriff und nennen Sie je zwei Gründe für und gegen eine derartige Regelung.
   b) Nach der Ansicht eines Gesellschafters sollte man die GmbH in eine KG umwandeln. Formulieren Sie je drei Argumente für und gegen diesen Vorschlag.

5. a) Erklären Sie den Begriff „Musterprotokoll“.
   b) Unter welchen Voraussetzungen ist die Gründung mit Musterprotokoll möglich?
   c) Nennen Sie je einen Vor- und Nachteil der Gründung per Musterprotokoll.

6. Wie muss die Firma der Standard-GmbH lauten?

6.2 Abituraufgaben Profil Internationale Wirtschaft

Abituraufgaben 2014 (Aufgabe 1, Teil 1)

Die Veoklar GmbH ist eines der führenden Unternehmen auf dem deutschen Markt für Dachflächenfenster und Rollläden. Der Fensterhersteller wächst seit seiner Gründung stetig und beschäftigt heute rund 350 Mitarbeiter.
Marina Steiner, Christina Möller, Thorsten Närger und Knut Föhrer sind Gesellschafter der Veoklar GmbH. Das Stammkapital der Gesellschaft beträgt 24.000.000,00 EUR. Die Geschäftsanteile verteilen sich wie folgt auf die Gesellschafter:

- Marina Steiner 8.000.000,00 EUR
- Christina Möller 6.000.000,00 EUR
- Thorsten Närger 7.000.000,00 EUR
- Knut Föhrer 3.000.000,00 EUR

Geschäftsführer sind Marina Steiner und Thorsten Närger. Der Gesellschaftsvertrag basiert auf den Vorschriften des GmbH-Gesetzes.

1. Marina Steiner erwirbt für die Veoklar GmbH eine neue Fertigungsanlage, die eine wärmedämmende Folie besser am Glas anbringen kann. Thorsten Närger erscheint die Neuinvestition zu teuer. Er lehnt den Kauf ab.

   Erläutern Sie mithilfe des Gesetzestextes, ob die Gesellschaft an den Kaufvertrag gebunden ist.

2. Aufgrund der Energiewende in Deutschland und des weltweiten Trends zu erneuerbaren Energien überlegen die Gesellschafter, die Produktpalette um das Geschäftsfeld Solarenergie zu erweitern. Zu diesem Zweck soll die GmbH in eine AG umgewandelt werden.

2.1 Nennen Sie zwei Gründe, die in diesem Fall für eine Umwandlung in eine AG sprechen.

2.2 Christina Möller ist der Ansicht, dass ihre Einflussmöglichkeiten als Anteilseignerin einer AG um einiges geringer sind als bei einer GmbH.

Beurteilen Sie Frau Möllers Befürchtungen anhand von drei Argumenten.

2.3 Die Geschäftsführer Marina Steiner und Thorsten Närger sind für die Umwandlung.

Beurteilen Sie, ob die beiden in der Gesellschafterversammlung die Umwandlung in eine AG durchsetzen können.

2.4 Begründen Sie, weshalb Nennwert und tatsächlicher Wert von Geschäftsanteilen voneinander abweichen können.

6.3 Abituraufgaben Profil Wirtschaft

Abituraufgaben 2008 (Aufgabe 1, Teil 1)

Der Flugkapitän Kai Raiman gründete 1990 zusammen mit dem Reiseverkehrskaufmann Jan Gunther die Holiday Air GmbH, die als Komplementärin in die Holiday Air GmbH & Co. KG eintrat. Das Unternehmen konnte durch die spätere Aufnahme weiterer Kommanditisten den Erwerb neuer Flugzeuge finanzieren und entwickelte sich zu einer Linienfluggesellschaft mit eigenen Hotelanlagen.

1. Erläutern Sie mit je zwei Argumenten, warum sich die Gründer der GmbH & Co. KG gegen

   - eine Kommanditgesellschaft, an der nur natürliche Personen beteiligt sind, und
   - eine „reine“ GmbH

   entschieden haben könnten.

Abituraufgaben 2009 (Aufgabe 3, Teil 7, teilweise)

7.2 Die Komplementäre Braun und Müller diskutieren die Weiterführung des Unternehmens als Kapitalgesellschaft. Erläutern Sie drei Gründe, die im Vergleich zur bisherigen KG für die Rechtsform der GmbH sprechen.

7.3 Braun und Müller entscheiden sich für die Rechtsform der GmbH & Co. KG.
Begründen Sie, wie die neue Gesellschaft aufgebaut sein muss, damit auch in Zukunft ausschließlich die beiden bisherigen Komplementäre die Geschäftspolitik ihres Unternehmens allein bestimmen können.

Abituraufgaben 2010 (Aufgabe 1, Teil 3)

Die MUNK Bürsten GmbH ist Weltmarktführer im Bereich der Fertigung von Bürsten für den industriellen Bereich. Einen großen Teil ihres Umsatzes erzielt sie mit Bürsten aus Straußenfedern, die es ermöglichen, Rohkarosserien vor der Lackierung staubfrei und antistatisch zu reinigen.

3. Am 22. Februar 2010 findet die Gesellschafterversammlung der GmbH statt. Anwesend sind alle Gesellschafter:

Gesellschafter	Nennbeträge der Geschäftsanteile
Zimmermann	4,0 Mio. EUR
Ladmann	3,0 Mio. EUR
Schneider	2,0 Mio. EUR

Durch Verzicht auf Gewinnausschüttung beträgt das Eigenkapital der GmbH zwischenzeitlich 13,5 Mio. EUR.

3.1 Aus Altersgründen möchte Zimmermann seine Geschäftsführertätigkeit beenden. Da auch Ladmann und Schneider nicht aktiv mitarbeiten wollen, wird einstimmig beschlossen, Frau Leitzinger, bisher Personalchefin eines mittelständischen Maschinenbauers, als Geschäftsführerin einzustellen.

Treffen Sie eine begründete Entscheidung, ob ihr Jahresgehalt von 84.000,00 EUR als kalkulatorischer Unternehmerlohn in die Kostenrechnung aufgenommen werden sollte.

3.2 Nach kurzer Zeit kommt es zu großen Meinungsverschiedenheiten zwischen der neuen Geschäftsführerin und dem Gesellschafter Zimmermann. Auf einer neuen Gesellschafterversammlung, bei der alle Gesellschafter anwesend sind, fordert Zimmermann die sofortige Abberufung von Frau Leitzinger.

Zeigen Sie, unter welchen Bedingungen Zimmermann seine Forderung durchsetzen kann. (Rechnerischer Nachweis über die Stimmenzahlen ist erforderlich.)

3.3 Im Laufe der Versammlung stellt sich heraus, dass Schneider seinen Geschäftsanteil verkaufen will. Er rechnet damit, dass der Verkaufspreis über dem Nennbetrag seines Geschäftsanteils liegen wird.

Beurteilen Sie unter Berücksichtigung von Sachverhalt 3, ob diese Erwartung gerechtfertigt ist.

Abituraufgaben 2012 (Aufgabe 2, teilweise)

Die beiden Wirtschaftsingenieure Albert Koch und Conrad Blumer haben ein neues umweltfreundliches Verfahren zur Herstellung von Bootslacken und Unterwasserfarben für Jachten entwickelt. Zusammen mit dem Dipl.-Kaufmann Wolfgang Arnold gründen sie die ALCON GmbH.

Auszug aus dem Gesellschaftsvertrag

§ 1 Firma: ALCON GmbH

§ 2 Sitz der Gesellschaft: Friedrichshafen

§ 3 Gegenstand des Unternehmens sind die Herstellung und der Vertrieb von Bootslacken und Unterwasserfarben.

§ 4 Geschäftsbeginn: 01.02.2011

§ 5 Stammkapital und Geschäftsanteile:
Das Stammkapital der Gesellschaft beträgt 130.000,00 EUR.
Als Geschäftsanteil übernehmen:

- Albert Koch 75.000,00 EUR
- Wolfgang Arnold 20.000,00 EUR
- Conrad Blumer 35.000,00 EUR

§ 6 Die Einlagen sind in Geld zu folgenden Zeitpunkten zu erbringen: Albert Koch und Wolfgang Arnold zum 01.02.2011, Conrad Blumer: 25 % zum 01.02.2011, der Rest zum 30.11.2011.

§ 7 Geschäftsführung und Vertretung der Gesellschaft:

Zu Geschäftsführern werden bestellt:

- Albert Koch: Marketing und Vertrieb
- Conrad Blumer: Beschaffung, Produktion und Entwicklung
- Wolfgang Arnold: Personal und Rechnungswesen

Die Geschäftsführer sind einzelvertretungsberechtigt.
Rechtsgeschäfte, deren Wert 30.000,00 EUR übersteigen, bedürfen der Zustimmung sämtlicher Gesellschafter.

1. Erklären Sie die Begriffe
   - „Geschäftsanteil" und
   - „Stammkapital".
2. Erläutern Sie, unter welcher Bedingung der Nennbetrag des Geschäftsanteils und der tatsächliche Wert des Geschäftsanteils voneinander abweichen können.
3. Prüfen Sie, ob zum 8. März 2011 die Anmeldung zum Handelsregister erfolgen kann.
4. Blumer kauft im Namen der ALCON GmbH am 3. Mai 2011 eine Abfüllanlage im Wert von 35.000,00 EUR bei der Weber Abfülltechnik KG, Konstanz. Die Anlage soll am 27. Mai 2011 noch vor ihrer Lieferung bezahlt werden. Arnold verweigert die Zahlung, weil er die Anlage für überteuert hält.

   Prüfen Sie die Rechtslage im Innen- und Außenverhältnis.

5. Am 2. Februar 2012 findet eine Gesellschafterversammlung statt. Es stehen u. a. folgende Tagesordnungspunkte zur Beschlussfassung an:

   - **TOP 3: Neufassung des § 3 der Satzung: Erweiterung des Geschäftszweckes**
     Gegenstand des Unternehmens sind die Herstellung und der Vertrieb von Bootslacken, Unterwasserfarben **und der Verkauf von Bootszubehör.**
   - **TOP 5: Beschluss über die Verwendung des Jahresüberschusses**
     Jahresüberschuss 2011: 97.500,00 EUR
     Feststellung des Jahresabschlusses und Verwendung des Ergebnisses; Vorschlag: Die Gewinnanteile sind an die Gesellschafter vollständig auszuschütten.

   Bei Zustimmung zu TOP 3 ist zusätzlicher Kapitalbedarf zu erwarten.

5.1 Begründen Sie, ob die Änderung im Gesellschaftsvertrag (TOP 3) vorgenommen werden kann, wenn Gesellschafter Blumer dagegen stimmt.

5.2 Beurteilen Sie den Vorschlag, die Gewinnanteile vollständig an die Gesellschafter auszuschütten.

Abituraufgaben 2013 (Aufgabe 1, teilweise)

Peter Paulus, Markus Metzler und Bernhard Braun gründen die High Energy GmbH mit Sitz in Isny im Allgäu. Geschäftszweck ist die Herstellung elektronischer Bauteile. Hauptabnehmer sind die Automobilindustrie und Hersteller von Küchengeräten.

Der am 09.01.2012 abgeschlossene Gesellschaftsvertrag enthält u. a. folgende Bestimmungen:

§ 3 Das Stammkapital beträgt 300.000,00 EUR. Die Nennbeträge der Geschäftsanteile betragen für:

- Peter Paulus 120.000,00 EUR
- Markus Metzler 30.000,00 EUR
- Bernhard Braun 150.000,00 EUR

§ 4 Zu Geschäftsführern der GmbH werden Peter Paulus und Markus Metzler bestellt.

§ 5 Für Anschaffungen über 300.000,00 EUR bedarf es der Zustimmung der Gesellschafterversammlung.

Ansonsten gelten die gesetzlichen Bestimmungen.

1. Erläutern Sie zwei Motive, die für die Gründung einer Kapitalgesellschaft sprechen.
2. Bis zur Anmeldung der Eintragung ins Handelsregister sind folgende Einzahlungen auf die Geschäftsanteile geleistet worden:

   - Peter Paulus 20.000,00 EUR
   - Markus Metzler 30.000,00 EUR
   - Bernhard Braun 50.000,00 EUR

   Prüfen Sie, ob die Voraussetzungen zur Eintragung der GmbH ins Handelsregister erfüllt sind.

3. Paulus und Metzler kaufen nach erfolgter Eintragung einen Fertigungsautomaten für 500.000,00 EUR. Braun ist gegen die Anschaffung.

   Erläutern Sie die Rechtslage.

4. Paulus und Metzler möchten den § 5 des Gesellschaftsvertrags ändern. Erst bei Anschaffungen über 700.000,00 EUR soll die Zustimmung der Gesellschafterversammlung erforderlich sein.

   Begründen Sie, ob Paulus und Metzler diese Änderung des Gesellschaftsvertrags durchsetzen können.

7 Rechtsformen III: Die Aktiengesellschaft

7.1 Grundlagen

Stofftelegramm

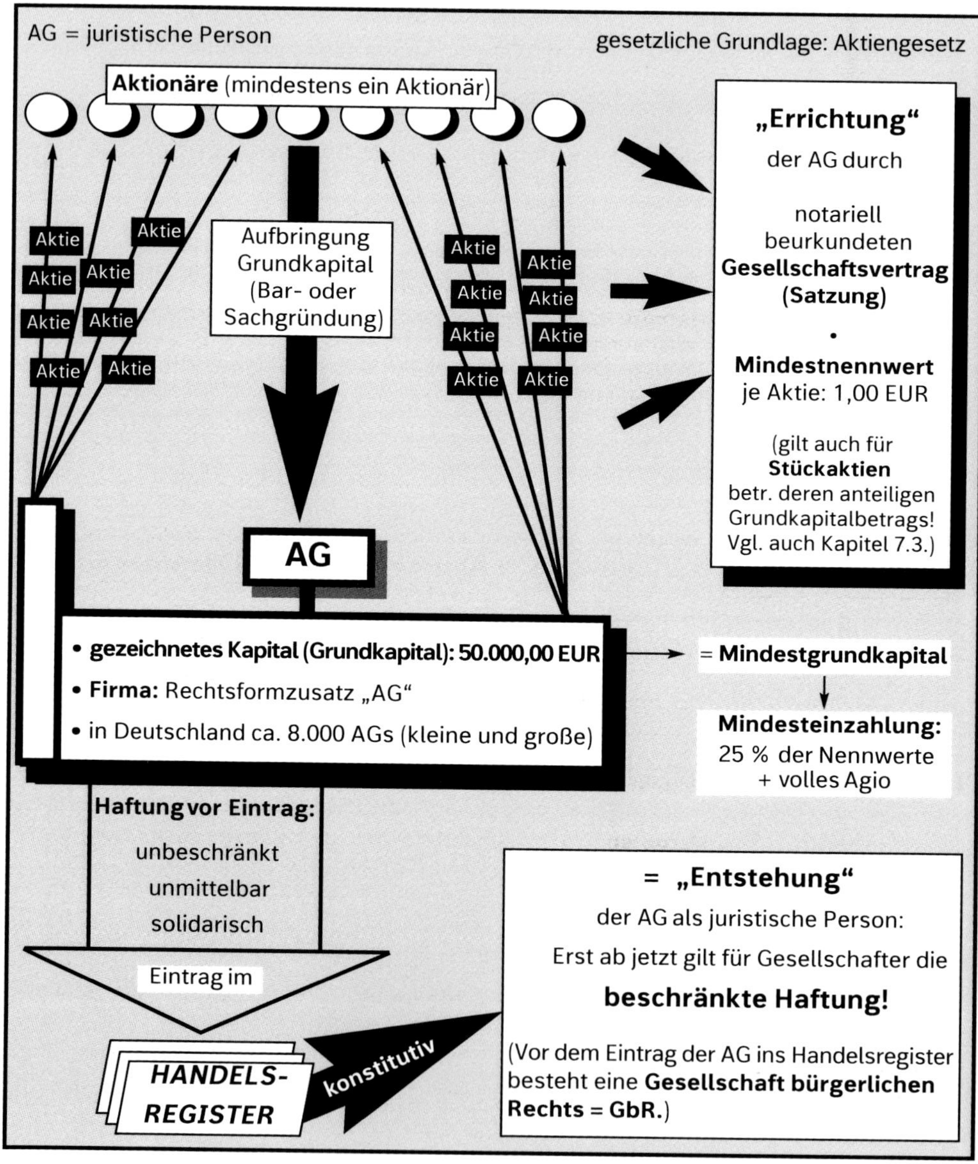

Organe der AG → vgl. § 76 ff. AktG

Vorstand (Leitung)

Aufgaben:
- Geschäftsführung und Vertretung
- Ausführung der Hauptversammlungsbeschlüsse
- Erstellung Jahresabschluss und Lagebericht
- Einberufung der ordentlichen Hauptversammlung
- regelmäßige Berichte an Aufsichtsrat
- Insolvenzanmeldung bei Zahlungsunfähigkeit oder Überschuldung
- Vorschlag über Gewinnverwendung

Wichtig:
- nicht Aufsichtsratsmitglied derselben AG
- Wettbewerbsverbot
- Bestellung durch Aufsichtsrat auf max. fünf Jahre, wiederholte Bestellung möglich
- Angestellter

Mehrere Vorstandsmitglieder: Gesamtgeschäftsführungs- und Gesamtvertretungsbefugnis. Laut Satzung sind Einzelgeschäftsführung und Einzelvertretung (HR-Eintrag!) möglich, jedoch keine Entscheidung gegen die Mehrheit.

↑ Bestellung, Überwachung, Abberufung

Aufsichtsrat (Überwachung)

Aufgaben:
- Bestellung, Überwachung + Abberufung Vorstand
- **Prüfung** Jahresabschluss + Lagebericht + Prüfungsbericht des Abschlussprüfers + Vorschlag des Vorstands für Verwendung des Bilanzgewinns
- Einberufung a. o. Hauptversammlung

Zusammensetzung: Arbeitnehmer- und Aktionärsvertreter; vgl. Kapitel 7.2 „Mitbestimmung im Aufsichtsrat (AR)"!

Wahl auf vier Jahre durch Hauptversammlung/Arbeitnehmer

Verboten:
- Überkreuzverflechtung (Vorstand AG A ist im AR der AG B und Vorstand AG B ist im AR der AG A.)
- Vorstand eines abhängigen Tochterunternehmens darf nicht Aufsichtsratsmitglied der „Mutter" sein.
- mehr als zehn AR-Sitze für eine Person (bis fünf AR-Posten bei Konzerntöchtern nicht eingerechnet), wobei Mandate von AR-Vorsitzenden doppelt zählen

↑ Wahl der Aktionärsvertreter

Hauptversammlung (Beschlussfassung)

Aufgaben:
- Wahl Aktionärsvertreter in den Aufsichtsrat
- Entlastung von Vorstand + Aufsichtsrat
- Entscheidung über Bilanzgewinnverwendung
- Wahl der Abschlussprüfer
- Beschlüsse über Satzungsänderungen ...

Beschlussfassungen:	• grundsätzlich einfache Mehrheit des in der Hauptversammlung anwesenden Aktienkapitals • bei Satzungsänderungen: Mehrheit von 75 % notwendig • **Sperrminorität:** Aktionär verfügt über mehr als 25 % des gezeichneten Kapitals und kann somit entscheidende Beschlüsse der Hauptversammlung verhindern.
Bedeutung der AG:	• über 8.000 AGs in Deutschland • optimale Kapitalbeschaffungsmöglichkeiten über Kapitalerhöhungen (Ausgabe = Emission von Aktien) • typische Rechtsform für Großunternehmen • große Eigentumsstreuung möglich, da man mit wenig Kapital Kleinaktionär werden kann • Aktien sind bei vielen eine beliebte Geldanlage.
Prüfungs- und Publizitätspflichten:	vgl. § 316 ff. HGB sowie Kapitel 14 „Der Jahresabschluss (HGB)“

Aufgaben (Grundwissen)

1. Könnte eine AG mit „Möbel AG“ firmieren (Begründung)?
2. Erklären Sie die Haftung bei der AG.
3. a) Wann entsteht die AG? b) Welche Haftungsregelung gilt davor?
4. Nennen Sie jeweils fünf wichtige Aufgaben der Organe der AG.
5. Welche Rechte hat ein Aktionär?
6. Definieren Sie kurz den Begriff „gezeichnetes Kapital“.
7. Ein AG-Gläubiger verlangt von einem a) Vorstandsmitglied, b) Großaktionär Zahlung. Rechtslage?
8. Welche Vorteile hat die AG im Vergleich zur OHG?
9. Ist eine Ausgabe von 1-Euro-Aktien zu 0,90 EUR erlaubt?
10. Erklären und beurteilen Sie den Begriff „Depotstimmrecht“.
11. Wer entscheidet über Satzungsänderungen mit welcher Mehrheit?
12. Welche Organe der AG sind jeweils zuständig?

    a) Wahl der Abschlussprüfer
    b) Überwachung Vorstand
    c) Einberufung einer a. o. Hauptversammlung
    d) Satzungsänderungsbeschluss
    e) Erstellung Jahresabschluss
    f) Einberufung einer ordentl. Hauptversammlung
    g) Bestellung Vorstand
    h) Entlastung Vorstand
    i) Vertretung der AG
    j) Prüfung des Jahresabschlusses
    k) Entscheidung über Verwendung des Bilanzgewinns
13. Vergleichen Sie die gesetzlichen Regelungen hinsichtlich Vertretung und Geschäftsführung bei der AG und KG.

14. Warum darf ein Vorstandsmitglied einer AG nicht gleichzeitig Aufsichtsratsmitglied der gleichen AG sein?

15. Erklären und begründen Sie den Begriff „Publizität“ bei der AG.

16. Wie hoch ist allgemein die Mindesteinzahlungspflicht bei einer Bargründung einer AG?

17. Die X-AG will ihr gezeichnetes Kapital erhöhen. Kann ein Aktionär, der

    a) 28 % des Aktienkapitals,
    b) 20 % des Aktienkapitals

    besitzt, dies verhindern? Begründung.

18. Warum müssen AGs, nicht jedoch OHGs Rücklagen bilden?

19. Kann ein Aufsichtsratsmitglied für die AG Verträge abschließen?

20. Beurteilen Sie, ob folgende Situationen denkbar sind.

    a) Otto Frisch ist Aufsichtsratsmitglied bei der Kohle AG. Gleichzeitig sitzt er im Vorstand der Metall AG.
    b) Situation wie im Fall a), jedoch ist Fritz Prösel Vorstandsmitglied bei der Kohle AG sowie Aufsichtsratsmitglied bei der Metall AG.
    c) Günther Stapf ist in sieben AGs und in vier GmbHs Aufsichtsratsmitglied. Zwischen den Gesellschaften besteht keine Konzernverflechtung.
    d) Georg Weiser ist Vorstandsmitglied bei der Elektro AG (Mutter). Gleichzeitig sitzt er im Aufsichtsrat der von der Elektro AG abhängigen Bau AG (Tochter).
    e) Hans Moppel ist Aufsichtsratsmitglied bei der Strom AG (Mutter). Gleichzeitig sitzt er im Vorstand der von der Strom AG abhängigen Bau AG (Tochter).

21. Welche Rechtsformen sind für einen Alleinunternehmer möglich?

22. Der Vorstand einer AG kauft eine Spezialmaschine im Wert von 1,2 Mio. EUR. Der Aufsichtsrat ist gegen diesen Kauf. Begründen Sie, ob der Kaufvertrag für die AG bindend ist.

23. Das gezeichnete Kapital einer AG setzt sich aus 6 Mio. Stück nennwertlosen Euro-Aktien zusammen. Ein Aktionär besitzt 1 Mio. Aktien. Kann er in der Hauptversammlung (Präsenz 80 % des Grundkapitals) die Entlastung von Vorstand und Aufsichtsrat verhindern?

    Rechnerischer Nachweis!

7.2 Mitbestimmung im Aufsichtsrat (AR)

Stofftelegramm

Argumente für Mitbestimmung allgemein:

- Interesse, Motivation d. Arbeitnehmer steigen
- Demokratisierung der Wirtschaft
- Humanisierung des Arbeitslebens
- gegenseit. Abhängigkeit v. Arbeit + Kapital

Argumente gegen Mitbestimmung allg.:

- Erschwerung betriebl. Entscheid.prozesse
- Mitbest. ohne Mitverantwortung bzw. Risiko
- evtl. fehlende Sachkenntnisse der AN
- evtl. Kapitalflucht ins Ausland

Bereiche der Mitbestimmung

→ Betriebsrat
→ Aufsichtsrat (AR)
→ Vorstand (Arbeitsdirektor)

Gesetze: Betriebsverfassungsgesetz, Drittelbeteiligungsgesetz, Mitbestimmungsgesetz, AktG

Mitbestimmung nach dem Drittelbeteiligungsgesetz (DrittelbG) von 2004

Gesetzliche Grundlage: § 95 ff. AktG; Drittelbeteiligungsgesetz

Gültig für: AG und GmbH mit mehr als 500, aber max. 2.000 Arbeitnehmern (AN)

Zusammensetzung AR: $\frac{2}{3}$ Anteilseignervertreter – $\frac{1}{3}$ Arbeitnehmervertreter

Mindestanzahl der AR-Mitglieder: 3 (laut Satzung mehr möglich, jedoch durch 3 teilbar!), Höchstzahlen vgl. § 95 AktG

Mitbestimmung nach dem Mitbestimmungsgesetz

Gesetzliche Grundlage: Mitbestimmungsgesetz von 1976

Gültig für: AG und GmbH mit mehr als 2.000 Arbeitnehmern

Zusammensetzung AR: $\frac{1}{2}$ Anteilseignervertreter – $\frac{1}{2}$ Arbeitnehmervertreter

Wahl AR-Vorsitzenden durch AR: Wird notwendige $\frac{2}{3}$-Mehrheit für ihn nicht erreicht, wählen die AR-Mitglieder der Anteilseigner den Vorsitzenden, die Arbeitnehmervertreter den Stellvertreter.

Abstimmungen: Der AR-Vorsitzende (i. d. R. Anteilseignervertreter) hat bei Stimmengleichheit (Patt) eine zweite Stimme.

Mindestanzahl der AR-Mitglieder: zwölf (bei 2.000 bis 10.000 Arbeitnehmern); betr. Zusammensetzung des AR vgl. § 7 MitbestG!

Arbeitsdirektor: gleichberechtigtes Vorstandsmitglied

Aufgaben (Grundwissen)

1. Nennen Sie jeweils drei Argumente für und gegen die Mitbestimmung.

2. In welchen Organen können Arbeitnehmer mitbestimmen?

3. a) Nennen Sie die Gesetze, in denen die Mitbestimmung in den Organen von Kapitalgesellschaften geregelt ist.
   b) In einer Aufsichtsratssitzung einer AG sind **alle** Arbeitnehmervertreter für, **alle** Anteilseignervertreter gegen eine bestimmte Maßnahme. Welche Gruppierung ist letztlich der „Sieger" in den jeweiligen Mitbestimmungsformen (Begründungen)?

4. a) Die Wohnbau AG hat 2.400 Arbeitnehmer. Was ist bei der Zusammensetzung des Vorstandes zu beachten?
   b) Welche Aufgaben hat ein Arbeitsdirektor?

5. Unter welche Mitbestimmungsregelung hinsichtlich Mitbestimmung in den Organen der Unternehmung fallen folgende Unternehmen?

a)	AG (Holzbranche)	mit	25.000 Arbeitnehmern
b)	AG (Holzbranche)	mit	1.500 Arbeitnehmern
c)	AG (Holzbranche)	mit	2.100 Arbeitnehmern
d)	AG (Kunststoffe)	mit	3.000 Arbeitnehmern
e)	AG (Baubranche)	mit	1.800 Arbeitnehmern
f)	KG (Autoindustrie)	mit	12.000 Arbeitnehmern

6. a) Wie werden der AR-Vorsitzende und sein Stellvertreter in einer AG (Chemiewerk) mit 8.000 Arbeitnehmern gewählt?
   b) Wie kommen in diesem Aufsichtsrat bei Pattsituationen Entscheidungen zustande?

7. Wie setzt sich exakt der Aufsichtsrat einer AG mit a) 12.000, b) 25.000 Arbeitnehmern zusammen?

8. Was versteht man unter paritätischer Mitbestimmung?

9. Begründen Sie die Aussage: „Bei einem Patt haben die Anteilseigner das letzte Wort."

10. Wovon ist die **Zahl** der Aufsichtsratsmitglieder einer AG abhängig?

7.3 Die Aktie

Stofftelegramm

„HV" = Hauptversammlung

Aktie als Beteiligungsinstrument

- Aktienkauf = Erwerb von Anteilsrechten an einer AG
- **Rechte aus der Aktie:**
  - Dividende
  - Stimmrecht in HV
  - Auskunftsrecht in HV
  - Anteil am Liquidationserlös
  - Bezugsrecht bei Kapitalerhöhung
- Aktien über **Börse** leicht veräußerbar

Aktie als Finanzierungsinstrument

- Ausgabe von Aktien = **Eigenfinanzierung** (Beteiligungsfinanzierung)
- Aktienausgabe (Emission) = **Kapitalbeschaffung**
- Aktienkapital **unbegrenzt** verfügbar (kein „Kündigungsrecht" der Aktionäre)

Aktienurkunde

- **Mantel** = eigentliche Aktie (verbrieftes Anteilsrecht an der AG)
- **Dividendenscheinbogen:** Dividendenscheine + Erneuerungsschein

Aktienarten

1. Unterscheidung nach Nennwertbestandteil

Nennbetragsaktien: Nennwert steht auf Aktie; Summe Nennwerte = Grundkapital (gezeichn. Kap.)

Stückaktien: nennwertlose Aktien; Anteil am gez. Kap. = gez. Kap. : Anzahl Stückaktien

2. Unterscheidung nach der Eigentumsübertragung (Weitergabe)

Weitergabe (Eigentumsübertragung) durch:

Inhaberaktien: Einigung + Übergabe

Namensaktien: Einigung + Übergabe + Eintrag Aktienbuch + Indossament

Vinkulierte Namensaktien: Einigung + Übergabe + Eintrag Aktienbuch + Indossament + Zustimmung der AG

3. Unterscheidung nach Rechten

Stammaktien: mit normalen Rechten versehene Aktien

Vorzugsaktien: mit besonderen Rechten (z. B. Anspruch auf Mindestdividende oder höhere Dividende) versehene Aktien; häufig als Gegenleistung Verzicht auf Stimmrecht (stimmrechtslose Vorzugsaktien)

4. Unterscheidung nach Ausgabezeitpunkt

alte Aktien – junge Aktien – vgl. Kapitel 11.1

Aufgaben (Grundwissen)

1. Erklären Sie: „Die Aktie ist ein Beteiligungs- und Finanzierungsinstrument."
2. Unterscheiden und erklären Sie die einzelnen Aktienarten.

3. Gezeichnetes Kapital: 4 Mio. EUR; 800.000 Stückaktien wurden ausgegeben. Wie hoch ist der Anteil einer Aktie am gezeichneten Kapital?

7.4 Abituraufgaben Profil Internationale Wirtschaft

Abituraufgaben 2014 (Aufgabe 1, teilweise)

Die Veoklar GmbH ist eines der führenden Unternehmen auf dem deutschen Markt für Dachflächenfenster und Rollläden. Der Fensterhersteller wächst seit seiner Gründung stetig und beschäftigt heute rund 350 Mitarbeiter.

Marina Steiner, Christina Möller, Thorsten Närger und Knut Föhrer sind Gesellschafter der Veoklar GmbH. Das Stammkapital der Gesellschaft beträgt 24.000.000,00 EUR. Die Geschäftsanteile verteilen sich wie folgt auf die Gesellschafter:

- Marina Steiner 8.000.000,00 EUR
- Christina Möller 6.000.000,00 EUR
- Thorsten Närger 7.000.000,00 EUR
- Knut Föhrer 3.000.000,00 EUR

Geschäftsführer sind Marina Steiner und Thorsten Närger. Der Gesellschaftsvertrag basiert auf den Vorschriften des GmbH-Gesetzes.

2. Aufgrund der Energiewende in Deutschland und des weltweiten Trends zu erneuerbaren Energien überlegen die Gesellschafter, die Produktpalette um das Geschäftsfeld Solarenergie zu erweitern. Zu diesem Zweck soll die GmbH in eine AG umgewandelt werden.

2.1 Nennen Sie zwei Gründe, die in diesem Fall für eine Umwandlung in eine AG sprechen.

2.2 Christina Möller ist der Ansicht, dass ihre Einflussmöglichkeiten als Anteilseignerin einer AG um einiges geringer seien als bei einer GmbH.

Beurteilen Sie Frau Möllers Befürchtungen anhand von drei Argumenten.

7.5 Abituraufgaben Profil Wirtschaft

Abituraufgaben 2010 (Aufgabe 3,Teil 1 und 2)

Die Heidelberger Maschinenwerke AG (HMW) ist ein bedeutendes, international tätiges Unternehmen, das Spezialmaschinen aller Art herstellt und vermarktet. Im Jahr 2009 beschäftigte die HMW rund 5.800 Mitarbeiter und erwirtschaftete einen Jahresumsatz von 3,2 Mrd. EUR. Das Unternehmen wurde bis zum Jahr 2000 in der Rechtsform der GmbH geführt. Mit wachsender Unternehmensgröße wurde die Gesellschaft im Jahr 2000 in eine Aktiengesellschaft umgewandelt, die inzwischen an der Börse notiert ist.

1. Vergleichen Sie in einer Tabelle die beiden genannten Rechtsformen hinsichtlich Mindestkapital, Vertretung und Haftung.
2. Erläutern Sie anhand von zwei Gesichtspunkten positive Aspekte für die HMW durch den Wechsel der Rechtsform.

Abituraufgaben 2011 (Aufgabe 1, Teil 5, teilweise)

5. Der Green-Tec KG gelingt mit ihrem neuen umweltschonenden Verfahren zur Müllaufbereitung im Jahr 2008 der europaweite Marktdurchbruch. Um die Müllaufbereitungsanlagen entsprechend den zahlreichen Aufträgen fertigen zu können, benötigt die KG für zwei zusätzliche Produktionshallen sowie zahlreiche neue Maschinen 13.000.000,00 EUR.

   Nach dem Ausscheiden von Klein gründen die beiden ehemaligen Komplementäre Adam und Geiger zum 01.01.2009 die Green-Tec AG. Sie bringen die restlichen Vermögenswerte des bisherigen Unternehmens in die neue Gesellschaft ein. Das zusätzlich benötigte Kapital wird von Kleinaktionären aufgebracht.

5.1 Erörtern Sie drei betriebswirtschaftliche Argumente, die für die Gründung der Green-Tec AG sprechen.

5.2 Adam und Geiger werden vom ersten Aufsichtsrat zu Vorständen bestellt. Adam hat den Bauauftrag der ersten Produktionshalle an die Hilser GmbH vergeben. Der Vertrag wurde von Adam und dem Geschäftsführer der Hilser GmbH unterzeichnet.

   Begründen Sie, unter welchen Voraussetzungen der Vertrag für die AG bindend ist.

Abituraufgaben 2014 (Aufgabe 3, teilweise)

Die Süddeutschen Fahrradwerke, „SüFa GmbH", wurden im Jahr 2005 von den Geschwistern Agnes Staiger, Bertram Herzer und Christian Herzer als Gesellschafter gegründet. Geschäftsführer sind Agnes Staiger und Bertram Herzer.
Der boomende Freizeitmarkt brachte in den letzten Jahren für das Unternehmen einen enormen Aufschwung bei Mountainbikes und Rennrädern. Seit einigen Jahren ist die Nachfrage nach E-Bikes sprunghaft angestiegen. Als weiterer Geschäftsbereich eröffnet sich neuerdings der Markt für Elektroroller in den Städten als Ersatz für das eigene Auto. Die Produktion wurde bereits teilweise aus dem Stammwerk in Tübingen in umliegende Produktionsstätten ausgelagert. Nun soll sie aus Kostengründen an einem einzigen Standort konzentriert werden. Dazu sind zusätzliche finanzielle Mittel erforderlich. Die Gesellschafter erwägen, die GmbH in eine AG umzuwandeln, um den zukünftigen Kapitalbedarf zu decken. Durch die zu erwartende Produktionsausweitung würde gleichzeitig die Belegschaft von 480 auf 550 Mitarbeiter steigen.

Zusammengefasste Bilanz der SüFa GmbH zum 31.12.2012 in Euro:

Aktiva	Bilanz		Passiva
I. Anlagevermögen	1.800.000,00	I. Eigenkapital	
II. Umlaufvermögen	400.000,00	1. gezeichnetes Kapital	800.000,00
		2. Gewinnrücklagen	200.000,00
		II. Verbindlichkeiten	
		1. Darlehen	900.000,00
		2. kurzfr. Verbindlichkeiten	300.000,00
	2.200.000,00		2.200.000,00

Die Höhe der Nennbeträge der Geschäftsanteile ist laut Gesellschaftsvertrag wie folgt festgelegt:

- Agnes Staiger 300.000,00 EUR
- Bertram Herzer 300.000,00 EUR
- Christian Herzer 200.000,00 EUR

1. Vor der Umwandlung des Familienunternehmens von einer GmbH in eine AG müssen sich die Gesellschafter noch mit folgenden Aspekten auseinandersetzen.

1.1 Agnes Staiger bezweifelt die Vorteilhaftigkeit der Rechtsform der AG.

Erläutern Sie zwei Vorteile für das Unternehmen aus finanzieller Sicht, die sich durch die Umwandlung der GmbH in eine AG ergeben.

1.2 Christian Herzer befürchtet durch die Umwandlung in eine AG den Verlust seines Einflusses auf das Unternehmen.

1.2.1 Begründen Sie rechnerisch, ob er die Umwandlung in eine AG verhindern kann.

1.2.2 Vergleichen Sie tabellarisch die beiden Rechtsformen anhand der Kriterien Bestellung des leitenden Organs, Kontrolle der Geschäftsführung und Veräußerung des Gesellschaftsanteils.

1.2.3 Prüfen Sie unter Angabe der Paragrafen, ob das Kontrollgremium der künftigen AG der Arbeitnehmermitbestimmung unterliegt, und erläutern Sie gegebenenfalls den Umfang der Mitbestimmung.

1.3 Agnes Staiger und Bertram Herzer möchten die Leitung des Unternehmens nicht aus der Hand geben.

Zeigen Sie auf, ob und gegebenenfalls wie sie dies in der zukünftigen AG erreichen können.

2. Bei der Umwandlung der GmbH in eine AG beteiligt sich zusätzlich die Hausbank an der neuen Gesellschaft. Die Aktien haben einen Nennwert von 5,00 EUR/Aktie. Die bisherigen Gesellschafter erhalten für ihren gesamten Eigenkapitalanteil an der bisherigen GmbH Aktien zum Nennwert. Die Hausbank übernimmt 240.000 Aktien mit einem Agio von 3,00 EUR.

2.1 Begründen Sie, warum die Hausbank bereit ist, einen höheren Ausgabekurs zu bezahlen.

2.2 Für die Aktienausgabe stehen vinkulierte Namensaktien für die ursprünglichen GmbH-Gesellschafter und stimmrechtslose Vorzugsaktien für die Hausbank zur Diskussion.

Erläutern Sie die genannten Aktienarten.

Abituraufgaben 2015 (Aufgabe 1, teilweise)

Die SMU Möbelbausysteme OHG in Bühl hat sich auf die Produktion von modularen Regalsystemen spezialisiert. Das anfänglich kleine Familienunternehmen der drei Gesellschafter Simon Eder, Andreas Eder und Siegfried Peter beschäftigt heute ca. 400 Mitarbeiter und ist durch Vertriebspartner in über 20 Ländern vertreten. Vor dem Hintergrund dieser Unternehmensentwicklung haben die Gesellschafter beschlossen, die OHG in eine Kapitalgesellschaft umzuwandeln.

1. Die Geschwister Simon und Andreas Eder favorisieren die Umwandlung der OHG in eine GmbH, während Siegfried Peter die Rechtsform der AG für vorteilhafter hält.

1.1 Nennen Sie jeweils zwei Argumente, die entweder für die Umwandlung in eine

- GmbH oder
- AG

sprechen könnten.

1.2 Vor der endgültigen Entscheidung für eine neue Rechtsform möchten sich die drei Gesellschafter über die gesetzlichen Bestimmungen bezüglich der Unternehmensleitung informieren.

Vergleichen Sie in einer Tabelle die Position des Geschäftsführers in einer GmbH mit der eines Vorstandes in einer AG hinsichtlich folgender Kriterien:

- Dauer der Amtszeit,
- Kontrolle der Unternehmensleitung.

2. Die drei bisherigen OHG-Gesellschafter haben sich darauf geeinigt, dass Andreas Eder und Siegfried Peter auch zukünftig in der Führung des Unternehmens tätig sein sollen, während der Gesellschafter Simon Eder Verantwortung abgeben und nur noch eine überwachende Funktion innehaben möchte.

Zeigen Sie, wie Andreas Eder und Siegfried Peter ihren Leitungswunsch bei den beiden alternativen Gesellschaftsformen bei der Gründung jeweils realisieren können.

3. Die drei Gesellschafter der OHG haben das Unternehmen in eine Aktiengesellschaft umgewandelt. Seit 2013 ist die SMU Möbelbausysteme AG erfolgreich an der Börse notiert.

Die SMU Möbelbausysteme AG plant im Jahr 2015 mit der Einführung eines Tischbausystems eine Ausweitung ihres Geschäftsfeldes. Dafür müssen in das bisherige Produktionsgebäude am Standort Bühl 15,5 Mio. EUR investiert werden. Zur Finanzierung des Bauvorhabens schlägt der Vorstand der SMU AG auf der Hauptversammlung eine Kapitalerhöhung gegen Einlagen in Höhe von 12,5 Mio. EUR vor.

Die vereinfachte Bilanz der SMU AG weist vor der Kapitalerhöhung zum 31.12.2014 folgende Werte aus:

Aktiva		Bilanz der SMU AG in Mio. Euro	Passiva
A. Anlagevermögen	180,0	A. Eigenkapital	
B. Umlaufvermögen		I. gezeichnetes Kapital	75,0
I. Vorräte	52,0	II. Kapitalrücklage	26,5
II. Forderungen	25,0	III. Gewinnrücklagen	27,5
III. liquide Mittel	5,0	B. Fremdkapital	
		I. langfr. Verbindlichkeiten	93,0
		II. kurzfr. Verbindlichkeiten	40,0
	262,0		262,0

Der Börsenkurs der alten Aktie beträgt 9,00 EUR (Nennwert 5,00 EUR je Aktie).

3.1 Großaktionär Rieger steht der Kapitalerhöhung skeptisch gegenüber. Er ist von der Vorteilhaftigkeit der Beteiligungsfinanzierung nicht überzeugt und schlägt stattdessen eine Finanzierung des Bauvorhabens mittels einer Kreditaufnahme vor.

3.1.1 Der Vorstand der SMU Möbelbausysteme AG begründet die geplante Beteiligungsfinanzierung mit folgender Aussage:

„Die nachhaltige Überlebensfähigkeit einer Unternehmung hängt wesentlich von einer ausreichenden Eigenkapitalausstattung ab, sodass wir eine Beteiligungsfinanzierung einer Finanzierung durch Fremdkapital vorziehen."

Nehmen Sie zu dieser Aussage des Vorstandes kritisch Stellung, indem Sie jeweils zwei Argumente für und gegen die Beteiligungsfinanzierung erörtern.

3.1.2 Aktionär Rieger ist von den Argumenten des Vorstandes nicht überzeugt und möchte die Kapitalerhöhung verhindern. Sein Versuch, diese auf der Hauptversammlung abzuwenden, scheitert, da er hierfür 375.000 Aktien zu wenig besitzt. Bei der Hauptversammlung sind 90 % des Grundkapitals vertreten.

Berechnen Sie die Anzahl der Aktien, die Großaktionär Rieger in seinem Eigentum hält.

3.2 Im Zuge der bevorstehenden Kapitalerhöhung beschließt die Hauptversammlung, ausschließlich Namensaktien auszugeben.

Begründen Sie die Vorteilhaftigkeit dieses Beschlusses anhand von zwei Aspekten.

3.3 Der Emissionskurs der jungen Aktien soll festgelegt werden.

- Zeigen Sie den grundsätzlichen Spielraum auf, den die SMU AG bei der Festlegung ihres Emissionskurses hat.
- Beschreiben Sie je einen Nachteil, der mit der Entscheidung für einen zu hohen bzw. für einen zu niedrigen Ausgabekurs verbunden ist.

Abituraufgaben 2017 (Aufgabe 2, teilweise)

Die Senslor Electronic AG (SE AG) mit Sitz in Ravensburg entwickelt und produziert Sensoren, die international vertrieben werden. Das Unternehmen ist in den letzten Jahren stark gewachsen und an der Börse notiert. Die Aktien haben einen Nennwert von 5,00 EUR/Stück. Derzeit sind 600 Mitarbeiter bei dem Sensorenhersteller beschäftigt.

Die zusammengefasste Bilanz der SE AG wies zum 31.12.2015 folgende Werte aus:

Aktiva	Bilanz zum 31.12.2015 (in Euro)		Passiva
Anlagevermögen	12.500.000,00	Gezeichnetes Kapital	1.500.000,00
Umlaufvermögen	26.500.000,00	Kapitalrücklage	50.000,00
		Gewinnrücklagen	
		– gesetzl. Rücklage	100.000,00
		– andere Gewinnrückl.	10.000.000,00
		Bilanzgewinn	5.000.000,00
		Rückstellungen	5.350.000,00
		Verbindlichkeiten	17.000.000,00
	39.000.000,00		39.000.000,00

1. Erläutern Sie zwei Gründe, welche die SE AG bewegt haben könnten, an die Börse zu gehen.

2. Bei der Rechtsform der AG ist die Bildung eines Aufsichtsrats gesetzlich vorgeschrieben.

2.1 Begründen Sie mithilfe des Gesetzes die Zusammensetzung des Aufsichtsrats der SE AG, wenn dieser mit der maximalen Anzahl an Personen besetzt werden soll.

2.2 Erläutern Sie einen Vor- und einen Nachteil der Mitbestimmung von Arbeitnehmern im Aufsichtsrat.

8 Multinational companies – cooperation and integration

8.1 Digression: Foreign direct investment (FDI)

Vocabulary list

English	German
digression	Exkurs
to acquire	erwerben, übernehmen
availability	Verfügbarkeit, Vorhandensein
tariff barriers	Zollschranken

English	German
economies of scale	Kostenersparnis durch Massenproduktion
domestic	inländisch, einheimisch
host country	Gastland, Aufnahmeland
exploitation	Ausbeutung

Stofftelegramm

Foreign direct investments (FDI)
FDI means that a company invests money into a business abroad. The investing company aims at controlling, managing, or having a significant influence on the foreign business.

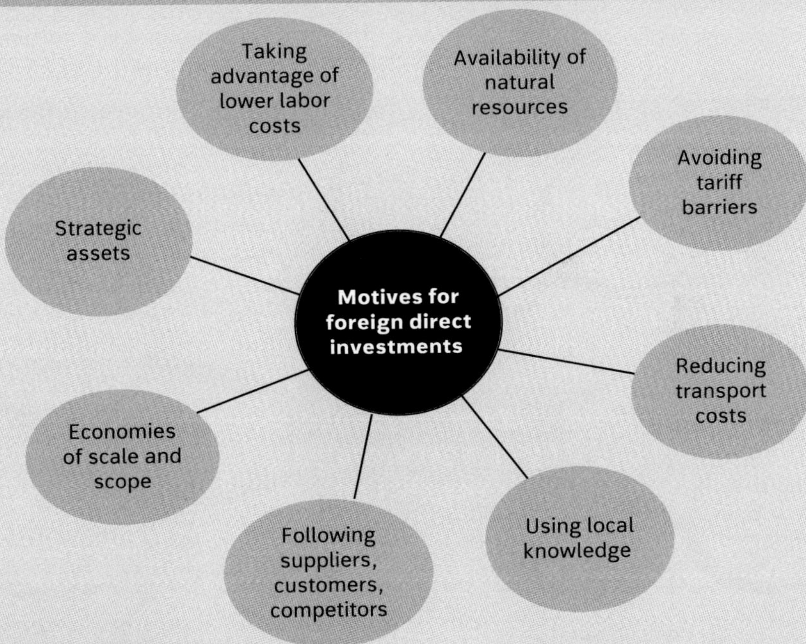

Disadvantages of FDI

- May result in less domestic investment
- Risk of political changes in host country
- Exploitation of people and environment in host countries
- May result in a "modern-day economic colonialism"

8.2 Types of cooperation and integration

Vocabulary list

English	German
partly	teilweise
excess	überschüssig
merger	Fusion, Zusammenschluss
acquisition	Erwerb, Übernahme
hostile	feindlich
facilities	Gebäude, Standorte, Einrichtungen

English	German
elimination	Ausschaltung, Beseitigung
procurement	Beschaffung
joint	gemeinsam
excessive	überhöht, unverhältnismäßig
abuse	Missbrauch

Stofftelegramm

Cooperation

- Cooperation in certain fields based on contracts
- Economic independence partly remains.
- E.g. franchising, joint ventures

Integration

- Investments of excess capital into other businesses
- E.g. mergers, acquisitions (also in the form of hostile takeovers), also set-up of own facilities

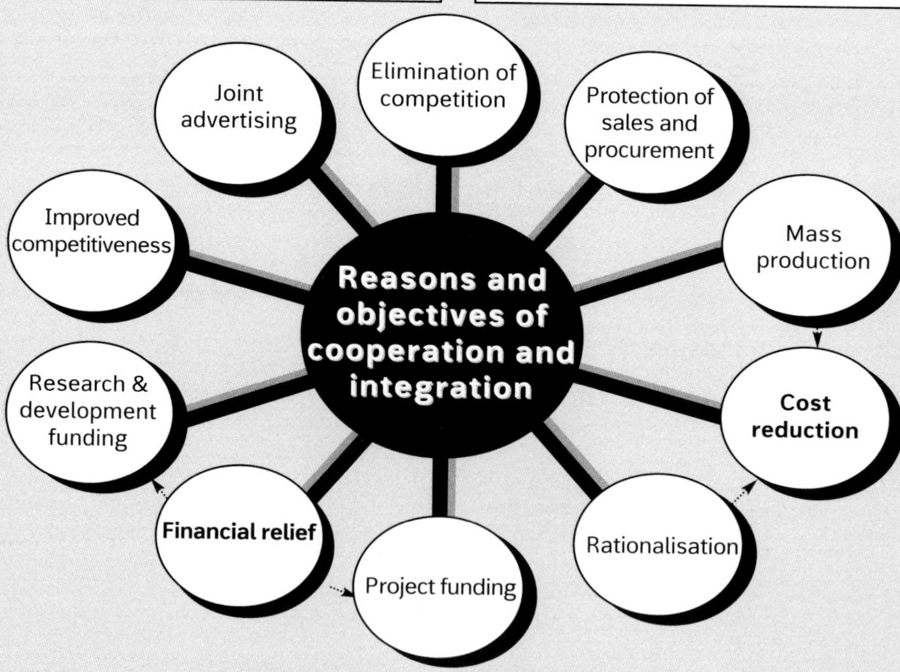

Potential problems

- Excessive pricing
- Unfair competition
- Abuse of power
- Internal: clash of cultures

8.3 Integration

Vocabulary list

English	German
supply chain	Lieferkette, Wertschöpfungskette
distribution channels	Vertriebswege
wholesaler	Großhändler
lateral	seitlich
conglomerate	aus verschiedenen Teilen zusammengesetzt
objective	Ziel, Zielsetzung
diversification	Vielfalt, Veränderung

English	German
brewery	Brauerei
to define	definieren
potential	potenziell, möglich
ongoing	hier: derzeitig
to entail	nach sich ziehen, mit sich bringen
ad serving services	Anzeigendienstleistungen
to acquire	erwerben, übernehmen

Stofftelegramm

Horizontal integration

adds business at the same stage of production in similar or different industries

Objectives:
company growth, access to new markets, economies of scale, reduced competition

Examples:

Shoe manufacturer A ⟷ Shoe manufacturer B

Bike producer ⟷ adds new product (e.g. e-bike)

Vertical integration

adds stages in the supply chain (forward or backward from your position)

Objectives:
barriers to entry, reduced transportation costs, secured distribution channels

Example:

Shoe manufacturer ⟷ Shoe wholesaler

Lateral integration (conglomerate)

Two businesses in the same industry but with different products join together OR the integration might take place across various industries – **Objectives:** product diversification and thus risk spreading

Example:

Brewery

Publisher

Shoe manufacturer

Practice questions

1. Explain the term "Foreign direct investment (FDI)".
2. Name five motives for foreign direct investment.
3. Give an example each of how FDIs can have negative consequences for the investor or for the host country.
4. Define cooperation and integration. Name an example each.
5. Name five reasons for cooperation and integration.
6. Explain which potential problems the ongoing cooperation tendency might entail.
7. Explain the differences between horizontal, vertical and lateral integration and name an example each.
8. Name three reasons for horizontal integration.
9. Name three reasons for vertical integration.
10. Explain which type of integration was taking place in each of the following examples.
    a) In 2007 Google bought DoubleClick, which specialises in internet ad serving services.
    b) In 2014 Microsoft acquired Nokia's mobile phone operation (hardware).
    c) In 2014 Starbucks bought a Costa Rican coffee farm.

8.4 Forms of cooperation

8.4.1 Franchising

Vocabulary list

English	German
brand name	Markenname
equipment	Ausstattung, Einrichtung
publicity material	Werbematerial
back-up services	hier: Unterstützung
loan	Darlehen

English	German
royalty	Lizenzgebühr
expansion	Ausdehnung, Wachstum
brand recognition	Markenbekanntheit
expertise	Fachwissen, Know-how
revenue	Umsatz

Stofftelegramm

Franchise agreement:
One business gives another business the right to use its name and products for a fixed time period.

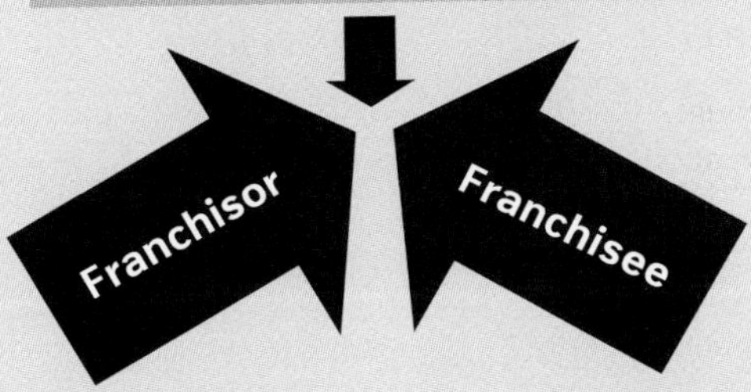

Franchisor

provides

- the brand name
- training
- equipment
- materials
- support in finding customers through advertising
- publicity materials
- back-up services, e.g. advice, loans, insurances, accounting
- exclusive geographical areas in order to avoid direct competition with another franchisee of the same brand

gains

- revenue by giving others the right to use its name
- fast expansion

Risks

- Success and revenue depend on the success of the franchisees.

Franchisee

provides

- fixed amount of money at the start
- monthly or yearly royalty or fee (e.g. percentage of sales revenue)

gains

- relatively safe possibility to start its own company
- brand recognition
- expertise
- ongoing support

Risks

- Loss of freedom
- Regular payment
- Temporary business
- High level of standardisation

8.4.2 Joint venture

Vocabulary list

English	German
legally	rechtlich
mutual	gemeinsam
expenses	Ausgaben

English	German
assets	Vermögenswerte
distribution channels	Vertriebswege
liability	Haftung

Stofftelegramm

Joint venture (JV)

joint = gemeinsam

→ Two or more companies
  a) sign a contract to work together in a partnership OR
  b) set up a separate company

→ **No transfer of ownership**

→ Limited time or no time limitation

venture = Unternehmen, Projekt

→ Contribution of assets and know-how to the JV

→ Mutual control and management of JV

→ Sharing of revenues, expenses and assets

Benefits	Risks
• Faster growth • Increased productivity • Access to new markets • Access to new distribution channels • Access to improved technology, know-how, skilled workforce, patents • Sharing of costs and risks with partners	• Different goals • Culture clash • Different management styles • Communication problems • Conflict of interest with former business partners • Liability conflicts

8.4.3 Merger

Vocabulary list

English	German
voluntary	freiwillig
properties	Eigentum

English	German
shareholder value	Unternehmenswert, auch: Wertzuwachs für Aktionäre

Stofftelegramm

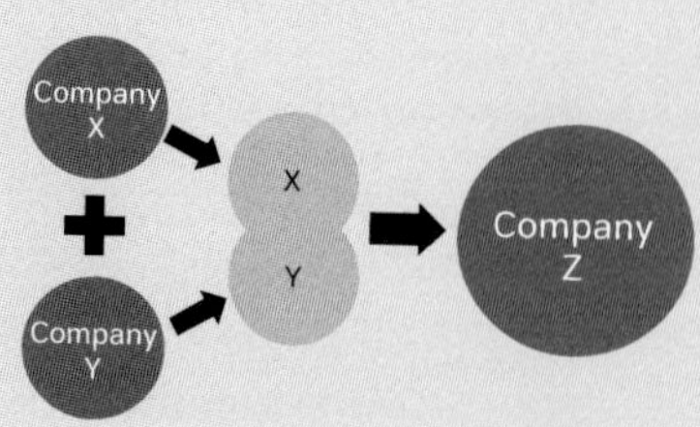

Merger = **voluntary agreement** between companies to form a single new company by transferring the properties of the original companies to the newly established company

Reasons:

- Gain access to new markets
- Increase shareholder value
- Gain greater market share
- Improve efficiency
- Improve purchasing power
- Reduce (international) competition
- Protect one or both from closure

8.4.4 Acquisition

Vocabulary list

English	German
acquisition	Erwerb, Übernahme
to purchase	kaufen

English	German
to cease to exist	nicht mehr bestehen
subsidiary	Tochtergesellschaft, Filiale

Stofftelegramm

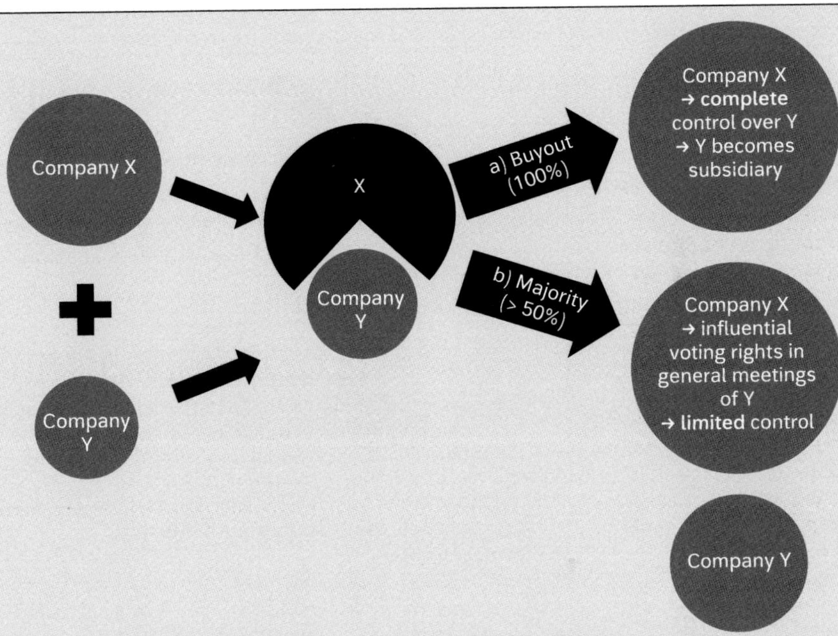

Acquisition = one company **purchases or takes over** another company and establishes itself as the new owner; the purchased company ceases to exist, or it becomes a part of the buying company.

Reasons:
- Gain access to new markets
- Get hold of a specific product
- Gain better access to loans due to increased size
- Get control over a critical resource
- Reduce (international) competition

Economic effects of mergers and acquisitions:
- May result in a loss of jobs → unemployment rate increases
- Reduced variety of goods and services for consumers
- Monopolies

8.5 Choice of location

Vocabulary list

English	German
subsidiary	Tochtergesellschaft, Niederlassung
essential	unerlässlich
obstacles	Hindernisse, Schwierigkeiten
quantifiable	messbar
customs duties	Zölle
taxes	Steuern

English	German
subsidies	Subventionen, Fördermittel
access	Zugang, Zutritt
attitude	Einstellung
interest rates	Zinsen
exchange rate	Wechselkurs
trading bloc	Handelsblock

Stofftelegramm

Basic questions for the decision where to set up a subsidiary in another country:

- Which factors are absolutely essential?
- What would I like to have?
- What cannot be tolerated?
- How much money do I have/do I want to spend?
- Which obstacles could influence the decision?

↓

Hard location factors (→ quantifiable and can therefore be included into cost estimates and calculations)	**Soft location factors** (→ cannot be included into cost estimates and calculations as they are not measurable in numbers)
Examples: • Labour costs • Land costs • Energy costs • Transport costs • Customs duties • Taxes • Subsidies	Examples: • Language • Access to sources of supply (infrastructure) • Demographics • Labour skills/educational level • Local (governmental) attitude towards (foreign) businesses • Local competition • Political situation/corruption • Culture • Social infrastructure (e.g. hospitals, schools)

↓

Further factors to consider as there could be obstacles:

P	E	S	T	E	L
political	economic	social	technological	environmental	legal

E.g.

- Economic growth in the potential country of choice (none/too low)
- Inflation rate (too high)
- Interest rates (high rates lead to high costs in investments)
- Exchange rate (high rates lead to high costs in exporting and importing)
- Trading blocs
- Climate (e.g. cooling costs)
- Environmental restrictions such as emission certificates
- Technological level (e.g. bad internet connection)

→ **The decision where to set up a subsidiary has great influence on profitability and efficiency.**

8.6 Organisational structures

Vocabulary list

English	German
recognizable by	erkennbar durch
to determine	bestimmen
accountability	Rechenschaftspflicht, Verantwortlichkeiten
decentralization	Aufgliederung, Aufspaltung
to work across teams	teamübergreifend
expertise	Fachwissen, Know-how
operational efficiency	Effizienz der Betriebsabläufe

English	German
to allow for	ermöglichen
to enhance	verbessern
duplication	Doppelung
allocation	Aufteilung, Verteilung
profession	Beruf
entrepreneur	Unternehmer

Stofftelegramm

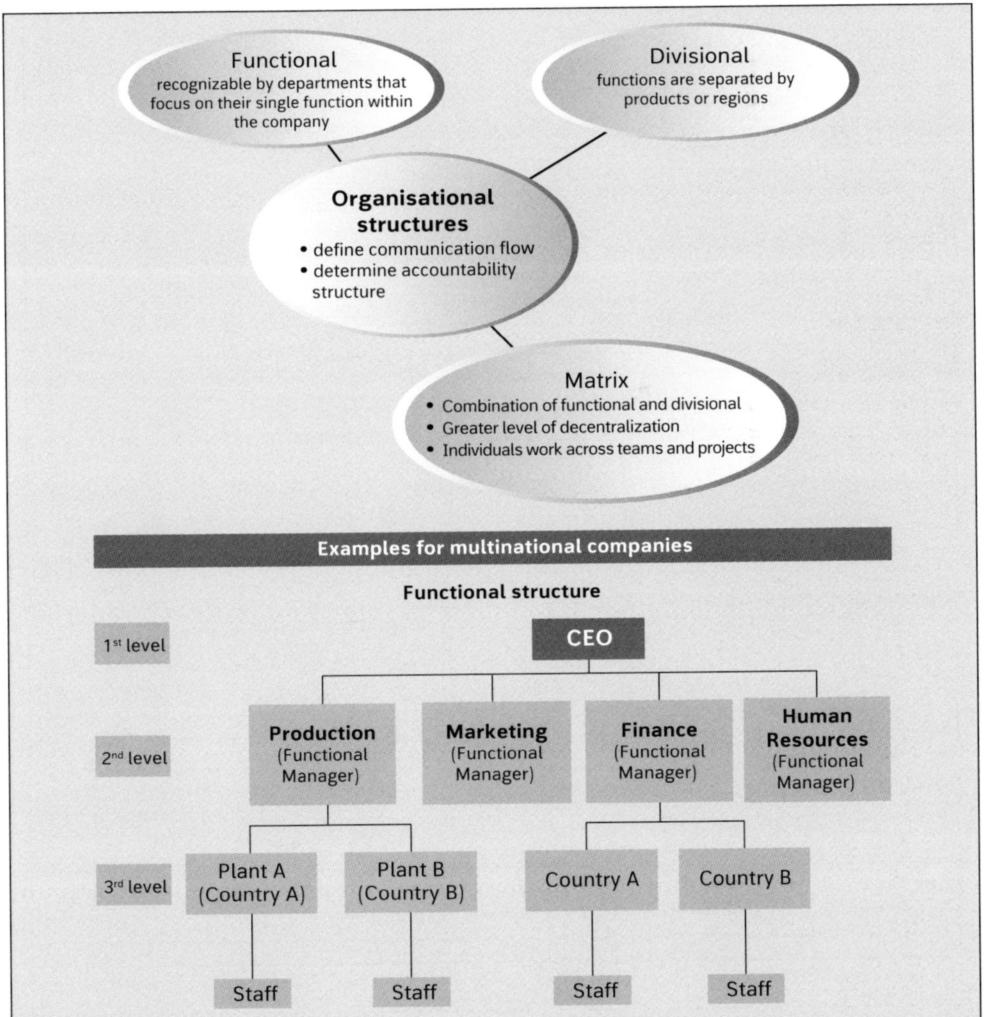

Multinational product division structure

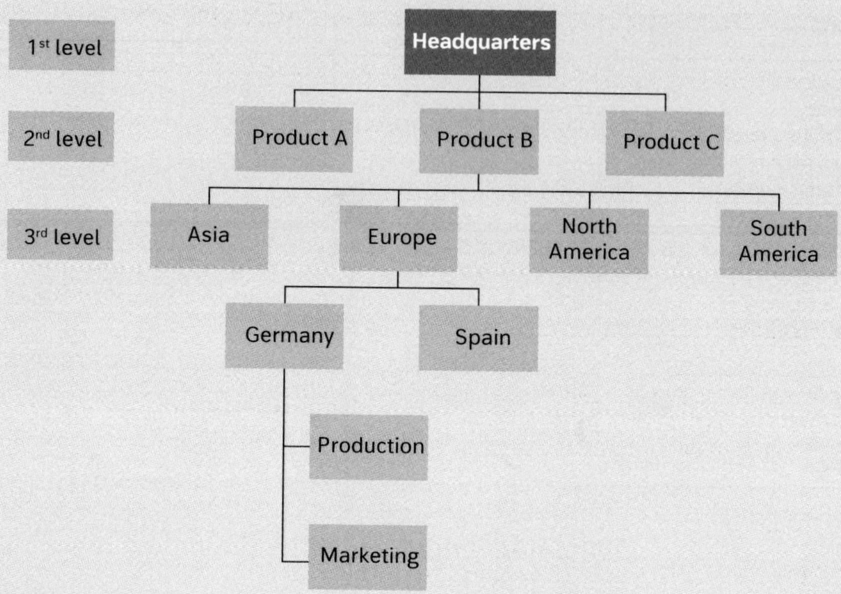

Multinational matrix structure

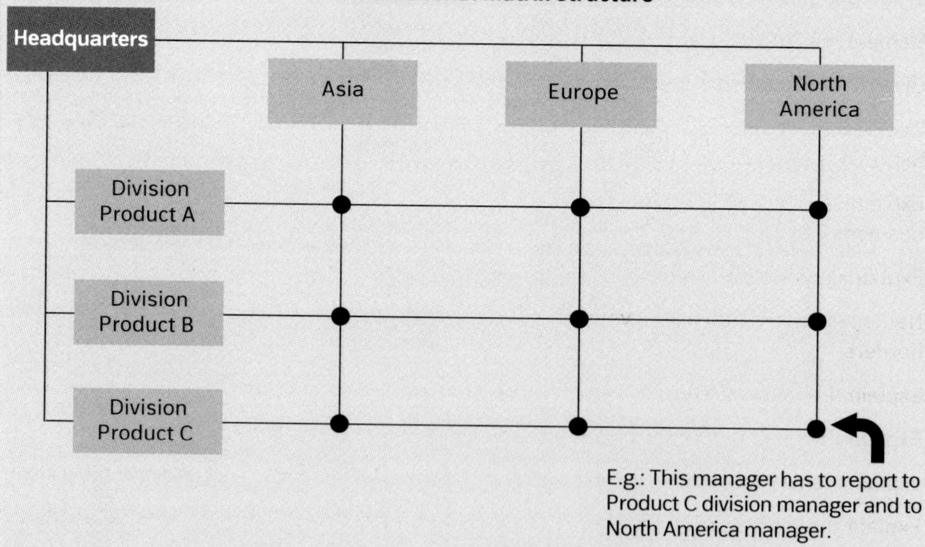

Note: There are many more possibilities of organisational structures and every firm has to make its own decision how to organise communication flow and accountability.

Advantages and disadvantages of the different organisational structures

Advantages	Disadvantages
Functional	
• Specialisation/expertise → operational efficiency • Optimum use of resources • Easier training • Centralised control	• Difficult coordination between the departments, centralization + • Lack of communication → slow and inflexible organisation
Divisional	
• Decentralised, allows for flexibility and quick response to changes in respective environment • Enhances innovation • Clear accountability for profits and losses	• Duplication/allocation of resources • Little to none exchange of knowledge of employees working in the same profession
Matrix	
• Specific type of layout can be created to best meet the needs of the firm. • Multi-dimensional thinking enhances creativity.	• Difficult coordination • Getting everyone to work towards a common goal becomes more and more difficult the more complex the matrix.

Practice questions (chapters 8.4–8.6)

1. Explain in general what franchising is.
2. When purchasing a franchise, is the entrepreneur a franchisor or a franchisee?
3. Name a reason why franchising is so widespread.
4. Give three examples of how a franchisor supports the franchisee.
5. Decide if the following statement is true or false and explain: "Franchises are rarely allocated on a geographical basis."
6. Explain why buying into a successful franchise is often a lower-risk method of starting a business.
7. Explain why companies may decide to form a joint venture.
8. Name three risks that a joint venture involves if the joint venture agreement reaches across borders.
9. Explain the main difference between a joint venture and a merger.
10. Explain the main difference between a merger and an acquisition.
11. Explain the difference between hard and soft location factors and give three examples each.
12. Explain the term PESTEL and name three further factors to be considered when making a decision about a new location abroad.
13. Why do companies set up organisational structures?
14. Explain the main difference between functional and divisional organisation structures.
15. What is the main problem in a matrix structure?

8.7 Abituraufgaben Profil Internationale Wirtschaft

Abituraufgaben 2014 (Aufgabe 2, Teil 2)

Das mittelständische Unternehmen Aero GmbH mit Sitz in Stuttgart zählt zu den führenden Ventilatorenherstellern in Deutschland. Die Produktpalette umfasst sowohl Ventilatoren verschiedenster Bauart für den Einsatz in Wohnraum, Industrie und Gewerbe als auch das dazu passende Zubehör.

2. Apart from making investments in the German location site Aero GmbH consider satisfying the steadily increasing demand by discussing several opportunities. A survey among customers on the company's performance – with a rating scale ranging from one star = poor to five stars = excellent – has produced the following results:

High quality	★★★★★
Reliable supply	★★★★★
Customer service	★★★★
Maintenance	★★★★
Delivery on time	★★★★★
Customised products	★★★★
Energy efficiency	★★★

2.1 The first opportunity discussed is integration.

Name and define three suitable forms of integration.

2.2 The management also discuss the option of setting up a production site abroad.

2.2.1 Based on the results of the customer survey given above, determine two relevant hard location factors and two relevant soft location factors for a production site in China – apart from site and labour costs – that match Aero GmbH's requirements. Explain your decision.

2.2.2 Outline two economic arguments in favour and two arguments against a location abroad for the host country.

2.3 Due to a lack of financial means to make an investment in China Aero GmbH have finally decided for a joint venture with a Chinese ventilator producer called Golden Dragon Company. The Chinese company is operated in the legal form of an ordinary partnership, also known as general partnership, owned by Mr Luan Chen and Mr Chong Lin.

Golden Dragon Company is an emerging producer in the field of domestic devices and home appliances. Most of the 1,000 workers are unskilled. Mr Chen, Mr Lin and the managing staff were educated in Britain and the USA. Their production site is in the vicinity of the Shanghai area.

The biggest advantage of Golden Dragon Company is their flexibility. Due to less strict labour rights deliveries of orders can be executed even at short notice. So in case of bottleneck situations Golden Dragon Company could help Aero GmbH out.

Evaluate entering a joint venture with Golden Dragon Company for Aero GmbH by analyzing the pros and cons.

Abituraufgaben 2015 (Aufgabe 2, Teil 2, teilweise)

German-based Tierer GmbH offer over 60 products within two product lines. The "Living" product line includes personal scales and kitchen scales (Personen-/Küchenwaagen), whereas the "Medical" line contains all kinds of blood pressure monitors (Blutdruckmessgeräte). Currently the company employs 440 people.

The company's headquarters are located in Frankfurt/Main and they have production sites in Frankfurt/Main and Stuttgart. All electronic components are bought from Asian producers. The products are rather standardised with almost no need for regional specification. More than 50% of Tierer's products are exported worldwide. Over the last decade the company has been constantly growing.

2. The following chart shows Thierer GmbH's organizational structure.

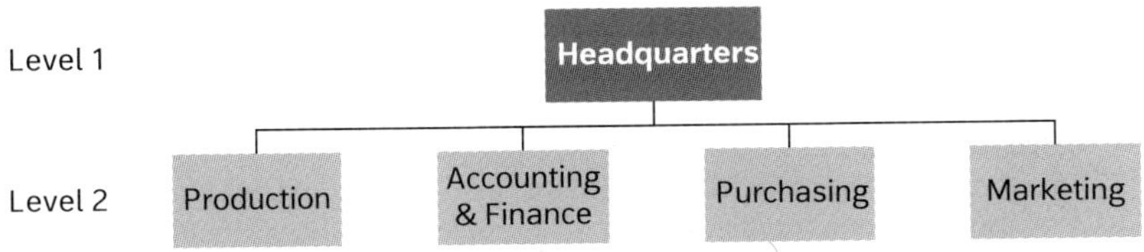

2.1 Name the given structure and outline two advantages.

2.2 An external consultant advises the corporate management that the best possible organisational structure for their company would be product divisions instead of the structure shown above.

- Draw Tierer's organisational chart for a divisional structure with three levels.
- Give two reasons why the consultant suggests divisional structure for Tierer GmbH.

3. In order to meet the increasing global demand for their products, Tierer GmbH consider further expansion.

3.1 Tierer GmbH are planning to integrate.

Show how the company could integrate vertically – both backward and forward – and horizontally by giving one suitable example each.

Abituraufgaben 2016 (Aufgabe 2, Teil 1, teilweise)

GeRo AG (German Road Truck AG) with headquarters in Stuttgart have specialised in producing and exporting trucks and buses. The vehicles must be adapted to local requirements in different countries. In 2013 the business opened its first subsidiary in Nigeria. In order to further improve their international market position the managing directors intend to invest in more countries.

1.2 GeRo AG intend to open a second subsidiary in either Bulgaria or Poland. As both countries meet GeRo AG's requirements for hard location factors, the final decision for the choice of location for the new subsidiary is to be based on soft location factors.

- Using **Evidence 1** (see below) identify one soft location factor from each category.
- Based on your findings, make a location decision and give reasons.

1.4 So far GeRo AG have used a functional organisational structure consisting of Purchasing, Production and Sales. Due to international expansion, one of the board members proposes the implementation of a matrix structure.

- Draw a sketch of a possible two-dimensional matrix structure.
- Outline one advantage and disadvantage each regarding the board member's suggestion.

Evidence 1

Category	Bulgaria	Poland
Political and legal climate	• Well-defined foreign investment and trade laws • Stable parliamentary democracy • EU, NATO and WTO member	• Government grants are provided on the basis of the "Programme for supporting investments of major importance to the Polish economy for years 2011–2020". • Economic Freedom Act provides a business-friendly environment and protects entrepreneurs' interests. • Transparent tax and legal systems • EU, NATO and WTO member
Economy	• Not rich in natural resources and raw materials • Labour costs among lowest in EU • Fairly high rate of organised economic crime and corruption • Corporate income tax rate: 10% • Wages decreased from EUR 443.81 in May 2015 to EUR 441.27 in June 2015 • Gross Domestic Product (GDP) in 2014: USD 55.73 billion • Youth unemployment rate: 20.7% in September 2015	• Repeatedly confirmed resilience to economic crises • 14 Special Economic Zones and Technological Parks throughout the country • Corporate income tax rate: 19% • Wages decreased from EUR 949.62/month in the first quarter of 2015 to EUR 902.78/month in the second quarter of 2015 • Gross Domestic Product (GDP) in 2014: USD 548 billion • Youth unemployment rate: 19.3% in September 2015
Human capital	• Literate and proficient multilingual workforce • Working age population: 62.2% • Net migration: –2.89 migrants per 1,000 population	• Well-educated economists, engineers, IT specialists and scientists • Increasing number of university graduates, including from faculties useful in high-tech industries • Net migration: –0.47 migrants per 1,000 population
Infrastructure and Information Technology Development	• Strategic location in the centre of south-eastern Europe • Crucial passage to the Black Sea for cargo transport: Danube River • Two important harbors and east-west transit passages • State of Internet is relatively good in major cities. • Medium and small cities in remote, less-populated rural areas often have no access to the Internet.	• Central location in Europe, where main communication routes intersect • Governmental program "Infrastructure and Environment 2014–2020": Poland will take advantage of EUR 17.8 billion of EU funds. • According to the "National Broadband Plan" all internet users will be provided with at least 30 Mbps by 2020.

Abituraufgaben 2017 (Aufgabe 2, Teil 2)

4. Biosensors AG in Tuttlingen is a start-up company that has successfully developed a microchip implant which permanently measures blood sugar levels (Blutzuckerspiegel). The implant is Biosensors' only product and it has been patented worldwide. CEO Sandra Schneider is looking for markets outside Europe.

Changing eating habits in China have led to significantly more cases of diabetes in the country, which provides an opportunity for Biosensors AG to sell its microchip implants to Chinese diabetes clinics.

4.1 Outline two opportunities and two potential threats to Biosensors AG's business activities in China.

4.2 The Chinese enterprise Chengdu Corporation (CC) produces technically simple blood glucose meters (Blutzuckermessgeräte). Thanks to an effective distribution system, it is a well-known company in China. Its CEO, Wei-Ping Shi, is very interested in a business relationship with Biosensors AG. He therefore invites Sandra Schneider to China. In preparation of the meeting Sandra Schneider considers possible types of integration for Biosensors AG and CC.

- Outline two types of integration in general as well as their underlying motives.
- Based on this information, suggest which type of integration would suit the two businesses. Give reasons.

4.3 Sandra Schneider also considers setting up a Biosensors AG production site in China instead of integrating with CC.

4.3.1 Explain the difference between hard and soft location factors and give two examples each that are relevant to Biosensors AG.

4.3.2 CEO Sandra Schneider wants to set up a suitable organisational structure for Biosensors' multinational activities.

- Describe the three basic types of organisational structure.
- Decide which of these organisational structures will be most suitable for Biosensors AG and give a reason for your choice.

Abituraufgaben 2018 (Aufgabe 2, Teil 1, teilweise, verändert)

In 1993 Bernhard Eschebein started a small business selling bicycles as a sole proprietor enterprise in Weingarten. The company expanded in 2006 when he and his two sons Hagen and Daniel Eschebein jointly founded Eschebein und Söhne GmbH and started to produce their own mountain bikes and racing bikes. In 2014, they decided to extend their product range by taking over an e-bike producer.

Today, the company employs 335 people, 135 of whom work in its headquarters in Weingarten. Eschebein und Söhne GmbH owns two production facilities and five stores in Southwest Germany and its sales department has recently started to offer its bikes online. So far the focus has been on production and sales in Germany where all bikes are manufactured. There has recently been a considerable increase in orders from customers abroad.

1. Explain the types of integration the company chose in 2006 and 2014.
2. Outline two motives that might have led Eschebein und Söhne GmbH to integrate.
3. [...]
4. Daniel suggests locating sales facilities in Sweden and Austria. Both these sales facilities and the Purchasing, Production and German Sales departments report directly to the management. On a third level, all departments and facilities are organised along product lines.

   Draw a sketch of the first three levels of Eschebein und Söhne GmbH's organisational structure according to Daniel's plan.
5. The Swedish company Cykel Fit Handelsbolag (CFHB) produces traditional mountain bikes. It is interested in a joint venture with Eschebein und Söhne.

   - Describe the concept and the legal status of a joint venture.
   - Outline one potential opportunity and one potential risk for Eschebein und Söhne resulting from this joint venture.

9 Finanzierung und Investition I: Investitionsrechnung

9.1 Arten von Sachinvestitionen

Stofftelegramm

Investitionsarten → **Nettoinvestition + Reinvestition = Bruttoinvestition**

Nettoinvestition:
= Erweiterungsinvestition
= Kapazitätserweiterung
→ Wachstum

Reinvestition:
Ersatzinvestition
= Investition in Höhe der Abschreibungen
→ Kapazitätserhaltung

Rationalisierungsinvestition: Modernisierung der Kapazitäten → Kapazitätserweiterung

9.2 Statische Investitionsrechnung – Kostenvergleichsrechnung

Stofftelegramm

Kostenvergleichsrechnung

- Beurteilung verschiedener Investitionsalternativen
- reiner Kostenvergleich

Produktionsmenge, ab der ein Produktionsverfahren (z. B. lohnintensiv) kostengünstiger wird als ein anderes Produktionsverfahren (z. B. kapitalintensiv)

Für diese **Menge** gilt:

Kosten (Anlage I) = Kosten (Anlage II)

$$k_v \cdot x + K_f = k_v \cdot x + K_f$$

$$x = \ldots$$

Fixkosten: v. a. Abschreibungen, Zinsen, Wartungs- und Raumkosten

variable Kosten: v. a. Betriebs- und Personalkosten

Beispiel:

	MA 1	MA 2
Kf	150.000,00 EUR	250.000,00 EUR
Kv	10,00 EUR	8,50 EUR

Rechnung:

$$\text{MA 1} = \text{MA 2}$$
$$150.000{,}00 + 10{,}00x = 250.000{,}00 + 8{,}5x$$
$$2{,}5x = 100.000{,}00$$
$$x = 40.000$$

Ergebnis: Ab 40.000 Stück ist MA 2 günstiger.

Aufgaben

1. Erklären Sie die Kostenvergleichsrechnung.
2. • Produktionsverfahren I:
     – variable Stückkosten 200,00 EUR
     – Fixkosten 10.000,00 EUR

   • Produktionsverfahren II:
     – variable Stückkosten 300,00 EUR
     – Fixkosten 8.000,00 EUR

   a) Wo liegt die kritische Menge?

   b) Bei welchen Produktionsmengen ist Verfahren I, bei welchen Verfahren II günstiger?

9.3 Dynamische Investitionsrechnung – Kapitalwertmethode

Stofftelegramm

- Die einperiodige Betrachtung der statischen Verfahren wird durch die Berücksichtigung sämtlicher Ein- und Auszahlungen über alle Perioden hinweg ersetzt.
- Der unterschiedliche zeitliche Anfall von Aus- und Einzahlungen während der Nutzungsdauer wird zinsmäßig (Abzinsung, Diskontierung) berücksichtigt.

Kapitalwertmethode

- Diskontierung (Abzinsung) der jährlichen Einzahlungsüberschüsse (Cashflows) auf den Entscheidungszeitpunkt (→ Barwert)
- Zum Zuge kommt die Investition mit dem höchsten Kapitalwert.

Kapitalwert = **Barwert** der künftigen anschaffungsbezogenen **Cashflows**

– **Anschaffungsausgabe (Investitionssumme)**

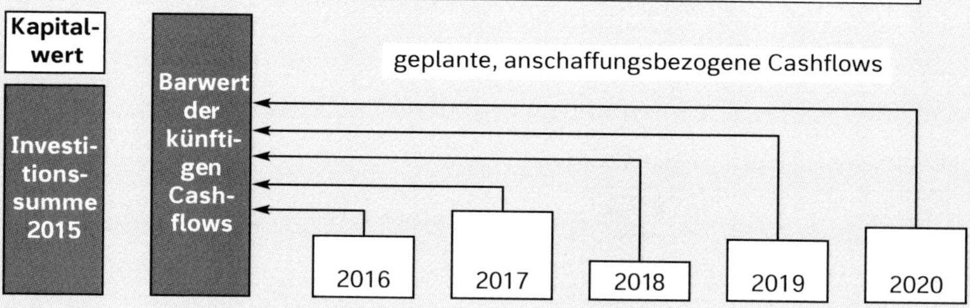

9.3.1 Ermittlung des Kapitalwertes einer Investition

Stofftelegramm

Beispiel

Die MB GmbH beabsichtigt, eine Investition vorzunehmen. Es soll eine Maschine angeschafft werden (Anschaffungskosten: 130.000,00 EUR, Nutzungsdauer: fünf Jahre). Die geplanten Einnahmen und Ausgaben für die fünf Jahre sind aus der Tabelle zu entnehmen. Der von der Geschäftsleitung vorgegebene Kalkulationszinssatz beträgt 9 %.

a) Ermitteln Sie den Kapitalwert der Investition.

b) Ermitteln Sie den Kapitalwert der Investition, wenn die Maschine im fünften Jahr zum Schrottwert von 10.000,00 EUR verkauft werden kann.

Vorgehensweise

1. Ermittlung der Überschüsse jedes Jahres
2. Errechnung des Abzinsungsfaktors (siehe unten)
3. Ermittlung des Barwertes der jeweiligen Jahre (Überschüsse · Abzinsungsfaktor)
4. Summe bilden der Barwerte der jeweiligen Jahre
5. Ermittlung des Kapitalwertes (Summe Barwerte – Anschaffungskosten)

a) **Kapitalwert ohne Liquidationserlös**

Jahr	Einnahmen	Ausgaben	Überschüsse (Einnahmen – Ausgaben)	Abzinsungsfaktor*	Barwert (Überschüsse · Abzinsungsfaktor)
1	100.000,00 EUR	60.000,00 EUR	40.000,00 EUR	0,917431	36.697,25 EUR
2	110.000,00 EUR	65.000,00 EUR	45.000,00 EUR	0,841680	37.875,60 EUR
3	120.000,00 EUR	70.000,00 EUR	50.000,00 EUR	0,772183	38.609,17 EUR
4	110.000,00 EUR	80.000,00 EUR	30.000,00 EUR	0,708425	21.252,76 EUR
5	90.000,00 EUR	72.000,00 EUR	18.000,00 EUR	0,649931	11.698,76 EUR
			Summe der Barwerte		146.133,54 EUR
			– Anschaffungskosten		130.000,00 EUR
			Kapitalwert		16.133,54 EUR

b) **Kapitalwert mit Liquidationserlös**

Jahr	Einnahmen	Ausgaben	Überschüsse (Einnahmen – Ausgaben)	Abzinsungsfaktor*	Barwert (Überschüsse · Abzinsungsfaktor)
1	100.000,00 EUR	60.000,00 EUR	40.000,00 EUR	0,917431	36.697,25 EUR
2	110.000,00 EUR	65.000,00 EUR	45.000,00 EUR	0,841680	37.875,60 EUR
3	120.000,00 EUR	70.000,00 EUR	50.000,00 EUR	0,772183	38.609,17 EUR
4	110.000,00 EUR	80.000,00 EUR	30.000,00 EUR	0,708425	21.252,76 EUR
5	90.000,00 EUR	72.000,00 EUR	18.000,00 EUR	0,649931	11.698,76 EUR
5	Liquidationserlös		10.000,00 EUR	0,649931	6.499,31 EUR
			Summe der Barwerte		152.632,86 EUR
			– Anschaffungskosten		130.000,00 EUR
			Kapitalwert		22.632,86 EUR

* Abzinsungsfaktor $= (1 + i)^{-n}$ oder $\frac{1}{(1 + i)^n}$
z. B. 3. Jahr: $(1 + 0{,}09)^{-3} = 0{,}772183$

i = Kalkulationszinssatz hier: 9 %
n = Anzahl der Jahre

Ergebnis
Die Investition ergibt in beiden Fällen einen positiven Kapitalwert, d. h., die gewünschte Verzinsung der Investition von 9 % wird sogar übertroffen. Die Investition sollte durchgeführt werden.

3 Fälle: Kapitalwert > 0, gewünschte Verzinsung wird übertroffen. → Investition tätigen
Kapitalwert = 0, gewünschte Verzinsung wird genau erreicht. → Investition tätigen
Kapitalwert < 0, gewünschte Verzinsung wird nicht erreicht. → Investition nicht tätigen

9.3.2 Differenzinvestition (Ergänzungsinvestition)

Stofftelegramm

Bei einem Vergleich von zwei Investitionsprojekten ist das Projekt mit dem höheren Kapitalwert das bessere.

Wenn zwei Investitionsprojekte mit unterschiedlichen Anschaffungskosten bzw. mit unterschiedlicher Nutzungsdauer verglichen werden, muss in Höhe der Abweichung der Anschaffungskosten eine „fiktive“ Investitionsrechnung der Differenz erfolgen, um die Projekte vergleichbar zu machen.

Beispiel

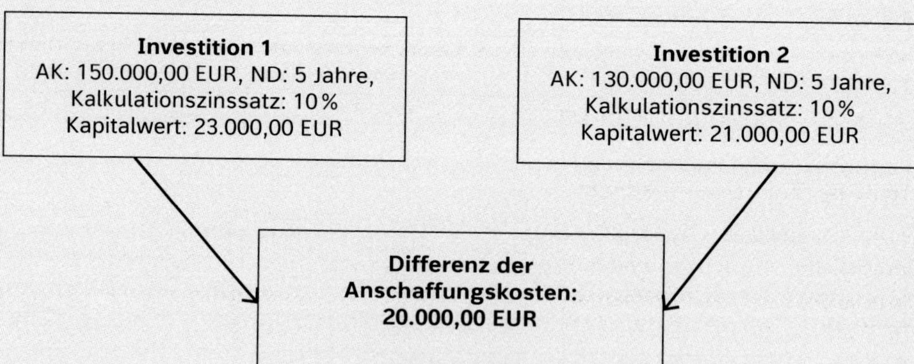

Annahme
Die Differenz in Höhe von 20.000,00 EUR kann in ein anderes Projekt investiert werden. ND 5 Jahre, Kalkulationszinssatz 10 %. Die geschätzten Überschüsse sind in der Tabelle unten eingetragen. Kapitalwert der Differenzinvestition?

Jahr	Überschüsse	Abzinsungsfaktor	Barwert
1	6.000,00 EUR	0,909091	5.454,55 EUR
2	6.500,00 EUR	0,826446	5.371,90 EUR
3	5.600,00 EUR	0,751315	4.207,36 EUR
4	5.500,00 EUR	0,683013	3.756,57 EUR
5	6.800,00 EUR	0,620921	4.222,26 EUR
		Summe der Barwerte	23.012,65 EUR
		– Anschaffungskosten	20.000,00 EUR
		Kapitalwert der Differenzinvestition	3.012,65 EUR

Ergebnis

Der Kapitalwert der Differenzinvestition muss der Investition 2 zugerechnet werden.

Investition 1		**Investition 2 + Differenzinv.**
Kapitalwert: 23.000,00 EUR	<	Kapitalwert: 21.000,00 EUR
		+ Kapitalwert: 3.012,65 EUR
		Summe: 24.012,65 EUR

Die Differenzinvestition und die Investition 2 haben einen um 1.012,65 EUR höheren Kapitalwert als Investition 1. Deshalb sind die Investition 2 und die Differenzinvestition günstiger. Das Unternehmen erhält in den fünf Jahren die investierten 150.000,00 EUR zurück, das eingesetzte Kapital wird mit 10 % verzinst und darüber hinaus ein Überschuss mit einem Barwert von 24.012,65 EUR erzielt.

Kritik an der Kapitalwertmethode

- Die Einzahlungen und Auszahlungen sind Schätzungen und häufig dem Investitionsprojekt nicht eindeutig zurechenbar.
- Der Kalkulationszinssatz ist frei wählbar und somit abhängig von subjektiven Vorstellungen.

Vorteile der Kapitalwertmethode

- Berücksichtigung der Nutzungsdauer bei der Beurteilung
- Berücksichtigung der Ein- und Auszahlungen über die gesamte Nutzungsdauer
- Berücksichtigung der zeitlichen Unterschiede der Ein- und Auszahlungen

Aufgaben

1. Erklären Sie die Begriffe „Barwert“, „Kapitalwert“ und „Diskontierung“.

2. Ein neuer Verpackungsautomat kostet 150.000,00 EUR, Nutzungsdauer vier Jahre, Kalkulationszinssatz 6 %. Folgende Einzahlungsüberschüsse werden erwartet:

1. Jahr	40.000,00 EUR
2. Jahr	45.000,00 EUR
3. Jahr	45.000,00 EUR
4. Jahr	50.000,00 EUR

   Ermitteln Sie den Kapitalwert der Investition und interpretieren Sie Ihr Ergebnis.

3. Ein Unternehmen plant eine Investition. Es liegen zwei alternative Angebote vor:

	Investition 1	**Investition 2**
Anschaffungskosten	120.000,00 EUR	120.000,00 EUR
Liquidationserlös	11.000,00 EUR	12.500,00 EUR
Nutzungsdauer	5 Jahre	5 Jahre
Einnahmeüberschüsse		
1. Jahr	27.000,00 EUR	28.000,00 EUR
2. Jahr	29.000,00 EUR	35.000,00 EUR
3. Jahr	32.000,00 EUR	39.000,00 EUR
4. Jahr	34.000,00 EUR	30.000,00 EUR
5. Jahr	38.000,00 EUR	28.000,00 EUR
Kalkulationszinssatz	12 %	12 %

   Ermitteln Sie die Kapitalwerte der Investitionsalternativen und entscheiden Sie sich begründet für eine Alternative.

4. In einem Unternehmen ist ein Streit entstanden. Der Produktionsleiter möchte eine teure, dafür aber vier Jahre nutzbare Maschine kaufen (Robot). Die Unternehmensleitung möchte sich nicht so langfristig binden. Sie bevorzugt eine günstige Maschine, die jedoch nur zwei Jahre genutzt werden kann (Guta). Bei beiden Maschinen ist nach der Nutzungsdauer kein Liquidationserlös zu erwarten.

		Robot	**Guta**
Anschaffungskosten		300.000,00 EUR	150.000,00 EUR
Einzahlungsüberschüsse	Jahr 1	120.000,00 EUR	115.000,00 EUR
	Jahr 2	120.000,00 EUR	115.000,00 EUR
	Jahr 3	120.000,00 EUR	
	Jahr 4	120.000,00 EUR	
Kalkulationszinssatz		15 %	15 %

   Ermitteln Sie die Kapitalwerte der Investitionsalternativen und entscheiden Sie sich begründet für eine Alternative.

9.4 Abituraufgaben Profil Internationale Wirtschaft

Abituraufgaben 2014 (Aufgabe 3, Teil 1)

Die Lightning Burger AG ist eine mittelgroße Kapitalgesellschaft, die in der Systemgastronomie tätig ist. Zur weiteren Optimierung der Prozesskette möchte das Unternehmen in neue und effizientere Burger-Grills investieren. Zum Ende des Geschäftsjahres 2011 werden zwei alternative Investitionsvorschläge für das Geschäftsjahr 2012 geprüft.

1. Zur Auswahl stehen die folgenden beiden Modelle:

	Kitchen-Servant	Kitchen-Master
AHK in Euro	210.000,00	330.000,00
Liquidationserlös am Ende der Nutzungsdauer in Euro		15.000,00
Kalkulationszinssatz	jeweils 7 %	

Das Unternehmen geht von folgenden Annahmen aus:

	Kitchen-Servant	Kitchen-Master
Kapazität pro Jahr	15.000 Stück	25.000 Stück
Fertigungslöhne bei voller Auslastung in Euro	225.000,00	312.500,00
Materialkosten bei voller Auslastung in Euro	165.000,00	275.000,00
Sonstige variable Betriebskosten in Euro	22.500,00	25.000,00
Sonstige fixe Kosten in Euro	27.250,00	17.500,00
Nutzungsdauer	jeweils 6 Jahre	
Abschreibung	jeweils linear	

1.1 Entscheiden Sie mithilfe der Kostenvergleichsrechnung, welche Anlage die kostengünstigere Investition darstellt (rechnerischer Nachweis erforderlich; Berechnungen sind auf volle Euro zu runden).

1.2 • Stellen Sie für beide Anlagealternativen die Kostenfunktion auf.
• Ermitteln Sie die kritische Produktionsmenge (Übergangsmenge) und erläutern Sie Ihr Ergebnis.

1.3 Stellen Sie je einen Vor- und Nachteil der Kostenvergleichsrechnung gegenüber und beurteilen Sie die Eignung dieses Rechenverfahrens für die Investitionsentscheidung der Lightning Burger AG.

1.4 Die Geschäftsführung möchte die Investitionsentscheidung nochmals anhand der Kapitalwertmethode überprüfen lassen. Das beim Kauf der Anlage „Kitchen-Servant“ eingesparte Kapital soll in eine weitere Maschine investiert werden. Die Einzahlungsüberschüsse der zusätzlichen Maschine sind in **Anlage 1** ersichtlich.

Als Barwertsummen der Einzahlungsüberschüsse ohne Berücksichtigung der Liquidationserlöse ergeben sich folgende Beträge:

Kitchen-Servant	Kitchen-Master
232.460,00 EUR	381.215,00 EUR

Entscheiden Sie sich begründet für eine der beiden Anlagen (rechnerischer Nachweis erforderlich). Verwenden Sie für Ihre Lösung die Tabellen der **Anlage 1** sowie die Tabelle in Kapitel 23.2. Die Ergebnisse sind auf volle Euro zu runden.

Anlage 1

Jahr	Zusätzliche Investition		Kitchen-Servant	Kitchen-Master
	Einzahlungsüberschüsse in Euro	Barwert in Euro		
1	40.000,00			
2	45.000,00			
3	45.000,00			
4	35.000,00			
5	25.000,00			
6	20.000,00			
Summe				
+ Liquidationserlös				
= Barwertsumme				
– Anschaffungswert				
= Kapitalwert				

Abituraufgaben 2017 (Aufgabe 1, teilweise)

Der Stuttgarter Einzelunternehmer Julius Hartmann stellt Kabelbäume für E-Bikes in manueller Fertigung her. Hartmann wurde aufgrund seiner beständig hohen Produktqualität und Zuverlässigkeit von mehreren Kunden angesprochen, ob es möglich sei, die Kabelbäume in höherer Stückzahl zu produzieren. Hartmann beschließt deshalb, auf eine halbautomatisierte Fertigung umzustellen.

5. Um auf Kundenwünsche flexibler eingehen zu können, plant Hartmann für das Geschäftsjahr 2017 die Anschaffung einer neuen Produktionsmaschine. Auf Grundlage zweier Angebote erstellt Hartmann folgende Skizze als Entscheidungshilfe.

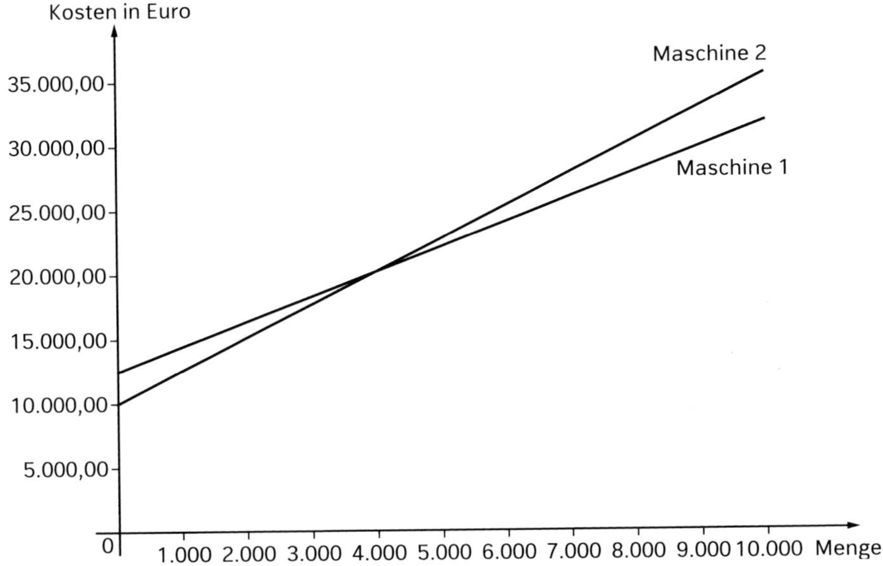

5.1 Erläutern Sie ausführlich, welche Informationen der Grafik zu entnehmen sind.

5.2 Völter steht der oben aufgeführten Entscheidungsgrundlage kritisch gegenüber.

Beurteilen Sie das oben verwendete Entscheidungsinstrument als Grundlage für Investitionsentscheidungen mithilfe von drei Argumenten.

9.5 Abituraufgaben Profil Wirtschaft

Abituraufgaben 2010 (Aufgabe 2, Teil 2)

5. Die KG plant eine Investition in Höhe von 400.000,00 EUR.

5.1 Für die Beurteilung der Vorteilhaftigkeit von Investitionen können u. a. die Kostenvergleichsrechnung und die Kapitalwertmethode herangezogen werden. Geben Sie jeweils zwei Nachteile dieser Methoden an.

5.2 Für die Investition liegen folgende Plandaten aus dem Rechnungswesen vor:

- Investitionssumme 400.000,00 EUR
- Nutzungsdauer der Anlage 6 Jahre
- Liquidationserlös der Anlage (Restwert) 10.000,00 EUR

Zahlungszeitpunkt: Jahresende	Lfd. Einzahlungen in Euro	Lfd. Auszahlungen in Euro
1	125.000,00	45.000,00
2	135.000,00	50.000,00
3	135.000,00	47.000,00
4	140.000,00	70.000,00
5	160.000,00	85.000,00
6	195.000,00	60.000,00

- Ermitteln Sie den Kapitalwert für diese Investition bei einem Kalkulationszinsfuß von 6 %. Die Berechnungen sind auf volle Euro zu runden (siehe Kapitel 23.2).
- Erläutern Sie ausführlich, was der von Ihnen ermittelte Kapitalwertbetrag aussagt.

5.3 Ein Konkurrenzunternehmen setzt bei einer vergleichbaren Investition einen höheren Kalkulationszinssatz an.

- Erläutern Sie zwei Überlegungen, die diesem Vorgehen zugrunde liegen könnten.
- Begründen Sie, welche Auswirkungen dieses Vorgehen auf die Höhe des Kapitalwertes hat.

Abituraufgaben 2011 (Aufgabe 2, Teil 1, teilweise)

Die Freiburger Concept Möbel AG stellt in ihrem Zweigwerk in Tutschfelden ausschließlich hochwertige Schreibtische der Produktlinie Comfortline her. Im Jahr 2010 wurden 2.000 Schreibtische zu einem Nettopreis von 800,00 EUR je Stück abgesetzt. Die Geschäftsleitung plant, die bestehenden Fertigungsmaschinen durch eine neue Produktionsanlage zu ersetzen. Die alte Produktionsanlage verursacht 500.000,00 EUR Fixkosten pro Jahr und variable Stückkosten in Höhe von 550,00 EUR pro Schreibtisch. Für die neue Anlage liegen für eine Produktionsmenge von 2.000 Stück folgende Daten vor:

Anschaffungswert	2.400.000,00 EUR
Restwert nach Ablauf der Nutzungsdauer	0,00 EUR
Nutzungsdauer	6 Jahre
Fertigungslöhne pro Jahr	400.000,00 EUR
Fertigungsmaterial pro Jahr	300.000,00 EUR
Gehälter pro Jahr	60.000,00 EUR
Abschreibung	linear
Sonstige fixe Kosten pro Jahr (inkl. kalk. Zinsen)	140.000,00 EUR
Sonstige variable Kosten pro Jahr	100.000,00 EUR

1. Vor einer Entscheidung verlangt der Vorstand eine Überprüfung der Vorteilhaftigkeit der Investition. Für die folgenden Investitionsrechnungen wird unterstellt, dass die Absatzmenge und der Nettoverkaufspreis des Jahres 2010 für den betrachteten Zeitraum beibehalten werden und dass alle Leistungen und Kosten mit Ausnahme der Abschreibungen zahlungswirksam sind.

1.1 Führen Sie für die erwarteten Absatzzahlen einen Vergleich der jährlichen Gesamtkosten zwischen der alten und der neuen Anlage durch.

1.2 Berechnen Sie die kritische Produktionsmenge und erläutern Sie Ihr Ergebnis.

Hinweis: Sollten Sie zu Aufgabe 1.1 kein Ergebnis haben, gehen Sie für die neue Anlage von variablen Gesamtkosten in Höhe von 900.000,00 EUR und jährlichen Fixkosten in Höhe von 530.000,00 EUR aus.

1.4 Als weitere Entscheidungshilfe für die Beurteilung der Vorteilhaftigkeit von Investitionen wird die Kapitalwertmethode herangezogen. Hierfür wird ein Kalkulationszinssatz in Höhe von 10 % unterstellt.

1.4.1 Erläutern Sie zwei Faktoren, die bei der Festlegung der Höhe des Kalkulationszinssatzes von Bedeutung sein können.

1.4.2 Ermitteln Sie die Höhe des Kapitalwertes der Investition (ohne Berücksichtigung der Altanlage) und beurteilen Sie Ihr Ergebnis.

Hinweis: Gehen Sie davon aus, dass der Zahlungszeitpunkt jeweils am Jahresende liegt. Alle Berechnungen sind auf volle Euro zu runden.

1.4.3 Anstelle der Investition im Zweigwerk Tutschfelden stand eine Investition im Stammwerk in Freiburg zur Diskussion. Dies hätte im Vergleich zur Investition in Tutschfelden bei einer Investitionssumme von 2.000.000,00 EUR einen um 50.000,00 EUR niedrigeren Kapitalwert erzielt.

Begründen Sie mithilfe der Kapitalwertmethode, ob sich die Entscheidung zugunsten der Investition im Werk Tutschfelden verändern würde, wenn die eingesparten Anschaffungskosten zum Kalkulationszinssatz angelegt würden.

Abituraufgaben 2013 (Aufgabe 3, teilweise)

Die Karlsruher Maschinenbau GmbH ist ein international tätiger Hersteller von Baumaschinen. Zur Erweiterung des Fuhrparks plant das Unternehmen die Anschaffung eines neuen 60-Tonnen-Lkws mit Spezialaufbauten. Es stehen die beiden Lkws Typ A und Typ B zur Auswahl.

Folgende Tabelle enthält die Daten der beiden Fahrzeugtypen:

	Lkw A	Lkw B
Anschaffungskosten netto in Euro	270.000,00	210.000,00
Restverkaufserlös netto in Euro	120.000,00	110.000,00
Geplante Nutzungsdauer in Jahren	5	5
kalkulatorische Zinsen in Euro	11.700,00	9.600,00
Steuer und Versicherung in Euro/Jahr	10.300,00	9.400,00
Pflege und Wartung in Euro/Jahr	20.000,00	15.000,00
Kraftstoffkosten in Euro/Liter	1,70	1,70
Kraftstoffverbrauch in Liter/100 km	40	50
Reparaturkosten in Euro/Kilometer	0,10	0,15
Fahrleistung in Kilometer/Jahr	60.000	60.000

1. Die Geschäftsführung möchte zunächst überprüfen, welcher der beiden Lkws vorteilhafter ist. Hierzu sollen die Alternativen mithilfe der Kostenvergleichsrechnung analysiert werden.

1.1 Führen Sie eine Kostenvergleichsrechnung durch, indem Sie für beide Lkws die Gesamtkosten pro Kilometer bei einer jährlichen Fahrleistung von jeweils 60.000 km ermitteln.

1.2
- Berechnen Sie, bei welcher jährlichen Kilometerleistung die Kosten für beide Lkws identisch sind.
- Begründen Sie mithilfe einer Skizze, für welchen Lkw sich die GmbH angesichts der geplanten Fahrleistung pro Jahr entscheiden sollte.

1.3
- Beschreiben Sie zwei Kritikpunkte an der Kostenvergleichsrechnung als Verfahren der Investitionsrechnung.
- Erläutern Sie, ob die Amortisationsrechnung als Entscheidungshilfe für die Beurteilung von Investitionsalternativen besser geeignet ist.

2. [...]

3. Die Karlsruher Maschinenbau GmbH plant die Anschaffung einer neuen Produktionsanlage für die Fertigung im Zweigwerk Rastatt. Der Kaufpreis dieser Anlage beträgt 1.650.000,00 EUR. Nach Ablauf der Nutzungsdauer von fünf Jahren wird die Anlage voraussichtlich zum Schrottwert in Höhe von 45.000,00 EUR verkauft. Während der Nutzungsdauer ist mit folgenden Einzahlungen und Auszahlungen (jeweils am Jahresende) zu rechnen:

Jahr	Einzahlungen in Euro	Auszahlungen in Euro
1	510.000,00	210.000,00
2	870.000,00	220.000,00
3	460.000,00	280.000,00
4	520.000,00	230.000,00
5	790.000,00	250.000,00

Die Geschäftsführung beurteilt diese Investition mithilfe der Kapitalwertmethode.

3.1 Erläutern Sie, unter welcher Voraussetzung eine Investition nach der Kapitalwertmethode grundsätzlich als vorteilhaft gilt.

3.2 Ermitteln Sie den Kapitalwert der Investition für die neue Produktionsanlage. Gehen Sie bei Ihren Berechnungen von einem Kalkulationszinssatz von 6 % aus und runden Sie auf volle Euro (siehe Tabelle in Kapitel 23.2).

3.3 Ein anderer Hersteller bietet eine vergleichbare Produktionsanlage an, deren Anschaffungskosten 50.000,00 EUR geringer wären. Der Kapitalwert dieser Investition würde 20.000,00 EUR betragen. Begründen Sie, für welche Investition sich die GmbH entscheiden sollte.

3.4 Zeigen Sie zwei Probleme auf, die bei der Anwendung der Kapitalwertmethode auftreten können.

Abituraufgaben 2015 (Aufgabe 2, teilweise)

6. Das Unternehmen benötigt eine neue Fertigungsanlage für die Produktion der Ventilatoren. Der Anschaffungswert der Anlage beträgt 300.000,00 EUR. Die Fertigungsanlage wird voraussichtlich sechs Jahre genutzt. Die sonstigen Fixkosten pro Jahr betragen 125.000,00 EUR. Die variablen Kosten pro Stunde belaufen sich auf 125,00 EUR. Die Maschine läuft 2.400 Stunden im Jahr. Die Geschäftsführung rechnet mit 510.000,00 EUR Umsatzerlösen jährlich.

6.2 Als weitere Entscheidungshilfe für die Beurteilung der Vorteilhaftigkeit dieser Investition soll der Kapitalwert ermittelt werden.

Berücksichtigen Sie zusätzlich einen Liquidationserlös in Höhe von 8.000,00 EUR für den Verkauf der Anlage nach Ablauf der Nutzungsdauer. Die neu berechneten Einzahlungsüberschüsse (jeweils am Jahresende) entnehmen Sie der folgenden Tabelle.

Jahr	Einzahlungsüberschüsse in Euro
1	85.000,00
2	78.000,00
3	80.000,00
4	72.000,00
5	78.000,00
6	75.000,00

Die Auftragslage des Ulmer Ventilatorenherstellers ist zu Jahresbeginn sehr gut. Ermitteln Sie den Kapitalwert der Investition und interpretieren Sie Ihr Ergebnis. Gehen Sie von einem Kalkulationszinssatz von 7 % aus. Alle Berechnungen sind auf volle Euro zu runden.

6.3 Statt der Fertigungsanlage für 300.000,00 EUR kann auch eine ähnliche Anlage eines Konkurrenten für 250.000,00 EUR erworben werden. Diese würde einen erwarteten Kapitalwert von 65.357,00 EUR erzielen.

Die Differenz der Anschaffungsausgaben könnte in ein weiteres Investitionsobjekt fließen, welches in jedem der sechs Jahre Einzahlungsüberschüsse in Höhe von 12.000,00 EUR zum Jahresende erwarten ließe.

Weisen Sie rechnerisch nach, für welche Alternative sich das Unternehmen entscheiden sollte. Gehen Sie von einem Kalkulationszinssatz von 7 % aus. Alle Berechnungen sind auf volle Euro zu runden.

6.4 Erläutern Sie zwei Probleme, die bei der Anwendung der Kapitalwertmethode als Grundlage für Investitionsentscheidungen auftreten können.

Abituraufgaben 2016 (Aufgabe 2, teilweise)

Der Automobilzulieferer Graf Thermotechnik AG in Lahr/Schwarzwald fertigt Komponenten für Klimaanlagen und Motorkühlungen. Das Unternehmen erhält von einem deutschen Automobilhersteller den Auftrag, Thermostate für den Motor einer Pkw-Sonderserie zu produzieren. Aufgrund dieses Auftrags soll eine Erweiterungsinvestition in eine neue Montageanlage getätigt werden.

1. Zur Herstellung dieser Thermostate stehen der Graf Thermotechnik AG zwei alternative Montageanlagen der Maschinenfabrik Fürst GmbH mit folgenden Informationen zur Auswahl:

	Typ A	Typ B
Anschaffungskosten (netto)	250.000,00 EUR	300.000,00 EUR
Restwert (netto)	25.000,00 EUR	45.000,00 EUR
Geplante Nutzungsdauer	5 Jahre	5 Jahre
Zinssatz für kalkulatorische Zinsen	6 %	6 %
Sonstige fixe Betriebskosten pro Jahr	130.000,00 EUR	136.000,00 EUR
Fertigungslöhne pro Jahr (bei maximaler Kapazitätsauslastung)	84.000,00 EUR	52.000,00 EUR
Sonstige variable Kosten pro Jahr (bei maximaler Kapazitätsauslastung)	16.800,00 EUR	19.500,00 EUR
Materialkosten pro Stück	2,00 EUR	2,00 EUR
Kapazität pro Jahr	120.000 Stück	130.000 Stück

Die Anlagen werden linear abgeschrieben. Der Verkaufserlös pro Thermostat beträgt 5,00 EUR.

1.1 Bereiten Sie mithilfe der Kostenvergleichsrechnung anhand der gegebenen Daten die Investitionsentscheidung vor. Berechnen Sie hierzu die Gesamtkosten bei einer geplanten Produktions- und Absatzmenge von 110.000 Stück.

1.2 Berechnen Sie die kritische Produktionsmenge und interpretieren Sie Ihr Ergebnis.

1.3 Erläutern Sie zwei Kritikpunkte an der Kostenvergleichsrechnung als Verfahren der Investitionsrechnung.

1.5 Die Geschäftsleitung fordert, als weitere Entscheidungshilfe die Kapitalwertmethode heranzuziehen. Auf Basis dieses Berechnungsverfahrens wurde für die Investitionsalternative Typ A ein Kapitalwert von 187.179,00 EUR und für Typ B ein Kapitalwert von 252.379,00 EUR ermittelt. Das Unternehmen legt einen Kalkulationszinssatz von 6 % zugrunde.

1.5.1 Erklären Sie, was der Kapitalwert der Investitionsalternative Typ B aussagt.

1.5.2 Die Differenz der Anschaffungskosten der beiden Investitionsalternativen kann in ein weiteres Projekt mit einer Nutzungsdauer von fünf Jahren investiert werden. Die geschätzten Einzahlungsüberschüsse der Differenzinvestition betragen für das erste Jahr 18.000,00 EUR. Die Geschäftsleitung rechnet mit einer jährlichen Steigerung der Einzahlungsüberschüsse von 10 %. Gehen Sie davon aus, dass die Zahlungszeitpunkte der Einzahlungsüberschüsse jeweils am Jahresende liegen.

Treffen Sie eine begründete Investitionsentscheidung auf Grundlage der Kapitalwerte beider Alternativen unter Berücksichtigung der Differenzinvestition. Alle Berechnungen sind auf volle Euro zu runden.

10 Finanzierung und Investition II: Offene Selbstfinanzierung

10.1 Investition und Finanzierung

Stofftelegramm

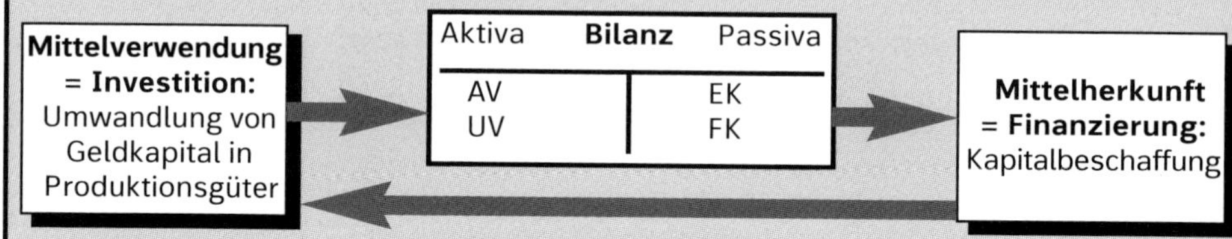

Investitionsarten (Netto-, Re-, Bruttoinvestition): siehe Kapitel 9.1

10.2 Offene Selbstfinanzierung (Gewinnverwendung bei der AG)

Stofftelegramm

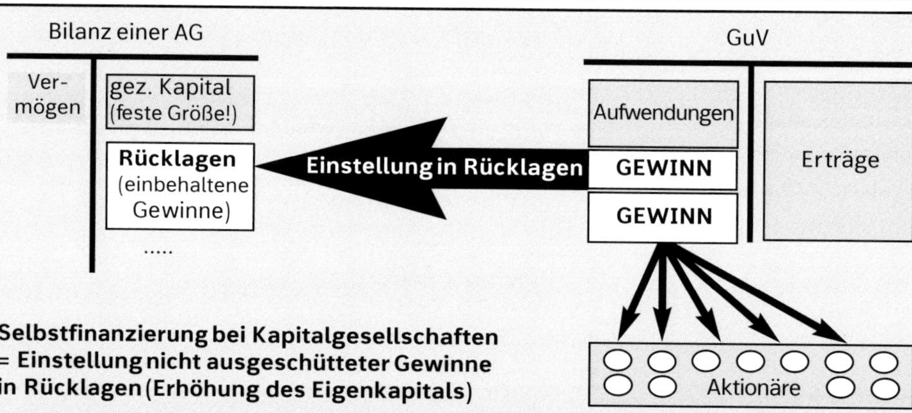

Selbstfinanzierung bei Kapitalgesellschaften = Einstellung nicht ausgeschütteter Gewinne in Rücklagen (Erhöhung des Eigenkapitals)

Vorteile der offenen Selbstfinanzierung	Nachteile der offenen Selbstfinanzierung
• keine Zins- und Tilgungsverpflichtungen • erhöhte Sicherheit (Kreditwürdigkeit) • Unabhängigkeit von Kapitalgebern	• nur in Gewinnzeiten möglich (begrenzt) • Bereitschaft der Gesellschafter notwendig, Gewinne nicht zu entnehmen

(R = Rücklagen) **Der ewige Konflikt zwischen Vorstand und HV** (D = Dividende)

Argumente für hohe Rücklagenbildung

- kein Liquiditätsentzug
- keine Finanzierungskosten
- Rentabilität steigt.
- unbefristetes Kapital
- Zukunftssicherung
- Unabhängigkeit, keine Mitbestimmung
- Sicherheit, Kreditwürdigkeit steigt.
- Wachstumshilfe
- Substanzwert steigt, Kurs steigt evtl.
- Dividendenkontinuität

Argumente für hohe Dividende

- Geldbedarf der Aktionäre
- Kurs steigt evtl.
- Aktionärsstimmung steigt.
- keine „Kapitalfehlleitungen“

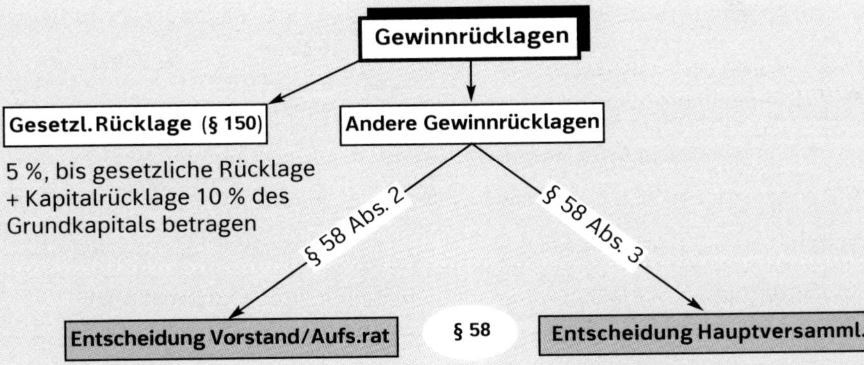

50 % vom „Rest“

Bilanzgewinn (D oder R) nach Vorschlag von Vorstand + Aufsichtsrat

Hinweis: Alle o. a. Paragrafen sind aus dem AktG!

Schema: Verwendung des Jahresüberschusses

Jahresüberschuss (JÜ)

– Verlustvortrag (VV)

= Basis für gesetzl. Rückl. (bereinigter JÜ)

– Einstellung in **gesetzliche Rücklage** →

> Einstellung in gesetzliche Rücklage nur, wenn bisherige Summe aus gesetzlicher Rücklage + Kapitalrücklage noch nicht 10 % des Grundkapitals beträgt!
> **ACHTUNG:**
> Falls **Verlustvortrag**: 5 % aus JÜ – VV
> Falls **Gewinnvortrag:** 5 % aus JÜ
> (Begründung: Bereits im Vorjahr wurden 5 % aus JÜ gebildet, also auch aus dem Gewinnvortrag des Vorjahres!)

= korrigierter Jahresüberschuss/-fehlbetrag

– Einstellung in **andere Gewinnrücklagen** (Vorstand + Aufsichtsrat), max. 50 % →

> Falls **Verlustvortrag**:
> 50 % aus JÜ – VV – Einstell. ges. Rückl.
> Falls **Gewinnvortrag:**
> 50 % aus JÜ – Einstell. ges. Rückl.
> (Begründung: vgl. gesetzl. Rücklage!)

+ Gewinnvortrag

= **Bilanzgewinn**

– Einstellung weiterer Beträge in **andere Gewinnrücklagen** durch Hauptvers. →

> **alleiniger Entscheidungsbereich der HAUPTVERSAMMLUNG**
>
> aufgrund des Vorschlags von Vorstand und Aufsichtsrat

= verfügbar für Dividende

– **Dividende**

= **Gewinnvortrag/Verlustvortrag**

Merke: Berechnungsgrundlage für gesetzliche Rücklage und andere Gewinnrücklagen stets ohne Gewinnvortrag! (Begründungen siehe oben!)

Exkurs: **Zusammenhang zwischen Bilanzkurs und Börsenkurs**

Bilanzkurs: rein rechnerischer Kurs, prozentualer Anteil des ausgewiesenen Eigenkapitals am Grundkapital

Grundkapital	= **100 %**
ausgewies. **Eigenkapital**	= **x %**

→

$$\textbf{Bilanzkurs (x \%)} = \frac{\textbf{ausgew. Eigenkapital} \cdot \textbf{100}}{\textbf{Grundkapital}}$$

Börsenkurs: ergibt sich aufgrund Angebot und Nachfrage an der Börse

Angebot und Nachfrage werden von vielen Faktoren beeinflusst, z. B.:

- politische Ereignisse
- allgemeine wirtschaftliche Lage

- Zukunftsperspektiven der AG
- Dividendenpolitik der AG
- Gewinnerwartungen der AG
- allgemeine Zinssituation
- Investitionspolitik der AG
- Analystenmeinungen

Steigt bzw. sinkt der Bilanzkurs, entwickelt sich – abgesehen von Nachfrage- und Angebotsverschiebungen – der Börsenkurs analog, weil die Aktie durch den erhöhten Eigenkapitalanteil an Wert gewinnt.

Aufgaben

1. Wie funktioniert die Selbstfinanzierung bei Kapitalgesellschaften (Kurzdefinition)?

2. a) Erklären Sie den Konflikt im Zusammenhang mit der Gewinnverwendung bei der AG.
   b) Nennen Sie je fünf Argumente der beiden Konfliktparteien.

3. Folgende Zahlen einer neu gegründeten AG liegen vor:

   - Vermögen laut Gründungsbilanz zum 1. Januar: 1 Mio. EUR
   - gezeichnetes Kapital laut Gründungsbilanz zum 1. Januar: 1 Mio. EUR
   - Aufwendungen des ersten Geschäftsjahres: 200.000,00 EUR
   - Erträge des ersten Geschäftsjahres: 500.000,00 EUR

   Vorstand und Aufsichtsrat stellen 50 % in die anderen Gewinnrücklagen ein. Die Hauptversammlung stellt keine weiteren Beträge in andere Gewinnrücklagen ein.

   Dividende: volle Euro je Aktie (nomineller Anteil je Aktie am Grundkapital: 50,00 EUR)

   Erstellen Sie a) das Gewinnverwendungsschema,
   b) die Bilanz zum 31. Dezember mit Ausweis des Bilanzgewinnes.

4.

(Beträge in Euro)	Fall 1	Fall 2	Fall 3
Gezeichnetes Kapital	10 Mio.	10 Mio.	25 Mio.
Gesetzliche Rücklage bisher (Kapitalrücklage = 0,00 EUR)	800.000,00	800.000,00	2,45 Mio.
Andere Gewinnrücklagen bisher	4 Mio.	4,8 Mio.	18 Mio.
Verlustvortrag	100.000,00	0	0
Gewinnvortrag	0	50.000,00	210.000,00
Jahresüberschuss	700.000,00	700.000,00	8,3 Mio.
Hauptversammlungsbeschluss über die Verwendung des Bilanzgewinns	10 % in andere Gewinnrücklagen	10 % in andere Gewinnrücklagen	Dividende: volle %
Aktienzahl	200.000 Stück	200.000 Stück	

Dividende: Fälle 1 und 2 volle Euro je Aktie

Vorstand und Aufsichtsrat schöpfen ihr Recht zur Rücklagenbildung voll aus.

Erstellen Sie die Gewinnverwendungsschemata.

5. Eine AG erstellte folgende vereinfachte **vorläufige** Bilanz:

Aktiva	vorläufige Bilanz zum 31. Dezember 20.. in Euro		Passiva
Anlagevermögen	3.000.000,00	gezeichnetes Kapital	2.000.000,00
Umlaufvermögen	1.340.000,00	gesetzliche Rücklage	140.000,00
Verlustvortrag	60.000,00	andere Gewinnrücklagen	800.000,00
		Fremdkapital	1.000.000,00
		Jahresüberschuss	460.000,00
	4.400.000,00		4.400.000,00

Der Jahresabschluss wird durch Vorstand und Aufsichtsrat festgestellt.

a) Welchen Betrag aus dem Jahresüberschuss **muss** der Vorstand der Hauptversammlung mindestens zur Ausschüttung anbieten und welchen Betrag **kann** er der Hauptversammlung maximal anbieten? Begründen Sie Ihren Lösungsweg.
b) Wie hoch wäre der Dividendensatz bei minimalem und maximalem Bilanzgewinn, wenn die Aktionäre die jeweils höchstmögliche Dividende (ganzer Prozentsatz) erhalten sollen?
c) Welcher Bilanzkurs ergäbe sich jeweils nach erfolgter minimaler und maximaler Ausschüttung?
d) Warum unterscheiden sich i. d. R. Bilanz- und Börsenkurs?

6. Vergleichen Sie die AG mit der KG hinsichtlich der Möglichkeiten der Selbstfinanzierung (Begründung).

7. **Sachverhalt**

Die vorläufige und stark vereinfachte Bilanz der DATEX AG weist zum 31. Dezember folgende Werte aus:

Aktiva	vorläufige Bilanz zum 31. Dezember 20.. in Tausend Euro		Passiva
Anlagevermögen	19.300	gezeichnetes Kapital	7.000
Umlaufvermögen	7.320	gesetzliche Rücklage	600
		andere Gewinnrücklagen	2.800
		Gewinnvortrag	20
		Jahresüberschuss	1.200
		Darlehen	9.000
		Rückstellungen	1.000
		Verbindlichkeiten	5.000
	26.620		26.620

Das gezeichnete Kapital setzt sich aus 140.000 Aktien zusammen.

a) Ermitteln Sie unter diesen Bedingungen den Bilanzgewinn.
b) Wie hoch wäre das in der Bilanz ausgewiesene Eigenkapital, wenn die Hauptversammlung dem Vorschlag des Vorstands und Aufsichtsrats folgen würde, die höchstmögliche, auf volle 0,50 EUR lautende Dividende aus dem Bilanzgewinn auszuschütten?
c) In welchen Fällen erfolgt die Feststellung des Jahresabschlusses durch die Hauptversammlung?

8. **Kurzinformation** über eine neu gegründete AG:

- Planung größerer Investitionen in naher Zukunft
- augenblicklich gute Liquiditätslage
- gute Zukunftsaussichten
- hoher Jahresüberschuss im ersten Jahr
- breit gestreutes Aktienkapital

Annahme: Der Vorstand kann laut Satzung maximal 75 % des Jahresüberschusses in die Rücklagen einstellen. Zur Entscheidungsfindung verwendet er folgende, bei Bedarf noch um weitere Kriterien ergänzbare Entscheidungstabelle.

Entscheidungskriterien	Gewichtung %	Keine Rücklagenbildung		50 % in Rücklagen		75 % in Rücklagen	
		P.	Gew. P.	P.	Gew. P.	P.	Gew. P.
Wachstumsförderung							
Liquidität							
Rentabilität							
Aktionärsstimmung							
Kreditwürdigkeit							
Unabhängigkeit							
Summe	100	–		–		–	

(P. = Punkte; Gew. P. = gewichtete Punkte)

Wie wird das Kriterium erfüllt? 0 P. = sehr schlecht; 5 P. = sehr gut

Entscheidung:

Entscheidungsbegründung:

10.3 Abituraufgaben Profil Wirtschaft

Abituraufgaben 2010 (Aufgabe 3, Teil 3)

Die Heidelberger Maschinenwerke AG (HMW) ist ein bedeutendes, international tätiges Unternehmen, das Spezialmaschinen aller Art herstellt und vermarktet. Im Jahr 2009 beschäftigte die HMW rund 5.800 Mitarbeiter und erwirtschaftete einen Jahresumsatz von 3,2 Mrd. EUR. Das Unternehmen wurde bis zum Jahr 2000 in der Rechtsform der GmbH geführt. Mit wachsender Unternehmensgröße wurde die Gesellschaft im Jahr 2000 in eine Aktiengesellschaft umgewandelt, die inzwischen an der Börse notiert ist.

3. Am 13. April 2010 findet die ordentliche Hauptversammlung der Aktiengesellschaft statt.

3.2 TOP 2 sieht die Beschlussfassung über die Verwendung des Bilanzgewinns vor. Obwohl das abgelaufene Geschäftsjahr für die HMW sehr erfolgreich war, schlägt der Vorstand der Hauptversammlung vor, weiterhin eine Stückdividende von nur 1,00 EUR auszuschütten. Einige Aktionäre drücken ihre Unzufriedenheit aus.

Nennen Sie drei Argumente, mit denen der Vorstand den Einwänden der Aktionäre begegnen könnte, und erläutern Sie diese.

3.3 Die Bilanz der HMW für das Geschäftsjahr 2009 weist vor Gewinnverwendung folgende Eigenkapitalpositionen aus:

• gezeichnetes Kapital	270.000.000,00 EUR	(96 Mio. Stückaktien)
• Kapitalrücklage	98.000.000,00 EUR	
• gesetzliche Rücklage	22.000.000,00 EUR	
• andere Gewinnrücklagen	660.000.000,00 EUR	
• Jahresüberschuss	242.000.000,00 EUR	

Die Hauptversammlung stimmt dem Vorschlag des Vorstandes bezüglich der Verwendung des Bilanzgewinns zu und beschließt eine Stückdividende von 1,00 EUR.

Stellen Sie die Eigenkapitalpositionen nach vollständiger Gewinnverwendung dar, wenn der Vorstand seine Möglichkeit zur offenen Selbstfinanzierung voll ausgeschöpft hat.

3.4 Ermitteln Sie, welche Stückdividende für das Geschäftsjahr 2009 maximal möglich gewesen wäre, wenn der Vorstand einer Rücklagenauflösung zugestimmt hätte.

3.5 In diesem Geschäftsjahr verlassen alle Aufsichtsratsmitglieder das Kontrollgremium.

Begründen Sie für den vorliegenden Fall, inwieweit die Hauptversammlung Einfluss auf die zahlenmäßige Zusammensetzung des Aufsichtsrates nehmen kann, wenn in der Satzung diesbezüglich keine Angaben enthalten sind.

Abituraufgaben 2011 (Aufgabe 1, teilweise)

5.3 Die Green-Tec AG weist in ihrem Jahresabschluss zum 31.12.2010 auszugsweise folgende Zahlen aus:

• Grundkapital	15.000.000,00 EUR
• Kapitalrücklage	800.000,00 EUR
• gesetzliche Rücklage	150.000,00 EUR
• andere Gewinnrücklagen	227.000,00 EUR
• Gewinnvortrag	130.000,00 EUR
• Jahresüberschuss	3.000.000,00 EUR
• Nennwert der Aktie	5,00 EUR

Vorstand und Aufsichtsrat stellen den Jahresabschluss fest. Im Hinblick auf anstehende Investitionen nutzt der Vorstand seine gesetzlichen Möglichkeiten zur offenen Selbstfinanzierung in vollem Umfang aus.

5.3.1 Die Hauptversammlung beschließt die vollständige Ausschüttung des Bilanzgewinns.

Berechnen Sie die maximale Stückdividende und die gesamte Dividendenzahlung.

5.3.2 • Stellen Sie die Eigenkapitalpositionen nach vollständiger Gewinnverwendung und Dividendenausschüttung dar.
- Berechnen Sie die Höhe der offenen Selbstfinanzierung aus dem Jahresüberschuss 2010.

Abituraufgaben 2013 (Aufgabe 2, teilweise)

7. Die vereinfachte Bilanz der Heizungstechnik AG weist zum 31.12.2012 folgende Zahlen aus:

A	vereinfachte Bilanz zum 31.12.2012 (in Tausend Euro)		P
Anlagevermögen	4.800	gezeichnetes Kapital	2.400
Umlaufvermögen	1.662	Kapitalrücklage	150
		gesetzliche Rücklage	12
		Jahresüberschuss	400
		Rückstellungen	300
		Verbindlichkeiten Verbindlichkeiten	3.200
	6.462		6.462

7.1 Vorstand und Aufsichtsrat stellen den Jahresabschluss fest. Sie streben eine höchstmögliche offene Selbstfinanzierung an. Die Hauptversammlung beschließt, den Bilanzgewinn an die Aktionäre auszuschütten. Es soll eine auf volle 10 Cent gerundete Dividende je Aktie ausgezahlt werden. Die Aktien haben einen Nennwert von 5,00 EUR.

Führen Sie die vollständige Gewinnverwendung durch.

7.2 • Stellen Sie die veränderten Bilanzpositionen nach vollständiger Gewinnverwendung und Dividendenausschüttung dar.
- Berechnen Sie die Höhe der offenen Selbstfinanzierung aus dem Jahresüberschuss 2012.

Abituraufgaben 2018 (Aufgabe 1, teilweise)

2. Nach Klärung der Bewertungsfragen wurden eine vorläufige Strukturbilanz der Robotics AG zum 31.12 2017 (siehe **Material 1**) sowie eine Aufstellung aller Eigenkapitalpositionen (siehe **Material 2**) angefertigt.

Der Jahresabschluss der Robotics AG wird durch Vorstand und Aufsichtsrat festgestellt. Die Satzung enthält keine weiteren Angaben zur Einstellung in die Gewinnrücklagen. Es wurden 50 Mio. Stückaktien ausgegeben.

2.1 Vorstand und Aufsichtsrat wollen den anderen Gewinnrücklagen den nach Aktiengesetz höchstmöglichen Betrag zuführen.

- Weisen Sie rechnerisch nach, welcher Bilanzgewinn sich aus diesem Vorschlag zur Gewinnverwendung für 2017 ergäbe.
- Stellen Sie die Posten des Eigenkapitals vor der Dividendenausschüttung übersichtlich dar.

2.2 Die Hauptversammlung beschließt die Ausschüttung einer auf volle zehn Cent gerundeten Dividende pro Aktie.

Berechnen Sie den Gewinnvortrag für 2018, wenn der höchstmögliche Betrag auf Grundlage dieses Beschlusses ausgeschüttet wird.

2.3 Nennen Sie neben dem Beschluss über die Verwendung des Bilanzgewinns vier weitere Rechte, die Aktionäre in der Hauptversammlung ausüben können.

Material 1 zu Aufgabe 2

Aktiva	Strukturbilanz zum 31.12.2017 in Mio. Euro vor Gewinnverwendung		Passiva
A. Anlagevermögen		A. Eigenkapital	744
1. Sachanlagen	1.290	B. Fremdkapital	
2. Finanzanlagen	80	1. Langfristiges FK	560
B. Umlaufvermögen		2. Kurzfristiges FK	696
1. Vorräte	100		
2. Forderungen	350		
3. Liquide Mittel	180		
	2.000		2.000

Material 2 zu Aufgabe 2

Eigenkapitalpositionen zum 31.12.2017 in Mio. Euro vor Gewinnverwendung:

1. Gezeichnetes Kapital	500
2. Kapitalrücklage	20
3. Gewinnrücklagen	
– Gesetzliche Rücklagen	28
– Andere Gewinnrücklagen	146
4. Jahresüberschuss	46
5. Gewinnvortrag	4

11 Finanzierung und Investition III: Beteiligungs-(Eigen-)Finanzierung

11.1 Beteiligungsfinanzierung bei der AG: Kapitalerhöhung gegen Einlagen

Stofftelegramm

Die einzelnen **Schritte** bei einer Kapitalerhöhung gegen Einlagen:

1. Hauptversammlungsbeschluss mit 75 % Mehrheit (§ 182 AktG)
2. Satzung ändern (Erhöhung des gezeichneten Kapitals!)
3. Anmeldung zur Eintragung ins Handelsregister (§ 184 AktG)
4. Ausgabe (= Emission) junger Aktien
5. Mittelzufluss in Höhe der Kurswerte der ausgegebenen Aktien (Nennwerte + Agio bzw. – bei Stückaktien – anteilige Grundkapitalerhöhung + Agio)

Möglichkeiten der Altaktionäre bei einer Kapitalerhöhung:

1. Bezug junger Aktien gemäß Bezugsverhältnis (z. B. 4 : 1 bedeutet: Für vier alte Aktien erhält der Aktionär ein junge Aktie.)
   Folge: prozentualer Stimmrechtsanteil bleibt erhalten – letztlich keine Kursverluste.
2. Verzicht auf Bezug junger Aktien; die Bezugsrechte werden über die Börse verkauft (Bezugsrechtshandel).
   Folge: Prozentualer Stimmrechtsanteil sinkt – letztlich keine Kursverluste.

Bezugsrecht: Recht der Altaktionäre, bei Kapitalerhöhungen so viel junge Aktien erwerben zu können, dass ihr Anteil am Grundkapital erhalten bleibt

Wichtig: Junge Aktien können stets nur zusammen mit dem Bezugsrecht erworben werden. Möchte also ein Nichtaktionär junge Aktien erwerben, muss er zunächst über die Börse die erforderlichen Bezugsrechte kaufen. Das Bezugsrecht ist also von der Altaktie lösbar und wird als eigenes Recht an der Börse gehandelt.

Beispiel zum Bezugsrecht

Situation: Erhöhung des Grundkapitals von 560 Mio. EUR um 80 Mio. EUR auf 640 Mio. EUR; Kurs alte Aktien (Ka): 350,00 EUR; Ausgabekurs junge Aktien (Kn): 150,00 EUR

a) **Bezugsverhältnis?**

$$\text{Bezugsverhältnis} = \frac{\text{altes Grundkapital}}{\text{Kapitalerhöhung}} = \frac{560}{80} = \mathbf{7:1}$$

b) **Rechnerischer Mittelkurs einer Aktie nach der Emission?**

Lösungsalternative 1:

7 alte Aktien zu je 350,00 EUR	=	2.450,00 EUR
1 junge Aktie zu 150,00 EUR	=	150,00 EUR
8 Aktien	=	2.600,00 EUR
1 Aktie	=	**325,00 EUR**

Lösungsalternative 2: (vgl. c!) Mittelkurs = Ka – Bezugsrecht = 350 – 25 = **325,00 EUR**

c) **Rechnerischer Wert des Bezugsrechts** (= Wertverlust einer alten Aktie)

Bezugsrecht = Ka – Mittelkurs = 350 – 325 = **25,00 EUR**

bzw. (mit Formel): $\text{Bezugsrecht} = \frac{Ka - Kn}{a/n + 1} = \frac{350 - 150}{7 + 1}$ = **25,00 EUR**

a/n = Bezugsverhältnis (alte Aktien/neue Aktien)

d) Die erste Kursnotiz des Bezugsrechts entspreche dem rechnerischen Wert des Bezugsrechts (hier 25,00 EUR).

Wie lautet der **Kurs der alten Aktien „ex Bezugsrecht"**? (vgl. b!)
(Kürzung des letzten Börsenkurses vor Beginn der Bezugsfrist um erste Kursnotiz des BR)

Kurs ex Bezugsrecht = Ka – Börsenkurs des Bezugsrechts = 350 – 25 = **325,00 EUR**

Hinweis: Kurs ex BR = Mittelkurs, wenn Börsenkurs des BR dem rechnerischen Wert des Bezugsrechts entspricht

e) Annahme: erste Kursnotiz des Bezugsrechts = 30,00 EUR; **Kurs ex BR**?
350 – 30 = 320,00 EUR

f) Wie viele Bezugsrechte muss ein neuer Aktionär kaufen, wenn er vier junge Aktien erwerben will?

Bezugsverhältnis = 7 : 1 ⟶ Für 1 junge Aktie braucht er 7 Bezugsrechte.
Für 4 junge Aktien braucht er **28 Bezugsrechte.**

Möglichkeiten der Ausübung des Bezugsrechts (Beispiele)

Aktionär A besitzt 50 Stück Aktien (= 50 Bezugsrechte).
Bezugsverhältnis 7 : 1 (d. h.: Für 1 junge Aktie werden 7 Bezugsrechte benötigt.)

Alternative 1: A will seine Bezugsrechte voll ausschöpfen!

Für 7 alte Aktien erhält er 1 junge Aktie.
Für 50 alte Aktien erhält er x junge Aktien = 50 : 7 = 7,14 junge Aktien = 7 j. A.

Folge: A kauft 7 junge Aktien:

Er benötigt dafür 7 · 7 =	49	Bezugsrechte.
Er hat	50	Bezugsrechte.
Verkauf (Auszahlung)	1	Bezugsrecht

Alternative 2: A kauft 8 junge Aktien:

Er benötigt dafür 8 · 7 =	56	Bezugsrechte.
Er hat	50	Bezugsrechte.
Zukauf	6	Bezugsrechte

Alternative 3: A kauft 20 junge Aktien:

Er benötigt dafür 20 · 7 =	140	Bezugsrechte.
Er hat	50	Bezugsrechte.
Zukauf	90	Bezugsrechte

Buchung der Kapitalerhöhung	**Beispiel:** Altes Grundkapital = 10 Mio. EUR Kapitalerhöhung = 5 Mio. EUR (Ausgabekurs: 180 %) Kapitalerhöhungskosten: 20.000,00 EUR Zahlungen über Bank

1. Buchung vor Aktienausgabe nach Beschluss der Kapitalerhöhung:

	Soll	Haben
Forderungen gegen Aktionäre (Konto der Aktionäre)	9.000.000,00 EUR	
an gezeichnetes Kapital (Grundkapital)		5.000.000,00 EUR
an Kapitalrücklage **(Agio)**		4.000.000,00 EUR
Emissionskosten	20.000,00 EUR	
an Bank		20.000,00 EUR

2. Buchung bei Zahlung der Aktionäre:

	Soll	Haben
Bank	9.000.000,00 EUR	
an Forderungen gegen Aktionäre		9.000.000,00 EUR

Aufgaben

1. Eine AG plant eine Kapitalerhöhung. Welche einzelnen Schritte sind notwendig?

2. Welche Möglichkeiten hat ein Altaktionär bei Kapitalerhöhungen?

3. a) Was versteht man unter Bezugsrecht?
   b) Welche Aufgaben hat das Bezugsrecht?

4. Die Hauptversammlung einer AG beschließt eine ordentliche Kapitalerhöhung um 12 Mio. EUR auf 32 Mio. EUR (Ausgabekurs: 150,00 EUR, Kurs der alten Aktien: 200,00 EUR).

   a) Ermitteln Sie das Bezugsverhältnis.
   b) Wie viel Euro beträgt der rechnerische Wert des Bezugsrechts?
   c) Ein Aktionär hat 19 Aktien. Er möchte zwölf junge Aktien erwerben. Wie lautet die Abrechnung der Bank, wenn das Bezugsrecht am Tage des Kaufs 2,00 EUR unter dem rechnerischen Wert notiert? (Spesen bleiben unberücksichtigt.)
   d) Wie wäre c) zu beantworten, wenn der Aktionär 50 Aktien besessen hätte?

5. Wie hoch ist der

   a) niedrigstmögliche,
   b) höchstmögliche

   Ausgabekurs im Rahmen einer ordentlichen Kapitalerhöhung einer AG (Begründung)?

6.
• letzter Kurs vor Beginn der Bezugsfrist:	150,00 EUR
• Emissionskurs:	120,00 EUR
• Kapitalerhöhung:	250.000,00 EUR
• erste Notiz des Bezugsrechts:	8,00 EUR
• rechnerischer Wert des Bezugsrechts:	5,00 EUR

   a) Bezugsverhältnis?
   b) Altes Grundkapital?
   c) Mit welchem Wert werden die alten Aktien bei Beginn der Bezugsfrist gehandelt?

7. Geplante Investitionssumme: 398 Mio. EUR, Emissionskosten: 2 Mio. EUR, Emissionskurs: 80,00 EUR je Aktie, nomineller Anteil einer Aktie am gezeichneten Kapital: 5,00 EUR.
   Wie hoch muss die Kapitalerhöhung mindestens sein, damit das Investitionsvorhaben durchgeführt werden kann?

8. Das Grundkapital einer AG soll von 80 Mio. EUR auf 104 Mio. EUR erhöht werden, um eine Investition in Höhe von 35 Mio. EUR zu finanzieren.
   Aktuelle Börsennotiz der Aktien: 106,00 EUR
   Nomineller Anteil einer Aktie am gezeichneten Kapital: 50,00 EUR

   a) Ermitteln Sie den notwendigen Ausgabekurs der jungen Aktien, wenn die Investition allein durch diese Kapitalerhöhung finanziert werden soll und Emissionskosten in Höhe von 1 Mio. EUR anfallen.
   b) Wie hoch ist der rechnerische Wert des Bezugsrechts?

9. Gezeichnetes Kapital: 800 Mio. EUR

   Die AG plant einen Ausbau ihrer Produktionsanlagen mit einer Investitionssumme von 190 Mio. EUR. Vorstand und Aufsichtsrat schlagen der Hauptversammlung deshalb eine Kapitalerhöhung vor.

   Die Hauptversammlung beschließt eine Kapitalerhöhung gegen Einlagen. Der Börsenkurs beträgt 102,00 EUR. Die jungen Aktien sollen zum Bezugskurs von 60,00 EUR ausgegeben werden.

   Emissionskosten: 2 Mio. EUR

   Nomineller Anteil einer Aktie am gezeichneten Kapital: 50,00 EUR

   a) Wie hoch muss die Kapitalerhöhung mindestens sein, damit das Investitionsvorhaben durchgeführt werden kann?
   b) Berechnen Sie

      - das Bezugsverhältnis,
      - den Wert des Bezugsrechts,
      - den neuen Aktienkurs.

10. Gezeichnetes Kapital: 10 Mio. EUR

    Nomineller Anteil einer Aktie am gezeichneten Kapital: 50,00 EUR

    Der Vorstand der AG bittet die Hauptversammlung, das gezeichnete Kapital im Verhältnis 5 : 1 zu erhöhen, um den notwendigen Kapitalbedarf zu decken.

    a) Von dem an der Hauptversammlung vertretenen Grundkapital von 9,78 Mio. EUR stimmten 7,45 Mio. EUR für den Vorschlag des Vorstandes. Kann der Vorstand mit dieser Zustimmung seine Vorstellungen verwirklichen (rechnerische Begründung)?
    b) Welchen rechnerischen Wert hat das Bezugsrecht, wenn der Ausgabekurs der jungen Aktien bei 55,00 EUR und der Kurs der alten Aktien bei 82,00 EUR liegt?
    c) Wie viel Euro muss ein Aktionär für den Kauf einer Aktie aufwenden?
       Gehen Sie davon aus, dass der Kurswert des Bezugsrechts dem rechnerischen Wert entspricht (Berechnung ohne Spesen).
    d) Berechnen Sie den Zugang an flüssigen Mitteln, wenn der Ausgabekurs 10 % über dem anteiligen Nennwert liegt.

11. • Investitionssumme: 18,5 Mio. EUR
   • geplante Grundkapitalerhöhung von 40 Mio. EUR auf 52 Mio. EUR
   • aktuelle Börsennotiz: 106,00 EUR je Aktie
   • nomineller Anteil einer Aktie am gezeichneten Kapital: 50,00 EUR

   a) Zu welchem Kurs müssen die jungen Aktien ausgegeben werden, wenn die Investition nur durch diese Kapitalerhöhung finanziert werden soll (Emissionskosten: 700.000,00 EUR)?
   b) Ermitteln Sie den rechnerischen Wert des Bezugsrechts.
   c) Ein Aktionär, der 40 Aktien der Firma besitzt, will insgesamt 1.900,00 EUR in den jungen Aktien anlegen. Wie viele junge Aktien kann er kaufen und welcher Restbetrag bleibt ihm? Der Bezug der jungen Aktien ist spesenfrei. Beim Zukauf von Bezugsrechten fallen 0,20 EUR Spesen je Bezugsrecht an. Das Bezugsrecht notiert an der Börse mit 7,00 EUR.

11.2 Abituraufgaben Profil Internationale Wirtschaft

Abituraufgaben 2014 (Aufgabe 1, Teil 1, teilweise)

Die Veoklar GmbH ist eines der führenden Unternehmen auf dem deutschen Markt für Dachflächenfenster und Rollläden. Marina Steiner, Christina Möller, Thorsten Närger und Knut Föhrer sind Gesellschafter der Veoklar GmbH. Geschäftsführer sind Marina Steiner und Thorsten Närger. Der Gesellschaftsvertrag basiert auf den Vorschriften des GmbH-Gesetzes.

2. Aufgrund der Energiewende in Deutschland und des weltweiten Trends zu erneuerbaren Energien überlegen die Gesellschafter, die Produktpalette um das Geschäftsfeld Solarenergie zu erweitern. Zu diesem Zweck soll die GmbH in eine AG umgewandelt werden.

2.4 Begründen Sie, weshalb Nennwert und tatsächlicher Wert von Geschäftsanteilen voneinander abweichen können.

Abituraufgaben 2017 (Aufgabe 2, teilweise)

Die Senslor Electronic AG (SE AG) mit Sitz in Ravensburg entwickelt und produziert Sensoren, die international vertrieben werden. Das Unternehmen ist in den letzten Jahren stark gewachsen und an der Börse notiert. Die Aktien haben einen Nennwert von 5,00 EUR/Stück. Derzeit sind 600 Mitarbeiter bei dem Sensorenhersteller beschäftigt.

Die zusammengefasste Bilanz der SE AG wies zum 31.12.2015 folgende Werte aus:

Aktiva	Bilanz zum 31.12.2015 (in Euro)		Passiva
Anlagevermögen	12.500.000,00	Gezeichnetes Kapital	1.500.000,00
Umlaufvermögen	26.500.000,00	Kapitalrücklage	50.000,00
		Gewinnrücklagen	
		– gesetzl. Rücklage	100.000,00
		– andere Gewinnrückl.	10.000.000,00
		Bilanzgewinn	5.000.000,00
		Rückstellungen	5.350.000,00
		Verbindlichkeiten	17.000.000,00
	39.000.000,00		39.000.000,00

3. Für den Ausbau der Forschungsabteilung werden Gesamtkosten in Höhe von 5 Mio. EUR veranschlagt. Dieser Betrag soll durch eine Kapitalerhöhung im Verhältnis 5 : 1 aufgebracht werden. Die jungen Aktien haben ebenfalls einen Nennwert von 5,00 EUR/Aktie. Der Börsenkurs der alten Aktie liegt bei 96,50 EUR.

3.1 Begründen Sie die Ober- und Untergrenze für den Ausgabekurs einer jungen Aktie.

3.2 Die Kapitalerhöhung wird mit deutlicher Mehrheit von den Aktionären begrüßt.

3.2.1 Ermitteln Sie, wie hoch der Ausgabekurs für die jungen Aktien mindestens sein muss, wenn durch den Mittelzufluss zusätzlich die sofort fälligen Emissionskosten in Höhe von 250.000,00 EUR gedeckt werden sollen.

3.2.2 Stellen Sie die Auswirkungen auf die Bilanzpositionen „Gezeichnetes Kapital“ sowie „Liquide Mittel“ mit rechnerischem Nachweis dar.

3.2.3 Ermitteln Sie den rechnerischen Mittelkurs, der sich nach Ausgabe der jungen Aktien ergibt.

11.3 Abituraufgaben Profil Wirtschaft

Abituraufgaben 2010 (Aufgabe 3, Teil 3)

4. Die Aktionäre haben dem Vorschlag des Vorstandes zu TOP 7 zugestimmt.

4.1 Stellen Sie dar, in welcher Höhe sich die entsprechenden Bilanzpositionen durch die Kapitalerhöhung verändern.

4.2 Begründen Sie mit zwei Argumenten, weshalb den Altaktionären im Rahmen der Kapitalerhöhung die Ausübung des Bezugsrechts gewährt wird.

4.3 Im Zuge der Emission werden die Bezugsrechte an der Börse gehandelt. Der Bezugskurs der neuen Aktie liegt bei 13,60 EUR. Ein Bezugsrecht hat derzeit einen rechnerischen Wert von 1,40 EUR.

- Bestimmen Sie den Kurs der Altaktie und berechnen Sie den voraussichtlichen Kurs der Aktie nach Durchführung der Kapitalerhöhung.
- Begründen Sie, weshalb der tatsächliche Wert des Bezugsrechts häufig vom rechnerischen Wert abweicht.

4.4 Aktionär Müller besitzt 500 alte Aktien. Weisen Sie rechnerisch nach, dass Aktionär Müller durch die Kapitalerhöhung keinen Vermögensnachteil erleidet, falls er

- 200 junge Aktien erwirbt oder
- sein Bezugsrecht nicht ausübt.

Es gelten die Angaben aus Teilaufgabe 4.3; Nebenkosten werden nicht berücksichtigt.

Anlage

Merke: Tagesordnung
zur zehnten ordentlichen Hauptversammlung der
Heidelberger Maschinenwerke AG, Heidelberg, am 13. April 2010

Beginn der Hauptversammlung: 10:00 Uhr
im Congress Center Rosengarten, Mannheim

TOP 1: Vorlage des festgestellten Jahresabschlusses mit Lagebericht für das Geschäftsjahr 2009 und Bericht des Aufsichtsrates

TOP 2: Beschlussfassung über die Verwendung des Bilanzgewinns

TOP 3: Beschlussfassung über die Entlastung der Mitglieder des Vorstandes für das Geschäftsjahr 2009

TOP 4: Beschlussfassung über die Entlastung der Mitglieder des Aufsichtsrates für das Geschäftsjahr 2009

TOP 5: Beschlussfassung über die Bestellung des Abschlussprüfers

TOP 6: Beschlussfassung über die Neuwahl von Aufsichtsratsmitgliedern

TOP 7: Beschlussfassung über die Erhöhung des Grundkapitals gegen Bareinlagen

Mit der Erhöhung des gezeichneten Kapitals von derzeit 270 Mio. EUR um 90 Mio. EUR durch Ausgabe von 32 Mio. neuen auf den Inhaber lautenden Stückaktien soll unter Ausübung des Bezugsrechts der Altaktionäre das Eigenkapital der Gesellschaft um 435,2 Mio. EUR erhöht werden. Durch diese Maßnahme wird die Kapitalausstattung der Heidelberger Maschinenwerke AG erheblich verbessert und es wird ihr ermöglicht, in einem günstigen Marktumfeld geeignete Zukäufe durchzuführen.

TOP 8: Sonstiges

Abituraufgaben 2014 (Aufgabe 3, teilweise)

3. Die inzwischen börsennotierte AG errechnet für den Ausbau eines zentralen Produktionsstandortes einen Kapitalbedarf von 3,08 Mio. EUR. Er soll durch eine bereits beschlossene Kapitalerhöhung im Verhältnis 2 : 1 aufgebracht werden.

3.1 Berechnen Sie den zur Deckung des Kapitalbedarfs erforderlichen Mindestausgabekurs der jungen Aktien.

3.2 Der Kurs der alten Aktien beträgt vor der Kapitalerhöhung 18,00 EUR. Die jungen Aktien werden zum Kurs von 16,20 EUR ausgegeben.

Berechnen Sie den Wert des Bezugsrechts und erläutern Sie seine Bedeutung.

3.3 Ermitteln Sie, welchen Betrag Agnes Staiger für den Kauf junger Aktien aufbringen muss, wenn sie ihren bisherigen Einfluss auf das Unternehmen erhalten möchte.

3.4 Ein privater Investor möchte an der Kapitalerhöhung teilnehmen und hierfür 50.000,00 EUR einsetzen. Gehen Sie davon aus, dass das Bezugsrecht an der Börse mit seinem rechnerischen Wert gehandelt wird.

Berechnen Sie, wie viele junge Aktien er für diesen Betrag erwerben kann.

4. Als Finanzierungsalternative zur Kapitalerhöhung wurde zunächst auch ein Bankkredit in Erwägung gezogen. Der Vorstand der AG hat sich jedoch dagegen entschieden.

   Beschreiben Sie zwei Gründe für diese Ablehnung.

Abituraufgaben 2015 (Aufgabe 1, teilweise)

3. Die drei Gesellschafter der OHG haben das Unternehmen in eine Aktiengesellschaft umgewandelt. Seit 2013 ist die SMU Möbelbausysteme AG erfolgreich an der Börse notiert.

   Die SMU Möbelbausysteme AG plant im Jahr 2015 mit der Einführung eines Tischbausystems eine Ausweitung ihres Geschäftsfeldes. Dafür müssen in das bisherige Produktionsgebäude am Standort Bühl 15,5 Mio. EUR investiert werden. Zur Finanzierung des Bauvorhabens schlägt der Vorstand der SMU AG auf der Hauptversammlung eine Kapitalerhöhung gegen Einlagen in Höhe von 12,5 Mio. EUR vor.

   Die vereinfachte Bilanz der SMU AG weist vor der Kapitalerhöhung zum 31.12.2014 folgende Werte aus:

Aktiva	Bilanz der SMU AG in Mio. Euro		Passiva
A. Anlagevermögen	180,0	A. Eigenkapital	
B. Umlaufvermögen		I. gezeichnetes Kapital	75,0
I. Vorräte	52,0	II. Kapitalrücklage	26,5
II. Forderungen	25,0	III. Gewinnrücklagen	27,5
III. liquide Mittel	5,0	B. Fremdkapital	
		I. langfr. Verbindlichkeiten	93,0
		II. kurzfr. Verbindlichkeiten	40,0
	262,0		262,0

   Der Börsenkurs der alten Aktie beträgt 9,00 EUR (Nennwert 5,00 EUR je Aktie).

3.1 Großaktionär Rieger steht der Kapitalerhöhung skeptisch gegenüber. Er ist von der Vorteilhaftigkeit der Beteiligungsfinanzierung nicht überzeugt und schlägt stattdessen eine Finanzierung des Bauvorhabens mittels einer Kreditaufnahme vor.

3.1.1 Der Vorstand der SMU Möbelbausysteme AG begründet die geplante Beteiligungsfinanzierung mit folgender Aussage:

„Die nachhaltige Überlebensfähigkeit einer Unternehmung hängt wesentlich von einer ausreichenden Eigenkapitalausstattung ab, sodass wir eine Beteiligungsfinanzierung einer Finanzierung durch Fremdkapital vorziehen.“

Nehmen Sie zu dieser Aussage des Vorstandes kritisch Stellung, indem Sie jeweils zwei Argumente für und gegen die Beteiligungsfinanzierung erörtern.

3.1.2 Aktionär Rieger ist von den Argumenten des Vorstandes nicht überzeugt und möchte die Kapitalerhöhung verhindern. Sein Versuch, diese auf der Hauptversammlung abzuwenden, scheitert, da er hierfür 375.000 Aktien zu wenig besitzt. Bei der Hauptversammlung sind 90 % des Grundkapitals vertreten.

Berechnen Sie die Anzahl der Aktien, die Großaktionär Rieger in seinem Eigentum hält.

3.2 Im Zuge der bevorstehenden Kapitalerhöhung beschließt die Hauptversammlung, ausschließlich Namensaktien auszugeben.

Begründen Sie die Vorteilhaftigkeit dieses Beschlusses anhand von zwei Aspekten.

3.3 Der Emissionskurs der jungen Aktien soll festgelegt werden.

- Zeigen Sie den grundsätzlichen Spielraum auf, den die SMU AG bei der Festlegung ihres Emissionskurses hat.
- Beschreiben Sie je einen Nachteil, der mit der Entscheidung für einen zu hohen bzw. für einen zu niedrigen Ausgabekurs verbunden ist.

3.4 Die SMU AG legt den Emissionskurs der jungen Aktien so fest, dass der Mittelzufluss den Kapitalbedarf für den Ausbau des Produktionsgebäudes deckt.

- Ermitteln Sie den Emissionskurs der jungen Aktien.
- Stellen Sie die Veränderung der Bilanzpositionen der SMU AG durch die Kapitalerhöhung dar.

4. Altaktionär Schärer überlegt, wie er auf die Kapitalerhöhung reagieren kann. Schärer besitzt 1.800 Aktien der SMU Möbelbausysteme AG sowie liquide Mittel in Höhe von 5.000,00 EUR. Ihm bieten sich folgende Möglichkeiten:

- Alternative 1: Ausübung der Bezugsrechte zum Erwerb von jungen Aktien
- Alternative 2: Verkauf aller Bezugsrechte

4.1 Zeigen Sie für beide Alternativen auf, wie sich seine liquiden Mittel, sein Aktienvermögen sowie sein Gesamtvermögen in Euro gegenüber seiner Ausgangssituation ändern. Gehen Sie davon aus, dass das Bezugsrecht an der Börse zu seinem rechnerischen Wert gehandelt wird.

Hinweis: Sollten Sie Aufgabe 3.4 nicht gelöst haben, rechnen Sie mit einem Emissionskurs für die junge Aktie von 6,90 EUR.

4.2 Entscheiden Sie begründet, welche Alternative Aktionär Schärer hinsichtlich der Entwicklung seines aktuellen Gesamtvermögens und seiner zukünftigen Renditechancen wählen sollte.

12 Finanzierung und Investition IV: Außenfinanzierung in Form von Darlehen

12.1 Darlehensformen

Stofftelegramm

Darlehensformen

Fälligkeitsdarlehen (= Festdarlehen):	Tilgung auf einmal bei Fälligkeit
Kündigungsdarlehen:	Tilgung auf einmal nach Kündigung
Abzahlungsdarlehen (Ratendarlehen):	Tilgung in Raten
Annuitätendarlehen:	Tilgung in Annuitäten (Annuität = gleichbleibende Summe aus Zins und Tilgung)

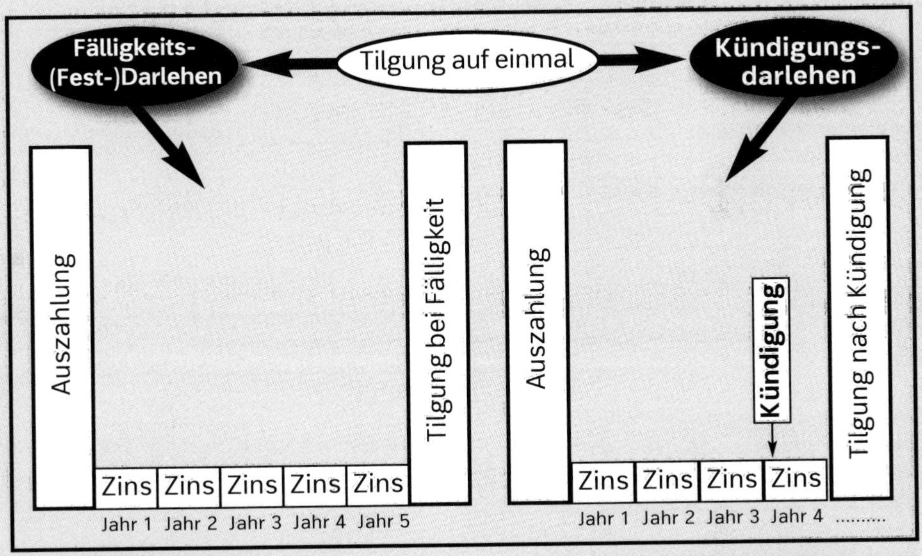

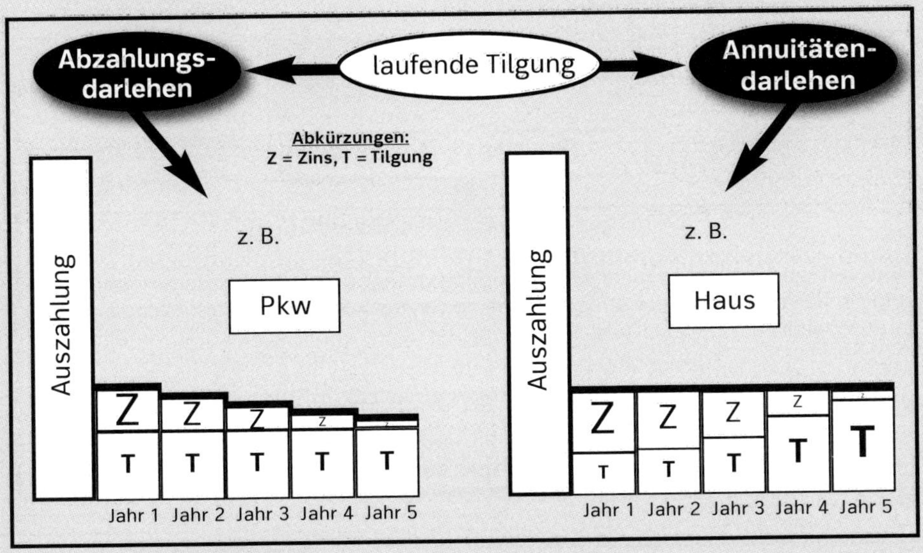

Zinseszinsformel

Fragestellung:

Auf welches Endkapital $\mathbf{K_n}$ wächst ein heute angelegtes Anfangskapital $\mathbf{K_0}$ bei einem Zinssatz **p** und einer Laufzeit von **n** Jahren an, wenn die Zinsen jährlich dem Kapital zugeschlagen werden (Aufzinsung)?

Anfangskapital K_0 → **Aufzinsung n Jahre** → Endkapital K_n **???**

Beispiel: $K_0 = 1.000$; $p = 10\ \%$
Laufzeit n= 3 Jahre
Endkapital K_3 = ?

Jahr	Anfangskapital	Zinsen	Endkapital
1	1.000 (K_0)	100	1.100 (K_1)
2	1.100 (K_1)	110	1.210 (K_2)
3	1.210 (K_2)	121	**1.331 (K_3)**

$K_1 = K_0 + K_0 \cdot \frac{p}{100} \rightarrow \mathbf{K_1 = K_0 \cdot \left(1 + \frac{p}{100}\right)}$

$K_2 = K_1 + K_1 \cdot \frac{p}{100} \rightarrow K_2 = K_1 \cdot \left(1 + \frac{p}{100}\right)$

$K_2 = K_0 \cdot \left(1 + \frac{p}{100}\right) \cdot \left(1 + \frac{p}{100}\right) \rightarrow \mathbf{K_2 = K_0 \cdot \left(1 + \frac{p}{100}\right)^2}$

Zinseszinsformel:

$$K_n = K_0 \cdot \left(1 + \frac{p}{100}\right)^n$$

$1 + \frac{p}{100} = q$
(q = **Aufzinsungsfaktor**)

$$K_n = K_0 \cdot q^n$$

Lösung obiges Beispiel mit der Zinseszinsformel:

$K_3 = K_0 \cdot (1 + 0{,}1)^3 = 1.000 \cdot 1{,}1^3 = 1.000 \cdot 1{,}331 = \mathbf{1.331}$

Barwert & Co.

Grundgedanke der Barwertberechnung:

Heute verfügbares Geld ist mehr wert als künftig verfügbares Geld. Der Barwert beantwortet folgende Frage: Welcher Betrag muss heute verzinst (Zinsen + Zinseszinsen) angelegt werden, damit zum Fälligkeitstag der Zahlung der dann benötigte Betrag K_n verfügbar ist?

→ **Barwert = Gegenwartswert einer zukünftigen Zahlung**

Barwert K_0 **???** ← **Abzinsung n Jahre** ← Endkapital K_n

Barwertformel

Auflösung der Zinseszinsformel nach K_0:

Zinseszinsformel

$$K_n = K_0 \cdot \left(1 + \frac{p}{100}\right)^n \rightarrow K_0 = K_n : \left(1 + \frac{p}{100}\right)^n \text{ bzw. } \rightarrow K_0 = K_n \cdot \frac{1}{q}^n$$

($\frac{1}{q}$ = **Abzinsungsfaktor**)

Barwertberechnung bei verschiedenen Darlehensformen

(Darlehenssumme: 120.000,00 EUR; Laufzeit: 4 Jahre; Zinssatz: 10 %; Abzinsungssatz: 5 %)

Festdarlehen (Beträge in Euro)

Jahr	Anfangsschuld	Zinsen	Tilgung	Liquiditätsbelastung	Restschuld	**Barwert**
1	120.000,00	12.000,00	–	12.000,00	120.000,00	11.428,57
2	120.000,00	12.000,00	–	12.000,00	120.000,00	10.884,35
3	120.000,00	12.000,00	–	12.000,00	120.000,00	10.366,05
4	120.000,00	12.000,00	120.000,00	132.000,00	–	108.596,73
Summe	–	48.000,00	120.000,00	168.000,00	–	**141.275,70**

Abzahlungsdarlehen (Beträge in Euro)

Jahr	Anfangsschuld	Zinsen	Tilgung	Liquiditätsbelastung	Restschuld	**Barwert**
1	120.000,00	12.000,00	30.000,00	42.000,00	90.000,00	40.000,00
2	90.000,00	9.000,00	30.000,00	39.000,00	60.000,00	35.374,15
3	60.000,00	6.000,00	30.000,00	36.000,00	30.000,00	31.098,15
4	30.000,00	3.000,00	30.000,00	33.000,00	–	27.149,18
Summe	–	30.000,00	120.000,00	150.000,00	–	**133.621,48**

Annuitätendarlehen (Annuität= 37.856,50 EUR; Beträge in Euro)

Jahr	Anfangsschuld	Zinsen	Tilgung	Liquiditätsbelastung	Restschuld	**Barwert**
1	120.000,00	12.000,00	26.000,00	38.000,00	94.000,00	36.190,48
2	94.000,00	9.400,00	28.600,00	38.000,00	65.400,00	34.467,12
3	65.400,00	6.540,00	31.460,00	38.000,00	33.940,00	32.825,83
4	33.940,00	3.394,00	33.940,00	37.334,00	–	30.714,78
Summe	–	31.334,00	120.000,00	151.334,00	–	**134.198,21**

Ergebnis: Das Abzahlungsdarlehen ist der „Sieger“ (geringste Barwertsumme).

Wichtige Zusammenhänge

- Je später die künftige Zahlung, umso geringer ist der Barwert.

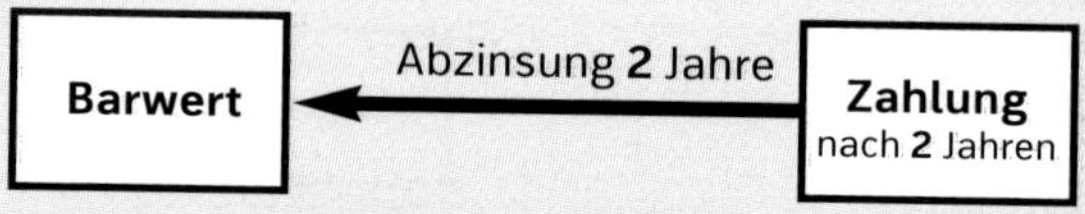

Beispiel: Zahlung von 100.000,00 EUR in 2 Jahren, Zinssatz 10 %
Rechnung: 100.000,00 EUR · 1 : (1 + 10 : 100)^2 = 82.644,63 EUR Barwert (vgl. Abzinsungstabelle in Kapitel 23.2)

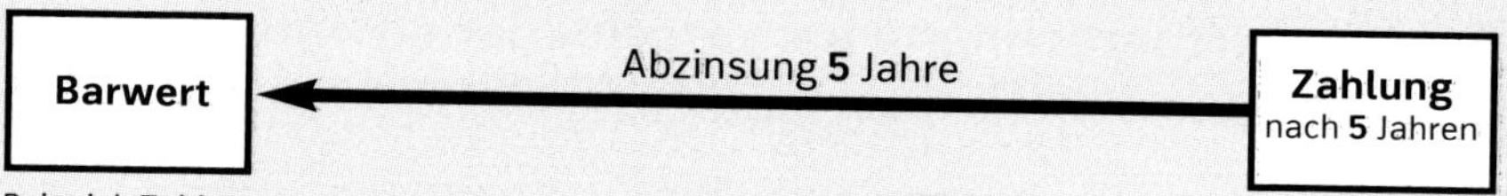

Beispiel: Zahlung von 100.000,00 EUR in 5 Jahren, Zinssatz 10 %
Rechnung: 100.000,00 EUR · 1 : (1 + 10 : 100)^5 = 62.092,13 EUR Barwert (vgl. Abzinsungstabelle in Kapitel 23.2)

- Je höher der Abzinsungssatz ist, umso geringer ist der Barwert.
  Beispiel:
  - Zahlung von 100.000,00 EUR in 2 Jahren, Zinssatz 10 %
    Rechnung: 100.000,00 EUR · 1 : (1 + 10 : 100)^2 = 82.644,63 EUR Barwert
  - Zahlung von 100.000,00 EUR in 2 Jahren, Zinssatz 5 %
    Rechnung: 100.000,00 EUR · 1 : (1 + 5 : 100)^2 = 90.702,95 EUR Barwert
    (vgl. Abzinsungstabelle in Kapitel 23.2)
- Je geringer die Barwertsumme, umso vorteilhafter.
- Analog: Vergleich Leasing – Kreditkauf
- Die Berücksichtigung von Gewinnsteuern verringert die Liquiditätsbelastung, Zinsaufwendungen mindern den Gewinn → Steuersenkung.

  Beispiel: Zinsaufwendungen = 1.000,00 EUR, Gewinnsteuersatz 40 %
  → Liquiditätsbelastung nach Steuern: 1.000,00 EUR – 40 % = 600,00 EUR

Vergleich Darlehen – Kontokorrentkredit

DARLEHEN	KONTOKORRENTKREDIT
• Auszahlung einer vertraglich bestimmten Kreditsumme • i. d. R. befristeter Kredit • Tilgung laut Kreditvertrag • Zinssatz niedriger	• Kredit kann bis zur vereinbarten Höhe in Anspruch genommen werden. • i. d. R. unbefristeter Kredit • schwankender Kreditbetrag • relativ hoher Soll-Zinssatz

Beispiel zur Berechnung der Effektivverzinsung bei Darlehen:

Berechnen Sie den Effektivzinssatz für folgendes Kreditangebot über 2,7 Mio. EUR:

Laufzeit 6 Jahre, Disagio (Damnum) 2 % (Auszahlung somit 98 %), 1,5 % Bearbeitungsgebühr von der Darlehenssumme, jährliche Zinszahlungen, Rückzahlung in einer Summe nach sechs Jahren, 7 % p. a. Zinsen.

Lösung:

Zinsen (6 J.): $z = \frac{k \cdot p \cdot j}{100} = \frac{2.700.000,00 \cdot 7 \cdot 6}{100} =$ 1.134.000,00 EUR

Damnum = 2 % von 2,7 Mio. EUR = 54.000,00 EUR

Bearbeitungsgebühr = 1,5 % von 2,7 Mio. EUR = 40.500,00 EUR

Kosten insgesamt = z = 1.228.500,00 EUR

Effektiver Zinssatz $p = \frac{z \cdot 100}{k \cdot j} = \frac{1.228.500,00 \cdot 100}{(2.700.000,00 - 94.500,00) \cdot 6} =$ **7,86 % eff. Zinssatz**

Aufgaben

1. Vergleichen Sie die Begriffe „Darlehen“ und „Kontokorrentkredit“.

2. a) Nennen und erklären Sie kurz die vier Darlehensarten.
   b) Welche Gemeinsamkeit haben Fälligkeits- und Kündigungsdarlehen?
   c) Nennen Sie einen Vorteil des Fälligkeitsdarlehens gegenüber dem Kündigungsdarlehen.
   d) Welche Vor- und Nachteile haben Fälligkeits- und Kündigungsdarlehen gegenüber den beiden anderen Darlehensarten?

3. Unsere Firma beabsichtigt den Kauf einer neuen Fertigungsanlage zum Preis von 120.000,00 EUR. Die Finanzierung soll mit einem Darlehen erfolgen.

   Unsere Hausbank unterbreitet folgendes Angebot: Zinssatz 10 %; Zinszahlung jeweils nachträglich am Jahresende; Auszahlung des Darlehens: 1. Januar 01.

   Tilgungsalternativen:

   - Alt. 1: Gesamttilgung 30. Dezember 10
   - Alt. 2: Gesamttilgung nach Kündigung (Kündigungsfrist drei Monate auf Quartalsende)
   - Alt. 3: Tilgung in zehn Raten, fällig jeweils am Jahresende
   - Alt. 4: jährliche Annuität bis Jahr 09 20.000,00 EUR, Resttilgung Jahr 10 (Rundung auf volle 10,00 EUR)

   a) Welche Darlehensarten liegen jeweils vor?
   b) Erstellen Sie die Tilgungspläne nach folgenden Mustern und den Gesamtkostenvergleich.

Alternative 1: .... darlehen					
Jahr	**Anfangsschuld**	**Zinsen**	**Tilgung**	**Zins + Tilgung**	**Restschuld**
01					
02					
03					
....					
10					
Summen					

Alternative 2: (................ darlehen) Unterschiede zu Alternative 1: ....

....

Alternative 3: .... darlehen (.................... darlehen)					
Jahr	**Anfangsschuld**	**Zinsen**	**Tilgung**	**Zins + Tilgung**	**Restschuld**
01					
02					
03					
04					
05					
06					
07					
08					
09					
10					
Summen					

Alternative 4: (............................ darlehen) analoge Tabelle wie Alternative 3!

Kostenvergleich: Summe der Zinsen insgesamt beim

- Fälligkeitsdarlehen: ....
- Kündigungsdarlehen (Unterstellung: Kündigung nach zehn Jahren): ....
- Abzahlungsdarlehen: ....
- Annuitätendarlehen: ....

12.2 Kreditsicherheiten

Stofftelegramm

Einfacher Personalkredit (= Blankokredit) → einzige Sicherheit = persönliche Kreditwürdigkeit des Schuldners

Verstärkter Personalkredit → Neben dem Schuldner haften weitere Personen für die Kreditrückzahlung.

Bürgschaftskredit

Zwei Verträge werden geschlossen:

- **Kreditvertrag** zwischen Schuldner und Gläubiger
- **Bürgschaftsvertrag** zwischen Bürge und Gläubiger

- **Bürgschaftsvertrag:** Der Bürge verpflichtet sich zur Zahlung bei Nichtzahlung des Schuldners.

  Schriftform (Ausnahme: Kaufmann im Sinne des HGB gibt Bürgschaft im Rahmen seines Handelsgeschäfts ab.)

- **Selbstschuldnerische Bürgschaft:**
  - Verzicht auf Einrede der Vorausklage: Gläubiger kann sich bei Fälligkeit sofort an den Bürgen wenden.
  - Bürgschaften von HGB-Kaufleuten im Rahmen ihres Geschäfts: stets selbstschuldnerisch
  - von Banken üblicherweise verlangt

Realkredite → Kreditsicherung durch eine Sache

Sicherungsübereignung Gläubiger erhält zur Kreditsicherung bestimmte Sachen ohne Übergabe übereignet.

Gläubiger wird Eigentümer, Schuldner bleibt Besitzer (Besitzkonstitut).

Vorteil für Gläubiger: Aufbewahrung entfällt.

Vorteil für Schuldner: Nutzung der übereigneten Sachen weiter möglich

Risiken für Gläubiger:

- Sache anderweitig bereits übereignet
- Sache evtl. an gutgläubigen Dritten weiterveräußert
- Beschädigung oder Zerstörung der Sache

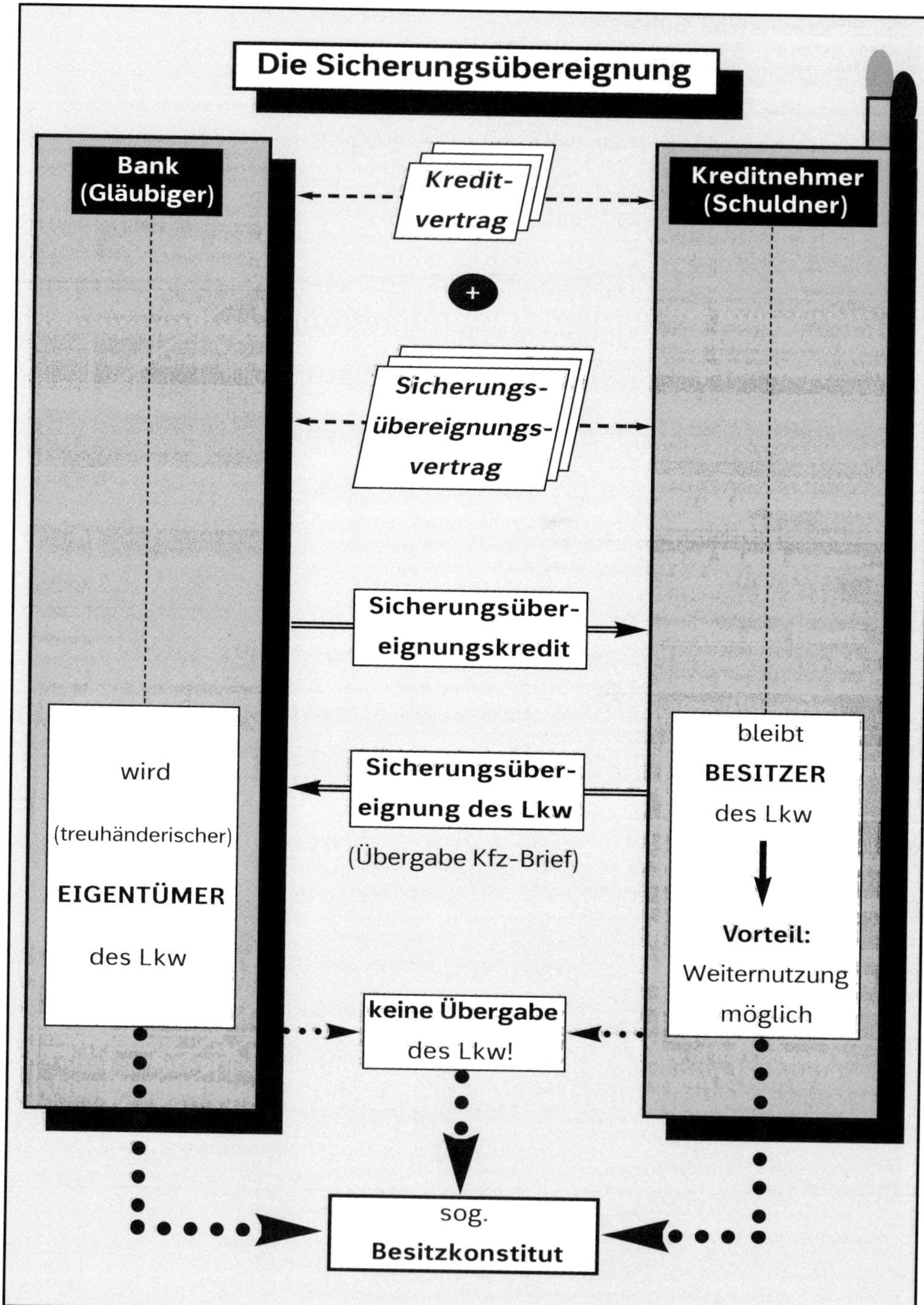
Die Sicherungsübereignung
Bank (Gläubiger)
Kredit-vertrag
Kreditnehmer (Schuldner)
+
Sicherungs-übereignungs-vertrag
Sicherungsüber-eignungskredit
wird (treuhänderischer) EIGENTÜMER des Lkw
Sicherungsüber-eignung des Lkw
(Übergabe Kfz-Brief)
bleibt BESITZER des Lkw
Vorteil: Weiternutzung möglich
keine Übergabe des Lkw!
sog. Besitzkonstitut

Grundschuld = im Grundbuch eingetragene Belastung eines Grundstücks mit einer bestimmten Geldsumme zugunsten des Berechtigten (Pfandrecht an Grundstück)

- Bei Nichtzahlung kann der Gläubiger die Versteigerung bewirken und sich hieraus befriedigen.
- Eintrag der Grundschuld im Grundbuch
- dingliche Sicherung: nur Grundstück haftet, keine persönliche Haftung
- Im Gegensatz zur Hypothek ist die Grundschuld nicht an die Darlehenshöhe gebunden. Die eingetragene Grundschuldhöhe ändert sich nicht durch Darlehensrückzahlung.

Vorteil: rasche Kreditaufnahme bei vorsorglich eingetragener Grundschuld möglich

- **Buchgrundschuld:** Einigung + Eintrag Grundbuch
- **Briefgrundschuld:** Einigung + Eintrag Grundbuch + Ausstellung Grundschuldbrief

Vorteil: Grundschuldbrief formlos ohne Grundbuchumschreibung übergebbar

- **Fremdgrundschuld:** Berechtigter ist der Kreditgeber
- **Eigentümergrundschuld:** Die Rechte aus der Grundschuld stehen dem Eigentümer selbst zu.

Entstehung:
- automatisch nach erfolgter Darlehensrückzahlung bzw.
- vorsorglich eingetragene Grundschuld zwecks Rangsicherung

Aufgaben

1. a) Zeigen Sie in einer übersichtlichen Skizze die Arten der Kreditsicherheiten.
   b) Worin unterscheiden sich Personal- und Realkredite?
2. Welche Verträge sind zwischen wem beim Bürgschaftskredit zu schließen und welche Formvorschriften sind zu beachten?
3. Welche Besonderheiten gelten für HGB-Kaufleute, die eine Bürgschaft im Rahmen ihres Handelsgeschäfts abgeben?
4. Erklären Sie die Besitz- und Eigentumsverhältnisse beim Sicherungsübereignungskredit.
5. Welche wesentlichen Vorteile hat die Sicherungsübereignung für Gläubiger und Schuldner?
6. Welche Risiken ergeben sich aus der Sicherungsübereignung für den Gläubiger?
7. Was versteht man unter einer Grundschuld?

12.3 Abituraufgaben Profil Internationale Wirtschaft

Abituraufgaben 2015 (Aufgabe 1, Teil 2, verändert)

Ute, Paul und Max Kullen sind Gesellschafter der Goldei-Nudeln KG in Münsingen. Ute Kullen (Diplomkauffrau) und Paul Kullen (Diplomingenieur) sind Komplementäre. Alle Regelungen des Gesellschaftsvertrags entsprechen den gesetzlichen Vorschriften des HGB. Max Kullen ist als Kommanditist mit 150.000,00 EUR an der KG beteiligt. Bisher hat er 110.000,00 EUR seiner Einlage geleistet.

2. Aufgrund des ständig steigenden Absatzes bei der Goldei-Nudeln KG sind Erweiterungsinvestitionen in Höhe von 500.000,00EUR erforderlich. Die Bank akzeptiert folgende Vermögensgegenstände als Sicherheiten:

- Beleihungssatz für „Grundstücke und Bauten“: max. 75 % des Buchwertes
- Beleihungssatz für „Technische Anlagen und Maschinen“: max. 50 % des Buchwertes

Aktiva	Zwischenbilanz (in Tausend Euro)		Passiva
Anlagevermögen		Eigenkapital	
1. Grundstücke und Bauten	1.090	Kompl. Ute Kullen	760
2. Techn. Anlagen u. Maschinen	800	Kommand. Max Kullen	590
Umlaufvermögen		Kommand. Paul Kullen	150
1. Vorräte	80	Fremdkapital	
2. Forderungen a. LL.	25	1. Langfr. Darlehen	450
3. Bankguthaben/Kasse	5	2. Kurzfr. Bankverbindl.	5
		3. Verbindl. a. LL.	45
	2.000		2.000

<u>Anmerkung:</u>
Das langfristige Darlehen hat eine Restlaufzeit von über fünf Jahren. Als Sicherheit dienen Grundstücke und Bauten.

2.1
- Nennen Sie je eine Art der Kreditsicherung für „Grundstücke und Bauten“ und „Technische Anlagen und Maschinen“.
- Erläutern Sie mit zwei Argumenten, warum die Beleihungssätze für „Grundstücke und Bauten“ und „Technische Anlagen und Maschinen“ voneinander abweichen.

2.2 Prüfen Sie rechnerisch anhand der vorliegenden Zwischenbilanz, ob der Kapitalbedarf von 500.000,00 EUR mit dem bilanzierten Anlagevermögen ausreichend abgesichert werden kann.

3. Der endgültige Kreditbedarf für die Erweiterungsinvestition beläuft sich nach genaueren Recherchen und unter Einbeziehung der aktuellen wirtschaftlichen Entwicklungen auf 540.000,00 EUR. Die Stuttgarter Bank AG unterbreitet für das Investitionsvorhaben folgende alternative Kreditangebote:

- Kreditangebot A: Fälligkeitsdarlehen zu folgenden Konditionen:
Auszahlung 96 %, Laufzeit 5 Jahre, nominaler Zinssatz 5 % p. a. fest, Zins- und Tilgungszahlungen jeweils zum Jahresende

- Kreditangebot B: Annuitätendarlehen zu folgenden Konditionen: Auszahlung 100 %, Laufzeit 4 Jahre, nominaler Zinssatz 5 % p. a. fest, Annuitätenzahlung in Höhe von 152.286,48 EUR jeweils zum Jahresende

3.1 Ermitteln Sie die Effektivzinssätze der beiden Kreditangebote (Rundung auf zwei Nachkommastellen).

3.2
- Erstellen Sie einen Zins- und Tilgungsplan mit Liquiditätsbelastung für die oben angegebenen Kreditangebote. Verwenden Sie für Ihre Lösung die Tabellen der **Anlage 1**.
- Treffen Sie auf Grundlage der gesamten Liquiditätsbelastung eine begründete Entscheidung für eines der beiden Kreditangebote.

Hinweis: Es können sich geringfügige rundungsbedingte Abweichungen ergeben.

3.3 Für die Finanzierungsentscheidung sollen auch steuerliche Auswirkungen sowie Barwerte berücksichtigt werden.

3.3.1
- Berechnen Sie die Gewinnsteuerminderung, die sich aus den beiden Kreditangeboten bei einem Gewinnsteuersatz von 30 % ergeben.
- Beurteilen Sie das Ergebnis im Hinblick auf Ihre Entscheidung in Aufgabe 3.2.

Hinweis: Alle Berechnungen sind auf volle Euro zu runden.

3.3.2 Die Goldei-Nudeln KG rechnet mit einem Kalkulationszinssatz von 10 %. Zu diesem Zinssatz ergeben sich für die Barwertsummen der Liquiditätsbelastung nach Steuern folgende Werte:

- Barwertsumme bei Kreditangebot A: 418.782,00 EUR
- Barwertsumme bei Kreditangebot B: 465.546,00 EUR

Überprüfen Sie, ob sich Ihre Entscheidung aus 3.2 ändert, wenn Sie als Entscheidungsgrundlage die gegebenen Barwertsummen heranziehen. Begründen Sie Ihre Aussage.

3.3.3 Paul Kullen schlägt vor, die sich nach Berücksichtigung der Gewinnsteuer ergebenden Barwertsummen als Grundlage für die Kreditentscheidung heranzuziehen.

Erörtern Sie, welche Voraussetzungen vorliegen müssen, damit der Barwertsummenvergleich nach Berücksichtigung der Gewinnsteuer eine sinnvolle Entscheidungsgrundlage darstellt.

Anlage 1

Kreditangebot A (Fälligkeitsdarlehen)				
Jahr	Darlehensschuld am Jahresanfang	Tilgung	Zins	Liquiditätsbelastung
1				
2				
3				
4				
5				
∑				

Kreditangebot B (Annuitätendarlehen)				
Jahr	Darlehensschuld am Jahresanfang	Tilgung	Zins	Liquiditätsbelastung
1				
2				
3				
4				
∑				

Abituraufgaben 2017 (Aufgabe 1, teilweise)

Der Stuttgarter Einzelunternehmer Julius Hartmann stellt Kabelbäume für E-Bikes in manueller Fertigung her. Hartmann wurde aufgrund seiner beständig hohen Produktqualität und Zuverlässigkeit von mehreren Kunden angesprochen, ob es möglich sei, die Kabelbäume in höherer Stückzahl zu produzieren. Hartmann beschließt deshalb, auf eine halbautomatisierte Fertigung umzustellen.

4. Die Geschäftsentwicklung ist äußerst positiv. Deshalb soll eine zusätzliche Maschine angeschafft werden. Die Anschaffungskosten in Höhe von 120.000,00 EUR sollen durch Aufnahme eines Bankdarlehens finanziert werden. Die betriebsgewöhnliche Nutzungsdauer der Maschine beträgt sechs Jahre. Die Maschine wird linear abgeschrieben.

4.1 Julius Hartmann hat von seiner Hausbank folgendes Darlehensangebot vorliegen:

Angebot 1	
Zinssatz	5,2 %
Darlehenssumme	120.000,00 EUR
Auszahlung	100 %
Tilgung	tilgungsfrei im ersten Jahr, danach in gleichbleibenden Raten zum Jahresende
Zinszahlungen	jeweils am Jahresende
Laufzeit	6 Jahre

Ermitteln Sie die Liquiditätsbelastung vor Steuern und den Gesamtaufwand im Zusammenhang mit der kreditfinanzierten Anschaffung der Maschine während der gesamten Nutzungsdauer mithilfe der **Anlage 1**.

4.2 Die Hausbank unterbreitet ein zweites Angebot in Form eines Annuitätendarlehens:

Angebot 2	
Zinssatz	6 %
Darlehenssumme	120.000,00 EUR
Auszahlung	100 %
Zins-/Tilgungszahlungen	Annuität jeweils fällig zum Jahresende
Laufzeit	5 Jahre

- Berechnen Sie mithilfe von **Material 1** die Liquiditätsbelastung des Darlehens über die gesamte Laufzeit (ohne Berücksichtigung von Gewinnsteuern).
  *Hinweis: Tragen Sie Ihre Rechenergebnisse in die entsprechende Spalte der **Anlage 2** ein.*
- Vergleichen Sie Ihr Ergebnis mit Ihrer Lösung aus Aufgabe 4.1 und entscheiden Sie auf Grundlage der Liquiditätsbelastung vor Steuern, welches der beiden Darlehen vorteilhafter ist.

4.3 Stefan Völter weist darauf hin, dass auch der Barwert in eine Finanzierungsentscheidung einfließen sollte.

4.3.1
- Begründen Sie ohne rechnerischen Nachweis, warum es sinnvoll ist, für eine Finanzierungsentscheidung die Barwertsummen der Darlehensangebote zu vergleichen.
- Erläutern Sie die Aussagekraft der Barwertsummen

4.3.2
- Überprüfen Sie Ihre Entscheidung aus Aufgabe 4.2, indem Sie die Barwertsummen der beiden Darlehensangebote mithilfe von **Material 1** berechnen und miteinander vergleichen. Verwenden Sie für Ihre Lösung die Tabelle in **Anlage 2**. Die Julius Hartmann KG geht von einem Kalkulationszinssatz von 6 % aus.
- Interpretieren Sie das Ergebnis.

Anlage 1

Jahr	Darlehen Jahresanfang	Zinsen	Tilgung	Abschreibung	Liquiditäts-belastung	Gesamtaufwand
1						
2						
3						
4						
5						
6						
$\sum$						

Anlage 2

	Abzahlungsdarlehen		Annuitätendarlehen	
	Liquiditätsbelastung	Barwert	Liquiditätsbelastung	Barwert
1				
2				
3				
4				
5				
6				
∑				

Abituraufgaben 2018 (Aufgabe 2, teilweise)

6. Um die kontinuierlich steigende Nachfrage nach E-Bikes decken zu können, ziehen Bernhard Eschebein und seine beiden Söhne eine Erweiterung ihres Betriebes in Betracht. Dafür benötigt das Unternehmen finanzielle Mittel in beträchtlichem Umfang. Der Kapitalbedarf beträgt nach ersten Schätzungen zwischen 1,5 und 2 Mio. EUR.

6.1 Bei den Gesellschaftern besteht Uneinigkeit bezüglich der Finanzierungsart.

Erklären Sie, worin sich die Außenfinanzierung von der Innenfinanzierung unterscheidet, und machen Sie jeweils einen Vorschlag, wie Eschebein und Söhne mithilfe der Außenfinanzierung bzw. Innenfinanzierung Eigenkapital beschaffen kann.

6.2 Zur Deckung des ermittelten Kapitalbedarfs erwägt die Eschebein und Söhne GmbH die Aufnahme eines Darlehens bei ihrer Hausbank, der Walzbachtal Bank AG. Der Kapitalbedarf für die Betriebserweiterung wurde nach genauer Analyse aller relevanten Faktoren mit 1.626.800,00 EUR beziffert. Auf Anfrage der Eschebein und Söhne GmbH unterbreitet die Walzbachtal Bank AG die folgenden Kreditangebote.

Kreditangebot A – Annuitätendarlehen zu folgenden Konditionen:

- Auszahlung: 100 %
- Nominalzinssatz: 5 % p. a. fest, Annuitätenzahlung in Höhe von 458.776,85 EUR jeweils zum Jahresende
- Laufzeit: 4 Jahre

Kreditangebot B – Abzahlungsdarlehen zu folgenden Konditionen:

- Auszahlung: 98 %
- Nominalzinssatz: 4 % p.a. fest, fällige Zahlungen erfolgen jeweils zum Jahresende
- Laufzeit: 4 Jahre

Weitere Gebühren im Zusammenhang mit der Kreditaufnahme fallen nicht an.

6.2.1 Erläutern Sie den Unterschied zwischen Nominalzinssatz und effektivem Jahreszinssatz.

6.2.2
- Vervollständigen Sie den Zins- und Tilgungsplan für die beiden Kreditangebote. Verwenden Sie hierfür **Anlage 1**.
- Begründen Sie auf der Grundlage dieser Zins- und Tilgungspläne, welches der beiden Kreditangebote für die Eschebein und Söhne GmbH günstiger ist.

6.2.3 Daniel schlägt vor, die Kreditangebote auch anhand der Barwertsummen zu vergleichen.

- Erklären Sie, warum im vorliegenden Fall ein Vergleich der Barwertsummen sinnvoll sein kann.
- Berechnen Sie die Barwertsummen der Liquiditätsbelastung für beide Kreditangebote mithilfe der Tabelle in Kapitel 23.2 und überprüfen Sie, ob sich dadurch Ihre Entscheidung aus 6.2.2 ändert. Die Eschebein und Söhne GmbH rechnet mit einem Kalkulationszinssatz von 8 %.

7. Da Bernhard Eschebein eine Darlehensfinanzierung als zu kostspielig erscheint, plädiert er dafür, die GmbH in eine AG umzuwandeln, um so neue Kapitalgeber zu akquirieren. Daniel und Hagen Eschebein sind gegen den Vorschlag ihres Vaters. Sie halten die Darlehensfinanzierung, wenngleich mit einem hohen effektiven Jahreszinssatz verbunden, für die bessere Alternative.

Begründen Sie die Position von Daniel und Hagen Eschebein mit zwei Argumenten.

Anlage 1 zu Aufgabe 6.2.2

Annuitätendarlehen (Kreditangebot A)					
Jahr	Darlehensschuld zu Jahresbeginn	Zinsen	Tilgung	Liquiditätsbelastung	Restschuld am Jahresende
1					
2					
3					
4					
$\sum$					

Abzahlungsdarlehen (Kreditangebot B)					
Jahr	Darlehensschuld zu Jahresbeginn	Zinsen	Tilgung	Liquiditätsbelastung	Restschuld am Jahresende
1					
2					
3					
4					
$\sum$					

12.4 Abituraufgaben Profil Wirtschaft

Abituraufgaben 2011 (Aufgabe 2, Teil 2)

2. Zur Finanzierung der Investition im Werk Tutschfelden (Anschaffungskosten: 2.400.000,00 EUR) erhält die Freiburger Concept Möbel AG zwei Darlehensangebote. Beide Darlehen werden innerhalb von vier Jahren vollständig getilgt.

Angebot der Volksbank Oberried eG:

Abzahlungsdarlehen: Darlehensbetrag 2.500.000,00 EUR, Auszahlung 96 %, Nominalzinssatz 7,5 %, Zins und Tilgung jeweils am Jahresende

Angebot der Eurobank AG Frankfurt:

Annuitätendarlehen: Darlehensbetrag 2.400.000,00 EUR, Auszahlung 100 %, Nominalzinssatz 8,0 %, Annuitätenzahlung jeweils am Jahresende

2.1
- Ermitteln Sie für beide Darlehensangebote die Aufwands- und die Liquiditätsbelastung der Finanzierung für die einzelnen Jahre und insgesamt ohne Berücksichtigung von Steuern.
- Entscheiden Sie sich unter Berücksichtigung der Zielsetzung hoher Dividendenzahlung in den nächsten vier Jahren begründet für eines der beiden Darlehen.

Hinweis: Das Disagio beim Darlehensangebot der Volksbank Oberried eG wird gleichmäßig auf die Laufzeit verteilt. Die Berechnungen sind auf volle Euro zu runden. Verwenden Sie für Ihre Lösung die Tabellen der ***Anlage 2****.*

2.2 Erläutern Sie, wie sich die Berücksichtigung eines Gewinnsteuersatzes von 30 % auf die in Aufgabe 2.1 ermittelte Liquiditätsbelastung auswirkt (keine Berechnung).

Anlage 2

Darlehensangebot der Volksbank Oberried eG:

Jahr	Darlehens-betrag	Tilgung	Zinsen	Disagio	Aufwand	Liquiditätsbelastung
1						
2						
3						
4						
Summe						

Darlehensangebot der Eurobank AG, Frankfurt:

Jahr	Darlehensbetrag	Tilgung	Zinsen	Aufwand	Liquiditätsbelastung
1					
2					
3					
4					
Summe					

Abituraufgaben 2013 (Aufgabe 3, teilweise)

2. Das Unternehmen entscheidet sich für die Anschaffung des Lkws B. Dieses Fahrzeug soll über einen Kredit finanziert werden, weshalb sich die Geschäftsführung Angebote bei ihren beiden Hausbanken einholt.

	Angebot der Sparkasse Karlsruhe	Angebot der Volksbank Karlsruhe
Darlehensart	Annuitätendarlehen	Fälligkeitsdarlehen
Zeitpunkt der Zahlungen	jeweils zum Jahresende	jeweils zum Jahresende
Auszahlung	100 % der Kreditsumme	96 % der Kreditsumme
Nominalzinssatz	9 % p. a.	8 % p. a.
Laufzeit	5 Jahre	5 Jahre

2.1 Berechnen Sie den effektiven Jahreszinssatz des Fälligkeitsdarlehens (Rundung auf zwei Nachkommastellen).

2.2 Das Unternehmen entscheidet sich für das Angebot der Sparkasse Karlsruhe. Berechnen Sie die Restschuld am Ende des dritten Jahres nach erfolgter Tilgungsverrechnung. Erstellen Sie hierfür eine Tabelle nach dem folgenden Muster:

Jahr	Darlehensbetrag Jahresanfang	Zinsen	Tilgung	Annuität

Berechnungen sind auf volle Euro zu runden.

2.3 Erläutern Sie zwei Gründe, die – unabhängig vom effektiven Jahreszins – für ein Fälligkeitsdarlehen sprechen könnten.

Abituraufgaben 2016 (Aufgabe 2, teilweise)

2. Die Graf Thermotechnik AG entscheidet sich für die Anschaffung der Montageanlage Typ B. Diese Anlage soll vollständig über einen Kredit finanziert werden, weshalb die Geschäftsleitung ein Angebot von der Badischen Kreditbank AG eingeholt hat:

- Darlehensarten: Annuitäten- oder Festdarlehen
- Auszahlung: 96 % der Kreditsumme
- Nominalzinssatz: 5 % p. a.
- Laufzeit: 5 Jahre
- Zeitpunkt der Zahlungen: jeweils zum Jahresende

Zur Sicherung des Darlehens akzeptiert die Bank Sachsicherheiten in Form von Grundschulden (Beleihungsgrenze 80 %) und Sicherungsübereignungen (Beleihungsgrenze 50 %).

2.1
- Ermitteln Sie, in welcher Höhe das Darlehen bei der Bank beantragt werden muss.
- Prüfen Sie, ob der Badischen Kreditbank AG aus dem Bereich „Grundstücke und Bauten“ sowie „technische Anlagen und Maschinen“ ausreichende Kreditsicherungsmöglichkeiten angeboten werden können. Berücksichtigen Sie hierzu die Informationen in **Anlage 1** und **Anlage 2**. Technische Anlagen und Maschinen im Wert von 3.900.000,00 EUR wurden bereits sicherungsübereignet. Die neue Anlage steht für die Kreditsicherung nicht zur Verfügung.

2.2 Erläutern Sie die Entstehung der Sicherungsübereignung und gehen Sie dabei auf die Besitz- und Eigentumsverhältnisse ein.

2.3
- Ermitteln Sie für beide Darlehensarten die Liquiditäts- und Aufwandsbelastung für die einzelnen Jahre und insgesamt.

  Beachten Sie dazu folgende Hinweise:
  Das Disagio ist gleichmäßig auf die Kreditlaufzeit zu verteilen. Verwenden Sie für Ihre Lösung die **Anlage 3.** Berechnungen sind auf volle Euro zu runden.

- Der Finanzvorstand der Graf Thermotechnik AG entscheidet sich für das Festdarlehen.

Erläutern Sie ein Argument, mit dem der Finanzvorstand seine Entscheidung begründen könnte.

Anlage 1

Vereinfachte Bilanz der Graf Thermotechnik AG zum 31.12.2015 (in Euro)

A	Bilanz		P
Grundstücke und Bauten	3.750.000,00	gezeichnetes Kapital	2.800.000,00
technische Anlagen u. Maschinen	4.620.000,00	Kapitalrücklage	140.000,00
Betriebs- u. Geschäftsausstattung	1.780.000,00	gesetzliche Rücklage	130.000,00
Fuhrpark	350.000,00	Jahresüberschuss	180.000,00
Vorräte	1.640.000,00	Rückstellungen	350.000,00
Forderungen a. LL.	850.000,00	Verbindl. ggü. Kreditinstituten	8.060.000,00
liquide Mittel	140.000,00	Verbindlichkeiten a. LL.	1.470.000,00
	13.130.000,00		13.130.000,00

Anlage 2

Auszug aus dem Grundbuch von Lahr, Band 40, Blatt 3541, dritte Abteilung

Lfd. Nr. der Eintragungen	Laufende Nummer der belasteten Grundstücke im Bestandsverzeichnis	Betrag	Hypotheken, Grundschulden, Rentenschulden
1	2	3	4
1	1	3.000.000,00 EUR	Drei Millionen Euro nach § 800 ZPO sofort vollstreckbare Grundschuld – ohne Brief – mit 15 v. H. Zinsen jährlich und einer einmaligen Nebenleistung von 5 v. H. des Grundschuldbetrags für die Sparkasse Südbaden. Gemäß Bewilligung vom 15. Juli 2014 eingetragen am 15. September 2014. *Reuter*

Anlage 3

Annuitätendarlehen (in Euro)

Jahr	Darlehen am Jahresanfang	Zinsen	Tilgung	Abschreibung Disagio	Liquiditätsbelastung	Gesamtaufwand
1						
2						
3						
4						
5						
Summe						

Festdarlehen (in Euro)

Jahr	Darlehen am Jahresanfang	Zinsen	Tilgung	Abschreibung Disagio	Liquiditäts-belastung	Gesamt-aufwand
1						
2						
3						
4						
5						
Summe						

13 Finanzierung und Investition V: Überblick über Finanzierungsarten

Stofftelegramm

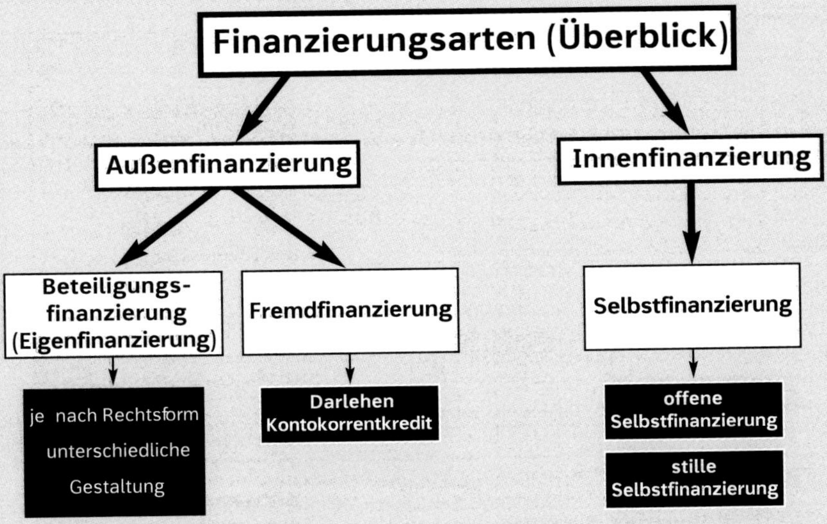

Der Leverage-Effekt

Grundsatz:
weitere Verschuldung (Fremdfinanzierung) für Investitionen sinnvoll, wenn

Fremdkapitalzins (FKZ)
< Gesamtkapitalrentabilität (GKR) der Investition

Folge: Eigenkapitalrentabilität (EKR) steigt!

Abkürzungen:
EKR = Eigenkapitalrentabilität
GKR = Gesamtkapitalrentabilität
FKZ = Fremdkapitalzinsen

$$\text{EKR} = \frac{\text{Reingewinn} \cdot 100}{\text{Eigenkapital}}$$

$$\text{GKR} = \frac{(\text{Reingewinn} + \text{FKZ}) \cdot 100}{\text{Eigen-} + \text{Fremdkapital}}$$

Richtlinien bei Finanzierungsentscheidungen

Stabilität
- Sicherheitsaspekt
- Krisenfestigkeit
- finanzielles Gleichgewicht

Liquidität
- laufende Zahlungsfähigkeit
- Liquiditätsgrade und -kennziffern (vgl. später!)

Rentabilität
- Rentabilitätskennziffern (siehe oben sowie spätere Kapitel)

Aufgaben

1. a) Zeigen Sie in einer übersichtlichen Skizze die Finanzierungsarten.
   b) Definieren Sie in Kurzform jede Finanzierungsart.
2. Beschreiben Sie kurz die allgemeinen Finanzierungsgrundsätze.
3. Was versteht man unter „Leverage-Effekt"?
4.

Reingewinn:	100.000,00 EUR	
Eigenkapital:	5.000.000,00 EUR	
Fremdkapitalzinsen:	500.000,00 EUR	
Fremdkapital:	7.000.000,00 EUR	

   a) Eigenkapitalrentabilität?
   b) Gesamtkapitalrentabilität?

5.

Eigenkapitalrentabilität:	10 %	
Eigenkapital:	200.000,00 EUR	Reingewinn?

6.

Eigenkapitalrentabilität:	10 %	
Reingewinn:	80.000,00 EUR	Eigenkapital?

7.

Gesamtkapitalrentabilität:	10 %	
Eigenkapital:	300.000,00 EUR	
Fremdkapital:	800.000,00 EUR	
Reingewinn:	100.000,00 EUR	Fremdkapitalzinsen?

8.

Gesamtkapitalrentabilität:	10 %	
Reingewinn:	800.000,00 EUR	
Fremdkapital:	900.000,00 EUR	
Fremdkapitalzinsen:	50.000,00 EUR	Eigenkapital?

9.

Gesamtkapitalrentabilität:	5 %	
Eigenkapital:	4.000.000,00 EUR	
Fremdkapital:	4.000.000,00 EUR	
Fremdkapitalzinsen:	300.000,00 EUR	Reingewinn?

10.

Gesamtkapitalrentabilität:	2 %	
Eigenkapital:	800.000,00 EUR	
Reingewinn:	80.000,00 EUR	
Fremdkapitalzinsen:	50.000,00 EUR	Fremdkapital?

11. a) Erklären Sie die Begriffe „Über- und Unterfinanzierung".
    b) Welche Nachteile ergeben sich jeweils?

14 Der Jahresabschluss (HGB)

14.1 Der Jahresabschluss einer großen Kapitalgesellschaft (HGB)

Stofftelegramm

Jahresabschluss der AG

Bilanz
- Gliederung: § 266 HGB
- Gliederung Vermögen nach Flüssigkeit und Schulden nach Fälligkeit

GuV
- Gliederung: § 275 HGB
- Staffelform (Vorteil: Erfolgslage leichter interpretierbar); siehe unten

Anhang (§ 284 ff. HGB)
- Erläuterung einzelner Bilanz-/GuV-Positionen
- Angabe Bilanzierungs- und Bewertungsmethoden + Honorar Abschlussprüfer

Lagebericht (§§ 289, 289a HGB)
- Darstellung Geschäftsverlauf + Lage der AG
- Der Lagebericht soll auch eingehen auf:
  - erwartete Risiken und deren Absicherung
  - bedeutende Vorgänge nach Bilanzstichtag
  - voraussichtliche Entwicklung der Gesellschaft
  - Bereich Forschung und Entwicklung
  - internes Kontroll- und Risikomanagement-system
  - Arbeitsweise von Vorstand und Aufsichtsrat (= **Corporate-Governance-Erklärung** für kapitalmarktorientierte Unternehmen)

GuV

Kontenform (T-Konto):

GuV	
Aufwendungen	Erträge
Saldo: **Jahresüberschuss**	

Staffelform:

Umsatzerlöse
− ....
\+ ....
\+ ....
− ....
......
= **Jahresüberschuss**

Vorteile:
- Erfolgslage leichter interpretierbar
- übersichtlicher
- verständlicher
- leichtere Vergleichbarkeit durch Zwischenergebnisse

Aufgaben

1. Aus welchen Teilen besteht der Jahresabschluss der AG?
2. Wie werden Vermögen und Schulden gegliedert?
3. Welche Aufgaben hat a) der Anhang, b) der Lagebericht bei Kapitalgesellschaften?
4. Welche Vorteile hat die Staffelform der GuV im Vergleich zur Kontenform?

14.2 Bewertung nach Handelsrecht

Stofftelegramm

Bewertungsanlässe

- Bilanzierung (Information über Vermögen und Schulden)
- Gewinnermittlung (handels- und steuerrechtlich)
- Ausscheiden eines Gesellschafters
- Unternehmensverkauf
- Kalkulation
- Vergleich oder Insolvenz

Adressaten (Informationskreis) des Jahresabschlusses

- Eigentümer
- Geschäftsführer
- Gläubiger
- Finanzbehörden
- Öffentlichkeit (AG!)

Die Schutzfunktion der Bewertungsvorschriften

- **Teilhaberschutz:** Interesse an stabilen Gewinnausschüttungen (insbesondere Kleinaktionäre), somit Schutz vor Unterbewertung des Vermögens (= Gewinnverringerung) notwendig
- **Gläubigerschutz:** Interesse, dass Tilgungen problemlos möglich sind, notwendig daher: Schutz vor zu hohen Gewinnausschüttungen, Vorsichtsprinzip!
- **Steuergerechtigkeit**

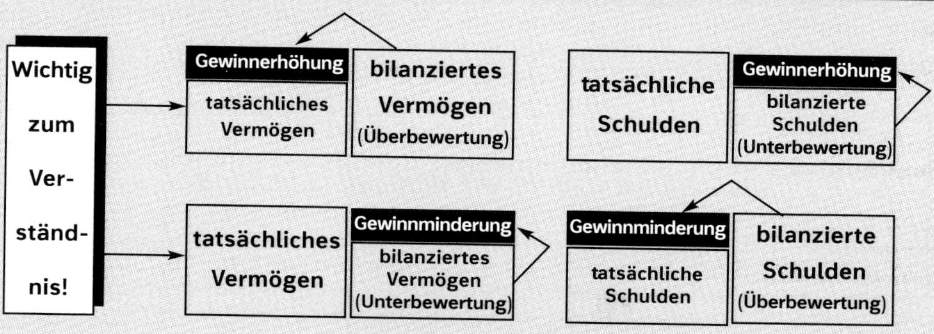

Bewertungsgrundsätze: Kurzdefinitionen

Vorsichtsprinzip
- Bewertung Vermögen: eher niedrigeren Wert ansetzen!
- Bewertung Schulden: eher höheren Wert ansetzen!

Anschaffungswertprinzip
- Anschaffungskosten dürfen **nie** überschritten werden!

Imparitätsprinzip
- Nicht realisierte **Gewinne** dürfen nicht ausgewiesen werden! (Realisationsprinzip!)
- Ausweis aller am Bilanzstichtag drohenden (noch nicht realisierten) **Verluste**!

↓ ↓

Ungleichbehandlung von Gewinnen und Verlusten („Imparität")

Niederstwert- und Höchstwertprinzip: siehe unten!

Bewertung des Vermögens

Niederstwertprinzip (NWP)

strenges NWP	**gemildertes NWP**
Niedrigerer Wert **muss** (streng!) angesetzt werden **(Pflicht).**	Niedrigerer Wert **darf** (gemildert) angesetzt werden **(Wahlrecht).**
Anlagevermögen: • bei voraussichtlich dauernder Wertminderung • bei vorübergehender Wertminderung bei **Sachanlagen**	**Anlagevermögen (nur Finanzanlagen):** bei vorübergehender Wertminderung
Umlaufvermögen: stets strenges NWP!	

Hinweis: Forderungen in Auslandswährung siehe nächste Seite.

Bewertung der Schulden — Höchstwertprinzip (HWP)

Von zwei möglichen Werten **muss der höhere** angesetzt werden! (ggf. höheren Erfüllungsbetrag ansetzen!)

Disagio (Damnum): Handelsrecht: Aktivierungswahlrecht (sofortige Aufwandsbuchung **oder** Aktivierung) als aktiver RA-Posten (fiktives Aktivum)/Abschreibung über Laufzeit

Hinweis: Verbindlichkeiten in Auslandswährung siehe nächste Seite.

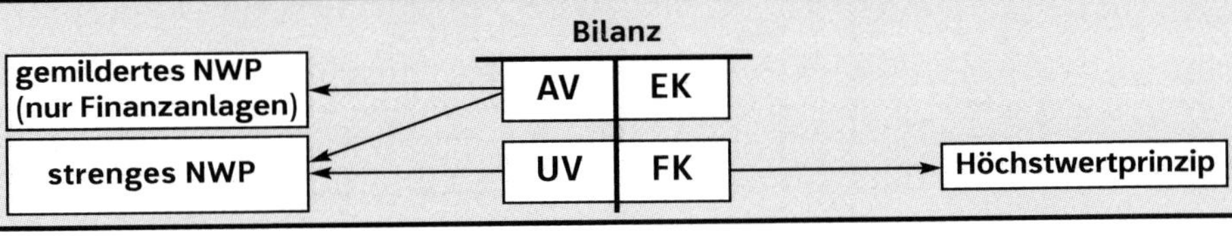

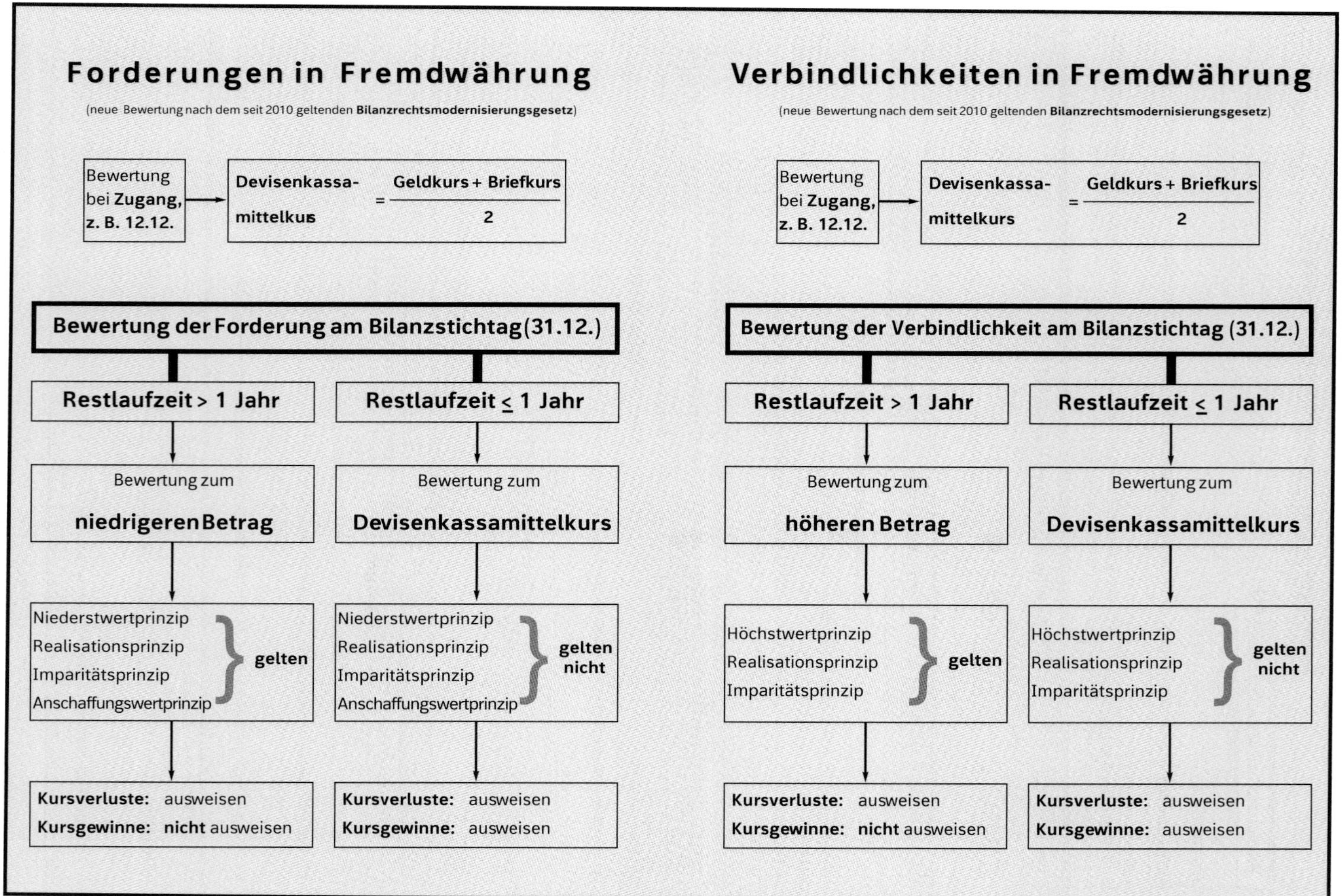
Forderungen in Fremdwährung
(neue Bewertung nach dem seit 2010 geltenden Bilanzrechtsmodernisierungsgesetz)
Bewertung bei Zugang, z. B. 12.12.
Devisenkassa-mittelkus = Geldkurs + Briefkurs / 2
Bewertung der Forderung am Bilanzstichtag (31.12.)
Restlaufzeit > 1 Jahr
Bewertung zum niedrigeren Betrag
Niederstwertprinzip
Realisationsprinzip
Imparitätsprinzip
Anschaffungswertprinzip
gelten
Kursverluste: ausweisen
Kursgewinne: nicht ausweisen
Restlaufzeit ≤ 1 Jahr
Bewertung zum Devisenkassamittelkurs
Niederstwertprinzip
Realisationsprinzip
Imparitätsprinzip
Anschaffungswertprinzip
gelten nicht
Kursverluste: ausweisen
Kursgewinne: ausweisen
Verbindlichkeiten in Fremdwährung
(neue Bewertung nach dem seit 2010 geltenden Bilanzrechtsmodernisierungsgesetz)
Bewertung bei Zugang, z. B. 12.12.
Devisenkassa-mittelkurs = Geldkurs + Briefkurs / 2
Bewertung der Verbindlichkeit am Bilanzstichtag (31.12.)
Restlaufzeit > 1 Jahr
Bewertung zum höheren Betrag
Höchstwertprinzip
Realisationsprinzip
Imparitätsprinzip
gelten
Kursverluste: ausweisen
Kursgewinne: nicht ausweisen
Restlaufzeit ≤ 1 Jahr
Bewertung zum Devisenkassamittelkurs
Höchstwertprinzip
Realisationsprinzip
Imparitätsprinzip
gelten nicht
Kursverluste: ausweisen
Kursgewinne: ausweisen

Hinweis: Stoff Eingangsklasse (Vorstruktur)

Abschreibungen

Zweck:
- Erfassung von Wertminderungen
- Verteilung der AHK auf Nutzungsdauer

Ursachen: Abnutzung, techn. Fortschritt, Schadensfälle, wirtschaftl. Entwertung ...

Planmäßige Abschreibungen: nur auf **abnutzbares** Anlagevermögen!

Außerplanmäßige Abschreibungen: bei abnutzbarem + nicht abnutzbarem Anlagevermögen. Gründe für außerplanmäßige Abschreibungen beim Anlagevermögen: außergewöhnliche technische oder wirtschaftliche Abnutzung (erhöhter Verschleiß wegen Überbeanspruchung, Schadensfälle, technischer Fortschritt, Modewechsel ...).

Abschreibungsbeginn bei beweglichen Anlagegütern:

Jan. | Feb. | März | April | Mai | Juni | Juli | Aug. | Sept. | Okt. | Nov. | Dez.

Abschreibung ab Monat des Erwerbs bzw. Fertigstellung (monatsgenaue Abschreibung)

Beispiel

Die Anschaffungskosten einer am **a) 10. Dezember, b) 10. Juni** gekauften Maschine betragen 400.000,00 EUR (Nutzungsdauer: 5 Jahre, lineare Abschreibung).

Ermitteln Sie den Bilanzwert zum 31. Dezember.

Lösung

a

Anschaffungskosten	400.000,00 EUR
./. **Abschreibung:** 20 % · $\frac{1}{12}$ = 1,66.. % von 400.000,00 EUR =	**6.667,00 EUR**
= Bilanzwert 31.12.	**393.333,00 EUR**

b

Anschaffungskosten	400.000,00 EUR
./. **Abschreibung:** 20 % · $\frac{7}{12}$ = 11,66.. % von 400.000,00 EUR =	**46.667,00 EUR**
= Bilanzwert 31.12.	**353.333,00 EUR**

Abschreibungsbeginn bei unbewegl. abnutzbaren Anlagegütern (v. a. Betriebsgebäude):

Abschreibung ab Monat der Bezugsfertigkeit, bei Gebäuden Aufteilung der Anschaffungskosten auf Grundstück und Gebäude! (Nur Gebäude ist abschreibungsfähig!)

Abschreibungsverfahren: *(**Hinweis: degressive Abschreibung** möglich, wenn dadurch der Werteverzehr sachgerecht dargestellt wird. Aus steuerlichen Gründen ist degressiv nicht erlaubt.)*

1. lineare Abschreibung (gleichbleibende Abschreibungsbeträge)
2. degressive Abschreibung (fallende Abschreibungsbeträge):

   Vorteile der degressiven Methode:
   - hoher Wertverlust im 1. Jahr besser berücksichtigt
   - jederzeitiger Wechsel zu linear möglich

   Höhe der degressiven Abschreibung (steuerrechtlich bis 2010):
   - max. das 2,5-Fache der linearen Abschreibung
   - Obergrenze 25 % (gilt im Augenblick nicht)

Zuschreibung Fällt der Grund für eine a. p. Abschreibung weg, so muss nach HGB eine Zuschreibung bis max. zu den AHK erfolgen (Wertaufholungsgebot).

Beispiel: Kauf einer Maschine im Januar 00 für 100.000,00 EUR (ND zehn Jahre, lineare Abschr.). Wegen einer technischen Neuerung wird die Maschine zum 31.12.03 außerplanmäßig um 24.000,00 EUR abgeschrieben. Zum 31.12.06 wird erkannt, dass die technische Neuerung sich nicht durchsetzen kann, d. h., der Grund für die außerplanmäßige Abschreibung besteht nicht mehr.

Aufgabe: Ermitteln Sie den Zuschreibungsbetrag am 31.12.06, buchen Sie diesen und ermitteln Sie den Wert der Maschine am 31.12.06.

Abschreibungsplan mit a. p. Abschr.		
AK	Jan. 00	100.000,00 EUR
– Abschr.		10.000,00 EUR
BW	Dez. 00	90.000,00 EUR
– Abschr.		10.000,00 EUR
BW	Dez. 01	80.000,00 EUR
– Abschr.		10.000,00 EUR
BW	Dez. 02	70.000,00 EUR
– Abschr.		10.000,00 EUR
BW	Dez. 03	60.000,00 EUR
– a. p. Abschr.		24.000,00 EUR
BW	Dez. 03	36.000,00 EUR → RLZ: 6 Jahre
– Abschr.		6.000,00 EUR
BW	Dez. 04	30.000,00 EUR
– Abschr.		6.000,00 EUR
BW	Dez. 05	24.000,00 EUR
– Abschr.		6.000,00 EUR
BW	Dez. 06	18.000,00 EUR

Abschreibungsplan ohne a. p. Abschr.		
AK	Jan. 00	100.000,00 EUR
– Abschr.		10.000,00 EUR
BW	Dez. 00	90.000,00 EUR
– Abschr.		10.000,00 EUR
BW	Dez. 01	80.000,00 EUR
– Abschr.		10.000,00 EUR
BW	Dez. 02	70.000,00 EUR
– Abschr.		10.000,00 EUR
BW	Dez. 03	60.000,00 EUR
– Abschr.		10.000,00 EUR
BW	Dez. 04	50.000,00 EUR
– Abschr.		10.000,00 EUR
BW	Dez. 05	40.000,00 EUR
– Abschr.		10.000,00 EUR
BW	Dez. 06	30.000,00 EUR

Zuschreibung 12.000,00 EUR
Bilanzansatz: max. 30.000,00 EUR (AWP)

Buchung der Zuschreibung:

Maschine	**an**	**Erträge aus Zuschreibungen**	**12.000,00 EUR**

Hinweis: *Liegt der Verkehrswert der Maschine unter dem Bilanzansatz (z. B. 25.000,00 EUR), dann darf nur auf den niedrigeren Wert zugeschrieben werden.*
Zuschreibung: 7.000,00 EUR

Liegt der Verkehrswert der Maschine über dem Bilanzansatz (z. B. 35.000,00 EUR), dann darf nur auf den Buchwert zugeschrieben werden.
Zuschreibung: 12.000,00 EUR

Geringwertige Wirtschaftsgüter

Voraussetzungen:
- bewegliches, abnutzbares Anlagegut
- selbstständig bewertbar und nutzbar

bis 250,00 EUR Anschaffungskosten	• Sofortaufwand bei Kauf (Verbrauchsfiktion)
250,01 EUR – 800,00 EUR AK	• Sofortabschreibung im Anschaffungsjahr
oder	
250,01 EUR – 1.000,00 EUR AK	• Aktivierung bei Kauf auf Sammelkonto GWG, pauschale, lineare Abschreibung in fünf Jahren
Alternativ für alle AK	• Aktivierung + planmäßige Abschreibung

Die Anschaffungskosten nach § 255 Abs. 1 HGB

Kaufpreis (ohne USt.)	
+ Anschaffungsnebenkosten	**Einmalige** Ausgaben im Zusammenhang mit der Anschaffung, z. B.: • Montagekosten • Transportkosten • Verpackungskosten • Notariatskosten • Zölle • Grunderwerbsteuer (nicht: Grundsteuer!)
– Anschaffungskostenminderungen	Skonti, Rabatte, Boni
= **Anschaffungskosten**	= **Aktivierungsbetrag** (Betrag auf Aktivkonto)

Herstellungskosten in der Handelsbilanz (nach § 255 Abs. 1, 2 HGB

§ 253 Abs. 1 HGB: „Vermögensgegenstände sind höchstens mit den Anschaffungs- oder Herstellungskosten ... anzusetzen."

Die Herstellungskosten spielen eine Rolle bei:
- selbsterstellten Anlagen
- **unfertigen und fertigen Erzeugnissen**

Abkürzungen:

MEK = Materialeinzelkosten

MGK = Materialgemeinkosten

FEK = Fertigungseinzelkosten

FGK = Fertigungsgemeinkosten

SEKF = Sondereinzelkosten der Fertigung

VwGK = Verwaltungsgemeinkosten

nh = **nicht** herstellungsbezogen (allgemeine Verwaltungsgemeinkosten)

h = herstellungsbezogen

Handelsbilanz (BilMoG)

Obergrenze	Untergrenze	
MEK	MEK	**Kosten (Pflichtansatz)**, die durch die Herstellung verursacht sind
MGK	MGK	
FEK	FEK	
FGK	FGK	
SEKF	SEKF	
Abschr.	Abschr.	
VwGK h	VwGK h	
VwGK nh		**Wahlrecht, d. h.** entweder Aufwand oder Anlagevermögen bzw. FE/UFE
Aufw. f. soz. Einr.		
freiw. soz. Leist.		
betr. Alt.		
Z FK		
		Verbot: Forschungs-, Vertriebskosten, Zinsen für Fremdkapital (Ausnahme siehe oben)

Abschr. = Abschreibungen verursacht durch die Herstellung

Aufw. f. soz. Einr. = Aufwendungen für soziale Einrichtungen

freiw. soz. Leist. = freiwillige soziale Leistungen

betr. Alt. = betriebliche Altersvorsorge

ZFK = Zinsen Fremdkapital, welche für die Finanzierung der Herstellung anfallen

Hinweis: *Bei der Ermittlung der Herstellungskosten ergeben sich eine Ober- und Untergrenze. Beim Wertansatz in der Bilanz ist die Ober- bzw. Untergrenze mit dem Marktpreis zu vergleichen.*

Besonderheiten bei der Bewertung von selbsterstellten Anlagen und Fertigerzeugnissen:

Zu den **MGK und FGK** zählen auch folgende Aufwendungen:
- Lagerhaltung, Transport und Prüfung des Fertigungsmaterials
- Vorbereitung und Kontrolle der Fertigung
- Raumkosten, Betriebsleitung, Sachversicherungen etc.

Zu den Kosten der allgemeinen (nicht herstellungsbezogenen) **VwGK** gehören:
- Aufwendungen für Geschäftsleitung
- Aufwendungen für Einkauf und Wareneingang
- Aufwendungen für Personalbüro und Ausbildungswesen
- Aufwendungen für Buchführung, Betriebsabrechnung und Kalkulation

Aufwendungen für **soziale Einrichtungen** sind:
- Aufwendungen für die Kantine und Essenszuschüsse
- Freizeitgestaltungsmöglichkeiten für Arbeitnehmer (z. B. Tennisplätze)

Beispiel: Herstellungskosten Anlagevermögen

Die BPS GmbH hat auf ihrem Grundstück eine Lagerhalle mit eigenen Mitarbeitern erstellt. Folgende Kosten sind dabei angefallen:

Material:	250.000,00 EUR	Materialgemeinkosten	25 %
Löhne:	105.000,00 EUR	Fertigungsgemeinkosten inkl. Abschreibungen	87 %

Transport des Materials: 6.000,00 EUR
Verwaltungsgemeinkosten: 10.000,00 EUR, darin enthalten sind Kosten für Einkauf und Wareneingang 2.000,00 EUR und Aufwendungen für die Buchführung von 800,00 EUR.
Für die Finanzierung der Halle hat die BPS GmbH ein Darlehen von 250.000,00 EUR aufgenommen und Zinsen in Höhe von 12.500,00 EUR gezahlt.

1. Ermitteln Sie die Herstellungskosten nach § 255 HGB, wenn die BPS GmbH das Vermögen möglichst hoch ausweisen möchte.
2. Die Halle wurde im September des Jahres fertiggestellt. Ermitteln Sie den Wertansatz am Ende des Jahres, wenn die BPS GmbH einen minimalen Gewinn ausweisen möchte (Nutzungsdauer der Halle: 50 Jahre).
3. Stellen Sie die Wertuntergrenze und -obergrenze nach § 255 HGB tabellarisch dar.

Lösung: Herstellungskosten Anlagevermögen

1. Vermögen hoch ausweisen → hoher Betrag in der Bilanz (Aktivierung) →

   Ansatz: Obergrenze der Herstellungskosten hier: 537.350,00 EUR

   Ermittlung siehe 3.

2. minimaler Gewinn → hohe Aufwendungen (hohe Bestandsveränderungen) →

   Ansatz: Untergrenze der Herstellungskosten hier: 522.050,00 EUR – zeitanteilige Abschreibung

   Ermittlung siehe 3.

   zeitanteilige Abschreibung: ND 50 J. → linear 2,0 %/Jahr → 10.441,00 EUR/Jahr

   4 Monate Nutzung → 12 · 10.441,00 EUR = 3.480,33 EUR

Herstellungskosten (Untergrenze)	522.050,00 EUR
– zeitanteilige Abschreibung	3.480,33 EUR
Wertansatz 31.12. (1. Jahr)	**518.569,67 EUR**

3. **Herstellungskosten nach § 255 HGB**				
MEK	250.000,00 EUR	MEK	250.000,00 EUR	
MGK	62.500,00 EUR	MGK	62.500,00 EUR	
FEK	105.000,00 EUR	FEK	105.000,00 EUR	
FGK	91.350,00 EUR	FGK	91.350,00 EUR	**Aktivierungspflicht**
Transport	6.000,00 EUR	Transport	6.000,00 EUR	
Abschr.	in FGK	Abschr.	in FGK	
VwGK h	7.200,00 EUR	VwGK h	7.200,00 EUR	
VwGK nh	2.800,00 EUR			
Aufw. f. soz. Einr.	–			
freiw. soz. Leist.	–			**Aktivierungswahlrecht**
betr. Alt.	–			
Z FK	12.500,00 EUR			
Obergrenze	**537.350,00 EUR**	**Untergrenze**	**522.050,00 EUR**	

Beispiel: Herstellungskosten Fertigerzeugnisse

Die BPS GmbH stellt Gummimatten für den Fitnessbereich her. Der Lagerbestand vom 31.12. des Jahres ist zu bewerten. Im abgelaufenen Jahr wurden 20.000 Matten hergestellt. Folgende Kosten sind entstanden:

Material: 30.000,00 EUR	Materialgemeinkosten:	9.000,00 EUR
Fertigungslöhne: 85.000,00 EUR	Fertigungsgemeinkosten:	102.000,00 EUR
SEKF: 3.000,00 EUR	Abschreibungen:	2.700,00 EUR
VwGK: 13.200,00 EUR, davon allg. VwGK 7.400,00 EUR	VtGK:	15.000,00 EUR

Freiwillige soziale Leistungen: 1.500,00 EUR

Aufwendungen für Betriebskindergarten: 3.200,00 EUR

Betr. Altersvorsorge: 800,00 EUR

1. Stellen Sie die Wertuntergrenze und -obergrenze nach § 255 HGB tabellarisch dar.
2. Ermitteln Sie die Herstellungskosten nach § 255 HGB, wenn die BPS GmbH das Vermögen möglichst hoch ausweisen möchte.
3. Ermitteln Sie den Wertansatz am Ende des Jahres, wenn die BPS GmbH einen minimalen Gewinn ausweisen möchte.

Lösung: Herstellungskosten Fertigerzeugnisse

1. Herstellungskosten nach § 255 HGB

MEK	30.000,00 EUR	MEK	30.000,00 EUR	Aktivierungspflicht
MGK	9.000,00 EUR	MGK	9.000,00 EUR	Aktivierungspflicht
FEK	85.000,00 EUR	FEK	85.000,00 EUR	Aktivierungspflicht
FGK	102.000,00 EUR	FGK	102.000,00 EUR	Aktivierungspflicht
SEKF	3.000,00 EUR	SEKF	3.000,00 EUR	Aktivierungspflicht
Abschr.	2.700,00 EUR	Abschr.	2.700,00 EUR	Aktivierungspflicht
VwGK h	5.800,00 EUR	VwGK h	5.800,00 EUR	Aktivierungspflicht
VwGK nh	7.400,00 EUR			Aktivierungswahlrecht
Aufw. f. soz. Einr.	3.200,00 EUR			Aktivierungswahlrecht
freiw. soz. Leist.	1.500,00 EUR			Aktivierungswahlrecht
betr. Alt.	800,00 EUR			Aktivierungswahlrecht
Z FK	–			Aktivierungswahlrecht
Obergrenze	**250.400,00 EUR**	**Untergrenze**	**237.500,00 EUR**	**Aktivierungsverbot: Vertriebskosten**
1 Matte:	**12,52 EUR**		**11,88 EUR**	

2. Vermögen hoch ausweisen → hoher Betrag in der Bilanz (Aktivierung) →
   Ansatz: Obergrenze der Herstellungskosten hier: 250.400,00 EUR
   Ermittlung siehe 1.

3. minimaler Gewinn → hohe Aufwendungen (hohe Bestandsveränderungen) →
   Ansatz: Untergrenze der Herstellungskosten hier: 237.500,00 EUR
   Ermittlung siehe 1.

Aufgaben

Bewertungsanlässe – Adressaten – Bewertungsgrundsätze

1. Nennen Sie fünf typische Bewertungsanlässe.
2. Nennen Sie die wesentlichen Adressaten des Jahresabschlusses.
3. Erklären Sie die Begriffe „Teilhaber- und Gläubigerschutz“.

4. Wie wirken folgende Vorgänge auf den Gewinn?

   a) Unterbewertung des Vermögens
   b) Überbewertung des Vermögens
   c) Unterbewertung der Schulden
   d) Überbewertung der Schulden

5. a) Erklären Sie kurz das Vorsichtsprinzip.
   b) Welche Unterprinzipien umfasst das Vorsichtsprinzip? Erklären Sie diese kurz.

6. Welche Bewertungsprinzipien gelten für folgende Bilanzpositionen?

   a) Anlagevermögen b) Umlaufvermögen c) Schulden

7. a) Erklären Sie den Begriff „stille Rücklagen". Wie entstehen sie allgemein?
   b) In welchen Bilanzpositionen sind hohe stille Rücklagen enthalten (Begründung)?
   c) Nehmen Sie kritisch Stellung zur Bildung stiller Rücklagen.

Abschreibungen

8. a) Begründen Sie die Notwendigkeit von Abschreibungen.
   b) Wie wirken sich Abschreibungen erfolgsmäßig aus?
   c) Worin unterscheiden sich lineare und degressive Abschreibungen?
   d) Welche Abschreibungsmethode kommt der Realität am nächsten (Begründung)?
   e) Vergleichen Sie die degressive und lineare Abschreibungsmethode hinsichtlich ihrer erfolgsmäßigen Auswirkungen in den

      - ersten,
      - späteren

      Nutzungsjahren.

9. Welche Abschreibungsmethode würden Sie bevorzugen, wenn Ihre Bilanz und GuV in den nächsten Jahren aufgrund geplanter Kapitalaufnahmen eine hohe Kreditwürdigkeit ausstrahlen soll (Begründung)?

10. Wir kauften im Jahr 01 ein unbebautes Grundstück zum Kaufpreis von 300.000,00 EUR (Maklergebühren: 10.000,00 EUR, Vermessungsgebühren: 1.000,00 EUR).

    a) Anschaffungskosten?
    b) Mit welchem Wert ist das Grundstück am 31. Dezember des Jahres 04 zu bilanzieren, wenn sein Wert wegen Wegfalls der Verkehrsverbindung auf 40.000,00 EUR gesunken ist (Begründung)?
    c) Wie hoch wäre der Bilanzansatz, wenn der Grundstückswert am 31. Dezember des Jahres 04 auf 400.000,00 EUR gestiegen wäre (Begründung)?

Geringwertige Wirtschaftsgüter

11. Nennen Sie die Voraussetzungen für die Anerkennung als geringwertiges Wirtschaftsgut.

12. Erklären Sie die buchhalterische Behandlung der geringwertigen Wirtschaftsgüter.

Anschaffungskosten bei Anlagegütern

13. Was versteht man unter **Aktivierung?**

14. Wie wird der **aktivierungspflichtige** Betrag beim Kauf von Anlagen ermittelt?

15. Erklären Sie den Begriff „Anschaffungsnebenkosten“. Nennen Sie fünf Beispiele.

16. Nennen Sie drei Beispiele für **Anschaffungskostenminderungen.**

17. Welche der folgenden Kosten sind **nicht** Bestandteil der **Anschaffungskosten** (Begründungen)?

    a) Kfz-Versicherung
    b) Kfz-Steuer
    c) Transportversicherung
    d) Finanzierungskosten im Zusammenhang mit der Anschaffung
    e) Fundamentierungskosten
    f) Erschließungskosten
    g) Baugenehmigungsgebühr
    h) Grundsteuer
    i) Grunderwerbsteuer
    j) Umsatzsteuer

18. Erklären Sie die Begriffe „werterhaltende und werterhöhende Aufwendungen“ hinsichtlich ihrer Aktivierungspflicht.

Herstellungskosten

19. Welche Vermögensgegenstände sind mit Herstellungskosten zu bewerten?

20. Aus der Kostenrechnung liegen für Fertigerzeugnisse folgende Zahlen vor:

    - Materialeinzelkosten: 20.000,00 EUR
    - MGK-Zuschlag: 50 %
    - Fertigungseinzelkosten: 10.000,00 EUR
    - FGK-Zuschlag: 80 %
    - Sondereinzelkosten der Fertigung: 2.000,00 EUR
    - VwGK (nicht herstellungsbezogen): 1.000,00 EUR
    - Vertriebsgemeinkosten: 500,00 EUR

    Ermitteln Sie die handelsrechtliche Ober- und Untergrenze für den Wertansatz zum 31.12.

Umlaufvermögen

21. In einer Schuhfabrik waren am 31. Dezember noch 60 Paar Spezialschuhe im Lager, deren Herstellungskosten 62,00 EUR betrugen. Aufgrund von Preissteigerungen bei Leder beträgt ihr Wert am Bilanzstichtag 65,00 EUR.

    Ermitteln Sie für den gesamten Posten den Bilanzansatz (Begründung).

22. Begründen Sie, mit welchem Betrag der Bestand einer Handelsware per 31. Dezember unter folgenden Bedingungen zu bilanzieren ist:

    a) Bezugspreis: 25,00 EUR, Marktpreis 31. Dezember: 27,00 EUR
    b) Bezugspreis: 25,00 EUR, Marktpreis 31. Dezember: 24,00 EUR

23. a) Im August kauften wir aus Spekulationsgründen Aktien zum Kurs von 450,00 EUR. Wie sind die Aktien am 31. Dezember zu bewerten, wenn der Kurs auf 400,00 EUR gesunken ist (Begründung)?
    b) Wie wäre a) zu beantworten, wenn eine langfristige Beteiligung an der AG vorläge?

Verbindlichkeiten

24. Die Warenverbindlichkeiten gegenüber unserem Lieferanten aus der Schweiz belaufen sich laut Rechnung vom 15. Dezember auf 200.000,00 CHF; Zahlungsziel: 4 Wochen.

    CHF-Kurs (Devisenkassamittelkurs) 15. Dezember: 1,45
    CHF-Kurs (Devisenkassamittelkurs) 31. Dezember: 1,50

    Ermitteln Sie den Wertansatz zum 31. Dezember in Euro (Begründung).

25. Am 31. Dezember ist eine Schuld (Rückzahlung nach fünf Jahren) von 120.000,00 USD zu bilanzieren. Der Dollarkurs betrug am Tag der Kreditaufnahme (1. Juli) 1,25 und am 31. Dezember 1,35. Bilanzansatz in Euro?

26. Die Warenverbindlichkeiten beliefen sich bei Bilanzerstellung einschließlich 19 % Umsatzsteuer auf 416.500,00 EUR. Der Liquiditätsstand ist äußerst günstig, sodass alle ausstehenden Schulden mit einem Abzug von 3 % Skonto im neuen Jahr beglichen werden können. Als Bilanzansatz sind für die Verbindlichkeiten 404.005,00 EUR vorgesehen. Die Revisionsabteilung beanstandet diesen Wertansatz und spricht von einem Verstoß gegen das Imparitätsprinzip.

    Erklären Sie dieses Prinzip am Beispiel der Verbindlichkeiten. Welcher Bilanzansatz ist in diesem Fall gültig?

14.3 Acht abiturrelevante Bewertungsfälle

Stofftelegramm

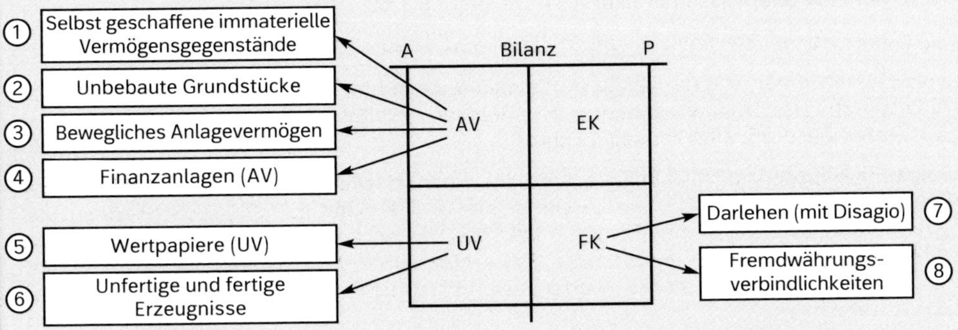

① Selbst geschaffene immaterielle Vermögensgegenstände (§ 248 HGB)

Beispiele:

- selbst geschaffene gewerbliche Nutzungsrechte (z. B. Patente, Urheberrechte, Lizenzen)
- selbst entwickelte Rezepturen, Produktionsverfahren, Software

Zugangsbewertung:

- Aktivierungswahlrecht für die **Herstellkosten** der Entwicklungsphase § 255 HGB, das sind Kosten für den Entwurf, die Konstruktion und den Test von Modellen, Pilotanlagen, neuen Materialien, neuen Produkten (Anwendung neuer Wege/Verfahren) usw.
- **keine Forschungskosten** (Suche nach neuen Wegen) **§ 255 HGB!!!!**
- **Zeitpunkt der Aktivierung:** z. B. ab Erteilung des Patentes

Folgebewertung § 253 HGB: Herstellkosten
– planmäßige Abschreibung (HK/Nutzungsdauer)
– evtl. außerplanmäßige Abschreibung
Bilanzansatz

Beispiel: Entwicklung einer Software für das Unternehmen

Forschungs- und Entwicklungskosten: 250.000,00 EUR, ND 4 Jahre

↓	↓
20 %	80 %
Aktivierungs-verbot	↓
	200.000,00 EUR HK → **Aktivierungswahlrecht**

Bei Aktivierung:

Zugangsbewertung

neue Software	
200.000,00 EUR	

Buchung: neue Software an andere aktivierte Eigenleistung 200.000,00 EUR (Ertragskonto)

Folgebewertung

neue Software	
AB 200.000,00 EUR	Abschr. 50.000,00 EUR
	EB 150.000,00 EUR

$\frac{\text{HK } 200.000,00 \text{ EUR}}{\text{ND } 4 \text{ Jahre}}$

Buchung: Abschreibung an neue Software 50.000,00 EUR

② Unbebaute Grundstücke

Zugangsbewertung: mit Anschaffungskosten

Anschaffungspreis
+ Anschaffungsnebenkosten (ANK)
– Anschaffungspreisminderungen (APM)
Anschaffungskosten (AK)

ANK: Maklerprovisionen, Grundbuchgebühren, Notarkosten und die Grunderwerbsteuer
APM: Skonto, Rabatt

Folgebewertung: nicht abnutzbares Anlagevermögen → keine planmäßige Abschreibung

aber: außerplanmäßige Abschreibung möglich!!

Beispiel: Kauf eines unbebauten Grundstücks, AK 150.000,00 EUR

Zugangsbewertung:

unbebautes Grundstück	
150.000,00 EUR	

Folgebewertung: Ein Gutachter hat festgestellt, dass der Boden des Grundstückes teilweise verseucht ist.
Wertminderung 100.000,00 EUR = außerplanmäßige Abschreibung (a. pl. Abschr.)

unbebautes Grundstück

AB 150.000,00 EUR	a. pl. Abschr. 100.000,00 EUR
	EB 50.000,00 EUR

Zwei Jahre nach dem Gutachten ist der verseuchte Boden entfernt worden, d. h., der Grund für die a. pl. Abschr. ist weggefallen. → **Zuschreibung bis max. zu den Anschaffungskosten**

unbebautes Grundstück

AB 50.000,00 EUR	
Zuschr. 100.000,00 EUR	EB 150.000,00 EUR

③ Bewegliches Anlagevermögen

Beispiele: technische Anlagen, Maschinen, Betriebs- und Geschäftsausstattung, Fuhrpark usw. (§ 266 HGB)

Zugangsbewertung:
- Ansatz zu Anschaffungskosten (bei Kauf des AV) (siehe AK unbebaute Grundstücke)
- Ansatz zu Herstellungskosten (selbst erstellte Anlagen ...) (siehe Kapitel 14.2)

Folgebewertung: fortgeführte Anschaffungs- bzw. Herstellungskosten
- planmäßige Abschreibung
- außerplanmäßige Abschreibung (wie unbebaute Grundstücke)
- Zuschreibung bis max. AK (siehe Kapitel 14.2)

④ Finanzanlagen (AV)

Beispiele: Anteile an verbundenen Unternehmen, Beteiligungen, Wertpapiere des Anlagevermögens (§ 266 HGB)

Zugangsbewertung: Ansatz zu Anschaffungskosten (AK)

Folgebewertung: nicht abnutzbares Anlagevermögen → keine planmäßige Abschreibung

aber: außerplanmäßige Abschreibungen möglich

bei dauerhafter Wertminderung	**bei nicht dauernder Wertminderung**
↓	↓
Abschreibungspflicht (strenges Niederstwertprinzip)	Abschreibungswahlrecht (gemildertes Niederstwertprinzip)

⑤ **Wertpapiere des Umlaufvermögens (UV)**

Beispiele: Aktien, Anteile an anderen Unternehmen (kurzfristig, i. d. R. aus Spekulationsgründen)

Zugangsbewertung: Ansatz zu Anschaffungskosten (§ 253 Abs. 3 HGB)
AK = Kurswert des Wertpapiers (Kaufpreis) + Maklergebühr (Courtage) + Versicherungsgebühr (meistens eine Bankprovision)

Folgebewertung: Wertpapiere sind auf den niedrigeren Wert abzuschreiben, wenn am Bilanzstichtag der Wert unter den Anschaffungskosten liegt. → **strenges Niederstwertprinzip** (str. NWP)

Zuschreibung: ist der Kurs am Bilanzstichtag höher als der Buchwert → Pflicht zur Zuschreibung bis max. zu AK

Beispiel: Kauf von Wertpapieren des UV am 15.05.2019, AK: 32,00 EUR/Aktie, 2.000 Stück

Zugangsbewertung: 15.05.2019: 2.000 St. · 32,00 EUR = 64.000,00 EUR

Wertpapiere (UV)

15.05.2019	64.000,00 EUR		

Folgebewertung: 31.12.2019: Kurs der Aktie: 25,00 EUR → str. NWP
Ansatz: 2.000 St. · 25,00 EUR = 50.000,00 EUR

Wertpapiere (UV)

15.05.2019	64.000,00 EUR	Abschr.	14.000,00 EUR
		31.12.2019	50.000,00 EUR

Zuschreibung: 31.12.2020: Kurs der Aktie: 35,00 EUR → max. AK
Ansatz: 2.000 St. · 32,00 EUR = 64.000,00 EUR

Wertpapiere (UV)

31.12.2019	50.000,00 EUR		
Zuschr.	14.000,00 EUR	31.12.2020	64.000,00 EUR

⑥ **Unfertige und fertige Erzeugnisse (UFE und FE)**

Beispiele: Lagerbestände am Bilanzstichtag von fertigen und unfertigen Erzeugnissen

Bewertung:

- Ermittlung der Herstellungskosten (HK) nach § 255 Abs. 2 HGB (siehe Kapitel 14.2)
- Vergleich der HK mit dem Markt- bzw. Börsenkurs
- Bilanzansatz nach dem strengen Niederstwertprinzip bzw. Anschaffungswertprinzip

Beispiel 1: Lagerbestand an fertigen Erzeugnissen am 31.12.2019: 256 Stück, HK 23,20 EUR

Bewertung: 31.12.2019: Herstellungskosten 256 St. · 23,20 EUR = 8.243,20 EUR

Marktpreis: 19,99 EUR — 256 St. · 19,99 EUR = 5.117,44 EUR Bilanzansatz (str. NWP)

Beispiel 2: Lagerbestand an fertigen Erzeugnissen am 31.12.2020: 132 Stück, HK 23,20 EUR wie Beispiel 1

Bewertung: 31.12.2020: Bilanzansatz von 2019 mit Marktpreis 19,99 EUR

Marktpreis: 25,49 EUR max. HK (AWP)

Bilanzansatz 2020 132 St. · 23,20 EUR = 3.062,40 EUR

⑦ **Darlehen mit Disagio**

Beispiel: Der Ausgabebetrag eines Kredites ist niedriger als der Rückzahlungsbetrag. Der Unterschiedsbetrag wird als Disagio oder Damnum bezeichnet.

Bewertung: Wahlrecht beim Disagio § 250 Abs. 3 HGB

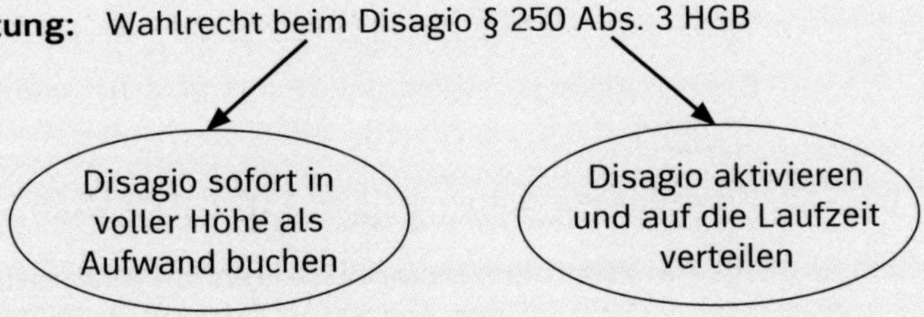

Beispiel: Darlehen über 100.000,00 EUR, Auszahlung von 97.000,00 EUR, Damnum 3 %, Laufzeit 10 Jahre

Disagio als Aufwand: Bank 97.000,00 EUR
Zinsaufwand 3.000,00 EUR an Verbindl. ggü. Kreditinstituten 100.000,00 EUR

Disagio aktivieren: Bank 97.000,00 EUR
Disagio 3.000,00 EUR an Verbindl. ggü. Kreditinstituten 100.000,00 EUR
(Bestandskonto)

Buchung am 31.12.20..:
Disagio 300,00 EUR an Zinsaufwand 300,00 EUR
(Disagio 3.000,00 EUR : 10 Jahre = 300,00 EUR Zinsaufwand pro Jahr)

⑧ Fremdwährungsverbindlichkeiten

Beispiel: Rechnungen in fremder Währung, Darlehen in fremder Währung etc.

Bewertung: § 256a HGB Bei Erhalt Buchung mit dem aktuellen Geldkurs in Euro (Zugangswert bzw. Erfüllungsbetrag); Kursverluste sind als Aufwand, Kursgewinne bis max. zum Zugangswert als Ertrag zu erfassen.

Beispiel: Ein Unternehmen erhält am 19.12.20.. eine Eingangsrechnung in Höhe von 8.000,00 USD für bezogene Rohstoffe. Der Wechselkurs am 19.12.20.. (Devisentageskurs) beträgt EUR 1,00 ≙ USD 1,285; Zahlungsziel: 3 Monate.
Der Devisenkassamittelkurs zum Bilanzstichtag beträgt EUR 1,00 ≙ USD 1,225.

Zugangsbewertung: 19.12.20..: 8.000,00 USD ≙ 6.225,68 EUR
Buchungssatz: Rohstoffe 6.225,68 EUR an Verbindl. a. LL. 6.225,68 EUR

Bewertung am 31.12.20..: Devisenkassamittelkurs EUR 1,00 ≙ USD 1,225

8.000,00 EUR ≙ 6.530,61 EUR ⟶ **Wert der Verbindlichkeiten am Bilanzstichtag**

Verbindlichkeiten a. LL.

Soll		Haben	
31.12.20..	6.530,61 EUR	19.12.20..	6.225,68 EUR
		Aufwand	304,93 EUR

Buchungssatz:
Sonst. betr. Aufwand 304,93 EUR
an
Verbindl. a. LL. 304,93 EUR

14.4 Grundzüge der internationalen Rechnungslegung

14.4.1 IFRS: Begriff und Geltungsbereich

Stofftelegramm

IFRS = International Financial Reporting Standards

- **IAS** (= **I**nternational **A**ccounting **S**tandards) = bis 2001 verabschiedete Standards
- **IFRS** = **I**nternational **F**inancial **R**eporting **S**tandards = nach 2001 verabschiedete Standards
- **Interpretationen** = Ergänzungen zu evtl. unzureichenden Standards = ebenfalls verpflichtend

Geltungsbereich der IFRS für deutsche Unternehmen

	Konzernabschluss	Einzelabschluss
kapitalmarktorientierte Unternehmen in der EU	**IFRS** ! = **Pflicht** seit 2005	**HGB = Pflicht** zusätzlich **IFRS → freiwillig**
nicht kapitalmarktorientierte Unternehmen in der EU	**HGB** und/oder **IFRS** **(Wahlrecht)**	

Definition: kapitalmarktorientierte Unternehmen → Kapitalmarktorientierte Unternehmen weisen Eigenkapitaltitel (Aktien) oder Fremdkapitaltitel (Anleihen) auf, die an einem organisierten Markt (Börse) gehandelt werden. Kurz: **börsennotierte Unternehmen**

14.4.2 Ziele des IFRS-Abschlusses

Stofftelegramm

Oberziel des IFRS-Abschlusses

↓

Information v. a. der Anteilseigner (Investoren)

Entscheidungsnützliche Informationen über

- Vermögenslage
- Finanzlage
- Ertragslage
- Änderung der Finanzlage (Kapitalflussrechnung)
- Eigenkapitalveränderungen
- Bilanzierungsansätze
- sonstige wesentliche Angaben

Grundannahmen

1. Periodenabgrenzung (periodengerechte Gewinnermittlung); analog: HGB

- Erträge und Aufwendungen dann erfassen, wenn sie auftreten
- Beispiel: zwingende Anpassung der Abschreibungsdauer, wenn neue Erkenntnisse über die tatsächliche Nutzungsdauer vorliegen
- **Realisationsprinzip:** Voraussetzung für Erfolgswirksamkeit = Realisierbarkeit am Bilanzstichtag (nicht die durch Umsatz erfolgte Realisation)

→ Im Gegensatz zum HGB kann es zum Ausweis nicht realisierter (nicht vereinnahmter) Gewinne kommen (Beispiel: langfristige Auftragsfertigung, siehe unten).

2. Unternehmensfortführung (analog: HGB)

Risiken für die Unternehmensfortführung über den Bilanzstichtag hinaus sind anzugeben.

„True and fair view/presentation“ (= wahre und angemessene Darstellung)

- Vermittlung eines den tatsächlichen Verhältnissen entsprechenden Bildes der Vermögens-, Finanz- und Ertragslage des Unternehmens
- Bilanzklarheit und Bilanzwahrheit haben Vorrang vor dem Vorsichtsprinzip.
- Abweichung nur in Ausnahmefällen (dann: umfangreiche Angaben im Anhang)

14.4.3 Adressaten der IFRS-Rechnungslegung

Stofftelegramm

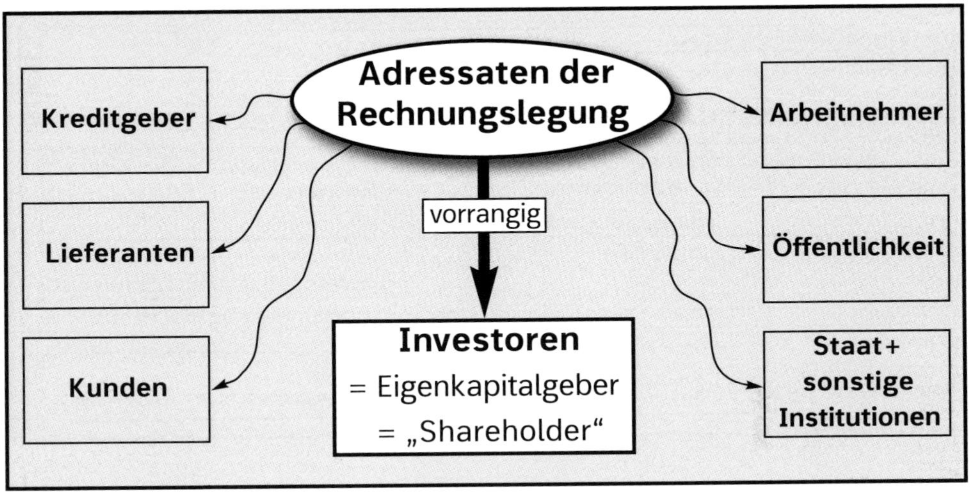

14.4.4 Bestandteile des IFRS-Jahresabschlusses

Stofftelegramm

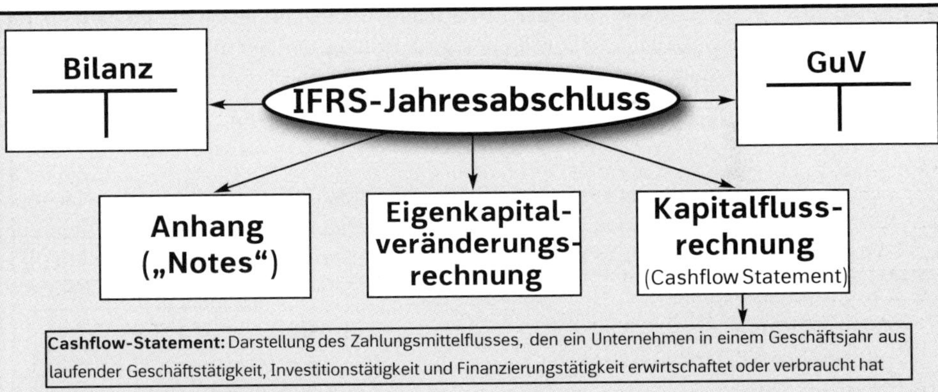

- Die in den „Notes“ (im Anhang) verlangten Erläuterungen gehen weit über die nach HGB geforderten Anhangsangaben hinaus.
- Die Erstellung eines Lageberichts ist nicht Pflicht, wird jedoch empfohlen.
- Kapitalmarktorientierte Unternehmen: zusätzlich Segmentberichterstattung innerhalb des Anhangs → Aufteilung der Umsätze u. a. nach regionalen Gesichtspunkten
- Der IFRS-Abschluss gibt einen besseren Einblick in die Lage des Unternehmens als der HGB-Abschluss (erweiterte Berichtspflichten, Eigenkapitalveränderungsrechnung, Kapitalflussrechnung für alle Rechtsformen, starke Einschränkung der Bildung stiller Rücklagen).

14.4.5 Übersicht

Stofftelegramm

	IFRS	HGB
Adressatenvorrang	Eigenkapitalgeber (Anteilseignerschutz)	Fremdkapitalgeber (Gläubigerschutz)
Stille Rücklagen	nicht zulässig	zulässig
Periodengerechter Erfolgsausweis	eindeutig, da wenig Wahlrechte	nicht eindeutig, da viele Wahlrechte („vorsichtiger" Erfolgsausweis)
Vorsichtsprinzip	untergeordnete Bedeutung	dominierend
Hauptaufgaben	Information	Information + Basis für Steuerzahlungen und Ausschüttungen
Normensetzung	private Organisationen (IASB)	primär: Gesetzgeber (HGB)
Jahresabschlussbestandteile (große Kapitalgesellschaft)	• Bilanz • EK-Veränderung • GuV • Kapitalflussrechnung • Anhang • Segmentberichte	• Bilanz • Lagebericht • GuV • Anhang

14.5 Abituraufgaben Profil Internationale Wirtschaft

Abituraufgaben 2015 (Aufgabe 3, Teil 1, teilweise)

Die Goha AG in Tailfingen ist ein mittelständisches Unternehmen, das sich auf die Herstellung und den Vertrieb hochwertiger und hochpreisiger Damen- und Herrenwäsche aus Naturfasern spezialisiert hat. Die Biobaumwolle wird aus Indien bezogen. Bislang wird nur in Tailfingen produziert. Zum exklusiven Kundenstamm der Goha AG zählen unter anderem Filmstars aus den USA.

1. Im laufenden Geschäftsjahr und im Rahmen der Jahresabschlussarbeiten waren verschiedene Bewertungsprobleme zu lösen.

1.1 Um die Produktion künftig ausweiten zu können, wurde im Februar 2014 in der Nachbarschaft zum Betriebsgelände der Goha AG ein unbebautes Grundstück erworben. Zum Grundstückskauf liegen folgende Daten vor:

• Grundstücksgröße	2.000 m²
• Preis pro m²	150,00 EUR
• Notariatskosten (inkl. 19 % USt.)	2.500,00 EUR
• Grundsteuer	1.800,00 EUR
• Grundbucheintragung	800,00 EUR
• Grunderwerbsteuer	5 %
• Darlehenszinsen	750,00 EUR p. a.

1.1.1 Bestimmen Sie den Wertansatz des Grundstücks nach HGB im Februar 2014.

1.1.2 Das Gebiet wird vom Stadtrat – entgegen der ursprünglichen Absicht – nicht als Gewerbegebiet mit Anschluss an das Straßennetz ausgewiesen. Damit kann das Grundstück vorerst nicht bebaut werden.

Bestimmen und erläutern Sie die Auswirkung auf die Bilanz und GuV nach HGB zum Ende des Jahres 2014, wenn die beauftragte Sachverständige den Wert des Grundstücks auf 200.000,00 EUR festlegt.

1.2 Im November 2014 wurden mit im Moment nicht benötigten liquiden Mitteln 2.000 Aktien der Feys AG zu einem Anschaffungswert von 18,75 EUR je Aktie angeschafft. Bis zum Ende des Jahres 2014 fällt der Wert der Aktie auf 14,50 EUR. Die Experten der Hausbank der Goha AG sind der Meinung, dass der Kurseinbruch nur vorübergehender Natur sei.

Bestimmen und begründen Sie den Bilanzansatz der Aktien zum 31.12.2014 laut HGB.

1.3 Der Vorstand der Goha AG zieht in Erwägung, den Jahresabschluss neben den Vorschriften nach HGB auch nach den internationalen Rechnungslegungsvorschriften der IAS/IFRS aufzustellen.

1.3.1 Erläutern Sie zwei Gründe, die für diese Überlegung sprechen.

Abituraufgaben 2018 (Aufgabe 1, teilweise)

Die Robotics AG mit Sitz in Stuttgart ist ein weltweit führender Anbieter von Industrierobotern. Die Aktien der Robotics AG sind zum Handel an der Stuttgarter Börse zugelassen. Die Kunden der Robotics AG sind vorwiegend Unternehmen der Automobilindustrie. Die zunehmende Spezialisierung in der Automobilindustrie macht weitere Investitionen in Produktionsanlagen erforderlich. Dadurch besteht hoher zusätzlicher Kapitalbedarf.

1. Für das ablaufende Geschäftsjahr 2017 ist der Jahresabschluss zu erstellen. Vor dem Hintergrund der anstehenden Kapitalbeschaffung hat die Bilanzbuchhaltung die Anweisung, einen möglichst hohen Gewinn auszuweisen.

1.1 Erläutern Sie zwei Bewertungsgrundsätze nach HGB, die im Sinne des Gläubigerschutzes den Ausweis eines zu hohen Gewinns verhindern.

1.2 Im Rahmen der Jahresabschlussarbeiten sind in der Bilanzbuchhaltung noch einige Bewertungsfragen zu klären.

1.2.1 Für die Entwicklung einer Software für Industrieroboter entstanden im Laufe des Geschäftsjahres Entwicklungskosten in Höhe von 5 Mio. EUR.

Begründen Sie mithilfe des Gesetzes den Wertansatz für die Software am 31.12.2017.

1.2.2 Unter den Wertpapieren des Anlagevermögens befinden sich 2.000 Stückaktien der TOP-Dreh AG. Das Aktienpaket wurde am 01.03.2017 für 24,50 EUR/Stück gekauft. Die Aktie unterliegt starken Kursschwankungen und notiert am 31.12.2017 mit 19,80 EUR/Stück.

Begründen Sie mithilfe des Gesetzes und berechnen Sie, mit welchem Wert das Aktienpaket zum 31.12.2017 bilanziert wird.

1.2.3 Auf den Endbestand von unfertigen Erzeugnissen entfallen folgende anteilige Aufwendungen in Euro:

Verbrauch von Rohstoffen	900.000,00
Fertigungslöhne	1.185.000,00
Beiträge zur gesetzlichen Sozialversicherung	164.000,00
Freiwillige Betriebsrenten	90.000,00
Energieverbrauch in der Produktion	380.000,00
Planmäßige bilanzielle Abschreibungen	400.000,00
Forschungsaufwendungen	85.000,00
Gehälter für die Geschäftsleitung	240.000,00
Freiwillige soziale Leistungen	20.000,00
Betriebseigener Kindergarten	28.000,00

Begründen Sie, mit welchem Betrag die unfertigen Erzeugnisse am 31.12.2017 bilanziert werden.

1.2.4 Zur Finanzierung eines Grundstückskaufs wurde zum 10.01.2017 ein Festdarlehen zu folgenden Konditionen aufgenommen:

Nominalzinssatz 3,25 % p. a., Disagio 2,5 %, Rückzahlung 100 %, Laufzeit 5 Jahre, Auszahlungsbetrag 9.360.000,00 EUR

Begründen Sie den Wertansatz für das Darlehen und für das Disagio am 31.12.2017 mithilfe des Gesetzes.

2\. Nach Klärung der Bewertungsfragen wurden eine vorläufige Strukturbilanz der Robotics AG zum 31.12 2017 (siehe **Material 1**) sowie eine Aufstellung aller Eigenkapitalpositionen (siehe **Material 2**) angefertigt.

Der Jahresabschluss der Robotics AG wird durch Vorstand und Aufsichtsrat festgestellt. Die Satzung enthält keine weiteren Angaben zur Einstellung in die Gewinnrücklagen. Es wurden 50 Mio. Stückaktien ausgegeben.

2.1 Vorstand und Aufsichtsrat wollen den anderen Gewinnrücklagen den nach Aktiengesetz höchstmöglichen Betrag zuführen.

- Weisen Sie rechnerisch nach, welcher Bilanzgewinn sich aus diesem Vorschlag zur Gewinnverwendung für 2017 ergäbe.
- Stellen Sie die Posten des Eigenkapitals vor der Dividendenausschüttung übersichtlich dar.

2.2 Die Hauptversammlung beschließt die Ausschüttung einer auf volle zehn Cent gerundeten Dividende pro Aktie.

Berechnen Sie den Gewinnvortrag für 2018, wenn der höchstmögliche Betrag auf Grundlage dieses Beschlusses ausgeschüttet wird.

2.3 Nennen Sie neben dem Beschluss über die Verwendung des Bilanzgewinns vier weitere Rechte, die Aktionäre in der Hauptversammlung ausüben können.

Material 1 zu Aufgabe 2

Aktiva	Strukturbilanz zum 31.12.2017 in Mio. Euro vor Gewinnverwendung		Passiva
A. Anlagevermögen		A. Eigenkapital	744
1. Sachanlagen	1.290	B. Fremdkapital	
2. Finanzanlagen	80	1. Langfristiges FK	560
B. Umlaufvermögen		2. Kurzfristiges FK	696
1. Vorräte	100		
2. Forderungen	350		
3. Liquide Mittel	180		
	2.000		2.000

Material 2 zu Aufgabe 2

Eigenkapitalpositionen zum 31.12.2017 in Mio. Euro vor Gewinnverwendung:

1. Gezeichnetes Kapital	500
2. Kapitalrücklage	20
3. Gewinnrücklagen	
– Gesetzliche Rücklagen	28
– Andere Gewinnrücklagen	146
4. Jahresüberschuss	46
5. Gewinnvortrag	4

14.6 Abituraufgaben Profil Wirtschaft

Abituraufgaben 2010 (Aufgabe 3, Teil 3)

3. Am 13. April 2010 findet die ordentliche Hauptversammlung der Aktiengesellschaft statt.

3.1 In TOP 1 wird der festgestellte Jahresabschluss vorgestellt.

Beschreiben Sie kurz drei Bestandteile des Jahresabschlusses.

Abituraufgaben 2012 (Aufgabe 3, teilweise)

5. Im Geschäftsjahr 2011 wurden zehn Offset-Druckmaschinen fertiggestellt. Anfang 2012 sollen die Maschinen ausgeliefert werden. Zur Ermittlung des Bilanzansatzes für den 31.12.2011 lagen aus der Kostenrechnung folgende Zahlen für eine Druckmaschine vor:

- Materialeinzelkosten 400.000,00 EUR
- Fertigungseinzelkosten 1.000.000,00 EUR
- MGKZ 25 %
- FGKZ 150 %
- VwGKZ (Verwaltungsbereich) 10 %
- VtGKZ 5 %

5.1 Bisher wurden die hergestellten Maschinen im Jahresabschluss zum Mindestwertansatz ausgewiesen.
Berechnen Sie den Unterschiedsbetrag zum höchstmöglichen Bilanzansatz.

5.2 Zeigen Sie die Veränderungen in der GuV-Rechnung auf, die sich durch die Bewertung zum höchstmöglichen Bilanzansatz ergeben würden.

GuV-Rechnung der Kaiser AG (in Mio. Euro) Geschäftsjahr 2011 (vereinfacht)		
1	Umsatzerlöse	93,8
2	Bestandserhöhungen Erzeugnisse	3,5
3	sonstige betriebliche Erträge	0,8
4	Aufwendungen Roh-, Hilfs-, Betriebsstoffe	66,1
5	Personalaufwand	27,4
6	Abschreibungen	4,3
7	sonstige betriebliche Aufwendungen	0,7
8	Erträge aus Beteiligungen	2,3
9	Zinserträge	0,4
10	Zinsaufwendungen	1,6
11	außerordentliche Erträge	5,7
12	außerordentliche Aufwendungen	0,7
13	Steuern vom Einkommen und vom Ertrag	2,1
14	sonstige Steuern	0,5
15	Jahresüberschuss	3,1

Abituraufgaben 2014 (Aufgabe 2, teilweise)

Die Staufer AG ist ein familiengeführtes Textilunternehmen mit Sitz in Göppingen. Sie ist auf die Herstellung von hochwertiger Sport- und Outdoorbekleidung spezialisiert. Aufgrund erfolgreicher Geschäfte konnte die Zahl der Beschäftigten im Jahr 2012 auf 260 Mitarbeiter erhöht werden (Vorjahr: 240 Mitarbeiter).
Die Aktien befinden sich derzeit im Familienbesitz. Eine Zulassung zum Börsenhandel wird nicht angestrebt. Der Umsatz betrug im Jahr 2011 39,8 Mio. EUR und konnte im Folgejahr um 4 % gesteigert werden. Die Bilanzsumme im Jahr 2012 belief sich auf 21,7 Mio. EUR und lag somit um 1,6 Mio. EUR höher als im Vorjahr. Im Jahr 2013 sind Umsatzerlöse und Bilanzsumme weiter gestiegen.

Bei der Vorstandssitzung im Februar 2014 stehen folgende Punkte auf der Tagesordnung:

Auszug aus der Tagesordnung

TOP 1 Rückblick auf das Geschäftsjahr 2013

TOP 2 Vorbereitung des Jahresabschlusses 2013 nach HGB

TOP 3 Geplante Übernahme der Südtex AG

Zur Vorbereitung der Sitzung sind noch folgende Fragen zu klären.

1. Begründen Sie, ob die Staufer AG für das Jahr 2013 einen Lagebericht erstellen muss.

2. In der Staufer AG sind im Zuge der Erstellung des Jahresabschlusses zum 31.12.2013 verschiedene Bewertungsfragen zu lösen. Die Staufer AG verfolgt hierbei in Übereinstimmung mit den

Grundsätzen der Ansatz- und Bewertungsstetigkeit das Ziel, einen möglichst hohen Jahresüberschuss auszuweisen.

2.1 Im Jahr 2013 wurde eine Software zur Produktionssteuerung durch ein Team von eigenen EDV-Mitarbeitern erstellt. Die Kosten für die Erstellung beliefen sich auf 250.000,00 EUR. Die Aufteilung in Forschungs- und Entwicklungskosten kann verlässlich im Verhältnis 2 : 3 vorgenommen werden. Die Software wurde ab dem 01.12.2013 im eigenen Unternehmen eingesetzt. Die betriebsgewöhnliche Nutzungsdauer wird voraussichtlich fünf Jahre betragen.

- Begründen und bestimmen Sie den Wertansatz der selbst erstellten Software zum 31.12.2013.
- Erklären Sie, wie sich Erstellung und Verwendung der Software auf die Gewinn- und Verlustrechnung des Jahres 2013 auswirken.

2.2 Für den Bereich „Fertige Erzeugnisse" liegen aus der Kostenrechnung folgende Zahlen vor:

Verbrauch von Fertigungsmaterial	180.000,00 EUR
Fertigungslöhne	60.000,00 EUR
Materialgemeinkostenzuschlagssatz	6 %
Fertigungsgemeinkostenzuschlagssatz	80 %
Verwaltungsgemeinkostenzuschlagssatz (enthält nur Kosten der allgemeinen Verwaltung)	20 %
Vertriebsgemeinkostenzuschlagssatz	10 %

Ermitteln Sie für den vorliegenden Fall die handelsrechtlichen Herstellungskosten.

2.3 Begründen Sie, mit welchem Wert die Fertigerzeugnisse in der Bilanz zum 31.12.2013 angesetzt werden müssen, wenn der Marktpreis des Bestandes zum Bilanzstichtag vorübergehend auf 280.000,00 EUR sinken würde.

2.4 Mehrere Großkunden verlangten, dass ihr Markenlogo als Hologramm auf den Erzeugnissen angebracht wird. Zu diesem Zweck wurde im Februar 2013 eine Spezialmaschine (Nutzungsdauer acht Jahre, lineare Abschreibung) zu folgenden Konditionen angeschafft und in Betrieb genommen:
Listenpreis für Spezialmaschine HOLO-Master 121.000,00 EUR, Rabatt 7.000,00 EUR, Kosten für Montage 3.800,00 EUR, Frachtkosten 800,00 EUR, Wartungsvertrag für ein Jahr 1.800,00 EUR, Umsatzsteuer 19 %.

Darüber hinaus erhielt die Staufer AG eine Rechnung des Elektrobetriebs Motter KG für den Anschluss der Spezialmaschine an das Starkstromnetz in Höhe von 1.400,00 EUR zuzüglich 19 % USt.

Ermitteln Sie den Bilanzansatz der Spezialmaschine zum 31.12.2013.

2.5 Die Staufer AG nimmt am 01.04.2013 ein Festdarlehen (Fälligkeitsdarlehen) in Höhe von 1.000.000,00 EUR zu folgenden Konditionen auf:

- Auszahlung 95 %
- Zinssatz (nominal) 6 % (jährlich nachträgliche Zinszahlung)
- Laufzeit fünf Jahre

2.5.1 Begründen Sie, welche Bilanzpositionen sich zum Zeitpunkt der Darlehensaufnahme verändern, und geben Sie die Höhe der Veränderungen an.

2.5.2 Führen Sie die Folgebewertung zum 31.12.2013 durch.

Abituraufgaben 2016 (Aufgabe 3, teilweise)

Die ESS Maschinenbau AG in Waldkirch ist ein börsennotiertes Unternehmen, das in den letzten Jahren stark gewachsen ist. Das Unternehmen ist hinsichtlich der Energieeffizienz seiner Produkte Weltmarktführer. Aufgrund neuer Entwicklungen, die zur Marktreife gebracht werden sollen, sind für das Jahr 2016 umfangreiche Investitionen geplant.
Der Vorstand der ESS Maschinenbau AG zieht für die Finanzierung der Investitionen sowohl eine Kapitalerhöhung gegen Einlagen als auch eine Darlehensaufnahme bei der Hausbank in Erwägung. Als Grundlage für diese Entscheidung soll der Jahresabschluss 2015 herangezogen werden.

1. Für die Erstellung des Jahresabschlusses 2015 nach Handelsrecht sind noch folgende Bewertungsfragen offen.

1.1 Um für eine weitere Unternehmensexpansion gerüstet zu sein, hat das Unternehmen am 01.04.2015 ein benachbartes Grundstück zum Kaufpreis von 5.000.000,00 EUR erworben. Im Zusammenhang mit diesem Kauf wurden von der ESS Maschinenbau AG bis zum Bilanzstichtag folgende Ausgaben getätigt:

Grunderwerbsteuer 5 %, Notariatskosten 7.500,00 EUR zuzüglich Umsatzsteuer, Grundbucheintragung für die Eigentumsübertragung 2.100,00 EUR, Erschließungskosten 28.560,00 EUR einschließlich Umsatzsteuer, Grundsteuer 500,00 EUR je Quartal, Kosten der Grundstückspflege monatlich 220,00 EUR zuzüglich Umsatzsteuer. Das Grundstück wurde zum Teil durch ein Grundschulddarlehen finanziert. Für die Eintragung der Grundschuld entstanden Kosten in Höhe von 1.200,00 EUR. Die anteiligen Darlehenszinsen im Jahr 2015 beliefen sich auf 25.000,00 EUR.

1.1.1 Berechnen Sie die Anschaffungskosten des Grundstücks.

1.1.2 Berechnen und begründen Sie, welchen Einfluss der Grundstückskauf auf die Höhe des Jahresüberschusses des Jahres 2015 hat, wenn sich der Wert des Grundstücks seit der Anschaffung nicht verändert hat.

1.2 Im Juli 2015 wurde eine Pulverbeschichtungsanlage aus den USA zum Preis von 440.000,00 USD gekauft. Der Wechselkurs zum Kaufzeitpunkt betrug 1,10 USD/EUR. Mit dem amerikanischen Lieferanten wurde das Zahlungsziel 31.05.2017 vereinbart.
Bis zur Betriebsbereitschaft der Anlage im September 2015 fielen noch Kosten für Montage und Elektroanschlüsse in Höhe von 20.000,00 EUR netto an. Die voraussichtliche Nutzungsdauer der Anlage beträgt zehn Jahre, sie wird linear abgeschrieben. Der Devisenkassamittelkurs am 31.12.2015 wird mit 1,25 USD/EUR angegeben.

1.2.1 Begründen Sie, auch durch rechnerischen Nachweis, mit welchem Wert die Anlage in der Bilanz vom 31.12.2015 anzusetzen ist, wenn durch Einführung eines Nachfolgemodells der Verkehrswert der Anlage zum Bilanzstichtag 360.000,00 EUR beträgt.

1.2.2 Bestimmen und begründen Sie den Bilanzansatz der Auslandsverbindlichkeit zum 31.12.2015.

15 Auswertung des Jahresabschlusses

15.1 Grundlagen

Stofftelegramm

Bilanzaufbereitung

= Zusammenfassung + Gruppierung der Bilanzpositionen

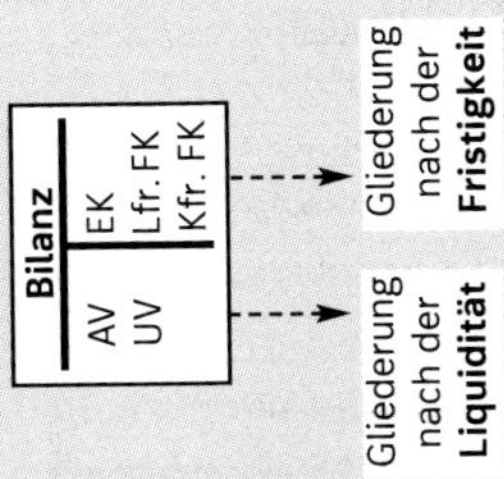

Erstellung eines **Bilanzaufbereitungsschemas** z. B. wie nebenstehend:

Bilanzaufbereitungsschema (z. B.)

	Berichtsjahr		**Vorjahr**		**Zu-, Abnahme**
	Euro	**%**	**Euro**	**%**	**Euro**
Aktiva Sachanlagen Finanzanlagen					
Summe AV					
Vorräte Forderungen Flüssige Mittel					
Summe UV					
Summe Vermögen					
Passiva Gez. Kapital Rücklagen Gewinnvortrag					
Summe Eigenkapital					
Lfr. Fremdkapital Kfr. Fremdkapital					
Summe Fremdkapital					
Summe Kapital					

Die Bilanzstruktur

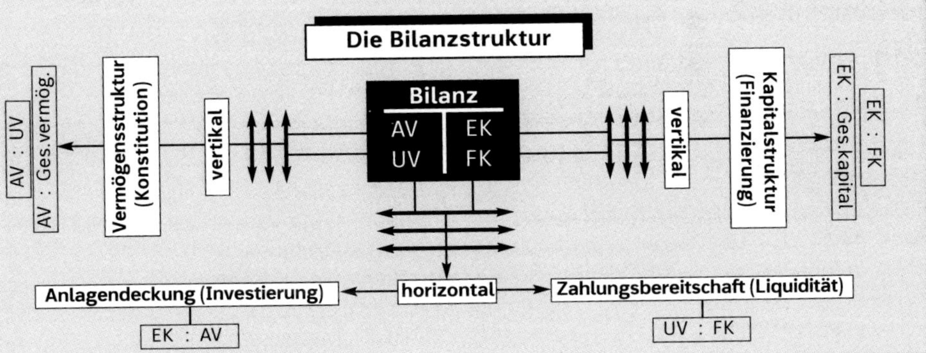

Bilanzkennzahlen: Auswertung der Unternehmenssituation anhand der Bilanz nach Gewinnverwendung (Strukturbilanz)

Finanzierung (Kapitalstruktur)

Grad der finanziellen Unabhängigkeit (Eigenkapitalquote) $= \frac{\text{Eigenkapital} \cdot 100}{\text{Gesamtkapital}}$

Fremdkapitalquote $= \frac{\text{Fremdkapital} \cdot 100}{\text{Gesamtkapital}}$

Verschuldungsgrad (Verschuldungskoeffizient) $= \frac{\text{Fremdkapital} \ (\cdot 100)}{\text{Eigenkapital}}$

Selbstfinanzierungsgrad(-quote) $= \frac{\text{Gewinnrücklagen} \ (\cdot 100)}{\text{gezeichnetes Kapital}}$

Anmerkung: Je höher das Eigenkapital, umso besser.

↓

Vorteile eines hohen EK-Anteils:

- große Haftsumme, hohe Kreditwürdigkeit
- Unabhängigkeit von Gläubigern
- geringe Zins- und Tilgungsbelastung
- Sicherheit in Krisenzeiten

Investierung (Anlagendeckung)

Deckungsgrad I $= \frac{\text{EK} \cdot 100}{\text{AV}}$ Deckungsgrad II $= \frac{(\text{EK} + \text{lfr. FK}) \cdot 100}{\text{AV}}$

Anmerkung: Fristen zwischen Vermögen und Kapital sollten sich entsprechen. Das Anlagevermögen und der eiserne Bestand müssen mit Eigenkapital und langfristigem Fremdkapital finanziert sein (goldene Bilanzregel). Deckungsgrad I soll etwa 100 %, Deckungsgrad II muss mindestens 100 % sein!

Liquidität (Zahlungsbereitschaft)

Liquidität 1. Grades $= \frac{\text{flüssige Mittel} \cdot 100}{\text{kfr. Verbindlichkeiten}}$

Liquidität 2. Grades (einzugsbedingte Liquidität) $= \frac{(\text{flüssige Mittel} + \text{Forderungen}) \cdot 100}{\text{kfr. Verbindlichkeiten}}$

Hinweise:
- *flüssige Mittel = Bank + Kasse*
- *kfr. Verbindlichkeiten: inkl. kurzfr. Rückstellungen und Dividende*
- *geforderte Mindestwerte: Liquidität 1. Grades ca. 20 % und 2. Grades 100 %*

Kritik:
- Vergangenheitszahlen (Der Bilanzstichtag ist weit zurückliegend.)
- Wichtige weitere Daten fehlen (z. B. Fälligkeiten der Zahlungen, Kreditzusagen von Banken).
- leicht manipulierbar (Transaktionen am Bilanzstichtag zwecks Kennzahlenmanipulation!)

Erfolgskennzahlen: Aussagen über den Erfolg des Unternehmens des vergangenen Jahres

Anteil der „Ergebnisse" am Jahresergebnis

Ergebnis aus gewöhnlicher Geschäftstätigkeit + Ergebnis aus außergewöhnlicher Geschäftstätigkeit
= Jahresüberschuss

Ertragsstrukturanalyse (Rentabilität)

Eigenkapitalrentabilität $= \dfrac{\text{Jahresüberschuss} \cdot 100}{\text{durchschnittliches Eigenkapital}}$

Gesamtkapitalrentabilität $= \dfrac{(\text{Jahresüberschuss} + \text{Zinsaufw.}) \cdot 100}{\text{durchschnittliches Gesamtkapital}}$

Umsatzrentabilität $= \dfrac{\text{Jahresüberschuss} \cdot 100}{\text{Umsatzerlöse}}$

Hinweise:
- *durchschnittliches EK = (EK am Jahresanfang + EK am Jahresende laut Strukturbilanz) : 2*
- *durchschnittliches Gesamtkapital = (GK Jahresanfang + GK Jahresende laut Strukturbilanz) : 2*
- *Die Kennzahl **„Return on Investment" (ROI)** wird häufig mit der Gesamtkapitalrentabilität gleichgesetzt.*

Cashflow-Analyse

Cashflow

=

Jahresüberschuss + Abschreibungen auf Anlagen + Zuführung zu lfr. Rückstellungen – Auflösung langfr. Rückstellungen

Cashflow = aus dem Gewinn augenblicklich **verfügbarer Betrag** (liquide Mittel) für Dividendenzahlungen, Investitionen, Schuldtilgung = Ermittlung der erwirtschafteten freien Finanzmittel durch Korrektur des JÜ (Hinzurechnung) um die nicht ausgabewirksamen Aufwendungen

= **Maßstab** für Ertragskraft, Selbstfinanzierungskraft, Kreditwürdigkeit, Expansionsfähigkeit

EBIT
(= **E**arnings **b**efore **I**nterest and **T**axes) = Ergebnis vor Zinsen und Steuern

EBIT = **Jahresüberschuss** **+ Steueraufwand** **– Steuererträge** **+ außerordentlicher Aufwand** **– außerordentliche Erträge** **+ Zinsaufwand** **– Zinserträge**	**Es werden außerordentliche (einmalige) Aufwendungen und Erträge ebenso ignoriert wie Zinsaufwendungen, Zinserträge, Steueraufwendungen und Steuererträge.** **Begründung:** Diese Positionen sind nicht durch die eigentliche betriebliche Tätigkeit entstanden. → Bereinigung des Gewinns notwendig Anhand des EBIT können **Bilanzanalysten** zum Beispiel den betrieblichen Gewinn verschiedener Geschäftsjahre oder Unternehmensbereiche direkt **vergleichen**, ohne dass die Resultate durch schwankende Steuersätze, Zinsaufwendungen oder sonstige außerordentliche Faktoren verzerrt werden.

ROI (Return on Investment)

Formel: $\frac{\text{Gewinn}}{\text{Umsatzerlöse}} \cdot \frac{\text{Umsatzerlöse}}{\text{investiertes Kapital}} \cdot 100$

Bedeutung: Der 1. Faktor zeigt die Umsatzrentabilität, der 2. Faktor zeigt die Umschlagshäufigkeit des investierten Kapitals. Somit ergibt sich die jährliche Rentabilität des investierten Kapitals (= ROI).

Beispiel: Ein Unternehmen erwirtschaftet bei einem Umsatz von 50 Mio. EUR und einem investierten Kapital von 20 Mio. EUR einen Jahresüberschuss von 3,6 Mio. EUR.

Rechnung:

$$\frac{3{,}6 \cdot 50}{50 \cdot 20}$$

↓		↓		
Umsatzrentabilität	·	Kapitalumschlag	=	Kapitalertragszahl (ROI)
0,072	·	2,5	=	0,18

Ergebnis: 18 % des investierten Kapitals sind Gewinn; d. h., je 100,00 EUR investierten Kapitals erwirtschaftet das Unternehmen 18,00 EUR Gewinn.

Anmerkung: Anstelle des investierten Kapitals wird häufig auch das Eigenkapital oder das Gesamtkapital verwendet.

Finanzplan

Finanzplan für eine Periode

	geschätzte Einnahmen
./.	geschätzte Ausgaben
=	Überschuss bzw. Defizit

Aufgaben (Grundwissen)

1. Die Schwarzwälder Mineralbrunnen AG (kurz MinAG) verkauft ihre Mineralwässer, Heilwässer und Süßgetränke vorwiegend in Baden-Württemberg.

Aktiva	Strukturbilanz zum 31.12.2017 in Tausend Euro		Passiva
A. Anlagevermögen	310.400	A. Eigenkapital	113.900
B. Umlaufvermögen		B. Verbindlichkeiten	
Vorräte	9.950	langfr. Verbindlichkeiten	104.330
Forderungen a. LL.	11.170	kurzfr. Verbindlichkeiten	137.090
Wertpapiere	6.000		
flüssige Mittel	17.800		
	355.320		355.320

Hinweis: Vernachlässigen Sie bei folgenden Aufgaben ein Vorhandensein von stillen Rücklagen!

a) Ermitteln Sie anhand der Strukturbilanz die **Bilanzkennzahlen** der Kapitalstruktur sowie der Anlagendeckung und einzugsbedingten Liquidität.

b) Beurteilen Sie anhand Ihrer ermittelten Werte die Lage der AG.

c) Weitere Zahlen aus der Erfolgsrechnung (in Tausend Euro):

Jahresüberschuss:	16.000	Abschreibungen auf Anlagen:	30.000
Zinsaufwendungen:	6.600	Zuführung zu langfristigen	
Umsatzerlöse:	420.000	Rückstellungen:	2.000

c1) Berechnen Sie die **Eigenkapital-**, **Gesamtkapital-** und **Umsatzrentabilität** sowie den **Cashflow**.

c2) Beurteilen Sie anhand der ermittelten Zahlen die Erfolgslage der AG.

2. Erklären und begründen Sie den Begriff der Fristenparallelität.

3. a) Was versteht man unter optimalem Verschuldungsgrad (traditionelle und moderne Formulierung)?
   b) Warum kann man keine allgemeine Aussage über den optimalen Verschuldungsgrad machen?

4. Welche Bedeutung hat generell die Höhe des Eigenkapitals?

5. Beurteilen Sie die Liquidität einer Unternehmung:

   Liquidität I = 90 % und Liquidität II (einzugsbedingte Liquidität) = 190 %.

6. Inwiefern können die Liquiditätskennziffern kritisiert werden?

7. Der Grad der finanziellen Unabhängigkeit ist bei einem Unternehmen innerhalb eines Jahres von 10 % auf 30 % gestiegen.

   a) Nennen Sie mögliche Ursachen dieser Entwicklung.
   b) Beurteilen Sie die obigen Prozentzahlen.

8. Handelt es sich bei den Formeln zur Ermittlung der Deckungsgrade um Formeln der horizontalen oder vertikalen Bilanzstruktur?

9. Beurteilen Sie folgende zwei Unternehmen mit folgenden Deckungsgraden:

   - Unternehmung A: DG I = 40 % DG II = 100 %
   - Unternehmung B: DG I = 80 % DG II = 170 %

10. Welche Aussagekraft hat der Cashflow?

11. Welche Auswirkung haben bereits vorhandene stille Rücklagen bei der Beurteilung der

    - Finanzierung,
    - Rentabilität des Eigenkapitals?

12. a) Definieren Sie die Kennzahl EBIT.
    b) Begründen Sie, warum diese Kennzahl häufig ermittelt wird.

15.2 Abituraufgaben Profil Internationale Wirtschaft

Abituraufgaben 2016 (Aufgabe 2, Teil 2)

GeRo AG (German Road Truck AG) with headquarters in Stuttgart have specialised in producing and exporting trucks and buses. The vehicles must be adapted to local requirements in different countries. In 2013 the business opened its first subsidiary in Nigeria. In order to further improve their international market position the managing directors intend to invest in more countries.

2. Der Aufbau des osteuropäischen Standorts soll über eine Kapitalerhöhung gegen Einlagen in Höhe von 6,3 Mio. EUR und eine Darlehensaufnahme bei der Hausbank finanziert werden. Als Grundlage für die Verhandlungen mit der Hausbank dienen zunächst die Strukturbilanz und die Gewinn- und Verlustrechnung aus dem Jahr 2015.

Strukturbilanz zum 31.12.2015 (in Euro)

A		P	
Anlagevermögen	110.000.000,00	Eigenkapital	33.000.000,00
Umlaufvermögen		Fremdkapital	
Vorräte (RHB)	26.000.000,00	langfr. Verbindlichkeiten	93.000.000,00
Forderungen a. LL.	22.000.000,00	kurzfr. Verbindlichkeiten	32.200.000,00
flüssige Mittel	200.000,00		
	158.200.000,00		158.200.000,00

Gewinn- und Verlustrechnung 2015 in Euro	
Umsatzerlöse	46.000.000,00
Sonstige betriebliche Erträge	500.000,00
Aufwendungen für Roh-, Hilfs- und Betriebsstoffe	7.800.000,00
Löhne und Gehälter	12.000.000,00
Abschreibungen	8.000.000,00
Sonstige betriebliche Aufwendungen	2.400.000,00
Zinsaufwendungen	5.600.000,00
Ergebnis der gewöhnlichen Geschäftstätigkeit	10.700.000,00
Steuern vom Einkommen und vom Ertrag	4.800.000,00
Jahresüberschuss	5.900.000,00

Im Anhang finden sich folgende Zusatzinformationen:

- In den Abschreibungen sind außerplanmäßige Abschreibungen auf Grundstücke und Gebäude in Höhe von 1.000.000,00 EUR enthalten.
- Die „sonstigen betrieblichen Erträge" ergaben sich aus Erlösen, die durch den Verkauf nicht mehr benötigter Produktionsmaschinen erzielt wurden.

2.1 Ermitteln Sie auf Grundlage des Jahresabschlusses der GeRo AG zum 31.12.2015 das EBIT.

2.2 Berechnen Sie für das Jahr 2015 die Eigenkapitalquote und den Anlagendeckungsgrad II (auf eine Nachkommastelle gerundet).

2.3 Beurteilen Sie die Erfolgsaussichten für eine Kreditzusage der Hausbank auf der Grundlage der Ergebnisse aus 2.2 und folgender Informationen:

Branchenkennzahlen: Eigenkapitalquote 30 %, Anlagendeckungsgrad II 90 %.

2.4 Die Hausbank bewilligt der GeRo AG im Januar 2016 einen Kredit. Nach der Kapitalerhöhung um 6,3 Mio. EUR und der Darlehensgewährung beträgt der neue Anlagendeckungsgrad II 123 %.

Ermitteln Sie die bewilligte Darlehenssumme.

2.5 Durch die Investition erwartet die GeRo AG für das Geschäftsjahr 2016 einen zusätzlichen Gewinn in Höhe von 1.200.000,00 EUR. Nach Darlehensaufnahme und Kapitalerhöhung rechnet sie außerdem mit einer steigenden Eigenkapitalrentabilität.

2.5.1 Ermitteln Sie die Eigenkapital- und die Gesamtkapitalrentabilität zum 31.12.2015. Runden Sie Ihre Ergebnisse gegebenenfalls auf eine Nachkommastelle.

2.5.2
- Überprüfen Sie rechnerisch, ob sich die Erwartungen hinsichtlich einer steigenden Eigenkapitalrentabilität für das Geschäftsjahr 2016 erfüllen werden unter der Voraussetzung, dass der erwartete Zusatzgewinn realisiert werden kann.
- Begründen Sie Ihr Rechenergebnis.

2.6 Erläutern Sie zwei wesentliche Kritikpunkte an der Methode der kennzahlenbasierten Bilanzanalyse.

Abituraufgaben 2018 (Aufgabe 1, teilweise)

Die Robotics AG mit Sitz in Stuttgart ist ein weltweit führender Anbieter von Industrierobotern. Die Aktien der Robotics AG sind zum Handel an der Stuttgarter Börse zugelassen. Die Kunden der Robotics AG sind vorwiegend Unternehmen der Automobilindustrie. Die zunehmende Spezialisierung in der Automobilindustrie macht weitere Investitionen in Produktionsanlagen erforderlich. Dadurch besteht hoher zusätzlicher Kapitalbedarf.

3. Für den Lagebericht sollen verschiedene Erfolgskennzahlen ermittelt werden.

3.1 Im Geschäftsjahr 2017 erzielte das Unternehmen Umsatzerlöse in Höhe von 1.116 Mio. EUR.

Berechnen Sie auf Basis der **Materialien 1 und 2** die Umsatzrentabilität und die Eigenkapitalrentabilität der Robotics AG für das Geschäftsjahr 2017 und erläutern Sie Ihre Ergebnisse.

3.2 Ein Vorstandsmitglied besteht zusätzlich auf der Ermittlung des EBIT.

Stellen Sie dar, wie das EBIT grundsätzlich ermittelt wird und erläutern Sie seine Bedeutung für Kapitalanleger.

3.3 Ein anderes Vorstandsmitglied möchte künftig die Kosten der Erstellung eines Lageberichts einsparen.

Beschreiben Sie die Funktion eines Lageberichts und prüfen Sie mithilfe des Gesetzes, ob die Robotics AG zur Erstellung eines solchen verpflichtet ist.

Material 1

Aktiva	Strukturbilanz zum 31.12.2017 in Mio. Euro vor Gewinnverwendung		Passiva
A. Anlagevermögen		A. Eigenkapital	744
1. Sachanlagen	1.290	B. Fremdkapital	
2. Finanzanlagen	80	1. Langfristiges FK	560
B. Umlaufvermögen		2. Kurzfristiges FK	696
1. Vorräte	100		
2. Forderungen	350		
3. Liquide Mittel	180		
	2.000		2.000

Material 2

Eigenkapitalpositionen zum 31.12.2017 in Mio. Euro vor Gewinnverwendung:

1. Gezeichnetes Kapital	500
2. Kapitalrücklage	20
3. Gewinnrücklagen	
– Gesetzliche Rücklagen	28
– Andere Gewinnrücklagen	146
4. Jahresüberschuss	46
5. Gewinnvortrag	4

15.3 Abituraufgaben Profil Wirtschaft

Abituraufgaben 2012 (Aufgabe 3, teilweise)

Die Kaiser AG stellt hochwertige Druckmaschinen her. In den letzten Jahren gab es einen kontinuierlichen Rückgang der Nachfrage nach Druckmaschinen. Die Kaiser AG war daher gezwungen, die Belegschaft auf 679 Mitarbeiter (Geschäftsjahr 2011) abzubauen. Während im Geschäftsjahr 2010 eine Dividende von 0,70 EUR pro Aktie ausgeschüttet werden konnte, betrug die Dividende für das Geschäftsjahr 2011 nur 0,50 EUR/Aktie (Nennwert: 10,00 EUR/Aktie).

Aufbereitete Bilanzen der Kaiser AG für die Geschäftsjahre 2010 und 2011 (in Mio. Euro)

Aktiva	2010	2011	Passiva	2010	2011
A. Anlagevermögen			**A. Eigenkapital**		
I. Sachanlagen	91,9	88,4	I. gezeichnetes Kapital	30,0	30,0
II. Finanzanlagen	21,1	21,4	II. Kapitalrücklage	3,4	3,4
Summe	113,0	109,8	III. Gewinnrücklagen		
			1. gesetzl. Rücklage	2,5	2,5
			2. and. Gewinnrückl.	5,7	6,9
			IV. Bilanzgewinn	2,8	1,9
			Summe	44,4	44,7
B. Umlaufvermögen					
I. Vorräte	61,3	55,1			
II. Forderungen a. LL.	45,6	49,3	**B. langfr. Fremdkap.**		
III. Wertpapiere	7,5	7,9	1. Pensionsrückstellg.	27,5	34,1
IV. Kasse, Bank	14,0	15,4	2. Verbindlichkeiten gegenüber Kreditinst.	66,2	65,9
Summe	128,4	127,7	Summe	93,7	100,0
			C. kurzfr. Fremdkap.		
			1. sonst. Rückstellg.	45,4	41,2
			2. Verbindlichk. a. LL.	57,9	51,6
			Summe	103,3	92,8
	241,4	237,5		241,4	237,5

1. Begründen Sie, ob die Kaiser AG den Jahresabschluss um einen Anhang erweitern und einen Lagebericht erstellen muss.
2. Erläutern Sie jeweils eine Funktion von Anhang und Lagebericht.
3. Zur Vorbereitung der Bilanzpressekonferenz werden u. a. verschiedene Bilanzkennzahlen ermittelt, um die wirtschaftliche Situation des Unternehmens zu verdeutlichen. Der Finanzvorstand erwartet vor allem kritische Fragen zur Kapitalstruktur des Unternehmens.

3.1 • Berechnen Sie für das Geschäftsjahr 2011 folgende Bilanzkennzahlen (Rundung jeweils auf eine Nachkommastelle):

- Eigenkapitalquote
- Deckungsgrad I
- Deckungsgrad II
- Liquiditätsgrad II (einzugsbedingte Liquidität)

• Beurteilen Sie die Ergebnisse.

3.2 Der Finanzvorstand begründet die derzeitige Kapitalstruktur damit, dass in der Vergangenheit der Leverage-Effekt genutzt worden sei.
Erläutern Sie diesen Effekt und zeigen Sie zwei Probleme auf, die bei der weiteren Nutzung dieser Strategie auftreten können.

3.3 Die Bilanzposition „Pensionsrückstellungen" zeigt zwischen den Geschäftsjahren 2010 und 2011 eine auffällige Veränderung.
Erläutern Sie die Wirkungsweise einer Finanzierung des Unternehmens durch die Bildung von Pensionsrückstellungen.

4. Die Gewinn- und Verlustrechnung für das Geschäftsjahr 2011 weist folgende Zahlen aus:

GuV-Rechnung der Kaiser AG (in Mio. Euro) Geschäftsjahr 2011 (vereinfacht)		
1	Umsatzerlöse	93,8
2	Bestandserhöhungen Erzeugnisse	3,5
3	sonstige betriebliche Erträge	0,8
4	Aufwendungen Roh-, Hilfs-, Betriebsstoffe	66,1
5	Personalaufwand	27,4
6	Abschreibungen	4,3
7	sonstige betriebliche Aufwendungen	0,7
8	Erträge aus Beteiligungen	2,3
9	Zinserträge	0,4
10	Zinsaufwendungen	1,6
11	außerordentliche Erträge	5,7
12	außerordentliche Aufwendungen	0,7
13	Steuern vom Einkommen und vom Ertrag	2,1
14	sonstige Steuern	0,5
15	Jahresüberschuss	3,1

4.1 Der Vorstand ist zwar mit der Höhe des Jahresüberschusses, nicht aber mit dem Ergebnis der gewöhnlichen Geschäftstätigkeit zufrieden.
Zeigen Sie an einer Position der vorliegenden GuV-Rechnung auf, dass diese Bedenken des Vorstands berechtigt sind.

4.2 Das EBIT wird als Kennzahl zur Beurteilung der Ertragslage oft dem Jahresüberschuss vorgezogen.

4.2.1 Ermitteln Sie das EBIT der Kaiser AG für das Geschäftsjahr 2011.

4.2.2 Erläutern Sie, weshalb das EBIT für den Vergleich der Ertragslage verschiedener Unternehmen als aussagekräftiger gilt.

Abituraufgaben 2014 (Aufgabe 2, teilweise)

3. Die Staufer AG plant eine Mehrheitsbeteiligung an der Südtex AG, einem mittelständischen Konkurrenzunternehmen, welches über moderne Produktionsstandorte in Osteuropa verfügt. Zur Entscheidungsfindung muss u. a. eine finanzwirtschaftliche Analyse

erfolgen. Dazu liegt der Staufer AG folgende aufbereitete Strukturbilanz der Südtex AG aus deren Jahresabschluss nach vollständiger Gewinnverwendung zum 31.12.2012 vor:

Aktiva	Strukturbilanz Südtex AG in Euro		Passiva
I. Anlagevermögen	14.000.000,00	I. Eigenkapital	5.700.000,00
II. Umlaufvermögen		II. Fremdkapital	
Vorräte	6.214.000,00	langfristig	15.300.000,00
Forderungen	3.200.000,00	kurzfristig	7.860.000,00
liquide Mittel	5.446.000,00		
	28.860.000,00		**28.860.000,00**

Der Jahresüberschuss der Südtex AG betrug zum 31.12.2012 399.000,00 EUR.
Die GuV der Südtex AG weist für das Jahr 2012 Fremdkapitalzinsen in Höhe von 2.198.400,00 EUR aus.

3.1 Berechnen Sie folgende Bilanzkennzahlen:

- Liquiditätsgrad II
- Anlagendeckung II
- Eigenkapitalrentabilität
- Gesamtkapitalrentabilität

3.2 Beurteilen Sie die finanzwirtschaftliche Lage der Südtex AG zum 31.12.2012 mithilfe der Bilanzkennzahlen Liquiditätsgrad II und Anlagendeckung II.

3.3 Beurteilen Sie unter Verschuldungs- und Rentabilitätsgesichtspunkten (vgl. 3.1 und 3.2), ob eine weitere Aufnahme von Fremdkapital zu den bisherigen Bedingungen für die Südtex AG empfehlenswert wäre.

Abituraufgaben 2016 (Aufgabe 3, teilweise)

2. Zur Vorbereitung der Finanzierungsentscheidung der geplanten Investitionen soll der vorliegende Jahresabschluss analysiert werden. Ihnen liegen folgende Informationen vor:

Strukturbilanz der ESS Maschinenbau AG zum 31.12.2015 in Tausend Euro

Aktiva		Passiva	
I. Anlagevermögen	490.000	I. Eigenkapital	312.000
II. Umlaufvermögen		II. Fremdkapital	
1. Vorräte	65.000	1. langfristiges Fremdkapital	202.500
2. Forderungen	58.000	2. kurzfristiges Fremdkapital	135.500
3. liquide Mittel	37.000		
Summe Aktiva	650.000	Summe Passiva	650.000

Der Jahresüberschuss 2015 der ESS Maschinenbau AG beträgt 32 Mio. EUR. Die Umsatzerlöse 2015 betragen 400 Mio. EUR.

2.1 Berechnen und beurteilen Sie anhand der Strukturbilanz die Eigenkapitalquote und den Anlagendeckungsgrad II der ESS Maschinenbau AG.

Hinweis: Der Branchenwert für die Eigenkapitalquote beträgt 40 %.

2.2 Der Vorstand bevorzugt eine Darlehensfinanzierung über die Hausbank. Dadurch soll jedoch der Branchenwert für die Eigenkapitalquote nicht unterschritten werden.

Weisen Sie rechnerisch nach, bis zu welchem Betrag die ESS Maschinenbau AG ein Darlehen bei der Hausbank aufnehmen kann. Gehen Sie dabei von den Zahlen der Strukturbilanz zum 31.12.2015 aus.

2.3 Hauptargument des Vorstands für die Darlehensfinanzierung ist die aktuelle Niedrigzinsphase, die man bei einer sofortigen Finanzierungsentscheidung nutzen könnte.

Beurteilen Sie, wie sich eine Erhöhung der Darlehenszinsen auf die Eigen- und Gesamtkapitalrentabilität auswirken würde.

2.4 Die durchschnittliche Umsatzrentabilität der Branche beträgt bei ähnlichen Verkaufspreisen und vergleichbaren Produkten 5 %.

- Ermitteln Sie die Umsatzrentabilität der ESS Maschinenbau AG für das Geschäftsjahr 2015.
- Erläutern Sie zwei Gründe für die Abweichung der Umsatzrentabilität der ESS Maschinenbau AG vom Branchenwert.

16 Strategic planning and management accounting

16.1 Basic information and meaning of business management

Vocabulary list

English	German
distribution	Vertrieb
to ensure	sicherstellen
achievement	Erreichen
objective	Ziel
competitive advantage	Wettbewerbsvorteil
to allocate	verteilen
executives	Führungskräfte
visible	sichtbar
to generate	erzeugen, erstellen
to implement	umsetzen, durchführen

English	German
to conceive	konzipieren, entwerfen
to execute	ausführen
interpersonal	zwischenmenschlich
to accomplish	erreichen, erfüllen
performance goals	Leistungsziele
crucial	wichtig, wesentlich
intangible assets	immaterielle Vermögensgegenstände
to contribute	beitragen
significantly	wesentlich
sustainable viability	nachhaltige Lebensfähigkeit

Stofftelegramm

Management functions → Coordination and control of production, distribution and sales, investments and financing in a way to ensure the achievement of defined objectives
→ achieve "competitive advantage"

Managers' jobs
- Set goals
- Motivate and activate people
- Monitor and evaluate objectives
- Plan
- Pile up and allocate resources

Three levels of management

TOP LEVEL
- Senior level executives
- Hold the most responsibility
- E. g.
  - COO – Chief Operating Officer
  - CEO – Chief Executive Officer
  - President
  - Vice President

MIDDLE LEVEL
- Report to top management
- Head of major departments
- More visible than top management
- Generate and implement strategic action plans

- Conceive, select and execute elected plan in order to drive a company towards its overall goals
- E.g.
  - Director
  - Assistant Director
  - Regional Director
  - Division Manager

LOWER LEVEL

- Work most closely with the workforce
- Hold a more interpersonal role
- Make sure that individual employees accomplish performance goals
- E.g.
  - Accounting Manager
  - Human Resources Manager
  - Head of Financial Operations
  - Sales Leader

Management process

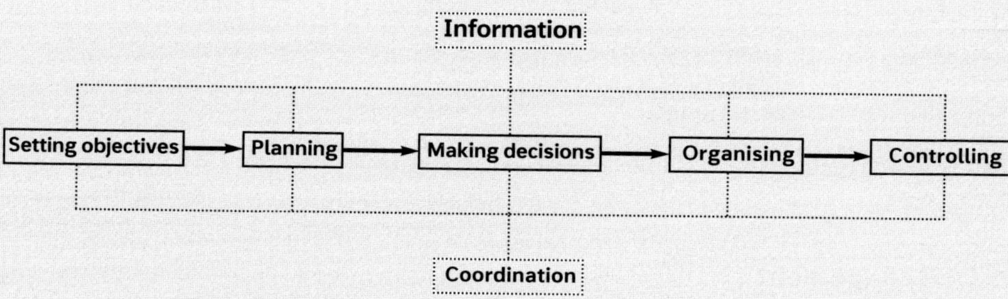

In this context **"human capital"** is a crucial term:

Human capital = the part of the intangible assets of a company that contributes significantly to the corporate success and thus to the sustainable viability of the enterprise (quantity and quality of the staff and of human resource management)

16.2 Vision, mission and objectives

Vocabulary list

English	German
to pursue	verfolgen
to strive	anstreben
access	Zugang

English	German
purpose	Zweck, Aufgabe, Ziel
code of conduct	Verhaltensrichtlinien

Stofftelegramm

Vision statements	Mission statements
• Something to be pursued • Strive to solve a meaningful problem that makes the world a better place • Focus on the company's future	• Something to be accomplished • Communicate the purpose of a company; basic principles and values • Focus on the company's present state • "Overall goal" → form a **code of conduct** for all business activities

16.3 System of business objectives

Vocabulary list

English	German
business objective	Unternehmensziel
entrepreneurial be-haviour	unternehmerisches Handeln
verifiable	überprüfbar
feature	Merkmal
to align with	anpassen an, ausrich-ten an
to expand	ausweiten, vergrößern
to obtain	erreichen
current	derzeitig
revenue	Umsatz
to achieve	erreichen
ambitious	ehrgeizig
time-bound	zeitgebunden
trackable	nachvollziehbar
concerns	Anliegen, Interessen
sustainable viability	nachhaltige Lebens-fähigkeit
occupational health and safety	Gesundheit und Sicherheit am Arbeitsplatz
co-determination	Mitbestimmungsrecht

English	German
conservation	Erhaltung, Schutz
waste avoidance	Abfallvermeidung
unit cost	Stückkosten
decline	Rückgang
issues	Themen, Probleme
allotted	zugeteilt
boost	Erhöhung, Ankurbe-lung
law-abiding	gesetzestreu
statutory regulations	gesetzliche Vorschrif-ten
supervision	Überwachung, Beobachtung
appropriately	angemessen
target-oriented	zielorientiert
to comply with	befolgen
to concern	betreffen
to differentiate	abgrenzen, unter-scheiden
to arise	entstehen, auftreten

Stofftelegramm

Business objectives = clearly defined targets that make entrepreneurial behaviour verifiable

Strategic objectives	Operational objectives
Features: • Specific goal • Clearly stated outcome • Long-term • Aligned with vision and mission	**Features:** • Measurable • Short-term • Assist in obtaining strategic objectives • Aligned with strategic objectives
Examples: • "Expand sales to existing customers." • "Strengthen financial resources." • "Improve internal communication."	**Examples:** • "Increase sales from USD 10.7 million to USD 15 million within the next six months." • "Capture an additional 20% of market share within the current business year." • "Increase revenues by 20% by 2021."

Objectives should be:

S	M	A	R	T
• **specific** • significant • simple	• **measurable** • meaningful • motivational	• **achievable** • ambitious • acceptable	• **realistic** • relevant • reasonable	• **time-bound** • time-oriented • trackable

The process of defining objectives is influenced by different concerns of various interest groups, i.e. **shareholders** and **stakeholders** (= employees, public, customers etc.).

Main objectives: economic, social, ecological/environmental

Shareholder value concept

- Main concern = interests of shareholders → long-term **profit** maximisation (= **economic**)

Stakeholder value concept

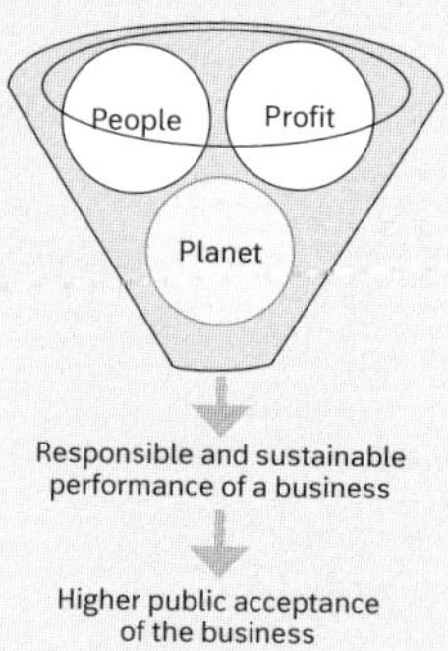

- Sustainable viability of the enterprise can only be achieved if the company's whole environment accepts it.
- **Social** objectives (**people**):
  - Good working conditions
  - Job security
  - Occupational health and safety
  - Fair payment
  - Co-determination
- **Ecological/environmental** objectives (**planet** respectively **public**):
  - Environmental protection
  - Conservation of resources
  - Waste avoidance
  - Recycling

Conflict of objectives

- **Example 1:** <u>Conflict between social and economic (financial) objectives</u>

  Social objective: higher pay → higher unit cost → higher price → possible decline in sales → decrease in profits → **economic objective profit maximisation** at risk

- **Example 2:** <u>Conflict between economic (financial) and ecological objectives</u>

  Environmental measures (**ecological objective**) → higher cost → higher price → possible decline in sales → decrease in profits → **economic objective profit maximisation** at risk

- Basically, companies pursue mainly economic objectives. In order to achieve the main objective (profit maximisation) companies try to increase sales and at the same time decrease costs (e.g. through higher profitability).
- Although social issues (e.g. occupational health and safety) and ecological issues (e.g. recycling) are often allotted to the government (work protection law, environment protection law), companies have recognized that social objectives and ecological objectives are becoming more and more important to ensure the acceptance of the enterprise in its environment.
  Argumentation: There is **harmony of objectives** between social and economic objectives: fair pay → pleasant working atmosphere → increased motivation → productivity boost → rising profit.

Corporate Governance (CG)

- No universal definition
- National and international rules and processes → responsible, fair and transparent management for stakeholder's sake
- **Ultimate goal: law-abiding and ethical corporate behavior**

German Corporate Governance Code:
- Statutory regulations for supervision of German listed companies
- Recommendations and suggestions
- Nationally and internationally accepted standards
- German listed companies must declare annually that they comply with the regulations (permanent publication on website).

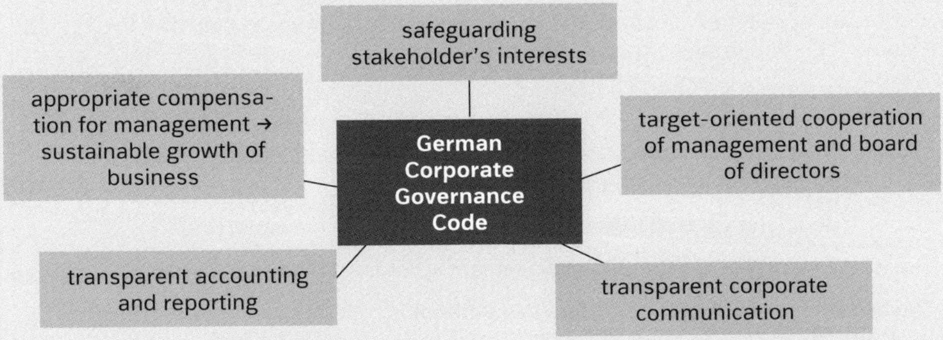

Source: Vgl. Regierungskommission Deutscher Corporate Governance Kodex: German Corporate Governance Code, 15.05.2015. In: www.dcgk.de/en/code/archive.html [21.04.2020], page 1, abridged.

Corporate Social Responsibility (CSR)

- **Ultimate goal: sustainable management**
- Concerns and affects all sectors in society

Protecting our planet

→ Investors are more willing to invest in
→ Customers are more willing to buy at
→ Customers pay a higher price for products from
→ Employees are more willing to work for

sustainably responsible companies.

Practice questions

1. Define *management functions*.
2. Explain what *human capital* means and give reasons why it is relevant for companies.
3. Differentiate the terms *vision* and *mission* and give an example each.
4. Explain the difference between strategic objectives and operational objectives and give two examples each.
5. <u>Mission statement</u>

   "We are innovation and design leaders [...]"

   "We are consumer focused and therefore we continuously improve the quality, look, feel, and image of our products [...]"

   "We are dedicated to consistently delivering outstanding financial results."

   Based on the above mission statements of a company, identify two objectives and explain the conflict between these objectives.
6. Name four different stakeholders of a company and name their interests.
7. Name the main goal of corporate management according to the shareholder value concept.
8. Name reasons why the shareholder value concept is criticized.
9. Describe problems that can arise if a company is focusing on the stakeholder value concept.

10. Explain *Corporate Governance* in general.
11. Name the target group of the *German Corporate Governance Code* and name reasons why it was established.
12. Explain *Corporate Social Responsibility* in general.
13. Describe the *United Nations Global Compact.*

16.4 Controlling – meaning and selected controlling instruments

Vocabulary list

English	German
to control	regeln, steuern
accounting	Rechnungswesen
source	Quelle
to steer	steuern, lenken
entire	vollständig
staff member	Mitarbeiter

English	German
concerned	betroffen
corrective	korrigierend
determination	Festlegung
benchmark	Maßstab
to exceed	übertreffen
continuous	stetig, ununterbrochen

Stofftelegramm

- Data from accounting and other information sources (e.g. sales data) are collected and analysed.
- Steering the company towards achieving entrepreneurial goals

Proactive	Reactive
• Entire knowledge of what is going on in the company must be made known to the management. • Relevant information must be made known to each staff member concerned and affected.	• Corrective actions in case something goes in the wrong direction. • If necessary, stop ongoing processes.

Procedure:

1. Selection and determination of the controlling instruments to be used
2. Establishing benchmarks and standards
3. Realisation and monitoring (i.e. controlling) → are benchmarks and standards met/exceeded/not achieved? → involves "management by objectives"
4. Continuous improvement and development

16.4.1 SWOT analysis

Vocabulary list

English	German
relevant	wichtig, wesentlich
strengths	Stärken
weaknesses	Schwächen

English	German
to overcome	überwinden
to avert	abwehren
to avoid	vermeiden

English	German
internal	hier: innerbetrieblich
external	hier: außerbetrieblich
challenge	Herausforderung

English	German
to detect	erkennen, feststellen
durability	Haltbarkeit

Stofftelegramm

- SWOT = strategic (long-term) planning instrument
- A SWOT analysis will only be effective if the **information used to develop** it is accurate and relevant.

Environmental analyses:
- Political and social environment
- Legal regulations
- Ecological environment
- Economic and technological environment
- Market analyses
- Competitor analyses
- Industry structure analyses

Company analysis:
- Market share
- Culture
- Strengths and weaknesses
- Goals

A **SWOT** analysis
- enables organisations to analyse internal and external influences,
- focusses on **S**trengths and **W**eaknesses **(internal)** and on **O**pportunities and **T**hreats **(external)**,
- helps companies to discover its greatest challenges, identifying areas for change, and realizing trends (market, economic, demographic etc.).

SWOT analysis – general structure

External (developments on the market and in the business environment) / **Internal** (compared to the most important competitors)	**O** Opportunities	**T** Threats
S Strengths	Efficient use of strengths to take maximum advantage of the opportunities.	Usage of the company's strengths to avert or minimize the threats.
W Weaknesses	Minimize or overcome the company's weaknesses by using the opportunities you detected.	Minimize the company's weaknesses to avoid the threats.

Further examples of internal factors that can be included in the company's analysis:
- Revenue
- Management and leadership style
- Product quality (e. g. durability)
- Product range
- Image
- Technical service
- Productivity
- Liquidity

16.4.2 Competitive strategies (according to Porter)[1]

Vocabulary list

English	German
volumes	Menge, Umfang
extensive	umfangreich, großflächig
differentiation	Abgrenzung
attribute	Eigenschaft, Merkmal

English	German
to perceive	wahrnehmen
uniqueness	Einzigartigkeit, Unverwechselbarkeit
entry barrier	Zugangsbarriere
focus	Schwerpunkt

Stofftelegramm

Every company wants to achieve a sustainable **competitive advantage.**

↓

Being "better" than the competitors in the customers' minds:
- Having at least the same value as the competitors, but at a lower price
- Having greater value to the customers, gained through e.g. better service, brands

↓

Three main competitive strategies to achieve competitive advantage

Cost leadership →

Can be achieved through:
- High volumes of standardised products → economies of scale
- Continuous search for and exploitation of cost reduction
- Most extensive distribution
- Privileged access to raw material

→ above average profit

Differentiation →

Can be achieved through:
- Selecting attributes that consumers perceive as important
- Uniqueness
- Brands and brand loyalty

→ also creates entry barriers

Focus →

Can be achieved through:
- Selecting a segment (niche market) and concentrating on this limited part of the market
- Understanding the dynamics and unique customer needs
- Offering a specialised product/service in the niche market

---

[1] *Vgl. Porter, Michael E.: Competitive Advantage, Creating and Sustaining Superior Performance, 1. Auflage, New York: The Free Press 1985.*

16.4.3 Balanced Scorecard (BSC)

Vocabulary list

English	German
alignment	Ausrichtung
thus	somit
holistic	ganzheitlich
to signify	bezeichnen
capabilities	hier: Möglichkeiten
to hinder	verhindern
parameter	Kenngröße
capital commitment	Kapitalbindung
debt ratio	Verschuldungsgrad
profit margin	Deckungsbeitrag
crucial	wesentlich, wichtig
to accelerate	beschleunigen

English	German
cycle times	Durchlaufzeiten
inventories	Lagerbestände
capacity utilisation	Kapazitätsauslastung
complaint rate	Reklamationsrate
prerequisites	Voraussetzungen
profound	fundiert, tief
to bridge	überbrücken
to gather	sammeln, zusammentragen
to charge premiums	Preisaufschläge verlangen
staff turnover	Mitarbeiterfluktuation
to retain	behalten
return on assets	Kapitalrendite

Stofftelegramm

- BSC = strategic planning and management system to support the alignment of business activities to the vision and strategy of the company
- Originated due to the fact that financial data is past-related and thus not a suitable basis for strategic planning
- BSC = performance measurement (Do we perform according to out strategic goals?)
- Adds **non-financia**l performance measures to former (traditional) financial perspective → holistic view on a company

→ Managers have a more "balanced" view on the organisation, as there are now four areas to take into account: the **financial**, the **process-oriented**, the **learning & growth** (**employee**), and the **customer perspective**. "Balanced" signifies the balance between short-term and long-term objectives and financial measures and non-financial measures.

→ Managers can identify causes that hinder good performance and thus take strategic measures for change.

Note:
- to score = treffen, punkten
- scorecard = Punktekarte, Wertungsliste → signifies quantified performance measures

The four perspectives of a Balanced Scorecard

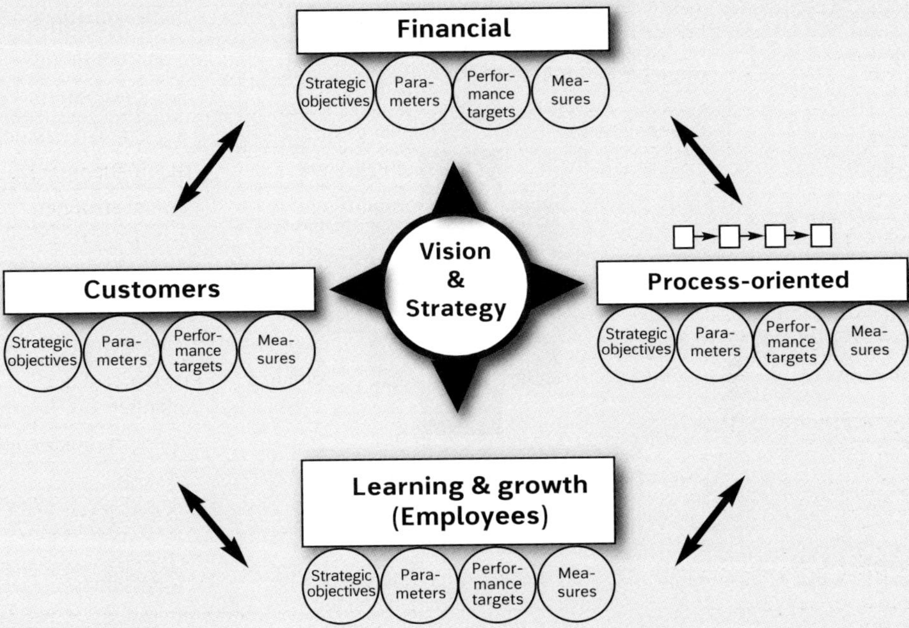

Financial perspective

How are we perceived by our shareholders?

- Strategic objectives, e.g.:
  - High profitability
  - Increase in shareholder value
  - High enterprise value
  - Rationalisation
  - Growth
- Parameters, e.g.:
  - Cash flow
  - Sales growth
  - Capital commitment
  - Rentability
  - Debt ratio
  - EBIT
  - ROI
  - Profit margin

Customer perspective

How do customers see us? How can we satisfy our customers with price, quality, availability of products and services (to then achieve the financial goals)?

- Market-oriented
- Very often seen as the key perspective as customer satisfaction is crucial to achieve the financial goals → "customer first"

- Strategic objectives, e.g.:
  - Increase market share
  - Improve image
  - Enhance customer satisfaction
  - Intensify product innovation
- Parameters, e.g.:
  - Profit margin
  - Market shares
  - Customer profitability
  - Customer loyalty index
  - Number of new customers

Process-oriented perspective

What processes do we need to do extremely well in order to provide the satisfaction of the customers and achieve the financial goals?

- Designing the processes in a way that customer demands and shareholder demands are satisfied
- Integration of innovative business processes

- Strategic objectives, e.g.:
  - Accelerate cycle times
  - Reduce error rates
  - Recognize and improve inefficient processes
  - Improve environmental protection
  - Improve productivity
- Parameters, e.g.:
  - Cycle times
  - Error rates
  - Capacity utilisation
  - Complaint rate
  - Inventories
  - Delivery times
  - Processing times

Learning & growth perspective

What skills and capabilities must we have in our organization to drive the internal processes, to provide value to our customers to achieve the financial goals?

- Strategic objectives, e.g.:
  - Improve motivation
  - Promote creativity
  - Extend qualification
  - Secure junior staff
- Parameters, e.g.:
  - Employee satisfaction
  - Employee loyalty (fluctuation rate)
  - Employee productivity (sales per employee)
  - Absenteeism
  - Days of training

Interactions between the four perspectives lead to **Cause-effect relationships**

	Cause (If ...)	**Effect** (... then)
Example 1:	training for **employees**	→ improved product knowledge
	improved product knowledge	→ better sales negotiations
	better sales negotiations	→ enhanced **customer** satisfaction
	enhanced customer satisfaction	→ increased sales figures
	increased sales figures	→ profit growth **(financial perspective)**
Example 2:	**staff** training	→ improved **processes**
	improved **processes**	→ higher **customer** satisfaction
	higher **customer** satisfaction	→ profit growth **(financial perspective)**

Prerequisites for the introduction of a Balanced Scorecard

- A vision and a mission statement
- Corporate strategies
- Willingness to communicate
- Permanent information flow
- Trust in management
- Profound expertise
- Ability to work in teams
- Flexible organisation

Advantages of the Balanced Scorecard

- Bridges the gap between mission statement and day-to-day activities
- Communication on all levels → Employees understand strategies and support them.
- Enhanced motivation leads to stronger company ties.
- Better communication with external stakeholders (publication of non-financial factors)
- Demonstration of how different objectives are related
- Long-term view on objectives
- **BSC gives a full view as to whether the firm is meeting its objectives.**

Disadvantages of the Balanced Scorecard

- Time-consuming and expensive
- Employee resistance
- Will only work if the entire organisation understands the concept (balance across measures and its translation into improving processes)

Practice questions

1. Name the purpose of a SWOT analysis.
2. Identify the two sources of information gathered for the purpose of a SWOT analysis and give two examples each.
3. In an organisational context, which two of the following are strengths? Also identify a weakness and a threat.
   a) New machinery or equipment
   b) Lack of computing expertise
   c) A new or developing market
   d) Competitors developing new products or services
   e) A new product or service
   f) Location of the business in respect to the market place
   g) Extra competitors in the main market area
4. a) Name three methods of gaining competitive advantage.
   b) Explain why an organisation which tries to achieve more than one competitive advantage at the same time may be likely to fail.

5. Identify the competitive strategy that is behind the following factors and implications.

   a) • Low cost competitive strategy in niche market
      • Seek cost advantage in narrow target market
      • Serve special needs of narrow market

   b) • Low cost competitive strategy
      • Aimed at BROAD market
      • Cost reductions, high efficiency

   c) • Broad mass market
      • Unique product service
      • Charge premiums
      • Reduce customer's sensitivity to price

6. a) Explain the general idea behind setting up a Balanced Scorecard.
   b) If return on investment is a measure used on the Balanced Scorecard, under which perspective would it be listed?
   c) In which of the four perspectives of a balanced scorecard is the objective "reduce staff turnover" most likely to be found?
   d) A measure of performance on customer perspective could be

      1 percent of customers retained each year,
      2 percent of companies in the region who do business with the firm,
      3 the amount of return on assets,
      4 all of the above,
      5 1 and 2.

   e) An internal business and production process measure of performance could be

      1 return on equity,
      2 growth in market value of shares,
      3 reducing the inventory levels,
      4 all of the above,
      5 1 and 2.

   f) Explain the relationship between the four perspectives.

16.5 Abituraufgaben Profil Internationale Wirtschaft

Abituraufgaben 2014 (Aufgabe 3, Teil 2, verändert)

Die Lightning Burger AG ist eine mittelgroße Kapitalgesellschaft, die in der Systemgastronomie tätig ist. Zur weiteren Optimierung der Prozesskette möchte das Unternehmen in neue und effizientere Burger-Grills investieren. Zum Ende des Geschäftsjahres 2011 werden zwei alternative Investitionsvorschläge für das Geschäftsjahr 2012 geprüft.

2. The management have analysed all data available on the profitability of the investment. One of the directors is not convinced of the investment plan. He states: "The financial investment might be profitable. But we, the management board, should broaden our focus in order to ensure the company's success in the long term."

2.1 Explain what is meant by this statement with regard to shareholders and stakeholders.

2.2 Lightning Burger AG are thinking about setting up a mission statement. Name four potential addressees of the mission statement and explain their interests in the company.

2.3 Lightning Burger AG's 2012 performance gave cause for complaint (see **Evidence 2**). The management now want you to analyse the given data using the balanced scorecard approach.

2.3.1 Set up a balanced scorecard based on the information given in **Evidence 2.** Use the table in **Appendix 2.**

2.3.2 Cause-and-effect relationships play a decisive role in this context. Develop an example that shows the interdependence between the four perspectives of the balanced scorecard for the Lightning Burger AG.

Evidence 2 for question 2.3

Facts and figures of Lightning Burger (consolidated):

	2011	2012
Employees	5,000	5,200
New hires	2,000	2,500
Weekly sales per store in USD	230,000.00	190,000.00
Average length of stay	15 minutes	20 minutes
Per head consumption in USD per visit	9.50	8.20
Total advertising budget in USD	10,000,000.00	8,000,000.00
Social media "dislikes" per week	1,900	2,800
Customers' complaints per month	150	870
Average profit per store	6.2% of total sales	5.8% of total sales

Appendix 2 for question 2.3.1

	Customer Perspective	Financial Perspective	Business Process Perspective	Learning and Growth Perspective
Objectives				
Targets				
Measures				
Initiatives				

Abituraufgaben 2015 (Aufgabe 3, Teil 2, teilweise)

Die Goha AG in Tailfingen ist ein mittelständisches Unternehmen, das sich auf die Herstellung und den Vertrieb hochwertiger und hochpreisiger Damen- und Herrenwäsche aus Naturfasern spezialisiert hat. Die Biobaumwolle wird aus Indien bezogen. Bislang wird nur in Tailfingen produziert. Zum exklusiven Kundenstamm der Goha AG zählen u. a. Filmstars aus den USA.

2. Goha AG's success in their niche market has attracted the attention of investor Heins Inc. from Winston Salem, USA. Goha AG's management show interest as they see the opportunity to expand their business.

2.1 The U.S. managers would like to know if the German company can increase its sales. Therefore they expect an analysis of competitive strategies that could be followed.

- Explain three potential competitive strategies for Goha AG.
- Explain which strategy you would recommend with regard to Goha AG's business profile.

Abituraufgaben 2016 (Aufgabe 3, Teil 2)

Die Cartilli & Meyer Teigwaren OHG stellt industriell die Nudelsorten „Prima Pasta“, „Badisch' Knöpfle“ und „Schwäbisch' Spätzle“ her. Das Unternehmen hat 20 Beschäftigte in der Fertigung und fünf in der Verwaltung. Die Geschäfte führen die beiden Gesellschafter Paula Cartilli und Jonas Meyer.

2. Cartilli & Meyer Teigwaren OHG's two managing partners, Paula Cartilli and Jonas Meyer, hire Nora Kapla, a business consultant specialising in strategic management. Having looked at the latest controlling reports, Ms Kapla is concerned that the business is focusing too much on financial data. She suggests introducing a Balanced Scorecard.

2.1 Outline two reasons why it can be problematic to rely exclusively on financial factors when managing a company.

2.2 Nora Kapla points out that before setting up a Balanced Scorecard Cartilli and Meyer should draft a vision for the company.

Explain the term "vision" and why it is a prerequisite for a Balanced Scorecard.

2.3 Name the three non-financial perspectives of a Balanced Scorecard.
For each of them,

- define a potential strategic objective,
- choose a possible parameter (key figure) to assess the achievement of the objective and
- propose a measure (initiative) that can serve to achieve the objective.

Use the table in **Appendix 1.**

2.4 Paula Cartilli and Jonas Meyer have some doubts whether it is useful for the company to implement a Balanced Scorecard.

Give two advantages and two disadvantages that the Balanced Scorecard might have for Cartilli & Meyer Teigwaren OHG.

2.5 Paula Cartilli and Jonas Meyer have decided to shift their way of managing the company from a shareholder value concept towards a stakeholder value concept.

- Outline the main difference between the two concepts.
- Explain for which of the two concepts the Balanced Scorecard is a better match.

Appendix 1

Non-financial Balanced Scorecard Perspective			
Objective			
Parameter (Key figure)			
Measure/ Initiative			

Abituraufgaben 2017 (Aufgabe 3, Teil 2)

4. Planning the company's future direction BRSF GmbH's management has created a vision. Based on this vision, it has set up a mission statement (**Evidence 1**).

4.1 Explain the difference between a company's vision and its mission statement.

4.2 Based on the mission statement, name three different groups of stakeholders, one benefit each group brings to the Company and what they expect in return.

4.3 Apart from economic goals, BRSF GmbH also pursues non-economic objectives.

Develop two non-economic operational objectives and explain to what extent they may also contribute to the business's economic success.

4.4 With the aid of examples, explain the three different types of effect that pursuing one business objective can have on achieving another objective.

5. In the last few years the glider industry has experienced declining profit margins. BRSF GmbH has conducted an internal and external analysis to ensure that the company remains competitive.

Using the results in **Evidence 2**, complete the blank boxes of the SWOT matrix in **Appendix 1**.

Appendix 1

		INTERNAL ANALYSIS	
		S:	W:
EXTERNAL ANALYSIS	O:		W-O strategy:
	T:	S-T strategy:	

Evidence 1

Mission statement

We are the world leader for gliders with retractable engines. Our company stands for gliders of the highest quality.
We work together with research institutes and universities all over the world and guarantee that pilots will not only enjoy the maximum possible performance standards but also quality "Made in Germany".
We produce all parts at our German factory, which means that we not only achieve maximum flexibility but also keep continuous control over production quality.
We employ designers that are internationally recognised and highly respected engineers. With their help our customer support can always be relied on – from design to detailed development, quality control and after sales service.

We want to be pioneers with our ecological vision in the aviation industry.
We are a company that is socially and environmentally responsible and that is financially rewarding for our employees and shareholders.

Evidence 2

Results of the analysis

Due to family ownership, the BRSF GmbH has always retained a considerable share of its profits within the company, which enables it to be rather independent of banks. As a family-run company in the second generation, the management has maintained a close relationship to its employees. There is little fluctuation and employees are willing to put in extra time and effort if needed. BRSF GmbH's facilities are spacious and the company could easily extend its production. As world market leader for gliders with retractable engines the company has constantly improved its gliders with new inventions made possible by its research and development department. The worldwide market for professional gliders is shrinking and profit margins are declining. None-theless, BRSF GmbH has managed to extend its customer base among hobby pilots in Germany and worldwide. As a result of the high quality of BRSF GmbH's gliders, only a small share of the company's turnover is generated by the sales of spare parts. BRSF gliders' longevity has also resulted in a growing second-hand market. Flying gliders has become a new fashionable hobby in Australia. This has led to an increasing number of overseas producers selling their products worldwide.

Abituraufgaben 2018 (Aufgabe 3, Teil 1, verändert)

Silver Eagle Ltd. is one of Britain's leading manufacturers of outdoor equipment. Two years ago the company decided to enter the German market by exporting its products to selected German wholesalers. Since then, Peter Silver, a member of the executive management board, has been in charge of sales in Germany. So far sales have remained much lower than expected and the number of new customers per month has been steadily decreasing.

1. The current vision of Silver Eagle Ltd. is published on their website:

   "Our vision is to encourage participation in outdoor activities and make these pleasures and benefits affordable to the many. We offer smart prices to smart customers."

   Peter Silver collects and summarises the main trends on the outdoor clothing market (see **evidence 1** below). Now he has serious doubts whether the company's current vision still matches the specific requirements of the intended clientele, both British and German consumers of outdoor clothing. Mr Silver therefore plans to modify the vision with respect to the information collected.

   - Explain the concept of a corporate vision.
   - Create a new vision for Silver Eagle Ltd. that suits the current market requirements for outdoor clothing.

2. Silver Eagle Ltd. wants to be closer to its German customers and therefore plans to establish a production facility and its own chain of shops in Germany. Before implementing the new strategy, Peter Silver intends to set up a Balanced Scorecard focusing on the financial and customer perspectives.

2.1 Explain the purpose of a Balanced Scorecard.

2.2 Use the information given above to complete the Balanced Scorecard in **appendix 1**.

2.3 Identify and explain the relation between the two strategic objectives defined in task 2.2.

2.4 Some members of the management are sceptical whether the company's shareholders will accept the new approach.

Outline two potential drawbacks of implementing a Balanced Scorecard.

Evidence 1 for Question 1: Outdoor Equipment and Clothing

- Outdoor clothing has become more fashionable over the last years as consumers feel outdoor is a statement of lifestyle and can be worn regularly instead of only for sporting activities.
- The dominant companies in this increasingly saturated market try to keep this position by highlighting their own brands. Some have established their own stores in well-known retail areas. With that they have captivated new clients.
- Opening stores is a prominent way to attract customers to your brand as consumers like to assess the products and want guidance and support before purchasing outdoor equipment and clothing.
- On the other hand online orders are on the rise and are a significant tool to reach customers. The dominant companies have established their own apps offering special deals for app-users.
- Clients also attach importance to sustainability, not only in the whole supply chain but also with regard to corporate responsibility.

Source: Vgl. Clearwater International: Outdoor Equipment and Clothing, 2017. In: www.clearwaterinternational.com/assets/pdfs/Outdoor-Equipment-and-Clothing-Clearthought.pdf, page 1–3, modified.

Appendix 1 for Question 2.2

	Financial perspective	Customer perspective
Strategic objective		
Parameter including target values and time frame		
Initiative (precise description of measures)		

16.6 Abituraufgaben Profil Wirtschaft

Abituraufgaben 2009 (Aufgabe 1, Teil 1)

1. Aus dem Leitbild der Wieslocher DRUMA AG:

Unsere Unternehmung
Die DRUMA AG möchte ihre Position als weltweit führender Hersteller von Druckmaschinen langfristig kontinuierlich ausbauen.

Unsere Kunden
Die Zufriedenheit unserer Kunden steht im Mittelpunkt unserer Zielsetzungen. Wir pflegen langfristige, weltweite Kundenbeziehungen und erreichen mit hervorragenden Produkten sowie einem umfassenden Netz von Beratung und Dienstleistungen optimale Kundennähe.

Unsere Mitarbeiter
Die Basis unserer Unternehmung bilden unsere motivierten und verantwortungsbewussten Mitarbeiter. Die Kompetenz unserer Mitarbeiter fördern wir durch kontinuierliche Weiterbildung und sichern damit langfristig Arbeitsplätze. Damit erhöhen wir die Identifikation mit unserer Vision.

Unsere Prozesse
Unsere Prozesse werden laufend überprüft und nach technischen und wirtschaftlichen Maßstäben optimiert. Sämtliche Prozesse werden durch schonenden Einsatz von Ressourcen umweltverträglich gestaltet.

Unsere Zukunft
Durch den Einsatz von innovativen Lösungen und durch stetige Weiterentwicklung unserer Produkte und Dienstleistungen erreichen wir führende Positionen. Wir sind offen für neue Technologien in allen Bereichen der Druckindustrie und leisten dadurch eine gezielte Steigerung der Prozessoptimierung und Kostenreduktion. Wir halten international anerkannte Regeln guter Unternehmensführung ein. Mit allen Stakeholdern kommunizieren wir in einer offenen und angemessenen Form.

1.1 Die strategischen Unternehmensziele der AG ergeben sich aus dem Unternehmensleitbild. Ordnen Sie diese Ziele verschiedenen Zielarten zu und bestimmen Sie, welche Zielart im Vordergrund steht.

1.2 Beschreiben Sie anhand des Unternehmensleitbilds einen Zielkonflikt und eine Zielharmonie.

1.3 Das im Unternehmensleitbild genannte Stakeholder-Konzept stellt eine Erweiterung des Shareholder-Value-Konzepts dar.
Erläutern Sie diese Aussage.

17 Behaviour of market participants in competitive markets

17.1 Demand and supply

Vocabulary list

English	German
to determine	bestimmen
assets	Vermögen
extension	Ausweitung
contraction	Abnahme
aggregation	Zusammenrechnung
to trigger	auslösen
interchangeable	austauschbar, substituierbar
in conjunction with	zusammen mit
to quote	zitieren, nennen

English	German
sketch	Skizze
unequivocal	eindeutig
income cut	Einkommenskürzung
current	derzeit
medicine for diabetes	Medizin für Zuckerkranke
news item	Meldung, Nachricht
stimuli	Anreize, Impulse
technical term	Fachbegriff
sovereignty	Überlegenheit, Eigenverantwortlichkeit

Stofftelegramm

Demand — **Determining factors** — **Supply**

Demand:
- Price
- Needs
- Number of customers
- Prices of other goods
- Income
- Assets
- Expectations

Supply:
- Price
- Cost
- Capacity
- Number of suppliers
- Competitors
- Economy (business cycle)
- Expectations

Curves

Ceteris paribus: Quantity of demand and quantity of supply are only determined by the **price of the good**. All other factors remain constant.

Demand curve

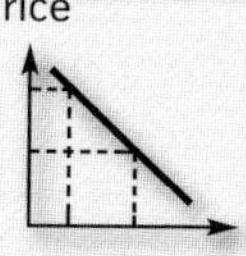

Movement **along** the curve

Supply curve

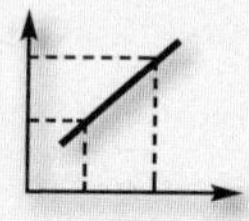

Law of demand:
decrease in price – extension in demand
increase in price – contraction in demand

Law of supply:
increase in price – extension in supply
decrease in price – contraction in supply

Individual demand → demand for a good of **one** household

Individual supply → supply of a good of **one** supplier

Total (market) demand → demand of **all** the households (aggregation of all individual households)

Total (market) supply → supply of a good by **all** suppliers on the market (aggregation of all individual supply curves)

Shift of the curves

triggered by changes in any of the factors affecting demand and supply, **except price**

Demand curve | **Supply curve**

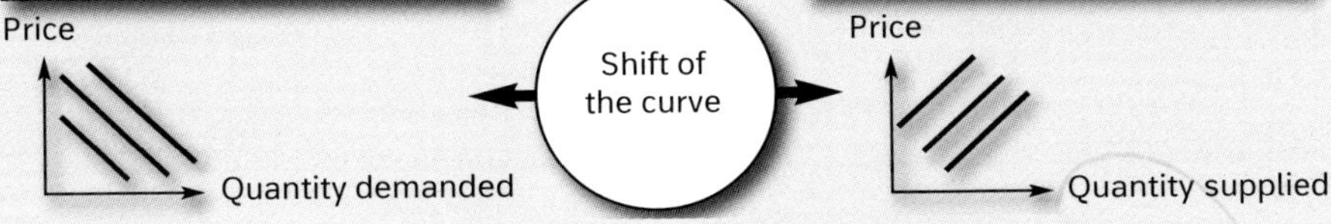

Elasticity of demand

$$\text{Price elasticity of demand (PED)} = \frac{\text{percentage change in quantity demanded}}{\text{percentage change in price}} = \frac{\Delta Q \cdot P}{\Delta P \cdot Q}$$

ΔQ = change in quantity
ΔP = change in price
Q = original quantity
P = original price

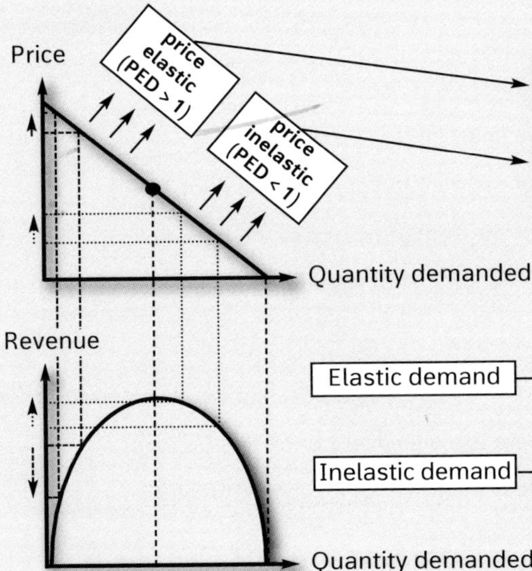

price elastic (PED > 1) → A percentage change in price will cause a **larger** percentage change in quantity demanded.

price inelastic (PED < 1) → A percentage change in price will cause a **smaller** percentage change in quantity demanded.

Elastic demand → fall in price → increase in revenue; increase in price → fall in revenue

Inelastic demand → fall in price → fall in revenue; increase in price → increase in revenue

The sign only shows the direction of movement. It will usually be negative. A positive sign will only occur for abnormal goods (e.g. snob-effect).

The actual elasticity is shown by the number.

$$\text{Cross price elasticity of demand (XPED)} = \frac{\text{percentage change in quantity demanded of good A}}{\text{percentage change in the price of good B}} = \frac{\Delta Q_A \cdot p_B}{\Delta P_B \cdot Q_A}$$

Substitutes:	Goods that are interchangeable, e.g. butter and margarine, have **positive XPEDs**: A fall in price of one substitute leads to a reduction in the demand for another. XPED for substitutes is **always positive.**
Complements:	A good that is used in conjunction with another good, usually with little or no value when consumed alone (e.g. lamp and light bulb). **Negative XPEDs** as an increase in the price of one good will lead to a reduction in demand for its complements. XPED for complements is **always negative.**

Practice questions

1. Explain the terms "individual demand" and "market demand".
2. Name at least four determinants of demand.
3. What does "ceteris paribus" mean with regard to movements along the demand curve?
4. Quote the law of demand.
5. Draw a sketch of a demand curve.
6. a) How can you determine the curve for market demand?
   b) Decide if the results are unequivocal and give reasons.
7. In general, when does the demand curve shift?
8. Name at least three reasons for a shift of the demand curve to the right.
9. Name at least three reasons for a shift of the demand curve to the left.
10. Explain the difference between complementary and substitutional goods and give two examples each.
11. How does the demand for butter change if a) the price for butter increases,
    b) there is a price cut for margarine?
12. How does demand for tyres change if there is a significant price rise for cars?
13. How does the demand for good A change if the price for its complement B
    a) rises, b) decreases?
14. How does the demand for good A change if the price of its substitute B
    a) rises, b) decreases?
15. a) Explain the influence of negative expectations (such as unemployment or an income cut) on demand.
    b) Draw a sketch of the demand curve(s).

16. a) Explain the influence of expected significantly rising prices on the current demand.
    b) Draw a sketch.

17. Describe the development of the demand for insulin (medicine for diabetes) if there is a rise in price for insulin. Explain verbally and with the help of a sketch.

18. Explain how a higher price can lead to higher demand.

19. Name the four demand sources (the four main participants) in an economy and give the technical terms for their respective demand.

20. a) Explain the importance of aggregate demand (total demand) for an economy.
    b) Explain the following news item: "Demand boost stimuli expected by the reunion of East and West Germany."

21. Explain elastic and inelastic demand verbally.

22. a) Decide if the following price changes are based on elastic or inelastic demand.

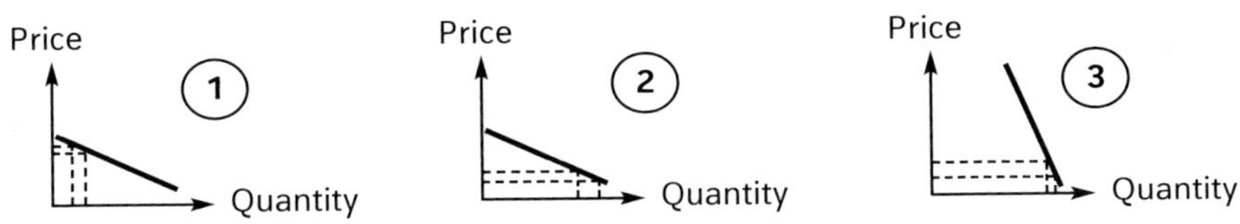

    b) Based on the third sketch give reasons for your decision.
    c) Assume that a company faces elastic demand. How does an increase in price influence the quantity demanded and the revenue?
    d) A price increase from EUR 70.00 to EUR 90.00 causes a reduction in quantity demanded from 140 units to 80 units. Calculate the price elasticity of demand (PED).

23. Calculate the price elasticity of demand for the following combinations. Also name the respective technical terms and give a short explanation.

    a) Price change from 8 to 6, quantity change from 60 to 56
    b) Price change from 2 to 4, quantity change from 8 to 6
    c) Price change from 12 to 14, quantity change from 60 to 30

24. In which case(s) does PED become positive?

25. Complete the table:

Price	2	4	6	8	10
Quantity demanded	....	....	....	....	....
Revenue	20	36	48	56	60

    A company charges a price of EUR 8.00 for its product. The company is planning a price increase. Calculate the PED. Decide if the company is facing elastic or inelastic demand and give reasons.

26. a) The PED of a good is (–) 3. Explain the meaning of this number.
    b) What does it mean for the management of a company to know that their PED is (–) 0.7?

27. Explain the terms "perfectly elastic and perfectly inelastic demand" with the help of an example each. Draw sketches.

28. A price change from 12 to 9 of good A causes a change in the quantity demanded from 10 to 8 of good B. Cross price elasticity of demand (XPED)? Kinds of goods?

29. a) If company A increases the price for its product by EUR 15.00 to EUR 225.00, quantity demanded for the product of company B drops by 500 units to 3,000 units. Calculate the cross price elasticity of demand (XPED).
    b) Name the kind of XPED and say why.

30. Complete the following table and calculate the XPED for this combination (original price: EUR 4.00). Name the kind of XPED.

Price of good A	....
4 7	2 6

31.
    - Cross price elasticity of demand = –0.625
    - Price of good B (point in time 1) = EUR 100.00
    - Price of good B (point in time 2) = EUR 120.00
    - Quantity demanded of good A (point in time 1): 800 units

    a) Kind of good?
    b) How many units of good A were demanded at point in time 2?

32. Explain the terms "individual supply" and "market supply".

33. List at least four influencing factors on supply.

34. What does "ceteris paribus" mean with regard to movements along the supply curve?

35. What is the question that leads to the supply curve?

36. a) Quote the law of supply.
    b) Draw a sketch of the supply curve.

37. In general, when does the supply curve shift?

38. Name at least three examples for a shift of the supply curve to the right.

39. Name at least three examples for a shift of the supply curve to the left.

40. a) Explain the influence of rising cost on the market supply.
    b) Draw a sketch that reflects this situation.

41. Explain the influence on the supply curve if a supplier rationalises.

42. Explain the following statement: "We face consumer sovereignty in a market-oriented economy."

43. Draw a sketch for a perfectly inelastic demand, i.e. offering your products at any price.

44. Give an example for perfectly inelastic supply.

17.2 Different kinds of markets/perfectly competitive vs. imperfectly competitive markets

Vocabulary list

English	German
conditions	Voraussetzungen
homogeneous	einheitlich, gleichartig
stock exchange	Börse

English	German
securities	Wertpapiere
wire	Draht, Kabel

Stofftelegramm

Supply → Market ← Demand

Types of economic markets – simplified

Suppliers \ Consumers	Many
One	supply **monopoly**
Few	supply **oligopoly**
Many	**perfect competition** (polypoly)

Conditions

Perfectly competitive market

- Free entry and exit
- Homogeneous products
- No personal preferences
- No time preferences (equal delivery times)
- Complete knowledge about product, quantity, price, market and market conditions

This results in a **uniform price** across the market (example: stock exchange).

Imperfectly competitive market

At least one of the conditions of perfectly competitive markets is not fulfilled.

This results in **different prices** for one good.

Practice questions

1. a) Define the term "market".
   b) Explain a market's main function.
2. Explain the terms: a) perfect competition, b) oligopoly, c) monopoly.
3. Explain the following news item: "There is increasing market concentration."
4. Name a typical example each:

   a) supply monopoly, b) supply oligopoly, c) perfect competition.
5. List the conditions for perfectly competitive markets.
6. In which case do we have imperfect competition?
7. What consequence does a perfectly competitive market have on the price? Give reasons.
8. Explain the following terms:

   a) Homogeneous goods
   b) Transparent market
   c) Preferences
9. Perfectly competitive markets are very rare. Why are they still analysed intensively in economics?
10. Which real market is closest to a perfectly competitive market?
11. Are the following goods offered on perfectly competitive markets or on imperfectly competitive markets? Give reasons.

    a) Cheese (Cheese Exchange Kempten)
    b) Fuel (service station)
    c) Wine (wine bar)
    d) Apples (weekly market)
    e) Securities (New York Stock Exchange)
12. Which conditions of a perfectly competitive market are not fulfilled in the following cases?

    a) Sepp Herzlieb purchases a box of chocolates named "Red Heart" for his girlfriend Frieda Flitter.
    b) Lahm Ltd. delivers wires within eight weeks, Floot & Co. delivers within 14 days.
    c) Ignazius Wild regularly has a beer in the pub next door, where he also loves to have a chat with the pretty service girl Lollo.
13. Why can a stock exchange be called a (nearly) perfectly competitive market?

17.3 Linear revenue curve and u-shaped cost curves

Vocabulary list

English	German
prevailing	vorherrschend, aktuell
total cost	Gesamtkosten = K
average total cost	Stückkosten = k
unit cost	Stückkosten = k

English	German
average variable cost	variable Stückkosten = k_v
marginal cost	Grenzkosten = K'
scale	Größenordnung
price floor	Preisuntergrenze

Stofftelegramm

U-SHAPED COST CURVES

Each firm in perfect competition is a **price taker**, which means it doesn't have enough market power to influence the prevailing market price. This affects decisions on short-run production based on the u-shaped cost curves of a company.

- Average total cost curve
- Average variable cost curve
- Marginal cost curve

} **basis for the analysis of short-run production with the aim of profit maximisation**

→begin with relatively high but falling cost for small output→reach a minimum → rising cost at larger output

OVERALL VIEW

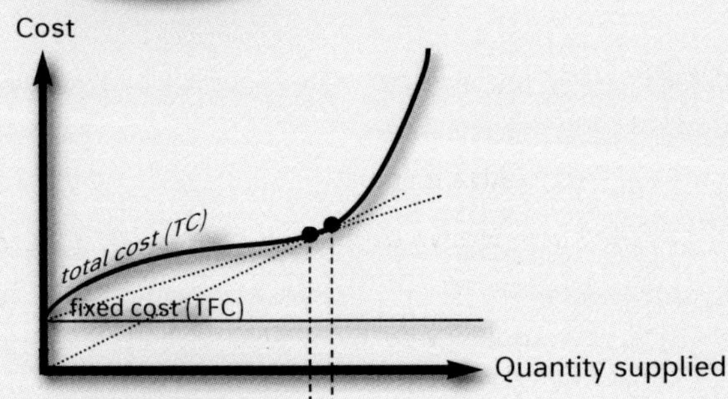

List of abbreviations:

- **TC** = total cost
- **TFC** = total fixed cost
- **ATC** = average total cost = unit cost
- **AVC** = average variable cost = variable unit cost
- **MC** = marginal cost

UNIT VIEW

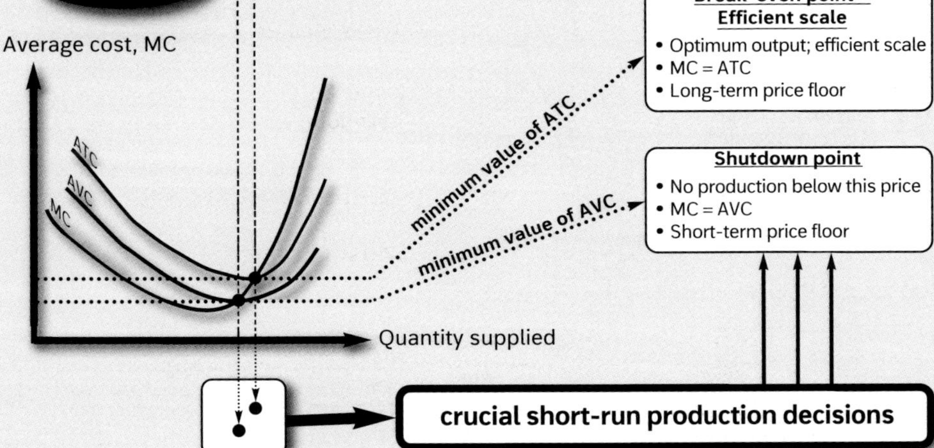

17.4 Cost – revenue – profit

Stofftelegramm

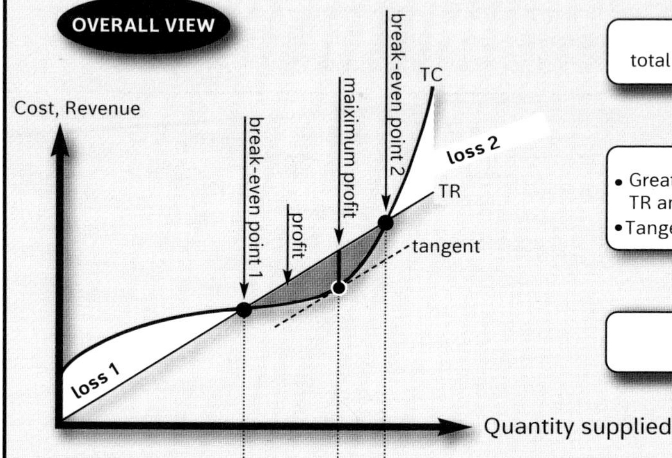

Break-even point 1
total revenue (TR) = total cost (TC)

Maximum profit
- Greatest vertical difference between TR and TC
- Tangent to TC parallel to TR

Break-even point 2
TR = TC

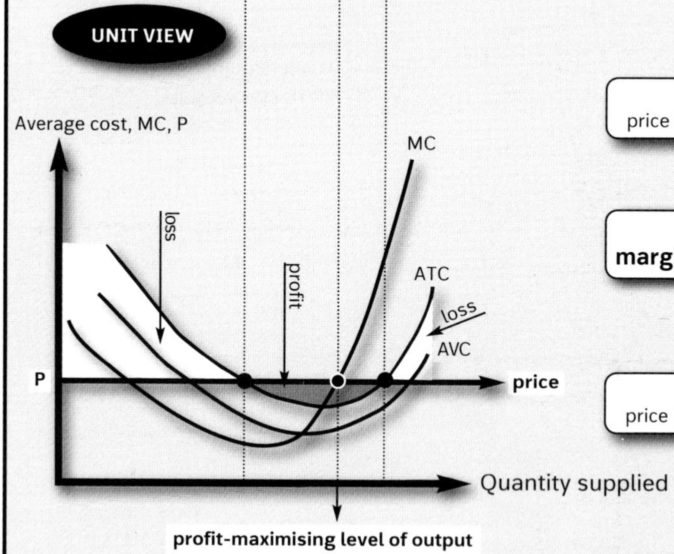

Break-even point 1
price (P) = average total cost (ATC)

Maximum profit
marginal cost (MC) = price (P)

Break-even point 2
price (P) = average total cost (ATC)

Note
Profit in overall view and unit view are not identical in size (different scales)!
overall view → total profit, unit view → profit per unit

17.5 Profit maximisation

Vocabulary list

English	German
slope	Neigung

English	German
derivation	Ableitung

Stofftelegramm

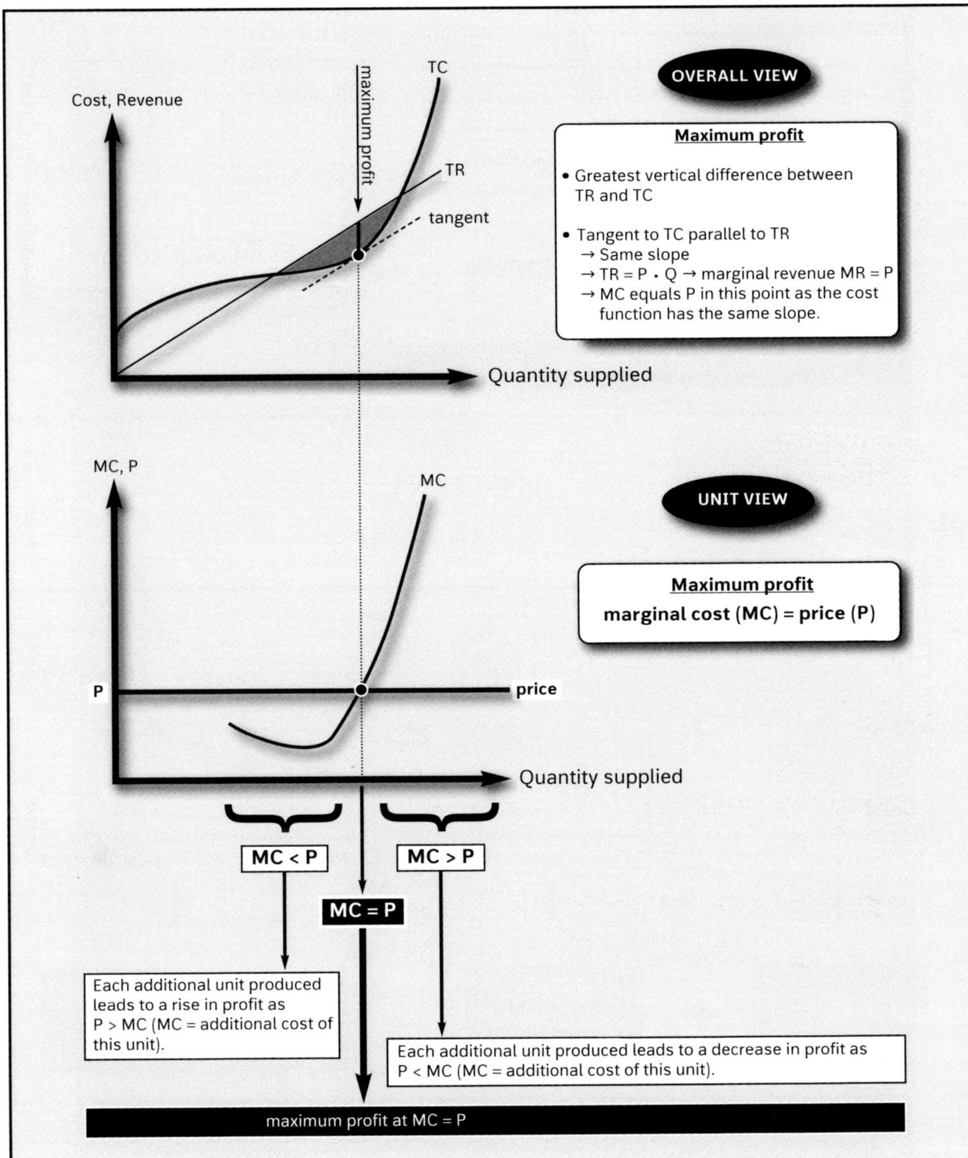

17.6 Derivation of the individual supply curve

Stofftelegramm

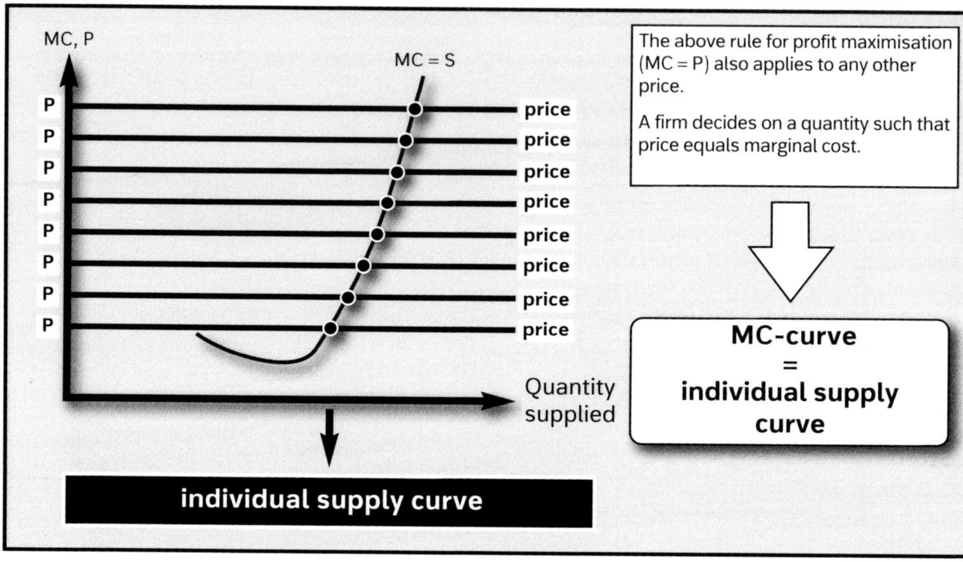

17.7 Derivation of the market supply curve

Stofftelegramm

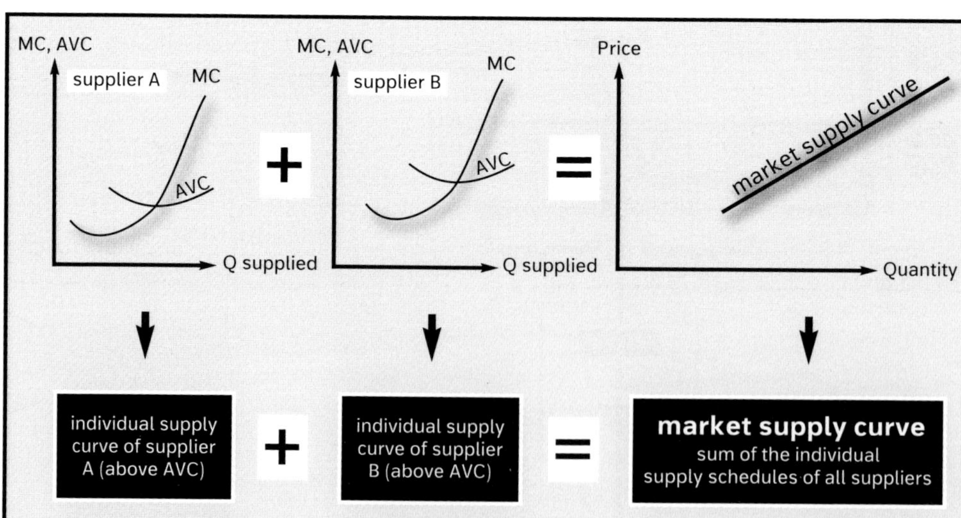

18 Price determination in different kinds of markets

18.1 Equilibrium price formation in perfectly competitive markets

Vocabulary list

English	German
equilibrium price	Gleichgewichtspreis
surplus	Überschuss
shortage	Mangel
pricing policy	Preispolitik
a given	als gegeben voraus-gesetzt
to ration	rationieren, freigeben
scarce	knapp
affordability	Bezahlbarkeit

English	German
to substantiate	näher erläutern
bumper crop	Rekordernte
commodity	hier: Rohstoff
to apply to	gelten für
respective	entsprechend, zuge-hörig
to attribute	zuschreiben
barely	gerade noch

Stofftelegramm

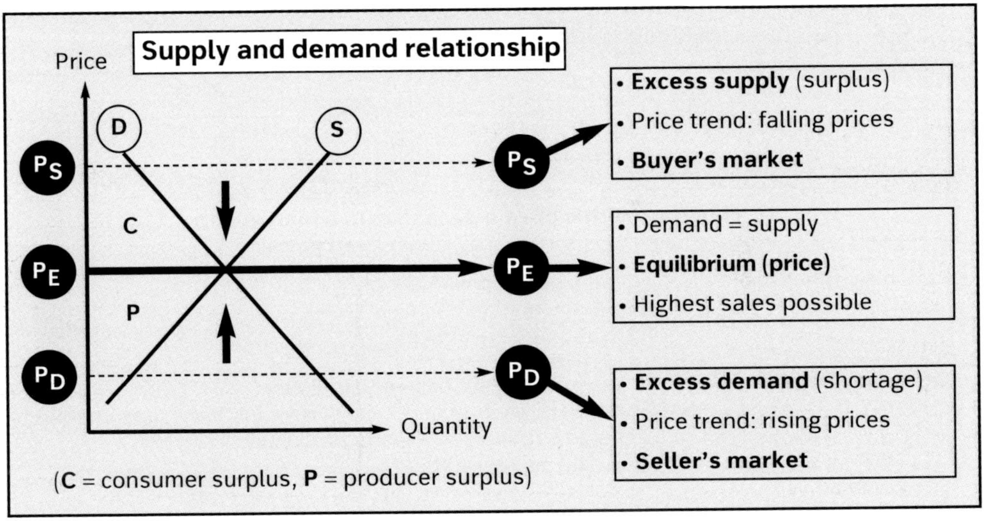

Supplier behaviour in perfectly competitive markets

- Pricing policy not possible; market price is a given for every supplier.
- As he cannot influence the price, a supplier will supply the quantity that meets the profit-maximising rule: MC = P (see above).

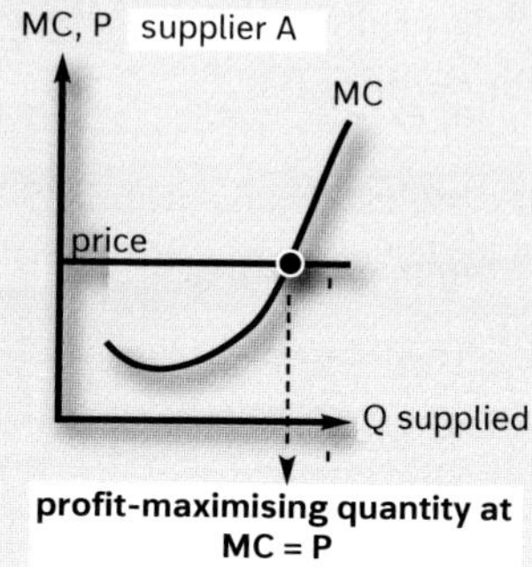

The price mechanism

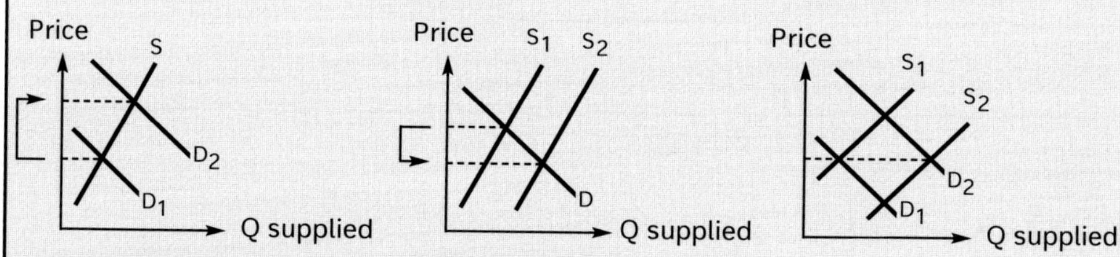

Note: function of prices = subject matter in grade 11

Functions of the price mechanism in a market

- **Rationing function:**
  - Equates demand with supply
  - Clears the market
  - Rations scarce resources
- **Signalling function:**
  - Prices reflect scarcities and surpluses.
  - Price rise: signals scarcitiy (high demand from consumers), signal to suppliers to expand production
  - Price fall: signals surplus
- **Distributive function:**
  - Where and for whom shall be produced? → Price determines affordability and buying power.
- **Educational role:**
  - The equilibrium price forces suppliers to cut cost.
  - Consumers look for cheap offers.

Practice questions

1. Draw a sketch of how a market reaches its equilibrium.
2. Explain the following terms with the help of a sketch and verbally:

   a) excess supply, b) excess demand.
3. Explain and substantiate the following terms: a) buyer's market, b) seller's market.
4. With the help of a sketch, show why equilibrium leads to maximum sales.
5. The following information on a good is given:

Price (euros)	10.00	12.00	14.00	16.00	18.00	20.00	22.00
Demand (units)	40	35	30	25	20	15	10
Supply (units)	16	19	22	25	28	31	34

   a) Determine the equilibrium price. Give reasons.
   b) Name as many terms as possible to describe the market situation at a price of EUR 10.00, EUR 16.00 and EUR 20.00.
   c) Illustrate the supply and demand relationship for this market.
   d) Calculate the total revenue for the equilibrium price-quantity combination.
   e) Calculate total revenue for a price of EUR 10.00, EUR 12.00, EUR 20.00 and EUR 22.00.
6. Explain the terms "consumer surplus" and "producer surplus" with the help of a diagram and verbally.
7. Explain why a perfectly competitive market leads to an equilibrium price.
8. Are all suppliers and all consumers satisfied when there is an equilibrium price? Give reasons.
9. Explain a supplier's behaviour in regard to price and quantity in a perfectly competitive market.
10. Explain the following statement: "The equilibrium price clears the market."
11. What kind of market situation is preferable for
    a) the consumer,
    b) the supplier,
    c) the economy as a whole?
12. How do the following changes affect the equilibrium price?
    a) Extension in demand
    b) Contraction in supply
    c) Contraction in demand
    d) Extension in supply
13. Draw a supply and demand diagram each to show the changes in equilibrium in the following cases:
    a) A rise in income
    b) Bumper crop (Rekordernte)
    c) Increasing pessimism among suppliers
    d) Decreasing income
    e) Expected boost in prices for consumer goods
    f) Increasing commodity prices
    g) Extension in demand > extension in supply
    h) Extension in supply > extension in demand
    i) Decrease in income and cost

14. How does the equilibrium change if income and the number of suppliers increase simultaneously? Give reasons.

15. "The price has risen although there has been a significant extension in supply since last year." Explain verbally and with the help of a sketch.

16. Explain the influence of a sharp increase in wage taxes and income taxes on the price-quantity combination.

17. Explain the functions of the price mechanism.

18. The following situations apply to demand and supply for wooden frame windows and plastic frame windows (standardized size):

Wooden frame windows

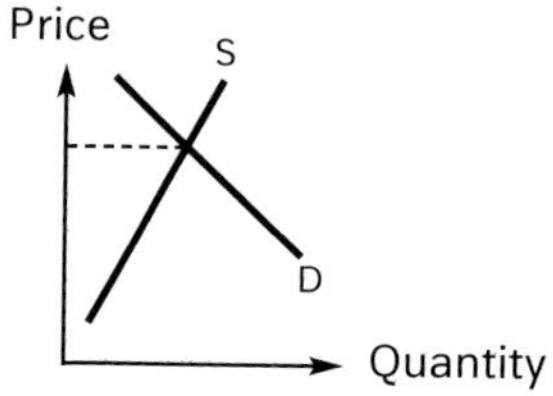

Plastic frame windows

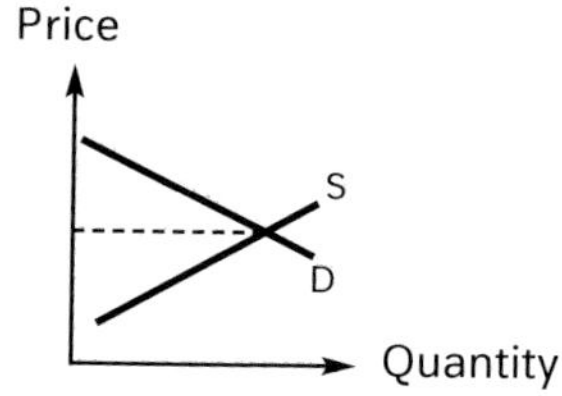

a) Which types of goods are the windows?
b) Due to relatively cheaper prices for plastic frame windows more and more consumers change from wooden frame windows to plastic frame windows. Explain the changed conditions on the market verbally and draw the respective diagrams.
c) Explain the functions of the price mechanism with the help of this example.

19. Why is a firm in a perfectly competitive market called "price taker"?

20. Differentiate a stock exchange and the German automobile market with the help of three features that characterise a market.

21. There is an equilibrium price of EUR 15.00 on a market with perfect competition. F 1 and F 2 are suppliers on this market. F 1 has got a better cost structure than F 2. Consumers C 1 and C 2 demand the good at this price. Still, C 1 attributes greater value to the good than C 2, who is barely willing to pay EUR 15.00 for it.

    a) Why do we still have an equilibrium price on this market?
    b) Name and explain the different situations of suppliers and consumers.

18.2 Welfare effects of government intervention

Vocabulary list

English	German
government intervention	Staatseingriff
to retain	beibehalten
price ceiling	Höchstpreis
floor price	Mindestpreis
to disable	ausschalten
misuse	Missbrauch
to offset	ausgleichen
to generate	erzeugen, erwirtschaften
consideration	Beachtung, Berücksichtigung
on balance	per Saldo
subsidies	Subventionen

English	German
vital commodity	lebensnotwendiges Gut
to postpone	verschieben
rent ceiling	Mietpreisbremse, Höchstmiete
to counteract	entgegenwirken
to intervene	eingreifen
to equate	ausgleichen, gleichsetzen
to maintain	erhalten, behalten
acreage restriction	Anbaubeschränkung
national budget	Staatshaushalt
to amount to	sich belaufen auf

Stofftelegramm

In line with the price mechanism	Contrary to the price mechanism
• Government intervention in demand or supply: **indirect** influence on prices • Price mechanism is retained.	• Price controls (price ceiling and floor prices): **direct** influence on prices • Price mechanism is disabled.

Examples (in line with price mechanism)

1. **Influencing demand**

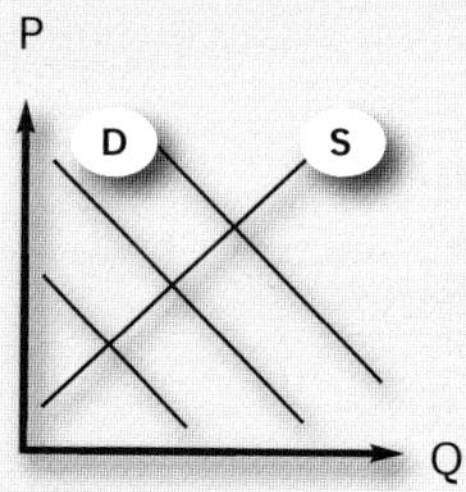

- Reduced government demand leads to a lower price.
- Increased government demand leads to a higher price.

2. **Influencing supply**

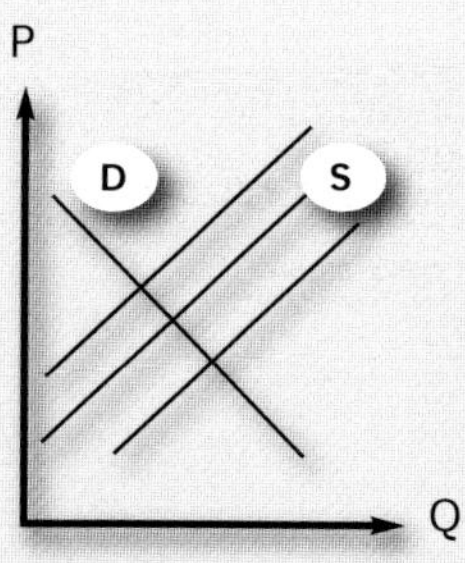

- Contraction of supply through import restrictions lead to a higher price.
- Extension in supply through reduced import restrictions lead to a lower price.

Examples (contrary to price mechanism)

1. **Price ceiling**

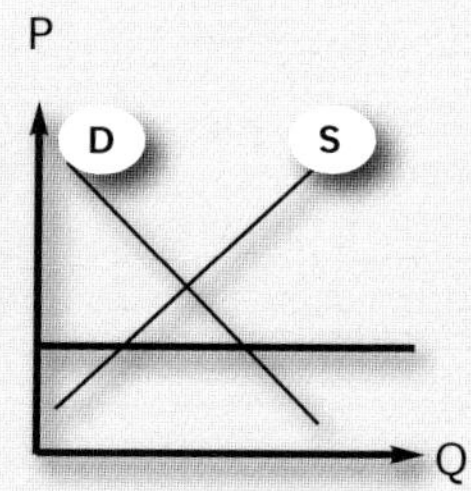

- Purpose: consumer protection
- Consequences: excess demand, black market
- Governmental measures: rationing, suppliers are forced to extend supply.

2. **Floor price**

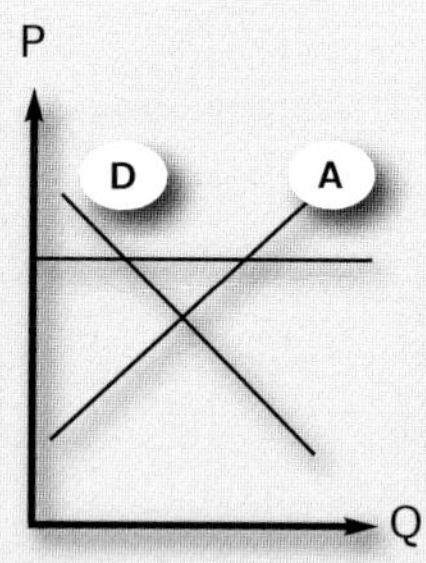

- Purpose: producer protection
- Consequence: excess supply
- Governmental measures: production restrictions or buying up of excess supply +
  - storage
  - destruction misuse
  - sales abroad.

Welfare effects of government intervention

Economic welfare

- Measures economic and social welfare of the citizens
- ~ standard of living
- "Welfare" is sometimes defined as the sum of consumer surplus (CS) and producer surplus (PS). Government intervention leads to consumer gain (CG) and producer gain (PG) or to consumer burden (CB) and producer burden (PB).

Welfare loss

- Consumer burden (CB) and producer burden (PB) theoretically lead to a loss in welfare.
- **Taxation** leads to CB and PB. This negative impact on CS and PS might be offset by the revenue for the government generated by the tax if it is used to increase welfare.

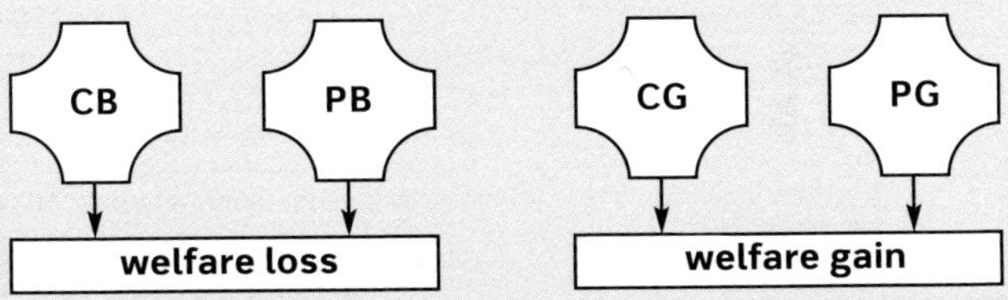

Measures in line with the price mechanism (without impact of taxation etc.)

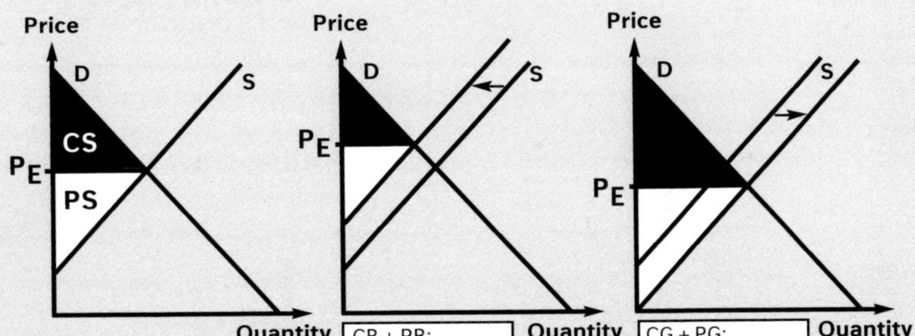

CB + PB: welfare loss

CG + PG: welfare gain

Measures contrary to the price mechanism: floor price (P_F) and price ceiling (P_C) without consideration of other influences (e.g. buying up of excess supply)

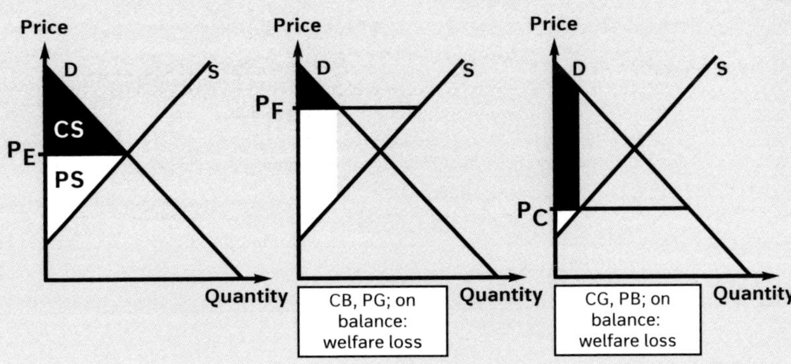

CB, PG; on balance: welfare loss

CG, PB; on balance: welfare loss

How to calculate changes in welfare

welfare = consumer surplus + producer surplus – government expenditures + government revenue

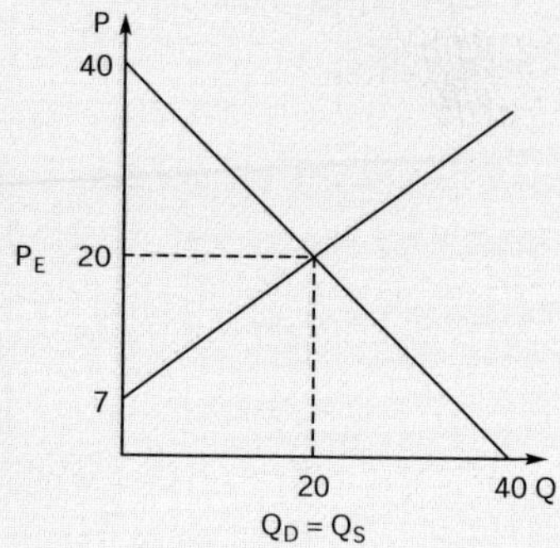

Calculation example: initial situation

CS	20 · (40 – 20) · 0.5	= 200
+ PS	20 · (20 – 7) · 0.5	= 130
= W		330

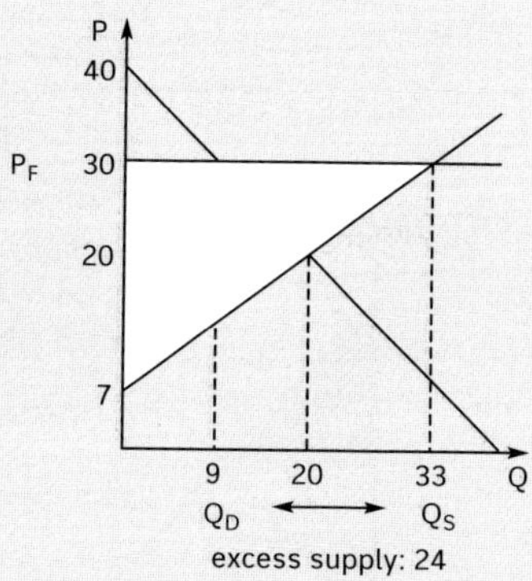

Welfare with a price floor of 30 and government buying up excess supply

- At 30 only 9 units are demanded but 33 units are supplied.
- Excess supply of 24 is bought up by the government.

CS	9 · (40 – 30) · 0.5	= 45.0
+ PS	33 · (30 – 7) · 0.5	= 379.5
– government expenditures	24 · 30	= 720.0
= W		– 295.5

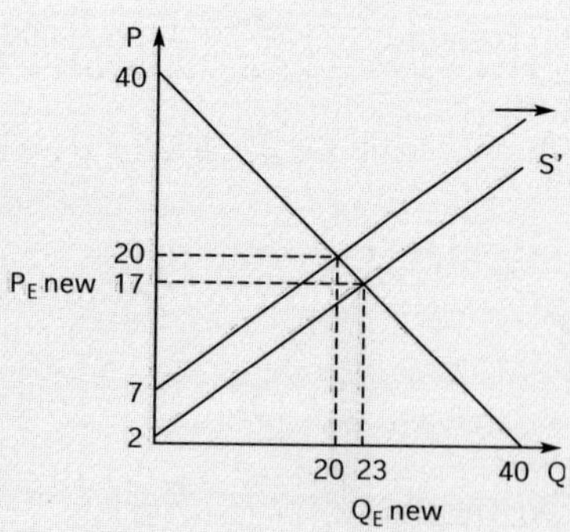

Welfare with subsidies of 5

- Shift of the supply curve to the right (increased production as unit costs are reduced)

CS	23 · (40 – 17) · 0.5	= 264.5
+ PS	23 · (17 – 2) · 0.5	= 172.5
– government expenditure	23 · 5	= 115.0
= W		322.0

Practice questions

1. What are governmental measures in line with and contrary to the price mechanism?

2. a) Show price ceiling in a diagram.
   b) Give reasons for governmental price ceiling.
   c) Name consequences and problems of price ceiling.

3. a) Show a floor price in a diagram.
   b) Why do governments set floor prices?
   c) Name consequences and problems of floor prices.

4. Which governmental measure contrary to the price mechanism is imaginable in the following cases?

   a) The equilibrium price for a vital commodity does not cover cost.
   b) Most consumers are not able to afford the equilibrium price for a vital commodity.

5. What kind of measures in line with the price mechanism lead to lower prices?

6. Decide if the following measures are in line with or contrary to the price mechanism:

a) Investment subsidy	b) Subsidies	c) Floor price
d) Postponing a construction project	e) Fixed price	f) Tariff increase
g) Tax increase	h) Price ceiling	i) Rent ceiling

7. Which governmental measures in line with and contrary to the price mechanism help to counteract an extreme rent increase?

8. According to some economists, the state's role in a social market economy is to maintain the market-economy principles (marktwirtschaftliche Ordnung) by securing an effective competition.

   a) Which other factors could cause governments to intervene in a market?
   b) Name two legal measures that enable governments to fight off power struggles on markets.
   c) In a completely competitive market one of the functions of prices is to equate demand and supply.

      c1) Which governmental intervention measures can be carried out without influencing this function negatively? Give an example and name the effect.
      c2) Draw a diagram that shows the effects of a government-induced floor price and explain.
      c3) What kind of follow-up measures by government are necessary if they want to maintain a floor price over a longer period of time?

9. Some governments have tried to stop inflation through freezing prices.

   a) Name two possible consequences of this measure.
   b) Evaluate this measure with regard to the existing economic system in Germany.

10. We have an equilibrium on two different markets for agricultural products A and B (see diagrams below). The Ministry of Agriculture has decided to increase farmers' income by introducing a floor price that is EUR 1.00 above the equilibrium price.

There is complete knowledge about the market situation. Cost of production are not taken into consideration.

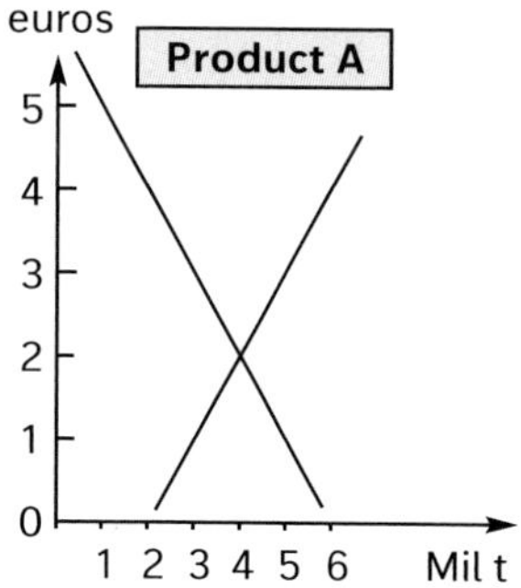

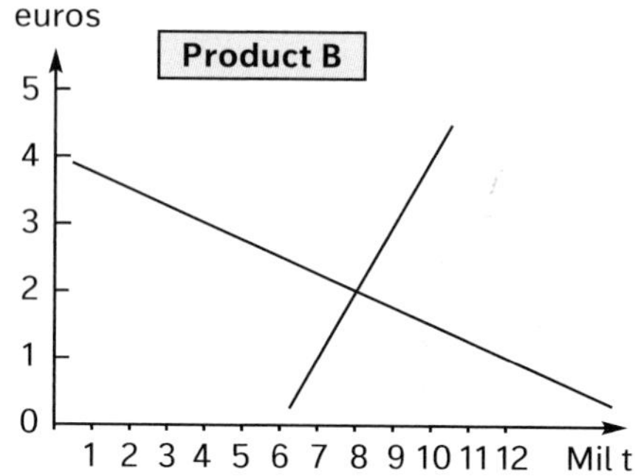

a) For the government it is essential that there should be **no excess supply** on the markets, which means they are thinking about introducing an acreage restriction parallel to the floor price.
   Compare the potential farmer's revenues before and after the introduction of the floor price. Explain the different reactions on the markets.
b) Give two more examples how the floor price can be asserted.
c) Assess the consequences of such a floor price for the national budget.

11. a) Explain the connection between consumer surplus, producer surplus, welfare loss and welfare gain.
    b) How does a shift of the supply curve to the left or to the right influence welfare?
    c) After the introduction of a ceiling price by the government, consumer surplus increases by EUR 100.00, producer surplus decreases by EUR 150.00. Calculate the welfare effects.
    d) After the introduction of a floor price by the government, consumer surplus decreases by EUR 250.00, producer surplus increases by EUR 400.00. Governmental expenditure for the buying up amounts to EUR 350.00. Calculate the welfare effects.

18.3 Monopoly

Vocabulary list

English	German
to charge	berechnen
removal	Entfernung
temporary	vorübergehend

English	German
to depict	zeichnen
circumstances	Umstände

Stofftelegramm

A monopolist's decisions depend on its cost structure and the shape of the market demand curve.

Behaviour of a monopolist (perfect competition)

sets the price or **sets the quantity**

profit-maximising price-quantity combination (= so-called **Cournot point**) P_C/Q_C

Maximum profit is where the vertical difference between TR and TC is greatest:

marginal cost = marginal revenue

C = Cournot point
TR = total revenue
D = demand
TC = total cost

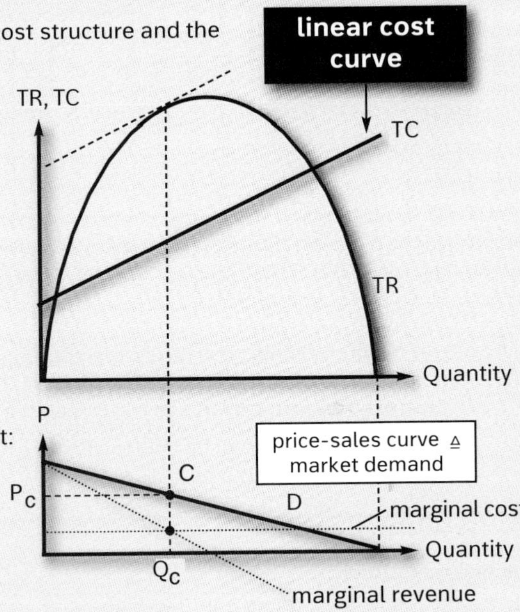

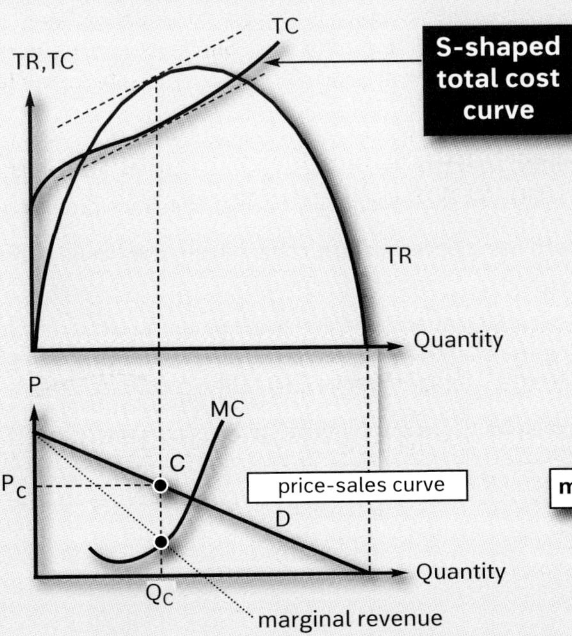

Here too, maximum profit is achieved when

marginal cost = marginal revenue

Behaviour of a monopolist (imperfect market)

↓

price discrimination
- **by status**
- **by age**
- **by geography**
- **by time**

↓

Price discrimination means charging different prices for the same good, e.g. in different regions or at different times (= **price discrimination by geography or by time**).
→ removal of consumer surplus → increase in revenue and profit

<u>Absolute profit maximisation when the complete consumer surplus can be removed.</u>

Conditions:
1. A firm must have control over the price.
2. A firm must be able to keep the markets separate.
3. There must be different price elasticities of demand in the different markets.

Practice questions

1. What is a monopoly? Explain briefly.
2. Name two possibilities how monopolies can come into existence.
3. Name five reasons for companies to merge.
4. Which data is important for a monopolist?
5. Explain a monopolist's price and quantity decisions.
6. Draw two diagrams (one above the other) to show monopoly pricing. Shade the profit zone.
7. A monopolist realises its profit-maximising price-quantity combination. How could it even further increase its profit?
8. AUMO GmbH in Stuttgart produces special mopeds. The firm holds patent-protected exclusive production and distribution rights. The following table shows the results of market research. Total fixed cost EUR 20,000.00, average variable cost EUR 1,000.00.

   a) Complete the table. Determine the profit-maximising price-quantity combination.

Price in euros	Demand (units)	Total revenue	Total fixed cost	Total variable cost	Total cost	Profit/ loss	MC = AVC	MR	AFC
3,500.00	0								
3,250.00	5								
3,000.00	10								
2,750.00	15								
2,500.00	20								
2,250.00	25								
2,000.00	30								
1,750.00	35								
1,500.00	40								
1,250.00	45								
1,000.00	50								

b) Which price-quantity combination would AUMO GmbH realise, if its temporary objective was revenue maximisation?

c) Draw two diagrams, one above the other. In the upper diagram depict the graphs for total revenue and total cost (EUR 10,000.00 = 2 cm; 10 units = 2 cm).

d) In the lower diagram draw the demand curve and depict the profit-maximising price-quantity combination (EUR 500.00 = 2 cm; 10 units = 2 cm).

9. Name two reasons why – under certain circumstances – a monopolist might charge a price for its product that is below the profit-maximising price.

10. Why can a monopolist set its price at will?

11. Name two arguments each for and against the existence of monopolies.

12. Do the functions of prices also apply in monopolies? Give reasons.

13. a) When do we have an imperfect monopoly?
    b) How does an imperfect market influence the pricing policy of a monopolist?

18.4 Polypol – unvollkommener Markt

Stofftelegramm

Verhalten eines Polypolisten (unvollkommener Markt):

- Preis- und Mengenpolitik in Grenzen möglich **(monopolistischer Spielraum)**
- **akquisitorisches Kapital** = Summe aller Präferenzen für das Produkt
  → Je stärker dieses Kapital, umso größer sind die Möglichkeiten der Preispolitik.
- Absatzpolitische Maßnahmen (Werbung usw.) vergrößern die Spielräume.

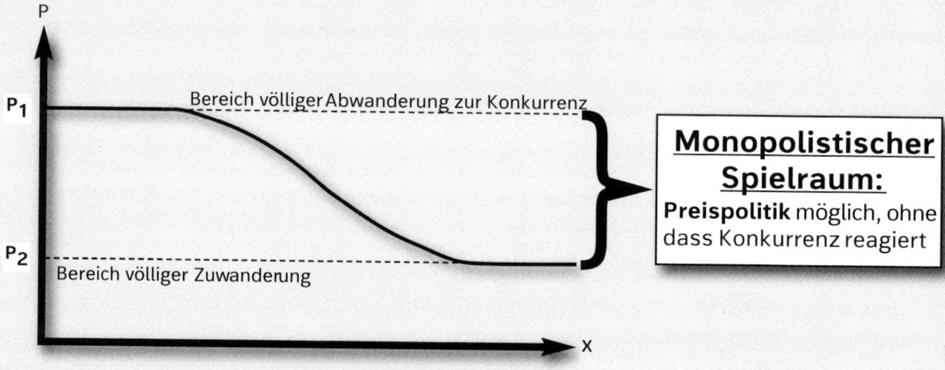

Der **monopolistische Spielraum** wird nach oben begrenzt: Bei Preiserhöhungen wandern Kunden zunehmend auf preiswerte Konkurrenzprodukte ab. Ab einem bestimmten Preis erfolgt eine vollständige Abwanderung.

Ab einem bestimmten niedrigen Preis würde der Anbieter aufgrund des extrem günstigen Preises alle Käufer gewinnen.

Practice questions

1. What is the difference between perfect and imperfect competition?
2. Explain the price decisions of an individual supplier in imperfect competition and give reasons.
3. Name two typical examples for similar products that are offered at different prices.
4. What is the main aim of an individual supplier in imperfect competition?
5. In which way are monopolistic competition (imperfect market) and a monopoly similar?

18.5 Abituraufgaben Profil Internationale Wirtschaft

Abituraufgaben 2014 (Aufgabe 5, teilweise, verändert)

Read **Evidence 1.**

Evidence 1 for questions 1–4

Prediction 2012: higher number of potato crop and lower prices expected in the US
As a result of agreeable weather conditions a higher amount of potato crop is expected for 2012 which will also lead to a decrease in price.
The farmers expect a 7% rise in potato production as well as a rise in market demand by 8%.

Source: Vgl. carlos@freshplaza.com: US: 2012 potato volume expected higher, prices lower, 04.10.2012. In: www.freshplaza.com/article/101516/US-2012-potato-volume-expected-higher-prices-lower [21.04.2020].

1. Name four other factors besides the weather that influence the market supply of potatoes.
2. Explain if the conditions of a perfectly competitive market apply to the potato market.
3. "[...] a higher amount [...] is expected [...] which will also lead to a decrease in price." Let us assume that the conditions of a perfectly competitive market apply.

   Draw and describe the connection between increased production and a lower equilibrium price. Use a coordinate system for your graphical solution.
4. "The farmers expect a 7% rise in potato production as well as a rise in market demand by 8%."

4.1 According to the text, US market demand for potatoes is expected to rise by 8% between 2011 and 2012.

Explain which maximum initial percentage change in price will still allow for an increase in sales.

4.2 Assume that the actual market demand rose by 7% as the average price for potatoes in the US dropped from USD 9.41 in 2011 to USD 8.39 in 2012.

- Calculate the price elasticity of demand.
- Evaluate the result with regard to the kind of product and the effect on its sales.

4.3 Now assume that the potato price falls due to an overall decrease in total demand.

Explain a consequence for potato farmers and the effect of the fall in price on the potato market.

5. In der Mannheimer Innenstadt nimmt das Fastfood-Restaurant McSpeed ein Burger-Menü mit Pommes frites und Getränk in sein Angebot auf, um sich gegenüber den zahlreichen Konkurrenten besser am Markt zu positionieren. Ein von McSpeed beauftragtes Marktforschungsunternehmen ermittelt folgende Zusammenhänge zwischen Angebotspreis (p) und Absatzmenge (x):

   - Bereich I: $p = -0{,}5x + 7{,}5$ für $0 \leq x \leq 3$
   - Bereich II: $p = -x + 9$ für $3 \leq x \leq 6$
   - Bereich III: $p = -1/3x + 5$ für $6 \leq x \leq 9$

   x entspricht dabei 1.000 Burger-Menüs.

5.1 • Stellen Sie die Preis-Absatz-Kurve in einem Koordinatensystem grafisch dar (x-Achse: 1.000 Menüs = 1 cm, y-Achse: 1,00 EUR = 1 cm).
- Markieren und erläutern Sie die drei Bereiche dieser Kurve.

5.2 Begründen Sie, um welche Marktform es sich hier handelt.

5.3 McSpeed entstehen für die Herstellung des Burger-Menüs Kosten, die sich mithilfe der folgenden Kostenfunktion abbilden lassen:

K (x) = 5.000 + 2x

Ermitteln Sie für das Fastfood-Restaurant

- die gewinnmaximale Ausbringungsmenge,
- den gewinnmaximalen Preis und
- die Höhe des maximalen Gewinns.

5.4 Erläutern Sie zwei Möglichkeiten, wie McSpeed seinen monopolistischen Preisspielraum vergrößern kann.

Abituraufgaben 2015 (Aufgabe 5, Teil 1)

1. The British pharmaceutical company Healthy Ltd. is going to launch a new and highly effective influenza vaccine (Grippeimpfstoff) on the world market. This vaccine protects against all types of influenza including bird flu, pig flu and any other animal flu – a real global novelty named FLUGONE. As a result of market research activities Healthy Ltd. know that the aggregate demand for FLUGONE runs as follows: Q = 120,000 – 1,000p.

For the production of the new vaccine fixed costs add up to GBP 450,000.00 per production period. Variable costs of GBP 40.00 per dose (Dosis) of the vaccine have been calculated.

1.1 Plot the demand curve for FLUGONE into a coordinate system (x-axis: 13 cm, quantity in 10,000 doses: 1 cm = 10,000 doses/y-axis: 13 cm, price per dose: 1 cm = GBP 10.00).

1.2 • Calculate the monopoly price and quantity.
- Prove your calculation by plotting in your chart: Marginal Costs (MC), Marginal Revenue (MR), the Cournot point (C), the monopolist's profit-maximising price and quantity.
- Calculate the consumer surplus.

1.3 During a board meeting one member of the board proposes to sell FLUGONE to poorer countries at a lower price in order to boost the company's image all over the world. Another board member recommends to set an even higher price than the monopoly price for industrialized countries to absorb a part of the consumer surplus. In the end they agree on dividing their clientele into three different groups depending on the degree of economic development in the respective countries:

- Customers from industrialised countries have to pay GBP 20.00 more than the monopoly price.
- Customers from developing countries only pay GBP 50.00 for each dose of FLUGONE.
- Customers from emerging countries pay the monopoly price.

1.3.1 • Illustrate the new market situation in your chart (from question 1.1).
- Determine the change in profit after price discrimination.

1.3.2 Explain the text passage "[...] set an even higher price for industrialized countries to absorb a part of the consumer surplus [...]".

1.3.3 Healthy's management are thinking of charging the lowest possible price per dose in developing countries that will still raise the company's overall profit.

Determine the minimum price at which FLUGONE can be sold in developing countries.

1.3.4 Suggest two other types of price discrimination which would make sense for Healthy Ltd. Give a corresponding example each.

Abituraufgaben 2016 (Aufgabe 4, Teil 1)

1. Sunshine Airlines LLC currently offer a return flight ticket from Boston to Miami for a uniform USD 200.00 fare, selling 1,200 tickets a week. It is the only airline serving this route and all of its passengers are holiday-makers. In order to find out about ticket demand at varying prices, market research is conducted, which produces the additional figures below. The underlying demand function is: $Q_D = 1{,}600 - 2p$.

Ticket price (in USD)	0	100.00	300.00	400.00	500.00	600.00	700.00	800.00
Tickets demanded	1,600	1,400	1,000	800	600	400	200	0

1.1 Based on the above figures,

- draw and label a diagram showing the underlying demand curve (horizontal axis: 10 cm, 200 tickets = 1 cm; vertical axis: 10 cm, USD 100.00 = 1 cm),
- explain the relevance of a ticket price of USD 800.00 in this case.

1.2 Suppose that in order to slow global warming the U.S. government intends to reduce air travel by 30%. It therefore plans to implement an air travel tax on all flights departing from or landing at a U.S. airport. The government presumes a general price elasticity of demand for airline tickets of 1.2.

1.2.1
- Calculate the tax rate that the government would have to impose on airfares (percentage).
- Calculate what the increase would be on the Boston-Miami ticket in U.S. dollars.

1.2.2 Determine if the intended 30% reduction in air travel can be achieved on this route and explain with the help of the actual price elasticity.

Note: In case you have not found an answer to question 1.2.1, use a tax rate of 75%.

1.3 The U.S. government implements the percentage surcharge calculated in question 1.2.1, which Sunshine Airlines consequently adds to its ticket price of USD 200.00. As a result, Sunshine Airlines' revenue decreases due to a fall in the number of tickets demanded.

Note: In case you have not found an answer to question 1.2.1, use a tax rate of 20%.

1.3.1 Calculate the prices the airline would have to set in order to earn the same non-tax revenue as before the introduction of the air travel tax.

1.3.2 Determine the maximum tax revenue the government can earn from this flight.

1.4 Give an example of a good whose cross-price elasticity of demand will be negative with regard to airline tickets from Boston to Miami. Provide an explanation.

Abituraufgaben 2016 (Aufgabe 5, Teil 1)

1. BeauTies Ltd., London, are one of many premium-quality tie producing businesses worldwide. Each standard silk tie produced fetches the market price of GBP 46.25. BeauTies's manager has learned that the business's cost function is not linear but S-shaped.

1.1 Explain the cost function's shape and give a reason for it.

1.2 **Appendix 1** shows the unit view of BeauTies's cost function.

1.2.1 Label the axes and the curves.

1.2.2 Give the technical terms for points A and B and explain the relevance of these points for BeauTies's business decisions.

1.2.3 From an economic point of view, explain why a business's profit-maximising output is found where its MC curve intersects the MR curve.

1.2.4 Using **Appendix 1**, mark the company's individual supply curve and provide an explanation.

1.3 Assume that BeauTies Ltd. is granted the exclusive right to produce and sell ties displaying the logo of a major English football club.

Describe how BeauTies's approach to profit maximisation is different for exclusively licensed football club ties compared to standard silk ties.

Appendix 1 for questions 1.2.1 and 1.2.4

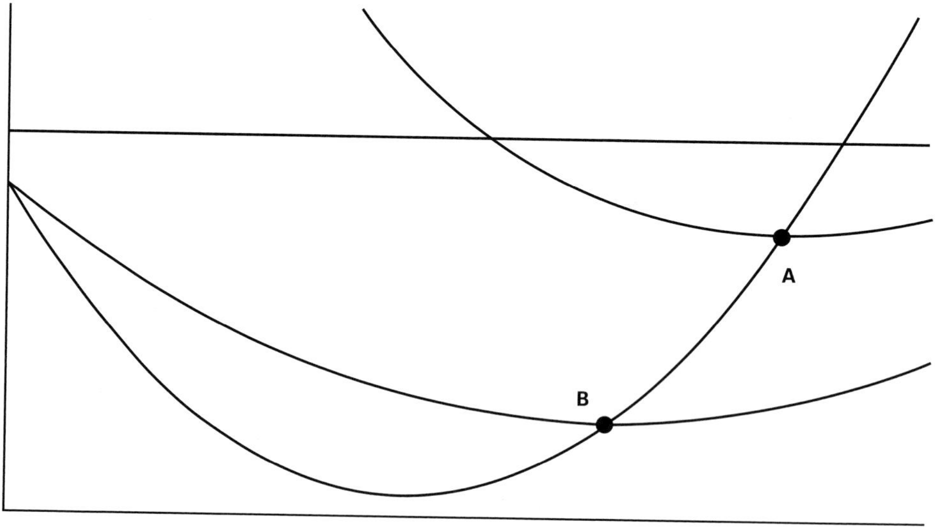

Abituraufgaben 2017 (Aufgabe 4, Teil 2)

2. The following buying and selling orders are placed at the Dublin Heating Oil Exchange:

Sales orders			Purchase orders		
Sellers	**Quantity (in 1,000 l)**	**Minimum price (in euros/1,000 l)**	**Buyers**	**Quantity (in 1,000 l)**	**Maximum price (in euros/1,000 l)**
A	100	at market	E	75	540.00
B	50	520	F	200	530.00
C	125	530	G	50	520.00
D	75	540	H	100	510.00

2.1 Give three assumptions on which the perfect competition model is based and explain why they apply to the heating oil exchange.

2.2
- With the help of a table, determine the quantities demanded and supplied at the given prices.
- Give the market equilibrium and explain what distinguishes it from all other price-quantity combinations.

2.3
- Explain which of the market participants will earn a consumer surplus.

  (In case you have not found an equilibrium price, assume that it is EUR 535.00)
- Calculate consumer surplus in this case.

2.4 Assume that extremely low temperatures are forecast for the upcoming winter.

With the aid of a diagram, explain the adjustment process towards a new equilibrium on the heating oil market.

2.5 Suppose that the price change for heating oil is 10%, leading to a change in the quantity of firewood demanded. Cross-price elasticity of demand is +3.

- Outline how heating oil and firewood are related to each other and give the technical term for this relationship.
- Determine by what percentage the quantity of firewood demanded will change due to the price change for heating oil.

Abituraufgaben 2018 (Aufgabe 4, teilweise)

1. Bernd Bader, Betreiber des Back- und Schmackhaus e. K., ist einer von zahlreichen Anbietern von warmen Mittagessen im Zentrum von Baden-Baden. Täglich offeriert er ein Mittagsgericht zum selben Preis. Bader möchte seinen Gewinn maximieren. Bezüglich der Nachfrage nach seinen Gerichten liegen ihm folgende Informationen vor:

- Ab einem Preis von 10,50 EUR gehen selbst seine Stammkunden zur Konkurrenz.
- Bei Preisen zwischen 4,50 EUR und 10,50 EUR folgt die tägliche Nachfrage der Funktion

  $$x = 90 - 6\,p$$

  (x = Anzahl Mittagsgerichte, p = Angebotspreis).
- Verkauft er seine Gerichte für 4,50 EUR, kann er bis zu 90 Gerichte täglich verkaufen. Dies entspricht seiner Kapazitätsgrenze.

1.1 Begründen Sie, weshalb es sich beim Baden-Badener Markt für warmes Mittagessen um ein unvollkommenes Polypol handelt.

1.2 Pro Tag fallen für die Zubereitung des Mittagessens 160,00 EUR Fixkosten an, die Zutaten kosten pro Gericht durchschnittlich 2,00 EUR. Weitere Kosten entstehen nicht.

- Berechnen Sie den maximalen Gewinn, den Bader an einem Tag erwirtschaften kann.
- Stellen Sie Ihr Rechenergebnis anhand eines geeigneten Diagramms zeichnerisch dar (x-Achse: 12 cm, 1 cm ≙ 10 Gerichte, y-Achse: 16 cm, 1 cm ≙ 1,00 EUR).

1.3 Um seinen Konkurrenten Kunden abzuwerben, beschließt Bader, einen Aktionsmonat durchzuführen. In diesem Monat wird er seine Tagesgerichte zu einem vergleichsweise niedrigen Preis anbieten und gibt sich für den Aktionsmonat mit einem Tagesgewinn von 20,00 EUR zufrieden. Alle anderen Faktoren wie Öffnungszeiten, sonstige anfallende Kosten und Nachfragestruktur für das Tagesgericht bleiben unverändert.

Berechnen Sie für die beschriebene Situation den Preis, zu dem Bader seine Tagesgerichte anbieten wird, und die entsprechende Menge an verkauften Gerichten.

1.4 Bader hat ermittelt, dass nur wenige seiner Gäste Stammkunden sind, die übrigen sind Laufkundschaft. Er überlegt deshalb, wie er seinen festen Kundenstamm erweitern kann.

Schlagen Sie zwei Maßnahmen vor, die Bader ergreifen könnte, um dieses Ziel zu erreichen, und begründen Sie die Auswirkung dieser Maßnahmen auf seinen monopolistischen Preisspielraum.

2. Like Bernd Bader's customers, many consumers in Baden-Württemberg enjoy potato salad — traditionally made from waxy *(festkochend)* potatoes.

The weekly demand for these potatoes in Baden-Württemberg is shown in **appendix 1**.

2.1 Using **appendix 1**, label both points of intersection with the axes with the technical terms and describe their economic significance.

2.2 Assume that in September 2017 the market price of waxy potatoes decreased by 20% from EUR 1.50 per kg.

- Use the information in **appendix 1** to build the demand function.
- With the help of the demand function, calculate price elasticity of demand (PED) and explain the result.

2.3 In 2016, the price of waxy potatoes rose from EUR 1.60 to EUR 2.00 per kilo. Consequently, the quantity demanded of floury *(mehligkochend)* potatoes increased from 10.5 tons to 11.025 tons.

Calculate cross-price elasticity of demand (XPED) and explain your result.

Appendix 1 for Question 2

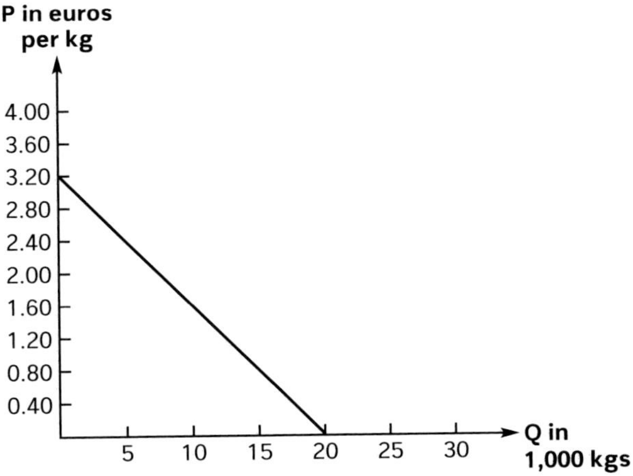

3. **German house prices are on fire!**

Germany's housing market price rises have been accelerating for several months – a significant change if we consider the fact that the German housing market has been exceptionally steady in the past. The reasons are an economy that has been growing strongly, more than 1 million people fleeing to Germany, high work-related immigration and low interests. In the Stuttgart region, the price of average one-family houses rose by 8.29% to EUR 2,525.00 per square metre.

Source: Vgl. Global Property Guide: German house prices are accelerating!, 03.11.2018. In: www.globalpropertyguide.com/Europe/Germany/Price-History [25.02.2019].

3.1 With the aid of a diagram, show how the market price of one-family homes has changed in the Stuttgart region and explain the adjustment process.

3.2 The Government of Baden-Württemberg considers a price ceiling of EUR 2,400.00 per m^2 for one-family homes.

- Show the effect of this measure in your graph from question 3.1.
- Describe the consequences of this measure on the Stuttgart housing market assuming that no other actions than the price limit are planned by the authorities.

3.3 Describe two market-based initiatives the government could take to improve the situation in the long run.

18.6 Abituraufgaben Profil Wirtschaft

Abituraufgaben 2009 (Aufgabe 4)

1. Die Agro GmbH ist Anbieter auf dem Weizenmarkt, der durch viele Anbieter und viele Nachfrager gekennzeichnet ist. Die Gesamtkostenkurve der Agro GmbH verläuft S-förmig und die Gesamterlöskurve linear.

1.1 Nennen Sie zwei Prämissen des vollkommenen Marktes und prüfen Sie, ob diese auf dem Weizenmarkt erfüllt sind.

1.2 Skizzieren Sie in einem Koordinatensystem für die Agro GmbH den typischen Verlauf der gesamten Stückkosten, der variablen Stückkosten, der Grenzkosten sowie der Grenzerlöse.

1.3 Auswertung der Skizze zu 1.2:

- Kennzeichen Sie in Ihrer Skizze die Gewinnzone.
- Bestimmen Sie anhand der Skizze die gewinnmaximale Menge.

Begründen Sie Ihre Lösung betriebswirtschaftlich, indem Sie auch die Gewinnsituation für kleinere und größere Mengen als die gewinnmaximale Menge beschreiben.

1.4 Zur individuellen Angebotskurve:

- Markieren und benennen Sie auf den von Ihnen skizzierten Kurven drei kritische Punkte, die für den Verlauf der individuellen Angebotskurve bestimmend sind.
- Begründen Sie den Verlauf der individuellen Angebotskurve und erläutern Sie, was diese Kurve aussagt.

1.5 Nehmen Sie an, die Gesamtangebotskurve für Weizen verschiebt sich nach rechts. Erläutern Sie zwei Ursachen, die diese Verschiebung ausgelöst haben könnten.

2. Im vergangenen Jahr sind die Preise für Milchprodukte gestiegen.

2.1 Beschreiben Sie, wie sich diese Preiserhöhung bei normalem Verlauf der Nachfragekurve auf die von den Konsumenten nachgefragte Menge nach Milchprodukten auswirkt. Verdeutlichen Sie dies mithilfe einer Skizze.

2.2 Neben dem Preis beeinflussen weitere Bestimmungsfaktoren die Höhe der Gesamtnachfrage nach Milchprodukten.

- Nennen Sie drei weitere Bestimmungsfaktoren.
- Erläutern Sie auch anhand einer Skizze die Wirkung der Veränderung eines dieser Faktoren auf die Nachfrage.

3. Um die Zahl der Raucher und die damit verbundenen hohen Gesundheitskosten zu senken, möchte die Bundesregierung die Tabaksteuer für Filterzigaretten erhöhen. Ziel ist, die Zahl der nachgefragten Zigaretten um mindestens 15 % zu senken.

3.1 Erklären Sie, inwiefern Kenntnisse über die Höhe der direkten Preiselastizität der Nachfrage nach Zigaretten für die Entscheidung der Regierung wichtig sind.

3.2 Der Staat entscheidet sich für eine Erhöhung der Steuer, die eine Preiserhöhung um 10 % zur Folge hat.

- Ermitteln Sie, wie hoch die Preiselastizität der Nachfrage nach Zigaretten mindestens sein müsste, damit das Ziel der Regierung erreicht wird.
- Tatsächlich beträgt die Preiselastizität der Nachfrage 0,8. Berechnen Sie, wie stark die Preise für Zigaretten hätten steigen müssen, damit der Staat sein Ziel erreicht.

3.3 Die Steuer auf losen Tabak wird nicht erhöht. Aufgrund der zehnprozentigen Preiserhöhung für Zigaretten nimmt die nachgefragte Menge nach losem Tabak um 18 % zu.

Berechnen Sie die Kreuzpreiselastizität.

3.4 Erläutern Sie anhand eines selbst gewählten Beispiels den Fall, dass die Kreuzpreiselastizität für losen Tabak ein negatives Vorzeichen aufweist.

Abituraufgaben 2010 (Aufgabe 5, teilweise)

Es wird angenommen, dass auf dem Schwaigerner Brennholzmarkt die Bedingungen eines Polypols auf dem vollkommenen Markt erfüllt sind. Die konkurrierenden Anbieter beliefern die Bewohner der Stadt Schwaigern mit Brennholz.

6. In den letzten Jahren ist die Brennholznachfrage stark gestiegen.

   Nennen Sie zwei Ursachen für diese Entwicklung und beschreiben Sie deren Auswirkung auf die Nachfragekurve für Brennholz.

7. Anbieter Edel möchte den Zusammenhang zwischen der Erhöhung der Heizölpreise und der nachgefragten Brennholzmenge herausfinden. Er stellt fest, dass sich bei einem Anstieg des Heizölpreises um 20 % die nachgefragte Brennholzmenge in Schwaigern von 160 m^3 auf 200 m^3 verändert hat.

   Berechnen Sie die indirekte Preiselastizität der Nachfrage und erläutern Sie Ihr Ergebnis.

8. Aufgrund ständig steigender Brennholzpreise haben insbesondere einkommensschwache Familien in holzbefeuerten Altbauten Schwierigkeiten, ihren Brennstoffbedarf zu finanzieren. Die Stadt Schwaigern erwägt deshalb, in Zukunft in den Brennholzmarkt einzugreifen.

8.1 Im Stadtrat wird überlegt, die Nachfrager mit einem zweckgebundenen Zuschuss zu unterstützen.

- Begründen Sie, um welche Form des Markteingriffs es sich dabei handelt.
- Stellen Sie diesen Markteingriff in einer Skizze dar.
- Betrachten Sie kritisch die Folgen dieser Maßnahme für Nachfrager, Anbieter und die Stadt.

8.2 Die Stadt Schwaigern entschließt sich, einen Höchstpreis für Brennholz einzuführen.

- Stellen Sie diesen Markteingriff in einer Skizze dar.
- Betrachten Sie kritisch die Folgen dieser Maßnahme für Nachfrager, Anbieter und Stadt.

Abituraufgaben 2011 (Aufgabe 4)

1. In **A-Stadt**, einer mittelgroßen Kreisstadt, gibt es seit einiger Zeit einen Waschsalon namens „Waschwerk". In dessen Räumlichkeiten kann Kleidung gegen Bezahlung gewaschen und getrocknet werden. Alle Geräte sind mit Münzautomaten ausgestattet. Der nächste Waschsalon befindet sich in einer 30 Kilometer entfernten Nachbarstadt. Die bisherigen Erfahrungswerte lassen den Inhaber von „Waschwerk" hinsichtlich des Zusammenhangs zwischen Preis und Menge mit folgender Funktion für einen durchschnittlichen Geschäftstag rechnen:

   $x = -20p + 240$

   p = Preis für einen Waschgang (Maschinenfüllung)
   x = Anzahl der Waschgänge pro Geschäftstag

   Pro Geschäftstag fallen 300,00 EUR fixe Kosten an. Die variablen Kosten belaufen sich auf 1,00 EUR je Waschgang.

1.1 Grenzen Sie die hier vorliegende Marktform gegenüber der des Polypols auf dem vollkommenen Markt ab, indem Sie für beide Marktformen angeben,

- welche Größen ein Anbieter jeweils festlegen kann (Aktionsparameter) und
- welche Größen er bei seinen Entscheidungen berücksichtigen muss (Reaktionsparameter).

1.2 Ermitteln Sie für den Waschsalon die erlösmaximale Preis-Mengen-Kombination und die Höhe des sich für diesen Fall ergebenden Gewinns pro Geschäftstag.

1.3 Ermitteln Sie für den Waschsalon die gewinnmaximale Preis-Mengen-Kombination und die Höhe des sich für diesen Fall ergebenden Gewinns pro Geschäftstag.

1.4 Vergleichen Sie die Ergebnisse von 1.2 und 1.3 und begründen Sie, warum der Gewinn trotz einer höheren Zahl von Waschvorgängen geringer sein kann.

1.5 Der Inhaber von „Waschwerk" überlegt sich Möglichkeiten, wie er seinen Gewinn noch weiter steigern kann. Bisher wurde von allen Kunden ein einheitlicher Preis von 6,50 EUR pro Waschgang verlangt. Ein erheblicher Teil seiner Kundschaft wäre bereit, auch einen um 1,50 EUR höheren Preis zu akzeptieren. Für Studenten der kürzlich eröffneten Fachhochschule, die den Waschsalon verstärkt nutzen, soll gegen Vorlage eines Studentenausweises der bisherige Preis beibehalten werden.

1.5.1 Ermitteln Sie den Tagesgewinn, der sich bei einer auf die beiden unterschiedlichen Zielgruppen abgestimmten Preisgestaltung ergeben würde.

1.5.2 Fertigen Sie eine Skizze an, in der Sie die Konsumentenrente jeweils vor und nach der Preisdifferenzierung sowie den zusätzlichen Gewinn des Anbieters grafisch darstellen.

1.5.3 Nennen und beschreiben Sie eine weitere Form der Preisdifferenzierung, die der Waschsalon anwenden könnte.

2. In **B-Stadt** gibt es zahlreiche nahezu identische SB-Waschsalons, sodass hier von einem Polypol auf dem vollkommenen Markt gesprochen werden kann.
Die Kostenstrukturen der Anbieter führen aufgrund des bauartbedingten Verschleißes der dort eingesetzten Waschmaschinen und der dortigen Stromtarife zu einem S-förmigen Verlauf der Gesamtkostenkurve.
Im Preis-Mengen-Diagramm (**Anlage**) ist eine aus den Grenzkostenkurven aller Anbieter zusammengefasste Kurve dargestellt.
In B-Stadt gilt folgende Gesamtnachfragefunktion für Dienstleistungen von SB-Waschsalons:
$x = -200p + 1.200$

2.1 Ermitteln Sie in der **Anlage** grafisch den Gleichgewichtspreis und die Gleichgewichtsmenge.

2.2 Nehmen Sie an, alle SB-Waschsalon-Betreiber in B-Stadt würden sich hinsichtlich des Preises absprechen und einen Einheitspreis festlegen (Kollektivmonopol). Gehen Sie davon aus, dass sich an den Kosten- und Nachfragestrukturen nichts ändert.

- Ermitteln Sie grafisch die gewinnmaximale Preis-Mengen-Kombination (**Anlage**).
- Beurteilen Sie das Ergebnis aus Konsumentensicht.

2.3 Die Zahl der Nutzer von SB-Waschsalons in B-Stadt hat sich in letzter Zeit deutlich erhöht.

Begründen Sie, wie sich dies auf die gewinnmaximale Preis-Mengen-Kombination des Kollektivmonopols bei sonst unveränderten Bedingungen auswirkt.

Anlage

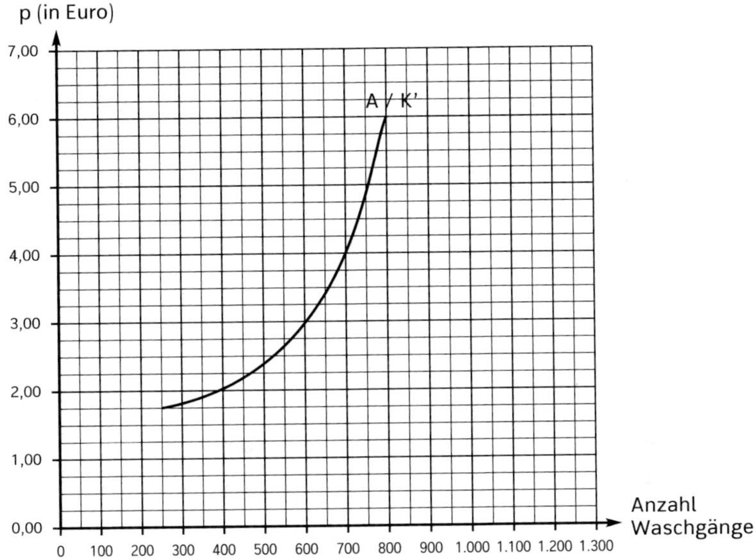

Abituraufgaben 2012 (Aufgabe 4, verändert)

Material

Die Nachfrage nach Hühnereiern liegt nach einem Einbruch im Jahr 2006 aufgrund der Vogelgrippe inzwischen wieder bei ca. 19 Milliarden Hühnereiern pro Jahr.
Die Legehennenbetriebe mussten sich nach dem Verbot der Käfighaltung im Jahre 2010 an die veränderte Gesetzeslage anpassen und investierten bereits im Vorfeld verstärkt in Bodenhaltung. Auf erhebliche saisonale Schwankungen in der Nachfrage wird flexibel reagiert.

Quelle: Vgl. Bundesanstalt für Landwirtschaft und Ernährung (BLE): Hühnereier. In: www.landwirtschaft.de/landwirtschaftliche-produkte/wie-werden-unsere-lebensmittel-erzeugt/tierische-produkte/huehnereier [21.04.2020] und vgl. Tagesspiegel Online: Bauern fordern Finanzhilfen, 07.03.2006. In: www.tagesspiegel.de/wirtschaft/vogelgrippe-bauern-fordern-finanzhilfen/690920.html [21.04.2020].

Eierpreise werden in Deutschland an verschiedenen Waren- und Produktenbörsen ermittelt. Angenommen, die Preise für Eier, Handelsklasse I, L, an der Bayerischen Warenbörse München hätten sich für den Zeitraum 2005 bis 2009 folgendermaßen entwickelt:

Quelle: Vgl. Bayerische Landesanstalt für Landwirtschaft: Agrarmärkte 2009, Schriftenreihe der Bayerischen Landesanstalt für Landwirtschaft, 6. Jahrgang 2010. In: www.lfl.bayern.de/mam/cms07/publikationen/daten/schriftenreihe/p_38638.pdf [21.04.2020], S. 244.

1. Zeigen Sie unter Verwendung der Informationen aus dem oben stehenden Material anhand von drei Ursachen auf, warum sich die Preise während der Jahre 2005 bis 2009 in der dargestellten Weise verändert haben.

2. Bauer Aierle ist einer von vielen Eieranbietern in Nordwürttemberg. Seine Gesamtkostenkurve für die Eierproduktion weist fixe Kosten und einen S-förmigen Verlauf auf. Seine Gesamterlöskurve für Eier verläuft linear. Es wird vollständige Konkurrenz unterstellt.

2.1
- Skizzieren Sie in einem Koordinatensystem den Verlauf von Gesamtkosten und Gesamterlösen, sodass eine Gewinnzone entsteht.
- Bestimmen Sie in der Skizze die gewinnmaximale Menge.
- Zeigen Sie in der Skizze, wie sich die gewinnmaximale Menge ändert, wenn der Eierpreis steigt.

2.2 Begründen Sie aus betriebswirtschaftlicher Sicht das Angebotsverhalten von Aierle bei steigendem Eierpreis und konstanten Kosten.

2.3 Erläutern Sie, welchen Einfluss eine Erhöhung der Fixkosten auf das kurzfristige und langfristige Angebotsverhalten von Aierle hat.

3. Die Legehennen werden u. a. mit Mais, Sojaschrot und Fischmehl gefüttert.
Seit dem letzten Jahr ist im deutschen Großhandel für importierte Agrarprodukte der Tonnenpreis für Fischmehl um 30 % gestiegen, während die Nachfrage nach Sojaschrot um 42 % zugenommen hat. Der Tonnenpreis für Sojaschrot ist im gleichen Zeitraum um 20 % gestiegen.

- Erläutern Sie den sich aus der beschriebenen Marktentwicklung ergebenden Zusammenhang zwischen Fischmehl und Sojaschrot durch die Berechnung einer geeigneten Elastizitätskennzahl.
- Erörtern Sie eine sich aus diesem Zusammenhang möglicherweise ergebende ökologische Folgewirkung.

4. Der Staat will die Erzeuger von Bio-Eiern unterstützen.
Es sollen die Auswirkungen eines Mindestpreises (Alternative 1) und einer Subventionierung (Alternative 2) miteinander verglichen werden.

In der folgenden Abbildung sind als Ausgangssituation die Marktnachfrage der privaten Haushalte nach Bio-Eiern und das Marktangebot der für die Endverbraucher bestimmten Bio-Eier dargestellt.

Gesamtangebot und Gesamtnachfrage für Bio-Eier

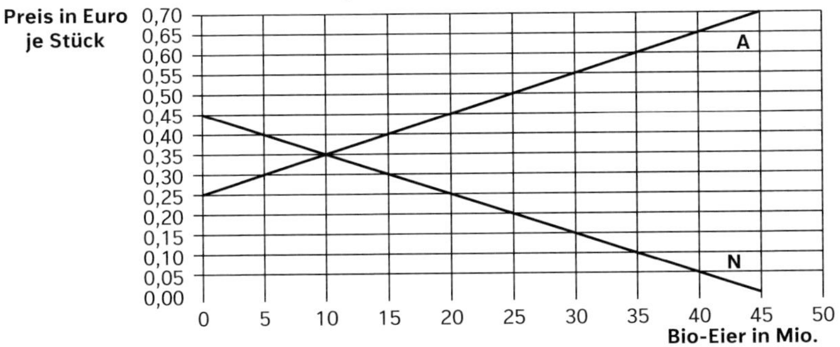

4.1 • Berechnen Sie die Gesamtwohlfahrt in der Ausgangssituation.
- Erläutern Sie das Zustandekommen des Ergebnisses.

4.2 Alternative 1:
Der geplante Mindestpreis soll sich um 0,05 EUR vom bisherigen Gleichgewichtspreis unterscheiden.

- Stellen Sie die sich daraus ergebende Veränderung der Marktsituation in Grafik 1 (**Anlage**) dar.
- Berechnen Sie für diesen Fall die Gesamtwohlfahrt unter Berücksichtigung der Folgen für den Staatshaushalt.
- Ermitteln Sie die Veränderung der Gesamtwohlfahrt gegenüber dem Ergebnis aus 4.1.

4.3 Alternative 2:
Der Staat zahlt den Anbietern für jedes verkaufte Bio-Ei eine Subvention in Höhe von 0,20 EUR.

- Stellen Sie die sich daraus ergebende Veränderung der Marktsituation in Grafik 2 (**Anlage**) dar.
- Berechnen Sie für diesen Fall die Gesamtwohlfahrt unter Berücksichtigung der Folgen für den Staatshaushalt.
- Ermitteln Sie die Veränderung der Gesamtwohlfahrt gegenüber dem Ergebnis aus 4.1.

4.4 • Unterscheiden Sie Mindestpreise und staatliche Subventionen hinsichtlich ihrer Wirkung auf den Preismechanismus.
- Treffen Sie für den vorliegenden Fall unter Berücksichtigung von Wohlfahrtswirkungen und Marktversorgung eine begründete Entscheidung, ob der Staat die Erzeuger von Bio-Eiern durch Subventionierung oder durch die Einführung eines Mindestpreises unterstützen soll.

4.5 Begründen Sie mit zwei Argumenten, warum trotz der Belastung des Staatshaushalts staatliche Eingriffe zugunsten der Bio-Eier-Produktion gerechtfertigt sein können.

Anlage

Grafik 1

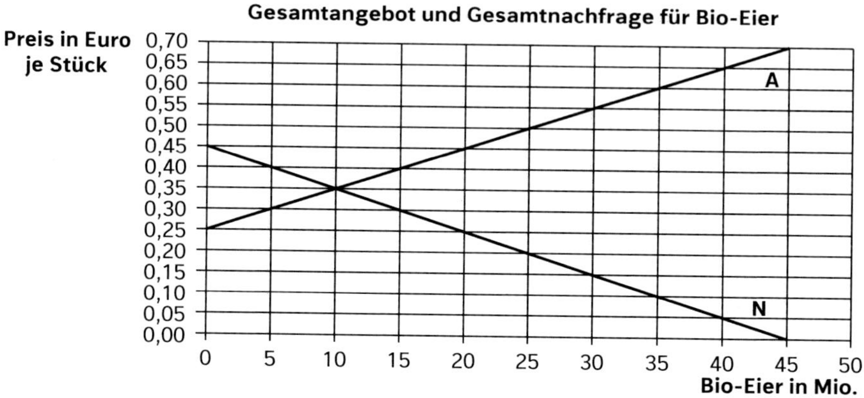

Grafik 2

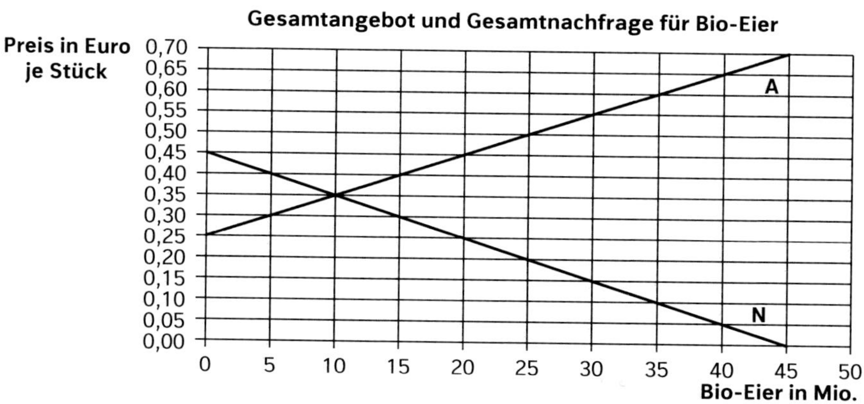

Abituraufgaben 2013 (Aufgabe 4)

1. Berlin wird täglich von vielen innerdeutschen Fluglinien angeflogen. Die Passagiere lassen sich in Geschäftsreisende und Privatreisende unterscheiden. Für diese beiden Gruppen gelten bezüglich der täglichen Nachfrage nach Flugtickets (x^N) folgende Funktionen:

Geschäftsreisende	Privatreisende
$x^N_1 = -10p + 4.000$	$x^N_2 = -20p + 5.000$

1.1 Stellen Sie das Nachfrageverhalten der beiden Gruppen in zwei getrennten Koordinatensystemen dar (**Anlage**).

1.2 Stellen Sie auf der Basis der beiden Nachfragekurven in einem weiteren Koordinatensystem die Gesamtnachfrage für innerdeutsche Berlin-Flüge dar (**Anlage**).

1.3 Begründen Sie, warum die Gesamtnachfragekurve im vorliegenden Fall einen Knick aufweist.

1.4
- Berechnen Sie die Preiselastizität der Nachfrage für jede der beiden Gruppen bei einer Preiserhöhung von 150,00 EUR auf 200,00 EUR.
- Erläutern Sie das Ergebnis und begründen Sie anhand des Ergebnisses das unterschiedliche Nachfrageverhalten.

1.5 Der Verband Deutscher Verkehrsflughäfen möchte herausfinden, ob die Erhöhung der Bahnpreise Auswirkungen auf die Anzahl der Flugreisenden nach Berlin hat. Bei seinen Nachforschungen stellt er fest, dass bei einem Anstieg der Bahnpreise um 15 % die Anzahl der Flugreisenden nach Berlin von täglich 4.000 auf 5.000 Passagiere zunehmen würde.

- Erläutern Sie diesen Zusammenhang durch Berechnung und Interpretation einer geeigneten Elastizitätskennzahl.
- Begründen Sie ohne rechnerischen Nachweis, welche Auswirkung eine Erhöhung der Bahnpreise auf den Verlauf der Gesamtnachfragekurve für Flugtickets hätte.

2. Der Verband Deutscher Verkehrsflughäfen geht künftig von folgender Gesamtnachfragefunktion für innerdeutsche Berlin-Flüge pro Tag aus (x = Zahl der Tickets):

$x^N = -20p + 10.000$

Die aggregierte Angebotsfunktion aller Anbieter innerdeutscher Berlin-Flüge pro Tag lautet:

$x^A = 20p - 2.000$

2.1 Bestimmen Sie grafisch das Marktgleichgewicht und ermitteln Sie den entsprechenden Gesamterlös (x-Achse: 1 cm = 1.000 Tickets; y-Achse: 1 cm = 100,00 EUR).

2.2 Die Regierung erhebt für jedes verkaufte Inlandsflugticket von der jeweiligen Fluggesellschaft eine Luftverkehrsabgabe (Umweltsteuer) in Höhe von 100,00 EUR.

2.2.1 Begründen Sie, um welche Form des Markteingriffs es sich handelt und welche Absichten die Regierung mit dieser Maßnahme verfolgt.

2.2.2
- Stellen Sie in der zu Aufgabe 2.1 angefertigten Grafik die Veränderung dar, die sich durch die Luftverkehrsabgabe ergibt.
- Begründen Sie Ihre Lösung und erläutern Sie den durch die Luftverkehrsabgabe ausgelösten Anpassungsprozess.
- Interpretieren Sie das Ergebnis unter Berücksichtigung der Lösung in Teilaufgabe 2.2.1.

2.2.3 Begründen Sie, wovon es abhängt, ob und gegebenenfalls in welchem Umfang die Luftverkehrsgesellschaften die Abgabe in Form höherer Preise auf die Passagiere überwälzen können.

2.2.4 Ermitteln Sie die Nettowohlfahrtsveränderung, die durch die Luftverkehrsabgabe im Vergleich zur Ausgangssituation eintritt, und beurteilen Sie das Ergebnis kritisch.

Anlage

zur Teilaufgabe 1.1

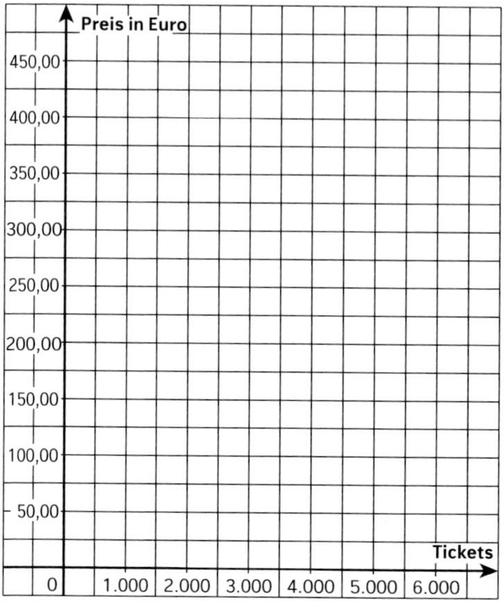

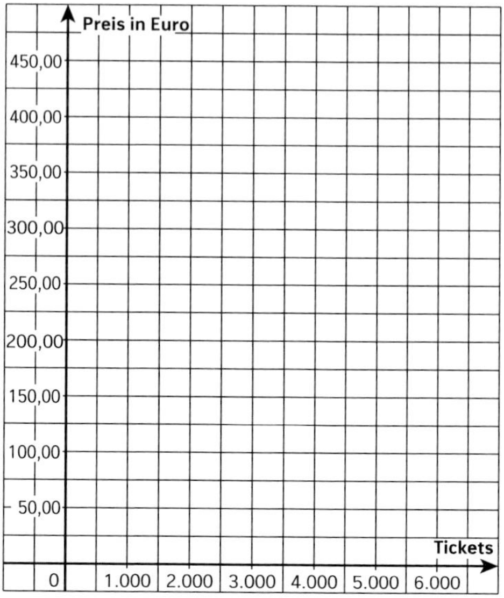

zur Teilaufgabe 1.2

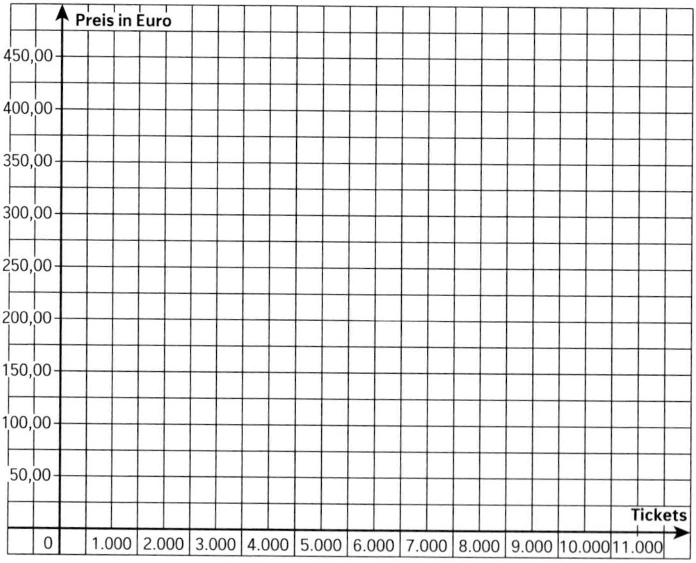

Abituraufgaben 2015 (Aufgabe 4)

Der Markt für Cloud-Computing boomt. Beim Cloud-Computing werden Daten und zum Teil Software nicht mehr auf dem eigenen Computer, Tablet oder Smartphone gespeichert, sondern auf einem externen Server, der in einem Rechenzentrum eines Anbieters steht. Viele Unternehmen bieten solche Netzspeicherlösungen an.

Gehen Sie von einem Polypol auf dem vollkommenen Markt aus.

1. Erläutern Sie drei Bestimmungsfaktoren der Nachfrage nach Netzspeicherlösungen.

2. Die Gesamtnachfrage nach Speichereinheiten beim Cloud-Computing ist wie folgt gegeben:

Preis je Speichereinheit (Geldeinheiten)	0	5	10	15	20	25	30	35	40	45	50
Menge in Tausend (Speichereinheiten)	100	90	80	70	60	50	40	30	20	10	0

2.1
- Stellen Sie die Gesamtnachfrage in einem Preis-Mengen-Diagramm grafisch dar (x-Achse: 1 cm = 10.000 Speichereinheiten; y-Achse: 1 cm = 10 Geldeinheiten).
- Erläutern Sie die ökonomische Bedeutung der beiden Schnittpunkte der Gesamtnachfragekurve mit den Achsen des Koordinatensystems.

2.2 Nehmen Sie an, der Marktpreis für eine Speichereinheit beim Cloud-Computing sinkt bei unverändertem Nachfrageverhalten von 45 auf 35 Geldeinheiten.

2.2.1 Erläutern Sie mithilfe einer geeigneten Elastizitätskennzahl (rechnerischer Nachweis) die Auswirkung des Preisrückgangs auf den Gesamterlös der Branche.

2.2.2
- Begründen Sie, worauf der Preisrückgang in diesem Fall zurückzuführen sein könnte.
- Stellen Sie die Veränderung der beschriebenen Marktsituation skizzenhaft in einem neuen Preis-Mengen-Diagramm dar.

2.2.3 Der Preisrückgang für Speichereinheiten beim Cloud-Computing hat Auswirkungen auf den Absatz eines Herstellers von externen Festplatten. Er verkaufte bislang monatlich 15.000 Stück. Die indirekte Preiselastizität der Nachfrage beträgt +3.

- Beschreiben Sie mithilfe der angegebenen Kennzahl die Beziehung zwischen den beiden Speichermöglichkeiten.
- Berechnen Sie unter sonst gleichen Bedingungen, mit welcher absetzbaren Menge der Festplattenhersteller nun monatlich rechnen kann.

3. Ein Anbieter für Netzspeicherlösungen betrachtet die in Teilaufgabe 2.2 genannte Preisentwicklung mit Sorge. Er überlegt sich, ob er weiterhin auf diesem Markt bestehen kann, wenn ein weiterer Preisrückgang stattfindet.
Nehmen Sie an, seine derzeitige Kostensituation stellt sich wie in der **Anlage** abgebildet dar.

3.1 Erläutern Sie, welcher Gesamtkostenverlauf seiner Kostensituation zugrunde liegt.

3.2
- Kennzeichnen Sie in der Abbildung in der **Anlage** die Menge, die vor dem Preisrückgang den Gewinn des Anbieters maximierte.
- Erklären Sie betriebswirtschaftlich, weshalb es sich dabei um die gewinnmaximierende Menge handelt.

3.3 Begründen Sie, inwieweit die Sorge des Anbieters durch den Preisverfall berechtigt ist. Unterscheiden Sie zwischen einer kurzfristigen und einer langfristigen Betrachtungsweise.

4. Der zunehmende Preisverfall zwingt viele Anbieter dazu, aus dem Markt auszuscheiden. Die verbleibenden Anbieter schließen sich mit dem Ziel der Gewinnmaximierung zu einem Kartell zusammen.

4.1 Begründen Sie, welche Verhaltensweise von den verbleibenden Anbietern in der veränderten Marktsituation zu erwarten ist.

4.2 Beurteilen Sie die Folgen, die sich aus der Kartellbildung für die Nachfrager ergeben (zwei Aspekte).

Anlage

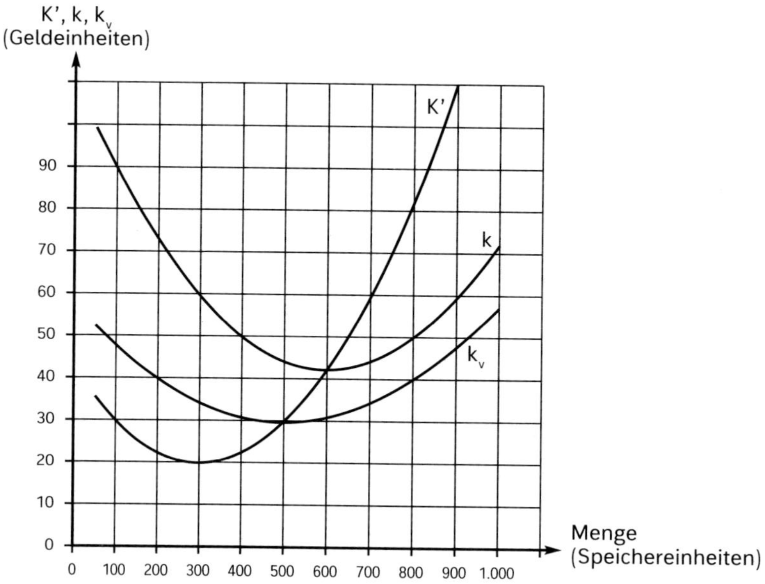

Abituraufgaben 2016 (Aufgabe 4)

1. In den vergangenen Jahren sind die Mietpriese in vielen deutschen Städten stark angestiegen. Es soll der Mietwohnungsmarkt einer süddeutschen Großstadt untersucht werden. Das Verhalten der Marktteilnehmer bei Vierzimmerwohnungen mit vergleichbarer Größe wird durch die beiden nachfolgenden Funktionen dargestellt:

Wohnungsanbieter	Wohnungsnachfrager
$x^A = 75p - 300$	$x^N = 1.200 - 50p$

p = Mietpreis in Euro pro Quadratmeter; x = Wohnfläche in 1.000 m^2

Gehen Sie von einem Polypol auf dem vollkommenen Markt aus.

1.1
- Stellen Sie die Marktsituation auf diesem Wohnungsmarkt grafisch im Preis-Mengen-Diagramm dar und bestimmen Sie den Gleichgewichtspreis sowie die Gleichgewichtsmenge (x-Achse: 12 cm; 1 cm = 100 Tsd. m^2; y-Achse: 14 cm; 1 cm = 2,00 EUR pro Quadratmeter).
- Überprüfen Sie Ihr grafisch bestimmtes Marktergebnis rechnerisch.

1.2 Auf dem Wohnungsmarkt dieser Großstadt treten u. a. die Marktteilnehmer Brugger, Schulz, Braun und Müller auf. Deren Preisvorstellungen können der nachfolgenden Tabelle entnommen werden:

Anbieter	Mindestens (Euro/m²)
Brugger	8,00
Schulz	12,00

Nachfrager	Höchstens (Euro/m²)
Braun	8,00
Müller	20,00

Begründen Sie gesondert für jeden Marktteilnehmer, ob dieser unter den gegebenen Bedingungen einen Mietvertrag abschließen wird.

1.3 Die Gesamtwohlfahrt auf dem beschriebenen Wohnungsmarkt beträgt 6 Mio. EUR. Beschreiben Sie die ökonomische Bedeutung dieser Gesamtwohlfahrt.

1.4 Erläutern Sie anhand von drei Kriterien, ob es sich in der Realität bei einem Wohnungsmarkt um einen vollkommenen Markt handelt.

2. Ein neues Gesetz verpflichtet Vermieter zu energetischen Sanierungen, wenn ihre Immobilien älter als 20 Jahre sind. Dadurch entstehen diesen Eigentümern zusätzliche Kosten. Einige Vermieter sind nicht bereit, unter diesen Umständen weiterhin Wohnraum zur Verfügung zu stellen.

2.1 Begründen Sie, wie sich dieses Gesetz unter sonst gleichen Bedingungen auf das bisherige Marktergebnis sowie auf die bisherige Gesamtwohlfahrt auswirken wird.

2.2 Angenommen der Mietpreis für städtische Wohnungen steigt durch die Sanierungen um 10 %. Dadurch nimmt die Nachfrage nach Mietwohnungen im ländlichen Raum um 5 % zu.

Berechnen Sie die entsprechende Elastizitätskennzahl und beschreiben Sie, in welchem Zusammenhang diese beiden Güter zueinander stehen.

3. Um einen weiteren ungebremsten Anstieg der Mieten vor allem in den Ballungszentren zu verhindern, beschließt die Bundesregierung die Einführung einer Mietpreisbremse. Gehen Sie davon aus, dass in der süddeutschen Großstadt eine Höchstmiete für Wohnungen von 8,00 EUR pro m^2 festgelegt wird.

3.1
- Stellen Sie die Marktveränderungen in der zur Aufgabe 1.1 erstellten Grafik dar und interpretieren Sie die neue Situation.
- Beurteilen Sie die neue Marktsituation aus der Sicht der Bundesregierung (zwei Aspekte).

3.2
- Ermitteln Sie die prozentuale Veränderung der Produzentenrente im Vergleich zur Situation vor Einführung der Mietpreisbremse.
- Beurteilen Sie Ihr Ergebnis aus Sicht der Vermieter.

3.3 Begründen Sie, um welche Art des Staatseingriffs es sich bei der Mietpreisbremse handelt.

3.4 Die Einführung der Mietpreisbremse wird in der Öffentlichkeit kontrovers diskutiert.

- Beschreiben Sie eine Maßnahme, mit welcher die Bundesregierung ihr Ziel ebenfalls hätte erreichen können.
- Erläutern Sie die Auswirkungen dieser Maßnahme auf den Wohnungsmarkt mithilfe einer Skizze in einem Preis-Mengen-Diagramm.

19 Ziele und Zielkonflikte der Wirtschaftspolitik

19.1 Grundlagen der Wirtschaftspolitik

Stofftelegramm

Träger der Wirtschaftspolitik: Parlament + Regierung, Europäische Zentralbank, Tarifpartner, Verbände

Wirtschaftspolitische Ziele

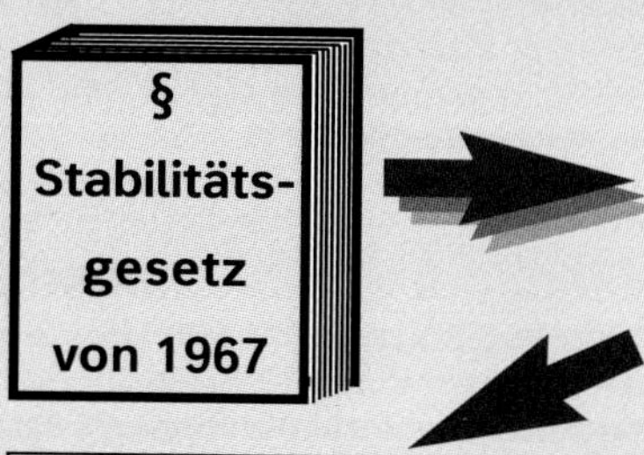

§ 1: „Bund und Länder haben bei ihren wirtschafts- und finanzpolitischen Maßnahmen die Erfordernisse des gesamtwirtschaftlichen Gleichgewichts zu beachten. Die Maßnahmen sind so zu treffen, dass sie im Rahmen der marktwirtschaftlichen Ordnung gleichzeitig zur Stabilität des Preisniveaus, zu einem hohen Beschäftigungsstand und außenwirtschaftlichen Gleichgewicht bei stetigem und angemessenem Wirtschaftswachstum beitragen."

Oberziel: **Gesamtwirtschaftliches Gleichgewicht**

Unterziele: **Das magische Viereck**

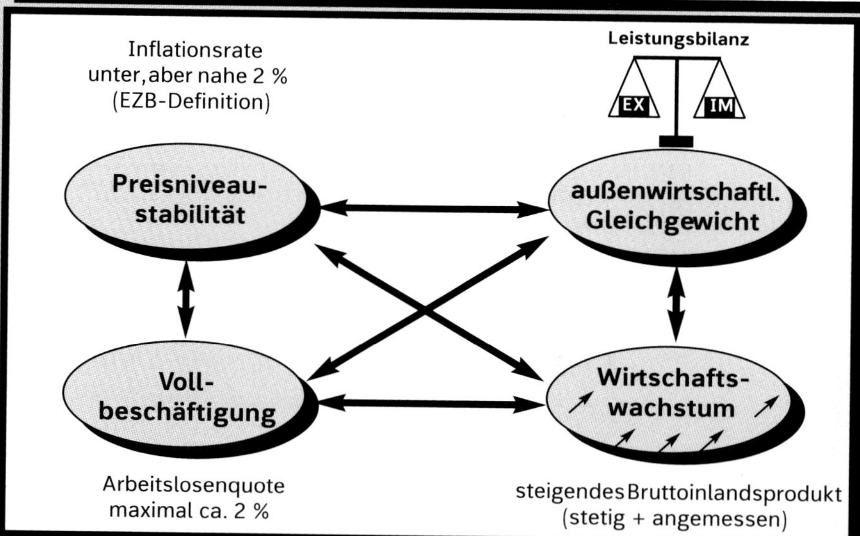

Weitere Ziele:
- **gerechte Einkommens- und Vermögensverteilung**
- **Erhaltung einer lebenswerten Umwelt**
- **solide Haushaltspolitik der EU-Mitglieder (Europäischer Stabilitäts- und Wachstumspakt)**

Zielkonflikt: Das Anstreben eines Zieles beeinträchtigt das Erreichen anderer Ziele.
Zielharmonie: Das Anstreben eines Zieles fördert gleichzeitig das Erreichen anderer Ziele.
Zielindifferenz: Das Anstreben eines Zieles beeinflusst das andere Ziel in keiner Weise.

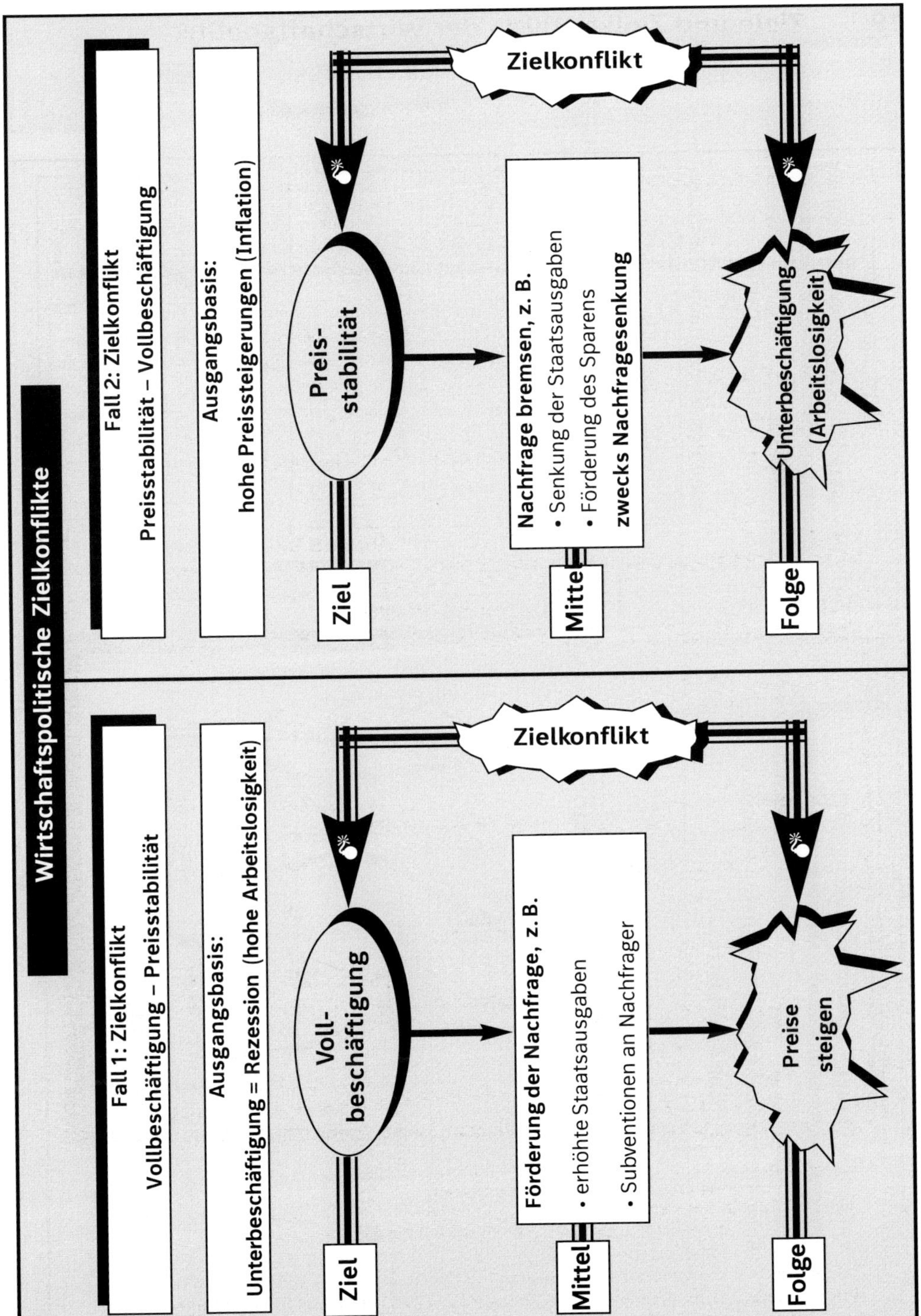
Wirtschaftspolitische Zielkonflikte
Fall 1: Zielkonflikt
Vollbeschäftigung – Preisstabilität
Ausgangsbasis:
Unterbeschäftigung = Rezession (hohe Arbeitslosigkeit)
Ziel
Voll-beschäftigung
Mittel
Förderung der Nachfrage, z. B.
• erhöhte Staatsausgaben
• Subventionen an Nachfrager
Folge
Preise steigen
Zielkonflikt
Fall 2: Zielkonflikt
Preisstabilität – Vollbeschäftigung
Ausgangsbasis:
hohe Preissteigerungen (Inflation)
Ziel
Preis-stabilität
Mittel
Nachfrage bremsen, z. B.
• Senkung der Staatsausgaben
• Förderung des Sparens
zwecks Nachfragesenkung
Folge
Unterbeschäftigung (Arbeitslosigkeit)
Zielkonflikt

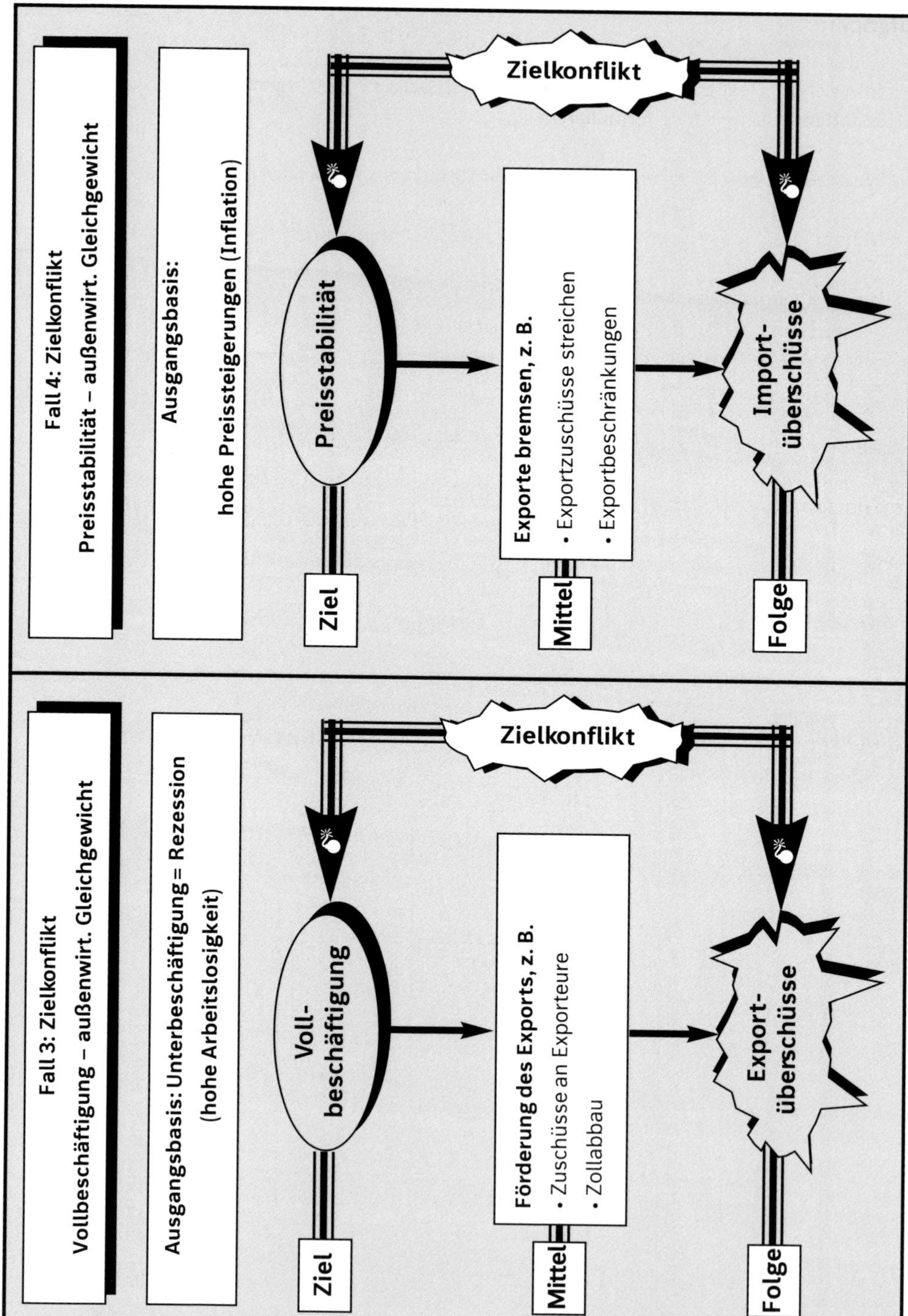
Fall 3: Zielkonflikt
Vollbeschäftigung – außenwirt. Gleichgewicht
Ausgangsbasis: Unterbeschäftigung = Rezession
(hohe Arbeitslosigkeit)
Zielkonflikt
Ziel
Voll-
beschäftigung
Mittel
Förderung des Exports, z. B.
• Zuschüsse an Exporteure
• Zollabbau
Folge
Export-
überschüsse
Fall 4: Zielkonflikt
Preisstabilität – außenwirt. Gleichgewicht
Ausgangsbasis:
hohe Preissteigerungen (Inflation)
Zielkonflikt
Ziel
Preisstabilität
Mittel
Exporte bremsen, z. B.
• Exportzuschüsse streichen
• Exportbeschränkungen
Folge
Import-
überschüsse

Aufgaben

1. In welchem Gesetz sind die von Bund und Ländern zu beachtenden grundlegenden wirtschaftspolitischen Ziele formuliert?

2. Welches Oberziel ist seitens des Staates bei wirtschaftspolitischen Maßnahmen zu beachten?

3. Nennen und beschreiben Sie die Ziele des magischen Vierecks.

4. Wie wird die Arbeitslosenquote ermittelt?

5. Warum signalisiert eine Arbeitslosigkeit von 1,5 % immer noch eine vollbeschäftigte Wirtschaft?

6. Nennen Sie zwei gesetzlich nicht fixierte wirtschaftspolitische Ziele.

7. Erläutern Sie zwei mögliche Zielkonflikte.

8. Nennen Sie fünf volkswirtschaftliche Folgen hoher Arbeitslosigkeit.

9. Nennen Sie Ursachen hoher Preissteigerungsraten.

10. Nennen Sie Ursachen der Arbeitslosigkeit.

11. Nennen Sie – abgesehen von Wechselkursänderungen – fünf Ursachen für Exportüberschüsse.

19.2 Gerechte Einkommensverteilung und lebenswerte Umwelt

Stofftelegramm

Funktionelle Einkommensverteilung

Fragestellung: Welchen **Produktionsfaktoren** sind die Einkommen zugeflossen? →

- Arbeitseinkommen
- Bodeneinkommen (Miete, Pacht)
- Kapitaleinkommen (Zins)
- Unternehmereinkommen (Gewinn oder Verlust = Restgröße = Residualeinkommen)

Personelle Einkommensverteilung

Fragestellung: Welchen **Personengruppen** sind die Einkommen zugeflossen? →

- Arbeitnehmer (Löhne, Zinsen, Mieteinnahmen)
- Beamte (Löhne, Zinsen, Mieteinnahmen)
- Selbstständige (Gewinne, Löhne, Zinsen, Mieteinnahmen)
- Rentner (Renten, Gewinne, Zinsen, Mieteinnahmen)

Ursache unterschiedlicher Einkommens- und Vermögensverteilung

Ungleichheiten durch

Leistungsfähigkeit | Marktmacht | Vermögensbasis (Erbe ...)

- **„Gerechte" Einkommens- und Vermögensverteilung:** subjektiv!

  Stichworte: Leistungsfähigkeit, Unternehmerrisiko, Kinderzahl ...

- **Instrumente der Verteilungspolitik:**
  - Steuerpolitik (Einkommensteuerprogression, Erbschafts-, Vermögenssteuer...)
  - Sozialpolitik (Sozialversicherungsbeiträge in Abhängigkeit vom Einkommen ...)
  - Bildungspolitik (BAföG ...)

Ökonomie und Ökologie

Ökonomie
= Wirtschaftswissenschaft

Ökologie
= Wissenschaft von den Beziehungen der Lebenden zu ihrer Umwelt (Umweltschutz)

Problembereiche der Umweltpolitik (Stichworte)

Steigender Energiebedarf → ökologische Folgen:

- Luftverschmutzung
  → Zerstörung der Ozonschicht
  → Treibhauseffekt
  → Orkane, Hochwasser ...
- Kernenergie (radioaktive Abfälle)
- begrenzte Rohstoffvorräte
- ökologische Schäden durch Ausbeutung der Vorräte (z. B. Regenwaldvernichtung)

Verkehr:
hoher Energieverbrauch
→ Luftverschmutzung
→ Naturzerstörung (Straßenbau)

Dritte Welt:
Unterernährung durch Armut, Überbevölkerung, Klima, Überschuldung

Landwirtschaft:

- Rodungen zwecks landwirtschaftlicher Nutzung
- Düngung, Pflanzenschutzmittel
  → Bodenbelastung
  → Gewässerbelastung
- Bodenverdichtung durch Einsatz schwerer Maschinen
  → Sickerprobleme
  → Überschwemmungen
  → Waldsterben ...

Hinweis: Zu folgenden Ausführungen siehe auch Baßeler, Ulrich u. a.: Grundlagen und Probleme der Volkswirtschaft. 19. Auflage. Stuttgart: Schäffer-Poeschel Verlag 2010.

Ursachen der Umweltbelastung

Bevölkerungswachstum

- **intensive Bodennutzung, Ausdehnung der Anbauflächen:**
  → Erosion, Versalzung, Düngereinsatz, Schädlingsbekämpfungsmittel
  → Erhöhung der industriellen Produktion → steigender Verbrauch von Energie, Rohstoffen
  → mehr Abfälle + Schadstoffe → Entsorgungsprobleme
- **Zunahme städtischer Ballungszentren (insbesondere auch in Entwicklungsländern):**
  → steigende Umweltverschmutzung

Intensives Wachstum der Weltwirtschaft

- siehe oben
- starke Zunahme des Verkehrs

Fehlender Zwang und fehlende Anreize zu umweltbewusstem Verhalten

Versagen des Preismechanismus bei „Umweltgütern"

Umweltpolitische Ziele

alle Maßnahmen zur Umwelterhaltung und Umweltverbesserung

- Beseitigung von Umweltschäden
- Minimierung von Umweltrisiken
- Abwehr von Schäden für Mensch + Umwelt
- **Schutz künftiger Generationen**

⇩

„Nachhaltigkeit“

= Handeln mit Blick in die Zukunft

→ künftigen Generationen lebenswerte Umwelt sichern

Das „magische Dreieck“ der Nachhaltigkeit (Agenda 21)

Alle Nationen sollen langfristige Konzepte erstellen, die folgende Gesichtspunkte beachten:

magisches Dreieck: Ökologie – Ökonomie – Soziales

ökologisches Gleichgewicht
- umweltfreundliche Produkte
- Recycling
- Verpackungen reduzieren
- Abfallverwertung, -vermeidung
- Energie einsparen

ökonomische Sicherheit
- Arbeitsplatzsicherung
- verantwortungsvoller Umgang mit Energie + Rohstoffen

soziale Gerechtigkeit
- Gleichheitsgrundsatz (z. B. Mann/Frau) beachten
- leistungsgerechte Bezahlung
- Angebot von Ausbildungsplätzen ...

Aufgaben

1. Unterscheiden Sie die Begriffe „Ökonomie“ und „Ökologie“.
2. Nennen Sie stichwortartig vier **Problembereiche** der Umweltpolitik.
3. Nennen Sie drei **Ursachen** der Umweltbelastung.
4. Nennen Sie vier **Ziele** der Umweltpolitik.
5. Erklären Sie den Begriff „Nachhaltigkeit“.
6. Nennen Sie fünf **Instrumente** der Umweltpolitik.

19.3 Europäischer Stabilitäts- und Wirtschaftspakt

Stofftelegramm

Ziele:	• Verhinderung einer übermäßigen Verschuldung der Eurostaaten • Sicherung der Stabilität des Euro • Angleichung der wirtschaftlichen Entwicklung in der Eurozone
Regeln:	• max. 3 % Neuverschuldung vom Bruttoinlandsprodukt • Gesamtschulden max. 60 % vom Bruttoinlandsprodukt
Kontrolle:	Das EU-Parlament prüft die von den Ländern vorgelegten Stabilitätsprogramme.
Sanktionen:	Bei Verstößen gegen den EU-Stabilitäts- und Wirtschaftspakt drohen Geldstrafen in Höhe von 0,2 % vom Bruttoinlandsprodukt.

19.4 Abituraufgaben Profil Internationale Wirtschaft

Abituraufgaben 2015 (Aufgabe 4, Teil 1, teilweise, verändert)

1. **Material 1** gibt die prognostizierte Entwicklung ausgewählter Indikatoren für die Kennzeichnung der Konjunkturlage in Deutschland wieder.

Material 1

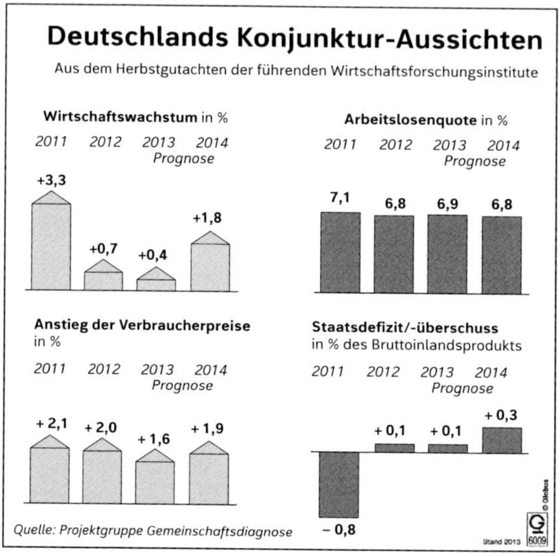

1.1 • Nennen Sie die drei im Stabilitätsgesetz verankerten binnenwirtschaftlichen Ziele.
• Prüfen Sie anhand von **Material 1**, ob diese im Jahr 2011 erreicht wurden.

1.2 Erläutern Sie an je einem Beispiel die Möglichkeit eines Zielkonflikts und einer Zielharmonie zwischen den Zielen des Stabilitätsgesetzes.

19.5 Abituraufgaben Profil Wirtschaft

Abituraufgaben 2005 (Aufgabe 2, teilweise)

1. In den letzten Jahren wurden in Deutschland u. a. die folgenden steuer- und arbeitsmarktpolitischen Maßnahmen beschlossen:

Auszug aus einer Pressenotiz:

- Steuerentlastung insgesamt 7,8 Mrd. EUR
  Einkommensteuer: Eingangssatz von 19,9 % auf 16 % gesenkt
  Spitzensatz von 48,5 % auf 45 % gesenkt
- Hartz-IV-Gesetz: Senkung der Arbeitslosenunterstützung. Außerdem müssen Langzeitarbeitslose jede Beschäftigung, die ihnen von der Arbeitsvermittlung angeboten wird, annehmen. Andernfalls wird ihnen die Arbeitslosenunterstützung weiter gekürzt.

1.1 Untersuchen Sie die erwähnten Maßnahmen hinsichtlich ihrer Wirkung auf die gesamtwirtschaftliche Nachfrage, die Beschäftigungssituation und die Sanierung der öffentlichen Finanzen. Zeigen Sie dabei auch Widersprüche auf.

1.2 Das „magische Viereck“ der wirtschaftspolitischen Ziele beinhaltet als Ziel einen hohen Beschäftigungsstand.

Beschreiben und beurteilen Sie die Messgröße, mit der die Erreichung dieses Zieles in der Arbeitsmarktstatistik gemessen wird. Geben Sie an, wann von einer Zielerreichung gesprochen werden könnte.

1.3 Unterscheiden Sie drei Formen der Arbeitslosigkeit hinsichtlich der Verursachung. Beschreiben Sie je eine Ursache der Arbeitslosigkeit und je eine Maßnahme staatlicher Beschäftigungspolitik zur Eindämmung der Arbeitslosigkeit.

1.4 Geben Sie die jeweilige Messgröße für die Erreichung der anderen Teilziele des magischen Vierecks an. Erläutern Sie, weshalb das „magische Viereck“ so bezeichnet wird.

20 Konjunktur und Konjunkturpolitik

20.1 Der Konjunkturzyklus

Stofftelegramm

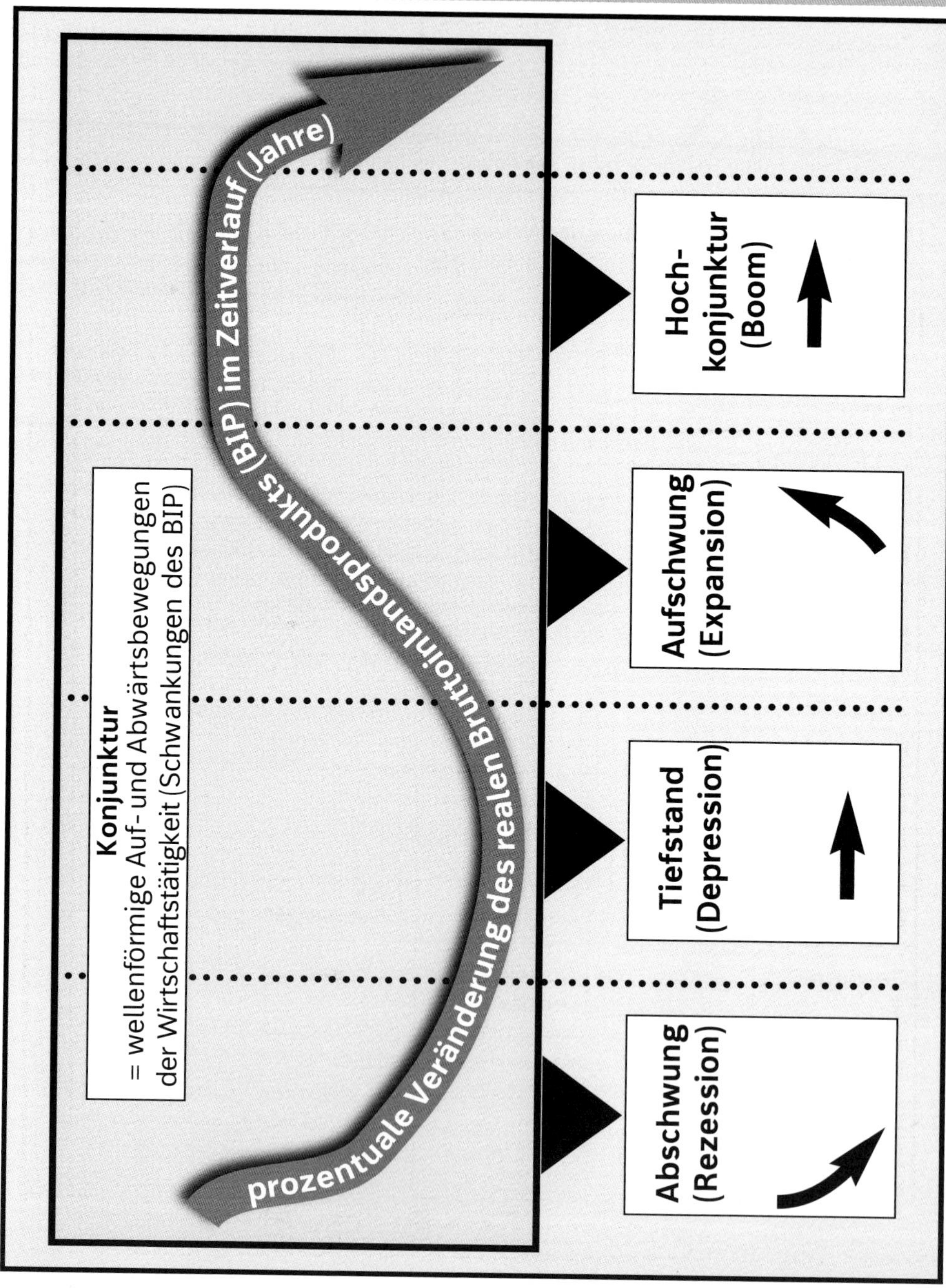

Der Konjunkturzyklus (Merkmale)

Konjunkturzyklus → / Merkmale ↓	Abschwung (Rezession)	Tiefstand (Depression)	Aufschwung (Expansion)	Hochkonjunktur (Boom)
Beschäftigungsstand	zunehmende Unterbeschäftigung (Kurzarbeit + Entlassungen)	Unterbeschäftigung	Tendenz zur Vollbeschäftigung	Voll- bzw. Überbeschäftigung (Konjunkturüberhitzung)
Arbeitslosenzahl	steigend	hoch	sinkend	minimal
Nachfrage	sinkend	niedrig	steigend	hoch
Investitionsbereitschaft	sinkend	niedrig	steigend	hoch
Geschäftsklimaindex	pessimistisch	sehr pessimistisch	optimistisch	sehr optimistisch
Preissteigerungsrate	mäßig, evtl. negativ	evtl. negativ	konstant (Kostenvorteil)	hoch
Löhne	mäßig steigend bzw. konstant	konstant, evtl. sinkend	mäßig steigend	stark steigend
Zinsen	sinkend	niedrig	mäßig steigend	stark steigend
Gewinne	sinkend	niedrig, evtl. Verluste	steigend	hoch
Wachstum	minimal	negativ	steigend	stark steigend
Kapazitätsauslastung	sinkend, freie Kapazitäten	Tiefstand, Stilllegung von Betrieben	zunehmend, steigende Produktion	maximal

Aufgaben → Siehe Kapitel 20.3

20.2 Konjunkturindikatoren

Stofftelegramm

Konjunkturindikatoren (allgemein)

= Anzeiger für den Konjunkturverlauf;

Konjunkturindikatoren charakterisieren Zustand + Entwicklung der Konjunktur.

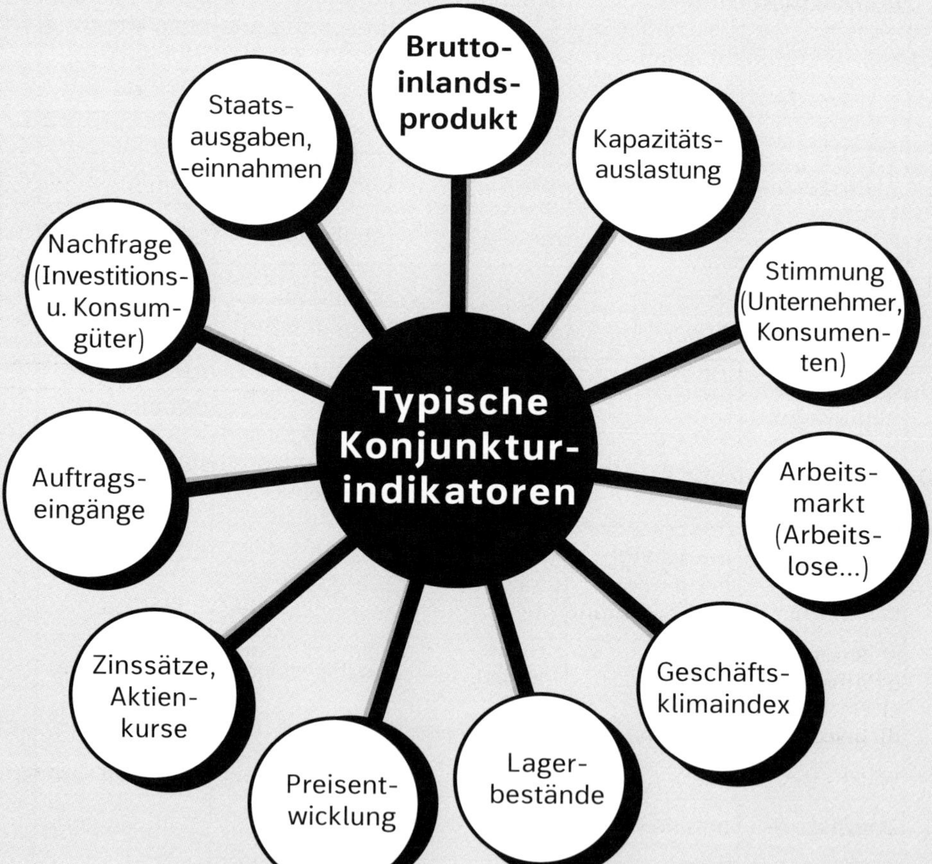

Konjunkturindikatoren nach der Zeit

Frühindikatoren (vorlaufende)

=

Sie beschreiben, wie sich die Konjunktur in der Zukunft entwickeln kann.

Beispiele:
- Auftragseingänge
- Geschäftsklimaindex
- Gewinnerwartungen
- Investitionsabsichten
- Lagerbestände

Gegenwartsindikatoren (Präsensindikatoren) (mitlaufende)

=

Sie beschreiben den aktuellen Konjunkturverlauf.

Beispiele:
- Bruttoinlandsprodukt
- Industrieproduktion
- Kapazitätsauslastung
- offene Stellen

Spätindikatoren (nachlaufende)

=

Sie beschreiben die Auswirkungen des Konjunkturverlaufs.

Beispiele:
- Insolvenzen
- Arbeitslosenzahl, -quote
- Steuereinnahmen des Staates
- Preisniveau

20.3 Aufgaben zu den Kapiteln 20.1 und 20.2

1. Erklären Sie den Begriff „Konjunktur".
2. Was versteht man unter Konjunkturzyklen?
3. Kennzeichnen Sie stichpunktartig die einzelnen Konjunkturphasen hinsichtlich:
   a) Beschäftigungsstand
   b) Arbeitslosenzahl
   c) Nachfrage
   d) Investitionsbereitschaft
   e) „Stimmung" der Marktteilnehmer
   f) Preissteigerungsrate
   g) Löhne
   h) Zinsen
   i) Gewinne
   j) Wachstum
4. Welche Ursachen führen zu einem a) Konjunkturabschwung, b) Konjunkturaufschwung?
5. Zeigen Sie den Konjunkturzyklus anhand einer Skizze.
6. Nennen Sie mögliche negative Auswirkungen der Hochkonjunktur.
7. a) Definieren Sie den Begriff „Konjunkturindikatoren".
   b) Nennen Sie fünf Konjunkturindikatoren.

8. Warum ist das reale Bruttosozialprodukt (Bruttoinlandsprodukt) zur Messung des Wirtschaftswachstums besser geeignet als das nominale Bruttosozialprodukt (Bruttoinlandsprodukt)?

9. Unterscheiden Sie saisonale und konjunkturelle Schwankungen.

10. Welche Konjunkturphase ist in folgenden Situationen anzunehmen?

    a) hohe Preissteigerungsraten
    b) hohe Arbeitslosenquote
    c) stark steigendes Sozialprodukt
    d) sinkende Arbeitslosigkeit
    e) pessimistische Zukunftserwartungen
    f) stark steigende Löhne
    g) stark steigende Zinsen

11. Wie beeinflusst eine Rezessionsphase die Staatskasse?

20.4 Konjunkturpolitik (allgemein)

Stofftelegramm

Möglichkeiten staatlicher Konjunkturpolitik (= Fiskalpolitik)	
Bekämpfung der Unterbeschäftigung (Arbeitslosigkeit)	**Bekämpfung der Überbeschäftigung (Inflation)**
Ausgabenpolitik: Ausgaben erhöhen! • Staatsnachfrage erhöhen • Subventionen erhöhen • Konjunkturausgleichsrücklage auflösen **Einnahmenpolitik:** Einnahmen senken! • Steuern senken • Abschreibungsvergünstigungen • Kreditaufnahmen zur Finanzierung der Ausgaben („Deficit-Spending“)	**Ausgabenpolitik:** Ausgaben senken! • Staatsnachfrage senken • Subventionen senken • Konjunkturausgleichsrücklage bilden **Einnahmenpolitik:** Einnahmen erhöhen! • Steuern erhöhen • Abschreibungsvergünstigungen streichen • Kreditaufnahmen senken

Antizyklische Finanzpolitik: dem Konjunkturverlauf entgegengesetzte Fiskalpolitik:

- Hochkonjunktur: Ausgaben senken!
- Rezession: Ausgaben erhöhen!

Ordnungspolitik: vor allem Wettbewerbspolitik (Erhaltung oder Schaffung von Institutionen, die Wettbewerb ermöglichen und fördern)
Beispiel: Bekämpfung von Wettbewerbsbeschränkungen (Monopolen) durch das Gesetz gegen Wettbewerbsbeschränkungen

Prozesspolitik: wirtschaftspolitische Maßnahmen zur Konjunktursteuerung

Aufgaben

1. Was versteht man unter Fiskalpolitik?

2. Nennen Sie je drei einnahmen- und ausgabenpolitische Maßnahmen des Staates zur

   a) Bekämpfung einer Rezession,
   b) Dämpfung einer Hochkonjunktur mit hoher Inflationsrate.

3. a) Erklären Sie den Begriff „Deficit-Spending".
   b) In welchen Konjunkturphasen ist Deficit-Spending sinnvoll?

4. a) Was versteht man unter antizyklischer Finanzpolitik?
   b) Veranschaulichen Sie den Sachverhalt in einer Skizze.

5. In welcher Konjunkturphase sollte der Staat die Einnahmen

   a) erhöhen, b) senken (jeweils Begründung)?

6. In welcher Konjunkturphase ist es sinnvoll, eine Konjunkturausgleichsrücklage zu bilden? Wann sollte sie aufgelöst werden?

7. Wie wirken folgende Maßnahmen der Fiskalpolitik?

   a) Investitionszulagen
   b) Subventionssenkung
   c) Deficit-Spending
   d) Steuern senken
   e) Abschreibungserleichterungen streichen
   f) Konjunkturausgleichsrücklage bilden
   g) Staatsnachfrage senken
   h) Abschreibungsvergünstigungen gewähren

8. Inwiefern kann das Bestreben der Gewerkschaften nach einer Umverteilung der Einkommen zugunsten der Lohnquote sowohl im Boom als auch in der Rezession mit der antizyklischen Konjunkturpolitik kollidieren?

9. Der Staat kann durch gesetzliche Maßnahmen die Investitionsbereitschaft der Unternehmungen fördern.

   a) Nennen Sie mindestens zwei solcher Maßnahmen.
   b) Wie beurteilen Sie die Wirksamkeit dieser Art von Konjunkturförderung?

20.5 Wirtschaftspolitische Konzeptionen

Stofftelegramm

Angebotsorientierte Wirtschaftspolitik

Kernthese:
Angebot = entscheidend für wirtschaftlichen Erfolg

Konsequenz bei Rezession:
Erhöhung des **Angebots**

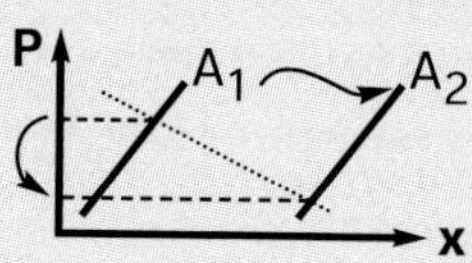

Verbesserung der Rahmenbedingungen der Unternehmen:

- Steuererleichterungen
- Senkung der Lohnnebenkosten
- Abbau von Bürokratismus
- Abschreibungserleichterungen

Erhoffte Folgen:

Gewinne steigen
→ **Angebot** steigt
→ Investitionen steigen
→ vermehrt Einstellungen
→ Arbeitslosigkeit sinkt
→ **Konjunkturbelebung, Wachstum**

Monetarismus (vgl. auch Kapitel 21.8)

Kernthese:
Geldmenge = wichtigster Faktor zur Wirtschaftssteuerung

Konsequenz bei Rezession:

Erhöhung der **Geldmenge** durch **Zentralbankpolitik,**

z. B. Senkung der Leitzinsen

(Staatliche Eingriffe in die Wirtschaft zur Steuerung der Konjunktur lehnen die Monetaristen grundsätzlich ab.)

Erhoffte Folgen:

Zinsen sinken
→ **Kreditnachfrage** steigt
→ Konsum + Investitionen steigen
→ vermehrt Einstellungen
→ Arbeitslosigkeit sinkt
→ **Konjunkturbelebung, Wachstum**

Staatliche Wirtschaftspolitik (angebotsorientiert)

Finanzpolitik
- staatliche Unternehmen privatisieren
- Steuersenkungen
- mehr Investitionen
- Neuverschuldung minimieren

Sozialpolitik
- soziale Unterstützung abbauen
- Arbeitsanreize schaffen
- Eigenverantwortung stärken

Wettbewerbspolitik
- Handelshemmnisse abbauen
- Forschung und Entwicklung fördern
- Bürokratie abbauen
- Existenzgründungen erleichtern

Nachfrageorientierte Wirtschaftspolitik = Fiskalismus

Kernthese:

Nachfrage = entscheidend für wirtschaftlichen Erfolg

Konsequenz bei **Rezession:**

Erhöhung der **Nachfrage** mittels Ein- und Ausgabenpolitik der Regierung (expansive Fiskalpolitik)

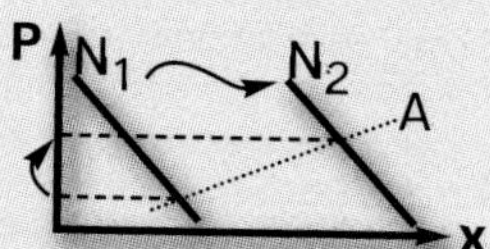

- Steuersenkungen
- Staatsnachfrage erhöhen (z. B. Baumaßnahmen des Staates)
- Abschreibungsmöglichkeiten erhöhen
- Subventionen erhöhen

Expansive Fiskalpolitik

↓ ↓

finanziert über höhere Schulden (**„Deficit-Spending“**)

Konsequenz bei **Boom:**

Senkung der **Nachfrage** mittels Ein- und Ausgabenpolitik der Regierung (restriktive Fiskalpolitik)

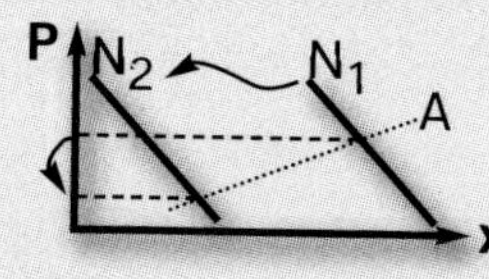

- Steuererhöhungen
- Staatsnachfrage senken (z. B. weniger staatliche Baumaßnahmen)
- Abschreibungsmöglichkeiten reduzieren
- Subventionen reduzieren

Restriktive Fiskalpolitik

= antizyklische Fiskalpolitik

Erhoffte Folgen:

Einkommen steigen

→ **Nachfrage steigt**

→ Gewinne steigen

→ Investitionen steigen

→ vermehrt Einstellungen

→ Arbeitslosigkeit sinkt

→ **Konjunkturbelebung, Wachstum**

Erhoffte Folgen:

Einkommen sinken

→ **Nachfrage sinkt**

→ Gewinne sinken

→ Investitionen sinken

→ **Konjunkturdämpfung**

(Konjunkturstabilisierung)

Aufgaben

1. Die Maßnahmen zur Erreichung der wirtschaftspolitischen Ziele orientieren sich an zwei unterschiedlichen wirtschaftspolitischen Konzepten.

   a) Kennzeichnen und erläutern Sie anhand von zwei Beispielen Unterschiede zwischen diesen beiden Konzepten.

   b) Ein wesentliches wirtschaftspolitisches Ziel ist der Abbau der Arbeitslosigkeit. Zeigen Sie Gemeinsamkeiten und Unterschiede der beiden wirtschaftspolitischen Konzepte zur Erreichung dieses Ziels am Beispiel der Steuerpolitik.

   c) Beide wirtschaftspolitischen Konzepte stoßen in Deutschland bei ihrer Umsetzung an Grenzen. Erläutern Sie dies für die beiden Konzepte anhand von je zwei Umsetzungsproblemen.

2. Neben der Steuerung der gesamtwirtschaftlichen Entwicklung besteht für den Staat weiterer Handlungsbedarf zur Erhaltung und Weiterentwicklung der sozialen Marktwirtschaft.

   Erläutern Sie anhand von zwei Wirtschaftsbereichen, dass der Markt als Steuerungsinstrument versagen kann und daher staatliche Maßnahmen notwendig sein können.

20.6 Abituraufgaben Profil Internationale Wirtschaft

Abituraufgaben 2014 (Aufgabe 4, Teil 1, teilweise)

1. [...]

1.5 Für Deutschland liegen die folgenden Zahlen vor:

	Indikator	2011	2012
Veränderung gegenüber Vorjahr	Reales BIP	+3,0 %	+0,7 %
	Preisniveau	+2,1 %	+2,0 %
	Nominallöhne	+3,3 %	+2,5 %
	Gewinneinkommen (nominal)	+5,3 %	−1,4 %
	Arbeitslosenquote	7,1 %	6,8 %
	Kapazitätsauslastung	86,0 %	81,0 %

Verschiedene Interessenverbände machten für das Jahr 2013 folgende Vorschläge zur Verbesserung der wirtschaftspolitischen Situation:

a) Erhöhung der Staatsausgaben
b) Senkung der Unternehmenssteuern
c) Erhöhung der Nominallöhne um 10 %
d) Lohnzurückhaltung (nur Inflationsausgleich)

1.5.1 Geben Sie jeweils an, ob es sich bei den Vorschlägen a) bis d) um angebots- oder nachfrageorientierte Maßnahmen handelt.

1.5.2 Wirtschaftspolitische Zielvorgabe für das Jahr 2013 sei eine Steigerung des realen Bruttoinlandsprodukts um mindestens 2 %.

Entscheiden Sie sich begründet für einen der Vorschläge a) bis d). Skizzieren Sie dazu die beabsichtigte Wirkungskette. Berücksichtigen Sie auch die in der Tabelle aufgeführten konjunkturellen Eckdaten.

Abituraufgaben 2015 (Aufgabe 4, Teil 1, teilweise)

2. Als Ansatzpunkte zur Beeinflussung von Wachstum und Konjunktur lassen sich die angebotsorientierte und die nachfrageorientierte Wirtschaftspolitik unterscheiden.

2.1 Unterscheiden Sie diese beiden Konzeptionen hinsichtlich der Annahme über die Stabilität der marktwirtschaftlichen Systeme und der daraus resultierenden Auffassung von der Funktion des Staats.

2.2 Erläutern Sie anhand von zwei fiskalpolitischen Maßnahmen, wie und mit welcher beabsichtigten Wirkung der Staat im Rahmen einer nachfrageorientierten Wirtschaftspolitik zur Belebung der Konjunktur beitragen kann.

3. Mit Wirkung zum 1. Januar 2013 beschloss die Bundesregierung u. a. eine Senkung des Rentenversicherungsbeitrags.

Zeigen Sie mithilfe einer Wirkungskette aus angebotsorientierter Sicht, wie sich die Senkung der Rentenversicherungsbeiträge auf die für 2013 prognostizierte Arbeitslosenquote ausgewirkt haben könnte.

Abituraufgaben 2016 (Aufgabe 5, Teil 2, teilweise)

2. Hinsichtlich Wachstumsförderung und Konjunkturstabilisierung lassen sich die Ansätze einer angebotsorientierten und einer nachfrageorientierten Wirtschaftspolitik unterscheiden.

2.1 Grenzen Sie diese beiden Ansätze in Bezug auf die folgenden Merkmale voneinander ab:

- Stabilität marktwirtschaftlicher Systeme,
- wirtschaftspolitische Hauptakteure und ihre zentrale Aufgabe.

2.2 [...]

3. Eine Erhöhung der Staatsnachfrage als wirtschaftspolitisches Instrument wird häufig deshalb kritisiert, weil sie mit einem Anstieg der Staatsverschuldung einhergehe.

3.1
- Erläutern Sie in diesem Zusammenhang den Begriff des Crowding-outs.
- Prüfen Sie mithilfe von **Material 2**, inwiefern in der Zeit nach der Finanzkrise 2008 in Deutschland eine entsprechende Gefahr bestanden hat.

3.2 Erläutern Sie, wie sich

- eine hohe Staatsverschuldung und
- die in **Material 2** dargestellte Zinsentwicklung seit dem Jahr 2008 auf die Einkommensverteilung auswirken.

Material 2

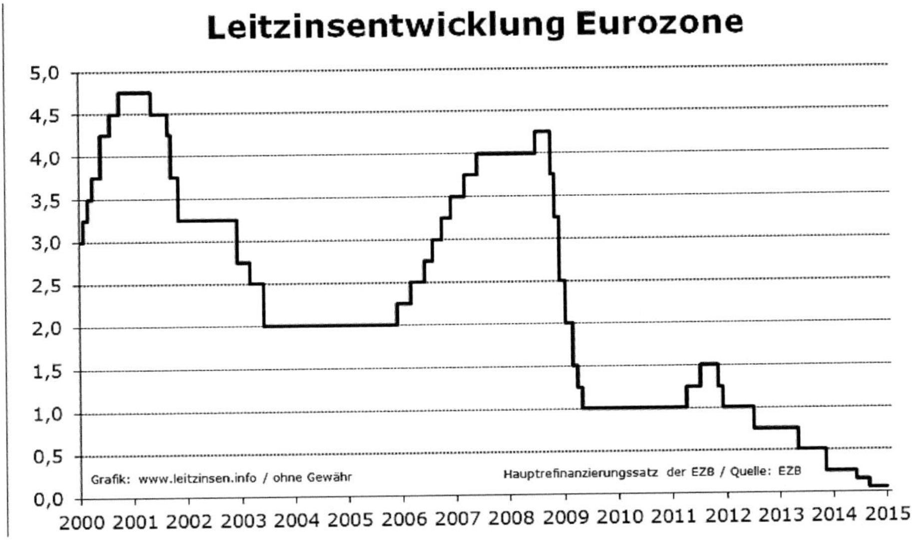

Abituraufgaben 2018 (Aufgabe 5, teilweise, verändert)

1. Die Bundesregierung hat gemäß dem Sachverständigenrat die gute wirtschaftliche Entwicklung der letzten Jahre nicht in ausreichendem Maße für Reformen genutzt. Dazu gehören eine Reform der Unternehmensbesteuerung und zusätzliche öffentliche Investitionen. Die Einführung des flächendeckenden Mindestlohns und das Rentenpaket könnten die Entwicklung der Wirtschaft sogar schwächen.

Quelle: Vgl. Sachverständigenrat zur Begutachtung der gesamtwirtschaftlichen Entwicklung: Kurzfassung des Jahresgutachtens 2016/17. In: www.sachverstaendigenrat-wirtschaft.de/fileadmin/dateiablage/gutachten/jg201617/kurzfass_jg16_17.pdf [21.04.2020], S. 3.

1.1 Der obige Text spricht von einem robusten Aufschwung in Deutschland.

1.1.1 Nennen Sie die typische Entwicklung von vier Konjunkturindikatoren Ihrer Wahl während einer konjunkturellen Aufschwungsphase.

1.1.2 Begründen Sie, ob die Forderungen nach öffentlichen Investitionen und Änderungen bei der Unternehmensbesteuerung einer antizyklischen Fiskalpolitik entsprechen.

1.2 Stellen Sie eine Wirkungskette dar, mit der die negative Wirkung des Mindestlohns auf die Wirtschaftsentwicklung begründet werden kann, und nennen Sie die zugrunde liegende wirtschaftspolitische Konzeption.

1.3 Begründen Sie mögliche positive Effekte des Mindestlohns auf die Konjunkturentwicklung und nennen Sie die zugrunde liegende wirtschaftspolitische Konzeption.

1.4 Geben Sie jeweils eine mögliche Begründung für die Forderung nach zusätzlichen staatlichen Investitionen für ein höheres Wirtschaftswachstum

- aus angebotsorientierter Sichtweise und
- aus nachfrageorientierter Sichtweise.

20.7 Abituraufgaben Profil Wirtschaft

Abituraufgaben 2012 (Aufgabe 5, teilweise)

1. Das Statistische Bundesamt stellt das **Material 1** zur Verfügung.

1.1 Erklären Sie, weshalb das Bruttoinlandsprodukt einen wichtigen Konjunkturindikator darstellt.

1.2 Beschreiben Sie ausführlich mithilfe der vorliegenden Informationen, wie sich die Konjunkturlage in Deutschland während der Jahre 2007 bis 2010 entwickelt hat.

1.3 Die Bundesregierung hat Ende 2008 bzw. zu Beginn 2009 zwei Konjunkturprogramme verabschiedet. Diese enthielten u. a. eine „Senkung der Einkommensteuer“ sowie „staatliche Investitionen in die Infrastruktur“.

- Begründen Sie, welche grundsätzliche wirtschaftspolitische Konzeption beim Einsatz dieser Konjunkturprogramme erkennbar wird.
- Erläutern Sie am Beispiel der Maßnahme „Senkung der Einkommensteuer“ die erhoffte Wirkungsweise in mindestens vier Schritten.

1.4 Erklären Sie anhand von zwei Argumenten, weshalb umfangreiche staatliche Konjunkturprogramme von Gegnern solcher Maßnahmen kritisiert werden.

2. Die „Abwrackprämie“ war ein im Rahmen des Konjunkturpakets beschlossener staatlicher Zuschuss von 2.500,00 EUR. Dieser wurde gewährt, wenn man sein mindestens neun Jahre altes Auto verschrottet und dafür einen Neuwagen oder Jahreswagen gekauft hat.

2.1 Beschreiben Sie, um welche Art des Staatseingriffs es sich bei der Abwrackprämie handelt.

2.2
- Erklären Sie, weshalb es als Folge der Abwrackprämie nicht zwangsläufig zu Preissteigerungen auf dem Markt für Neuwagen gekommen ist.
- Veranschaulichen Sie Ihre Aussagen anhand der Skizze eines gesamtwirtschaftlichen Preis-Mengen-Diagramms.

2.3 Erläutern Sie zwei Wirkungshemmnisse, die den erwünschten konjunkturpolitischen Effekt der Abwrackprämie möglicherweise beeinträchtigt haben.

2.4 Die Abwrackprämie wurde auch als Umweltprämie bezeichnet. Diskutieren Sie die Folgen der Abwrackprämie für das wirtschaftspolitische Ziel „Erhalt einer lebenswerten Umwelt“.

2.5 Angenommen, die Nachfrage nach Neuwagen hat sich wegen der Abwrackprämie um 30 % erhöht. Die direkte Preiselastizität der Nachfrage beträgt 1,6. Ermitteln Sie, um wie viel Prozent die Neuwagen durch die Abwrackprämie preisgünstiger wurden.

Material 1

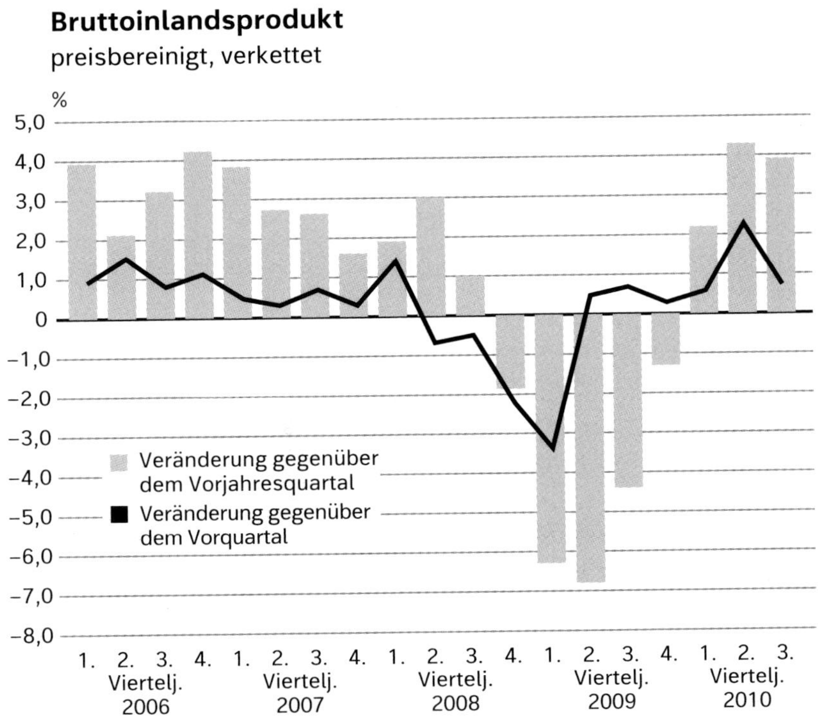

© Statistisches Bundesamt (Destatis), 2010

Abituraufgaben 2013 (Aufgabe 5, teilweise, verändert)

1. Im Zusammenhang mit der Staatsschuldenkrise einiger Euroländer beschloss das Europaparlament im September 2011 eine Reform des EU-Stabilitätspakts. Dadurch sollen die Regierungen zum Schuldenabbau und zu stärkerer Haushaltsdisziplin gezwungen werden.

1.1 Beschreiben Sie je ein Problem, das sich für diese Länder aus der hohen Staatsverschuldung und der geforderten Haushaltskonsolidierung ergeben kann.

1.2 Trotz der auch in Deutschland hohen Staatsverschuldung wird von Politikern eine Entlastung der Bezieher „kleiner und mittlerer Einkommen" bei der Einkommensteuer gefordert. Dabei wird argumentiert, eine solche Maßnahme widerspräche mittelfristig nicht der Haushaltskonsolidierung.

Prüfen Sie diese Argumentation kritisch.

2. Die Einkommensteuer ist ein wichtiges Instrument der Einkommensumverteilung. Der zurzeit gültige Einkommensteuertarif ist in **M2** abgebildet.

M2: Einkommensteuertarif 2012

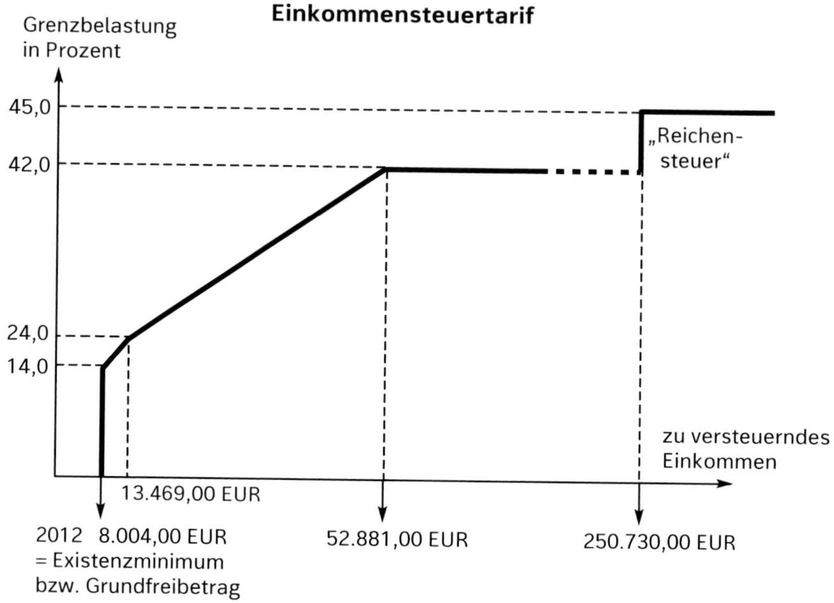

2.1 Erläutern Sie die Umverteilungswirkung des Einkommensteuertarifs. Prüfen Sie dabei auch, inwieweit der Einkommensteuertarif die Ziele

- der Bedarfsgerechtigkeit und
- der Leistungsgerechtigkeit

berücksichtigt.

3. Für die Bewältigung der verteilungs- und sozialpolitischen Herausforderungen gilt ein angemessenes Wirtschaftswachstum als eine wichtige Voraussetzung.
Wachstumskritiker weisen aber in diesem Zusammenhang auf den Konflikt mit dem Ziel „Erhalt einer lebenswerten Umwelt“ hin.
Beschreiben Sie diesen Zielkonflikt.

Abituraufgaben 2015 (Aufgabe 5, teilweise)

1.4 Im Koalitionsvertrag findet sich folgende Vereinbarung:

Material 4: Mindestlohn

Gute Arbeit muss sich einerseits lohnen und existenzsichernd sein. Andererseits müssen Produktivität und Lohnhöhe korrespondieren, damit sozialversicherungspflichtige Beschäftigung erhalten bleibt. Diese Balance stellen traditionell die Sozialpartner über ausgehandelte Tarifverträge her. Sinkende Tarifbindung hat jedoch zunehmend zu weißen Flecken in der Tariflandschaft geführt. [...] Zum 1. Januar 2015 wird ein flächendeckender gesetzlicher Mindestlohn von 8,50 Euro brutto je Zeitstunde für das ganze Bundesgebiet gesetzlich eingeführt. [...] Tarifliche Abweichungen sind [...] möglich [...] für maximal zwei Jahre bis 31. Dezember 2016 durch Tarifverträge [...].

Quelle: Deutschlands Zukunft gestalten. Koalitionsvertrag zwischen CDU, CSU und SPD. 18. Legislaturperiode, 16.12.2013. In: www.cdu.de/sites/default/files/media/dokumente/koalitionsvertrag.pdf [21.04.2020], S. 48 f.

1.4.1 Erläutern Sie mit zwei Argumenten, wie die Große Koalition im Koalitionsvertrag **(Material 4)** die Einführung des Mindestlohns rechtfertigt.

1.4.3 Die Einführung eines Mindestlohns hat Auswirkungen auf das Erreichen der Ziele des „magischen Sechsecks“.

Erläutern Sie in diesem Zusammenhang zwei Zielkonflikte.

Abituraufgaben 2016 (Aufgabe 5, teilweise, verändert)

1. Die Entwicklung der gesamtwirtschaftlichen Lage in Deutschland lässt sich der nachfolgenden Grafik entnehmen:

Material 1

Quelle: Zahlenwerte entnommen aus: Vgl. Statistisches Bundesamt: Pressekonferenzen. In: www.destatis.de/DE/PresseService/Presse/Pressekonferenzen [20.03.2015].

1.1 Beschreiben Sie mithilfe des vorliegenden Datenmaterials (**Material 1**), wie sich die konjunkturelle Lage in Deutschland in den Jahren 2006 bis 2015 entwickelt hat.

Grenzen Sie in diesem Zusammenhang verschiedene Konjunkturphasen voneinander ab.

1.2 Nennen Sie das im Stabilitätsgesetz formulierte Ziel, auf das sich **Material 1** bezieht. Beurteilen Sie dessen Erreichung im Jahr 2013.

1.3 Erläutern Sie, weshalb das Bruttoinlandsprodukt als Messgröße zur Darstellung des Konjunkturverlaufs herangezogen wird.

1.4 Beschreiben Sie anhand eines von Ihnen gewählten Frühindikators dessen Bedeutung für wirtschaftspolitische Entscheidungen.

2. [...]

3. Der Finanzminister der Bundesrepublik Deutschland will 10 Milliarden EUR für öffentliche Investitionen zur Verfügung stellen, um die Wirtschaftskrise zu bewältigen.

3.1 Begründen Sie, inwiefern sich die beschriebene Maßnahme der Bundesregierung einer nachfrageorientierten Wirtschaftspolitik zuordnen lässt.

3.2 Staatliche Konjunkturprogramme sind nicht unumstritten. Beschreiben Sie zwei allgemeine Kritikpunkte.

4. Das vom Sachverständigenrat zur Begutachtung der gesamtwirtschaftlichen Entwicklung vorgelegte Jahresgutachten 2014/15 trägt den Titel „Mehr Vertrauen in Marktprozesse“.

4.1 Erläutern Sie die wesentliche Grundannahme einer angebotsorientierten Wirtschaftspolitik hinsichtlich der Funktionsweise des marktwirtschaftlichen Systems und der wirtschaftspolitischen Rolle des Staates.

4.2 Der Arbeitsmarkt solle nicht stärker reguliert werden, sondern vielmehr seien die bestehenden Regulierungen zu prüfen, heißt es im Jahresgutachten 2014/2015 des Sachverständigenrates.

Quelle: Vgl. Sachverständigenrat zur Begutachtung der gesamtwirtschaftlichen Entwicklung: Mehr Vertrauen in Marktprozesse. Jahresgutachten 2014/15. Wiesbaden: Statistisches Bundesamt 2014, S. 2.

Beschreiben Sie anhand von zwei Beispielen, inwiefern die Deregulierung des Arbeitsmarktes einen wichtigen Ansatzpunkt der angebotsorientierten Wirtschaftspolitik darstellt.

5. [...]

21 Geldtheorie und Geldpolitik

21.1 Deutsche Bundesbank

Stofftelegramm

Gesetzliche Grundlage: Gesetz über die Deutsche Bundesbank

Stellung der Deutschen Bundesbank

Allgemeines:
- Deutsche Bundesbank = juristische Person des öffentlichen Rechts
  = Zentralbank der Bundesrepublik Deutschland = nationale Zentralbank („NZB")
- Sitz: Frankfurt am Main
- Die Bundesbank unterhält bundesweit neun **Hauptverwaltungen** (mit Sitz in Berlin, Düsseldorf, Frankfurt am Main, Hamburg, Hannover, Leipzig, Mainz, München und Stuttgart) und **Filialen**, die den Hauptverwaltungen unterstehen. Die Filialen stehen Banken und öffentlichen Verwaltungen zur Bargeldversorgung und für die Abwicklung des unbaren Zahlungsverkehrs zur Verfügung. Den örtlichen Kreditinstituten bieten sie zudem direkten Zugang zu Notenbankkrediten.

Verhältnis Bundesbank – Bundesregierung:

- **unabhängig** von Weisungen der Bundesregierung (§ 12 BBankG)
- Unterstützung der Wirtschaftspolitik der Bundesregierung (§ 12 BBankG)
- Beratung der Bundesregierung in Währungsfragen (§ 13 BBankG)

Der Vorstand (Organ) der Deutschen Bundesbank in Frankfurt am Main (§ 7 BBankG)

- Präsident, Vizepräsident sowie vier weitere Mitglieder
  - Vorschlag **Bundesregierung** zur Bestellung von Präsident + Vize + einem weiteren Mitglied
  - Vorschlag **Bundesrat** zur Bestellung von drei weiteren Mitgliedern
  - Bestellung aller Vorstandsmitglieder durch **Bundespräsident**
- beschließendes Organ
- einheitliche Leitung der Bundesbank

– vgl. nächste Seite –

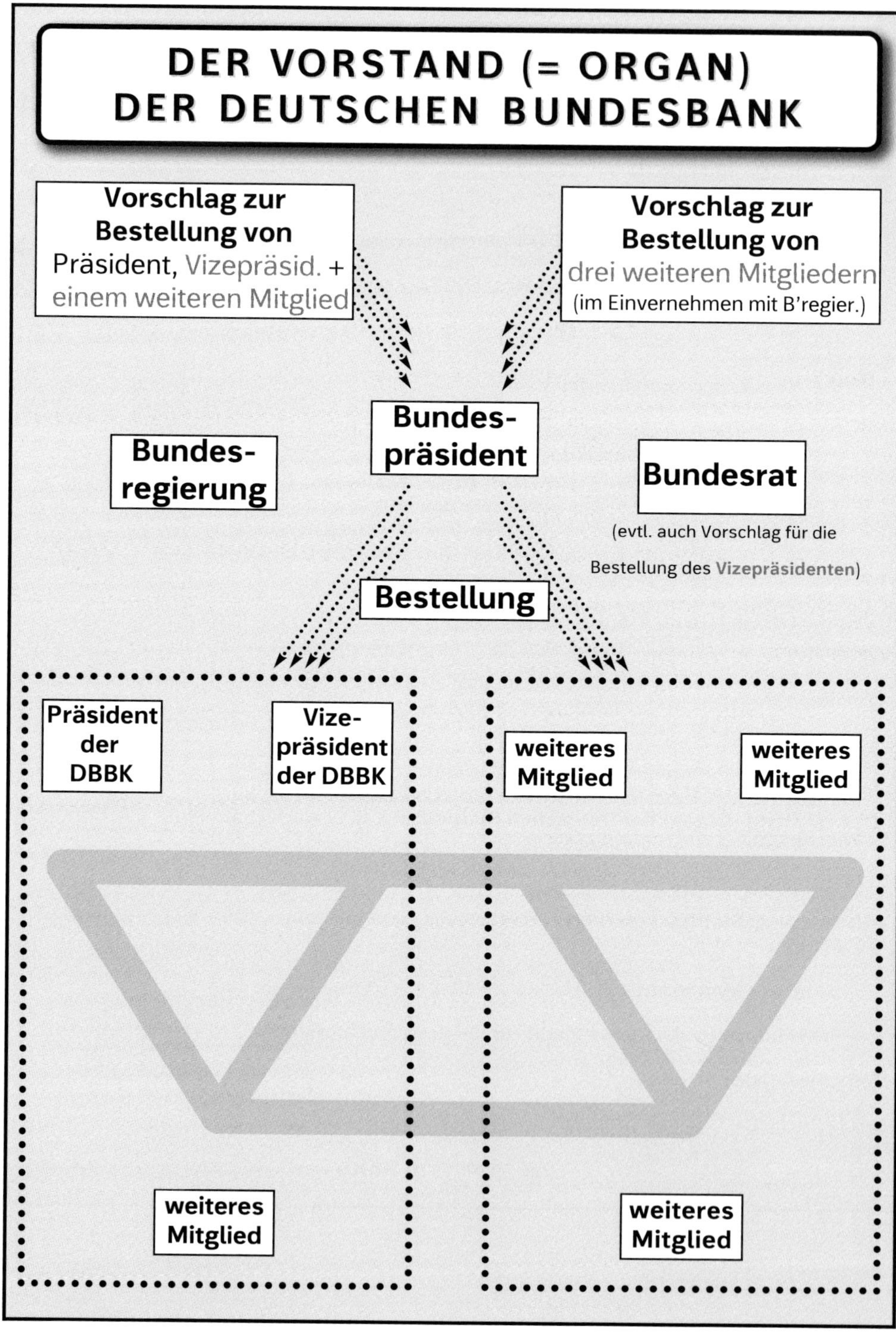
DER VORSTAND (= ORGAN)
DER DEUTSCHEN BUNDESBANK
Vorschlag zur Bestellung von Präsident, Vizepräsid. + einem weiteren Mitglied
Vorschlag zur Bestellung von drei weiteren Mitgliedern (im Einvernehmen mit B'regier.)
Bundes-präsident
Bundes-regierung
Bundesrat
(evtl. auch Vorschlag für die Bestellung des Vizepräsidenten)
Bestellung
Präsident der DBBK
Vize-präsident der DBBK
weiteres Mitglied
weiteres Mitglied
weiteres Mitglied
weiteres Mitglied

Aufgaben der Deutschen Bundesbank

- **Durchführung der von der EZB beschlossenen Offenmarktgeschäfte** in Deutschland
- **Durchführung des operativen Geschäfts bei den „Ständigen Fazilitäten" und den Mindestreserven** in Deutschland
- **Bank des Staates:**
  - Banknoten- und Münzausgabe (Euro)
  - Beratung in Währungsfragen
  - „Schuldenmanager" der Regierung
  - Durchführung der Ausgabe von Bundeswertpapieremissionen
- **Bank der Banken:**
  - Refinanzierungen im Rahmen der EZB-Beschlüsse
  - Inanspruchnahme des Gironetzes der Bundesbank durch die Banken (Aufrechterhaltung des Zahlungsverkehrs)
  - Mitwirkung bei Bankenaufsicht (zusammen mit Bundesaufsichtsamt für das Kreditwesen)
- **Verwalterin der Währungsreserven**
- **Geldversorgung inkl. Qualitätskontrolle der Banknoten (Echtheitskontrollen)**
- **Forschung und Analyse im Bereich der Geldpolitik**

Aufgaben

1. Nennen Sie das Organ der Bundesbank und dessen Hauptaufgaben.
2. Welches Verhältnis besteht zwischen Bundesbank und Bundesregierung?
3. Welche Aufgaben hat die Deutsche Bundesbank?

21.2 Das Europäische System der Zentralbanken (ESZB)

Stofftelegramm

Stellung der EZB (Errichtung: 1998)

- ESZB = EZB + nationale Zentralbanken (NZB) der Mitglieder der Europäischen Wirtschafts- und Währungsunion (EWWU = „Euroland")

  → Föderalismus; vergleichbar mit Deutscher Bundesbank und deren neun Hauptverwaltungen in Bundesländern

- Sitz der EZB in **Frankfurt am Main**
- EZB am **Modell der Deutschen Bundesbank** orientiert
- **unabhängig** (autonome Stellung) von Regierungen und EU-Organen
- keine Finanzierung staatlicher Ausgaben

Organe der EZB

- **Europäischer Zentralbankrat (Rat der EZB)** = oberstes Entscheidungsgremium, das i. d. R. alle sechs Wochen zusammentritt

  Aufgaben: Leitlinien und Entscheidungen zur Festlegung der Geldpolitik erlassen (u. a.: geldpolitische Ziele und Höhe der Leitzinsen festlegen)

- **Direktorium:**
  - Leitung + Verwaltung der EZB
  - Vorbereitung der Sitzungen des EZB-Rats
  - Durchführung der Geldpolitik des Euroraums gemäß den Leitlinien und Entscheidungen des EZB-Rats, wobei es hierzu den nationalen Zentralbanken des Euroraums die notwendigen Weisungen erteilt
  - Führung der laufenden Geschäfte der EZB
- **ZB-Präsidenten aller Euroländer – vgl. Übersicht nächste Seite –**

EU-Staaten, die bislang NICHT an der Währungsunion teilnehmen

Bulgarien	Dänemark	Ungarn	Kroatien	Polen	Rumänien
Schweden	Tschechien				

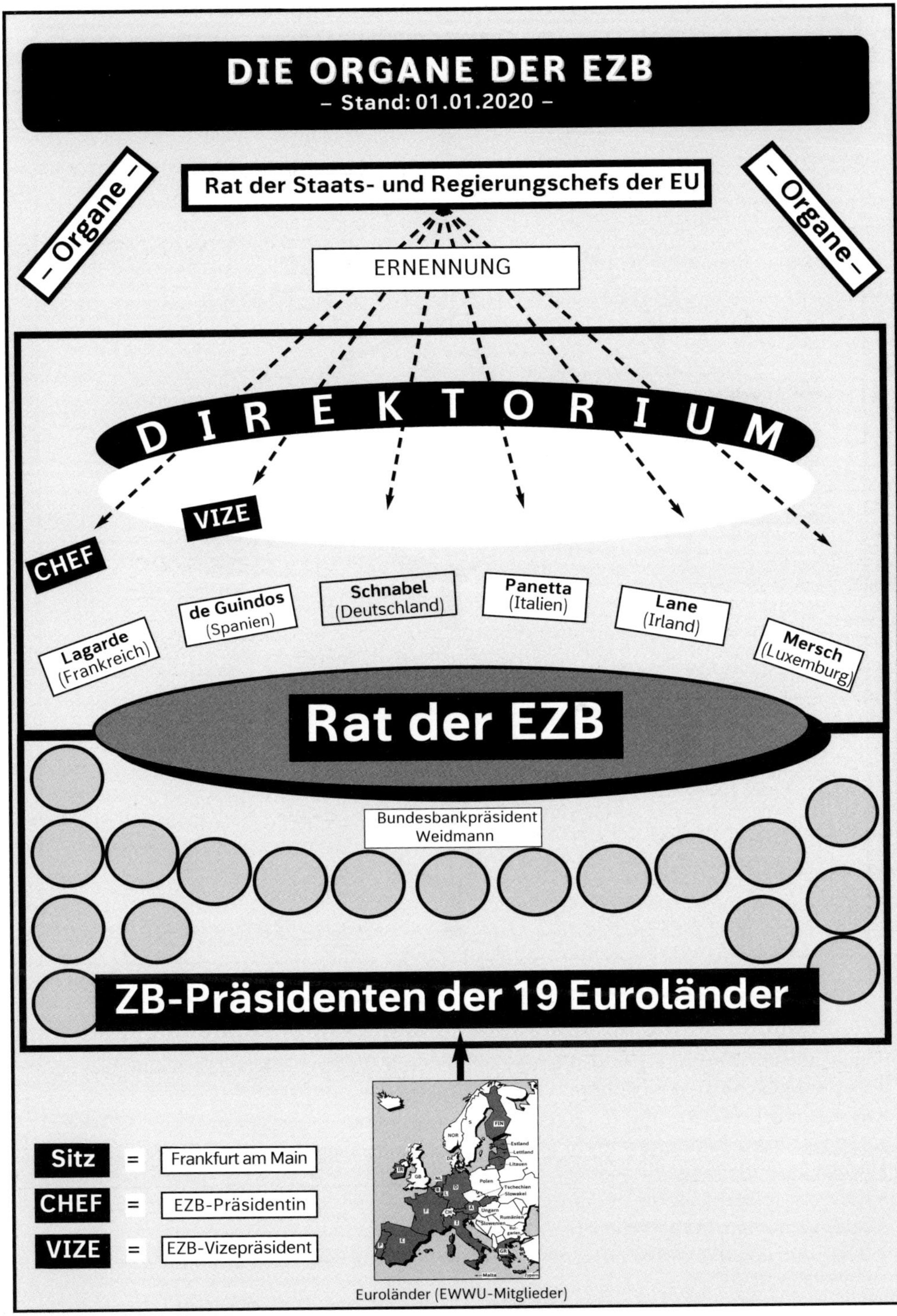
DIE ORGANE DER EZB
– Stand: 01.01.2020 –
– Organe –
Rat der Staats- und Regierungschefs der EU
– Organe –
ERNENNUNG
DIREKTORIUM
CHEF
VIZE
Lagarde (Frankreich)
de Guindos (Spanien)
Schnabel (Deutschland)
Panetta (Italien)
Lane (Irland)
Mersch (Luxemburg)
Rat der EZB
Bundesbankpräsident Weidmann
ZB-Präsidenten der 19 Euroländer
Sitz = Frankfurt am Main
CHEF = EZB-Präsidentin
VIZE = EZB-Vizepräsident
Euroländer (EWWU-Mitglieder)

QUANTITATIVE EZB-DEFINITION VON PREISSTABILITÄT

Vorrangiges Ziel (vorrangige Aufgabe) der EZB: Gewährleistung der **Preisstabilität**

Definition der Preisstabilität durch die EZB:

Mittelfristiges Ziel des EZB-Rats beim Streben nach Preisstabilität:

Preissteigerungsrate unter, aber nahe der 2 %-Marke

zur Vermeidung von **Inflationsrisiken**

zur Vermeidung von **Deflationsrisiken**

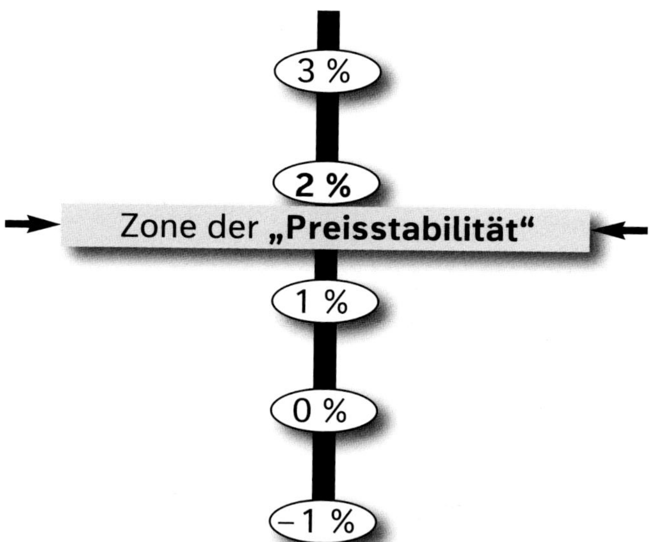

Weitere Aufgaben der EZB

- einheitliche **Währungs-(Geld-)Politik:** Leitzinsen festlegen, Geldmenge steuern, ...
- **Devisengeschäfte** durchführen
- Verwaltung der **Währungsreserven** der Mitgliedstaaten
- reibungslosen **Zahlungsverkehr** im Euroland organisieren
- **Banknotenausgabe** (Eurogeld)
- Höhe der **Münzausgabe** steuern
- **Überwachung** des Kreditwesens
- **Unterstützung der Wirtschaftspolitik** der Regierungen, sofern keine Gefährdung der Preisstabilität

EU-Länder, Euroland und EWS II

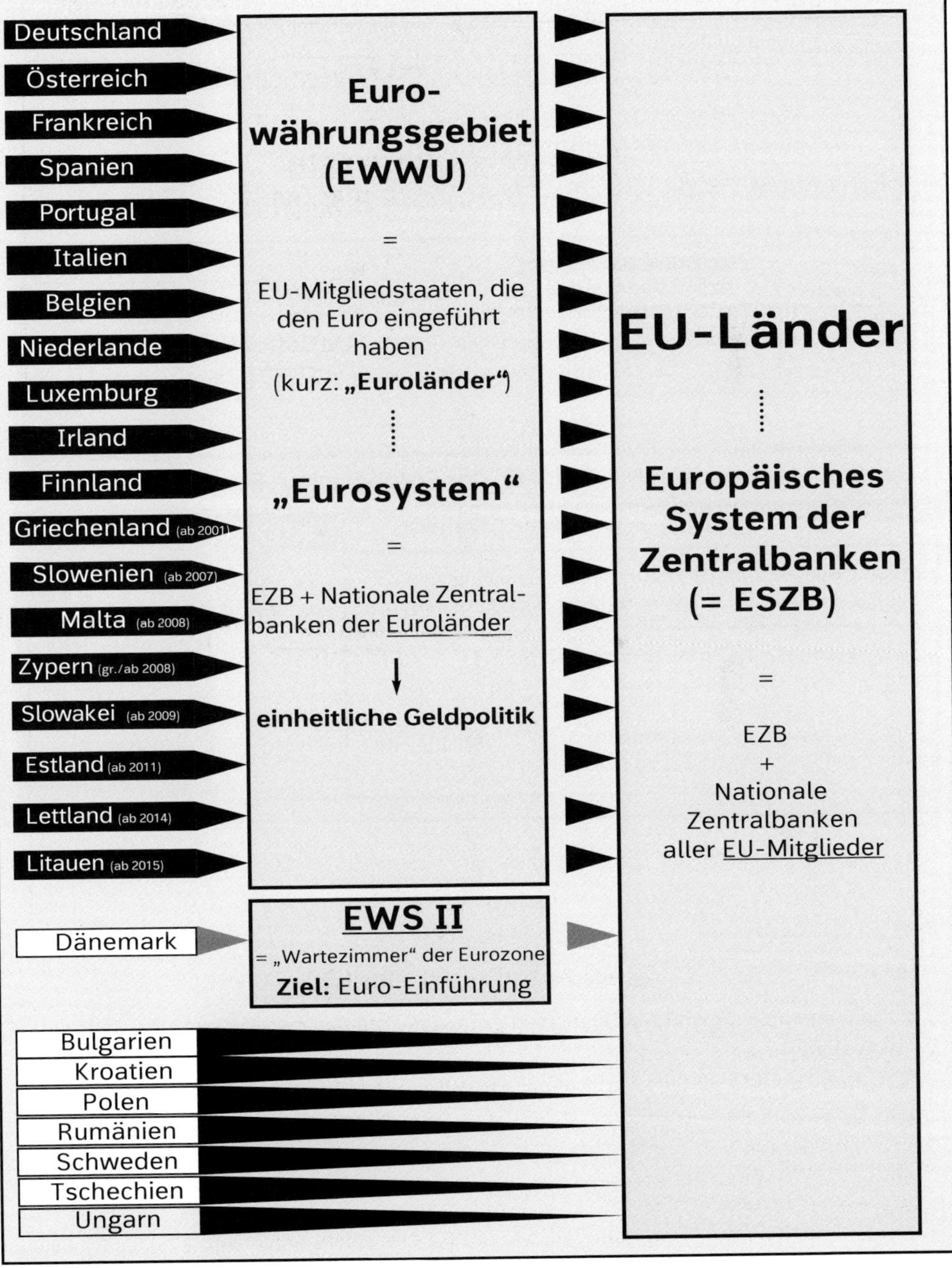

Aufgaben

1. Was versteht man unter dem Europäischen Zentralbanksystem (ESZB)?
2. Nennen Sie die wesentlichen Aufgaben der Europäischen Zentralbank (EZB).
3. Die Europäische Zentralbank ist **unabhängig**. Wie ist dies zu verstehen?
4. Nennen Sie die Organe der Europäischen Zentralbank.

21.3 Arten des Geldes/Geldmengenbegriff

Stofftelegramm

Arten des Geldes

Bargeld	Buchgeld (Giralgeld)
• Banknoten (Papiergeld) • Scheidemünzen	• Sichteinlagen (Guthaben auf Giro- bzw. Kontokorrentkonten) • Übertragung: Überweisung/Verrechnungsscheck

Geldmengenbegriffe (M1, M2, M3) der Europäischen Zentralbank (EZB)

Bargeldumlauf + täglich fällige Einlagen (Giralgeld)	**= M1**	**= M2**	**= M3** **Geldmengenziel (Referenzwert):** **M3-Wachstum max. ca. 4,5 %**
Einlagen mit vereinbarter Laufzeit bis zu zwei Jahren **Einlagen mit vereinb. Kündigungsfrist bis zu drei Monaten**			
von den Monetären Finanzinstituten (MFIs) ausgegebene Geldmengensubstitute (Repogeschäfte, Geldmarktfondsanteile, Schuldverschreibungen mit Laufzeit von bis zu zwei Jahren)			

Aufgaben (Grundwissen)

1. Nennen Sie die heute als gesetzliche Zahlungsmittel geltenden Arten des Geldes.
2. a) Definieren Sie die drei Geldmengenbegriffe des Europäischen Systems der Zentralbanken (ESZB).
   b) Wie lautet das augenblickliche Geldmengenziel der Europäischen Zentralbank (EZB)?

3. Zusammengefasste Bilanz aller Geschäftsbanken (Situation 1)

Aktiva		Passiva	
Guthaben bei Zentralbank	52	Sichteinlagen	290
Kreditforder.	130		
Devisen	30		
Kasse	78		
	290		290

Zusammengefasste Bilanz aller Geschäftsbanken (Situation 2)

Aktiva		Passiva	
Guthaben bei Zentralbank	56	Sichteinlagen	300
Kreditforder.	160	Spareinl. (3-mon. Kündigungsfrist)	10
Devisen	38	Termingelder	
Kasse	76	unter 2 Jahren	20
	330		330

a) Berechnen Sie **M3** in beiden Situationen (Banknoten- und Münzumlauf: Situation 1: 250; Situation 2: 244).
b) Welche Vorgänge wirkten expansiv, welche kontraktiv auf **M3**?

4. Wie verändert sich die Geldmenge **M3** durch folgende Aktionen?

a) Ein Bankkunde überweist für einen Sparbrief (Laufzeit sechs Jahre) 5.000,00 EUR.
b) Ein Kunde zahlt bar 500,00 EUR auf sein Girokonto ein.
c) Ein Kunde zahlt bar 500,00 EUR auf sein Sparkonto mit dreimonatiger Kündigungsfrist ein.
d) Die Bank verkauft Aktien an Kunde A, der diese bar bezahlt.
e) Die Bank gewährt einer Firma einen Kredit (Gutschrift aufs Kontokorrentkonto).

5. Wie verändert sich die Geldmenge **M2** durch folgende Aktionen?

a) Die Bundesbank erwirbt Wertpapiere von Nichtbanken gegen Überweisung.
b) Die Bank gewährt dem Kunden A einen Kredit, der aufs Girokonto gutgeschrieben wird.
c) A hebt 500,00 EUR vom Sparkonto (dreimonatige Kündigungsfrist) ab und kauft Geldmarktpapiere der Bank.
d) A tauscht bei seiner Bank 500,00 EUR in Dollar um.
e) Die Bundesbank gewährt Staatskredite.
f) A zahlt 500,00 EUR auf sein Girokonto ein.

21.4 Binnenwert des Geldes und seine Messung

Stofftelegramm

Tauschwert des Geldes

Kaufkraft (KK)	**Preisniveau (P)**
Wie viele Güter kann man für eine Geldeinh. kaufen?	Wie hoch ist der Preis für ein Gut?

Merke: Mit steigendem Preis sinkt die Kaufkraft und umgekehrt (reziprokes Verhältnis).

Preissteigerungsrate

100 %

x %

Kaufkraftverlust

100 %

x %

Preis Jahr 01:	**100,00 EUR**
Preis Jahr 02:	**110,00 EUR**
Preissteigerung:	**10,00 EUR**

Messung der Geldwertschwankungen (Preis- und Kaufkraftänderungen) mittels

Preisindex für die Lebenshaltung aller privaten Haushalte (Lebenshaltungskostenindex)

- Ermittlung durch Statistisches Bundesamt
- Der Lebenshaltungskostenindex zeigt, wie sich das Preisniveau für das von einem durchschnittlichen Haushalt gekaufte Gütersortiment (= **Warenkorb** mit ca. 750 Gütern) im Zeitablauf entwickelt. Ansatz des Kaufpreises des Warenkorbs in einem bestimmten Jahr **(Basisjahr)** mit 100 Punkten (%), Fortschreibung in den Folgejahren.
- aktuelles Basisjahr: 2015 (Stand: Januar 2020)

Weitere Preisindizes z. B. für: Baupreise, Erzeugerpreise, Einzel- und Großhandelspreise

(Fishersche) Verkehrsgleichung (= Quantitätsgleichung des Geldes)

Faktoren, die den Geldwert beeinflussen können:

- M = Geldmenge
- P = Preisniveau
- U = Umlaufgeschwindigkeit des Geldes
- H = Handelsvolumen (Güterangebot)

$$M \cdot U = H \cdot P \qquad M = \frac{H \cdot P}{U} \qquad P = \frac{M \cdot U}{H}$$

M bzw. U steigt	–	**P steigt**
H sinkt	–	**P steigt**

M bzw. U sinkt	–	**P sinkt**
H steigt	–	**P sinkt**

- Betr. **Kritik der Quantitätstheorie:** siehe Lösung zu Aufgabe 17

Aufgaben (Grundwissen)

1. a) Unterscheiden Sie die Begriffe „Kaufkraft“ und „Preisniveau“.
   b) Wie verhalten sich Kaufkraft und Preisniveau zueinander?

2. Auf welche beiden grundsätzlichen Arten können Geldwertschwankungen berechnet werden?

3. Preis Jahr 01: 100,00 EUR a) Preissteigerungsrate?
   Preis Jahr 02: 110,00 EUR b) Kaufkraftverlust?

4. Preissteigerungsrate 8 %. Kaufkraftverlust?

5. Kaufkraftverlust: 6 %. Preissteigerungsrate?

6. Nennen Sie vier Bereiche, für die ein Preisindex berechnet wird.

7. Erklären Sie die Begriffe „Warenkorb“ und „Basisjahr“.

8. Was kann der Verbraucher aus dem Preisindex für die Lebenshaltung der Haushalte ablesen?

9. Warum müssen Warenkörbe regelmäßig „reformiert“ werden?

10. Ergänzen Sie die Tabelle (Aufrundung auf eine Kommastelle).

	Jahr 01	Jahr 02	Jahr 03	Jahr 04
Kosten für Warenkorb in Euro	2.000,00	2.040,00	2.101,00	2.206,00
Prozentuale Preissteigerung im Vergleich zum jeweiligen Vorjahr	-	a)	b)	c) ....
Preisindex: Basisjahr 01	d)	e)	f)	g) ....

11. Unterscheiden Sie die Begriffe „Nominallohn“ und „Reallohn“.

12. Wie hat sich in folgenden Fällen das Preisniveau entwickelt?
    a) Nominallohnsteigerung: 8 %, Reallohnsteigerung: 5 %
    b) Nominallohnsteigerung: 3 %, Reallohnsteigerung: 4 %
    c) Nominal- und Reallohnsteigerung je 4 %

13. Ermitteln Sie die Preisindizes bei folgenden Preissteigerungsraten (Basisjahr 01).

Jahr	01	02	03	04	05	06
Preissteigerungsrate	1,2 %	2,6 %	3,0 %	3,0 %	4,2 %	3,2 %

14. Nennen Sie die Faktoren, die den Geldwert beeinflussen können.

15. Wie lautet die Verkehrsgleichung des Geldes?

16. Welchen Einfluss haben folgende Änderungen bei Konstanz der anderen Größen auf den Geldwert?
    a) Geldmenge sinkt. b) Handelsvolumen sinkt. c) Umlaufgeschwindigkeit steigt.

17. Üben Sie ausführlich Kritik an der Verkehrsgleichung.

18. Für ein bestimmtes Jahr wurde in Deutschland eine Inflationsrate von 4,5 % vorausgesagt. Daher schlugen zu Jahresbeginn namhafte Wirtschaftswissenschaftler vor, für ein Jahr eine Lohnerhöhung auszusetzen.

    a) Nehmen Sie an, die Tarifpartner konnten sich auf eine solche Lohnpause einigen. Welche Auswirkungen hätte ein solcher Beschluss in der oben beschriebenen Situation auf den Reallohn (Begründung)?

b) Das Statistische Bundesamt ermittelt den jährlichen Preisindex für die Lebenshaltungskosten.

b1) Warum werden bei dieser Preisindexermittlung nicht alle Preise einer Volkswirtschaft addiert und durch ihre Anzahl dividiert?

b2) Wie ist es zu erklären, dass bei real steigenden verfügbaren Einkommen die Ausgaben eines Haushalts für Nahrungsmittel von 33,3 % des Einkommens im Jahre 10 auf 26,7 % des Einkommens im Jahre 16 gesunken sind?

b3) Wie haben sich Preisniveau und Kaufkraft vom Jahr 12 bis 13 prozentual bei einem Lebenshaltungskostenindex von 106,5 im Jahre 12 und 110,9 im Jahre 13 verändert?

c) Mit der vorgeschlagenen Lohnpause sollte nach Meinung der Wissenschaftler die lohnkostenbedingte Inflation eingedämmt werden. Nennen Sie zwei weitere Ursachen einer Geldentwertung und erklären Sie, wie sich daraus die jeweilige Inflation ergibt.

21.5 Inflation und Deflation (Geldwertschwankungen)

Stofftelegramm

Inflationsursachen – Erklärungsansätze

1. **Geldmenge** als Inflationsursache

a) Quantitätstheorie

Die klassische Quantitätstheorie basiert auf der Quantitätsgleichung (Fishersche Verkehrsgleichung).

Annahmen:

- Die Umlaufgeschwindigkeit (U_y) wird kurzfristig als konstant angesehen.
- Das Handelsvolumen (H) wird durch das reale Inlandsprodukt (Y_r) ersetzt.
- In der Volkswirtschaft herrscht Vollbeschäftigung. Die Folge: Das reale Inlandsprodukt kann kurzfristig nicht wachsen.

$$P_y = \frac{M \cdot U_y}{Y_r}$$

Geldmengenerhöhung (M) → proportionale Preisniveausteigerung (P_y)

b) Neoquantitätstheorie (neue Quantitätstheorie), Erklärungsansatz von Milton Friedman

Annahmen:

- Die Hypothesen von Friedman stützen sich vor allem auf empirische Untersuchungen.
- Die Umlaufgeschwindigkeit ist nicht in jedem Fall konstant. Sie ist empirisch überprüfbar und hängt ab von der erwarteten Inflationsrate und dem Zinssatz.
- Wirkungskette Geldmengenerhöhung → Preisniveausteigerung

Wirtschaftssubjekte (WS) halten eine reale Kasse (liquide Mittel mit einer entsprechenden Kaufkraft → WS fragen damit ein gewisses Güterangebot nach → es entwickelt sich bei gegebenem Güterangebot ein entsprechendes Preisniveau).

Die Geldmenge steigt. → WS bauen überschüssige Kassenhaltung ab. → WS fragen verstärkt Güter nach. → Die Mehrnachfrage führt bei Vollbeschäftigung zu Preissteigerungen. Der Anpassungsprozess ist beendet, wenn die gewünschte reale Kassenhaltung erreicht ist.

Wachstum Geldmenge > Wachstum der Güterproduktion → Inflation

Wirtschaftspolitische Konzepte, die auf der Neoquantitätstheorie beruhen, werden als Monetarismus bezeichnet.

2. **Nachfrage** als Inflationsursache

Annahmen:

- In der Volkswirtschaft herrscht Vollbeschäftigung (gesamtwirtschaftliche Nachfrage > gesamtwirtschaftliches Angebot).

Auslöser der Nachfragesteigerung:

- Private Haushalte → Konsumgüternachfrage steigt.
- Unternehmen haben eine positive Gewinnerwartung, z. B. Geschäftsklimaindex steigt → Investitionsgüternachfrage steigt.
- Staat → Staatsausgaben für Güter und Dienstleistungen steigen (z. B. Konjunkturpaket).
- Ausland → Exportgüternachfrage steigt.

Inflationswirkungen setzen sich nur unter folgenden Annahmen durch:

- Die Nachfragesteigerung ist nicht nur kurzfristig.
- Die Nachfragesteigerung einzelner Bereiche (Haushalt, Staat, Unternehmen, Ausland) wird nicht durch Nachfragerückgänge in diesen Bereichen ausgeglichen. Staatsausgaben steigen bei gleichzeitiger Steuererhöhung.
- Geldschöpfung ist Voraussetzung für die Nachfrageinflation.

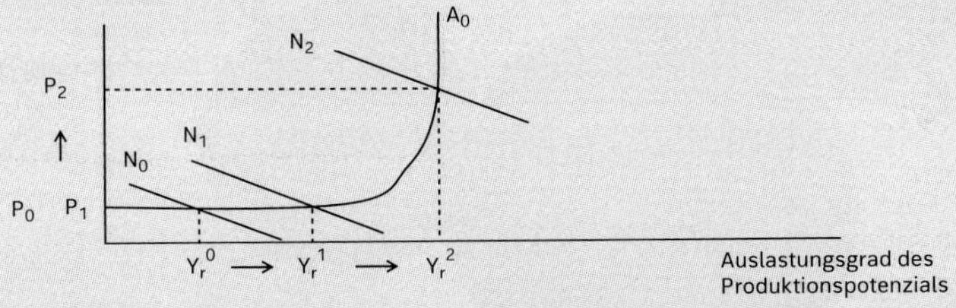

Die Nachfragesteigerung von N_0 nach N_1 hat noch wenig bis keine Auswirkungen auf den Preis, da in der Volkswirtschaft Unterbeschäftigung herrscht. Das Produktionspotenzial ist nicht ausgelastet.
Die Nachfragesteigerung von N_1 auf N_2 bewirkt eine deutliche Preiserhöhung P_2. Jede weitere Nachfragesteigerung bei Vollbeschäftigung führt zu weiteren Preiserhöhungen.

3. **Angebot** als Inflationsursache (Angebotsdruckinflation)

Gesamtwirtschaftliches Angebot sinkt bei gleichbleibender Nachfrage. → Preiserhöhungen und Senkung des realen Inlandsprodukts

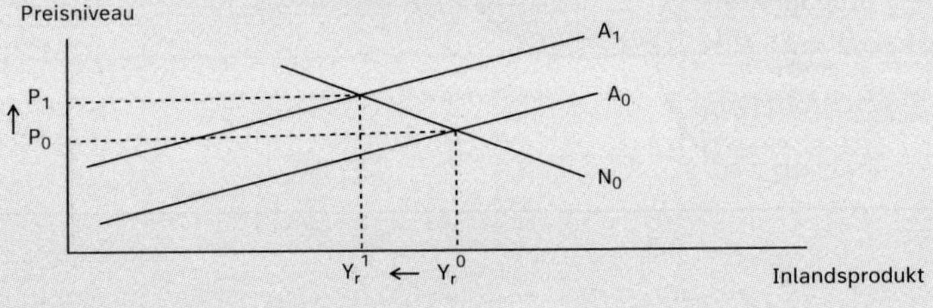

Verschiebung der Angebotskurve nach links, mögliche Gründe:

a) Kostendruckinflation

- Löhne steigen z. B. aufgrund von Tarifverträgen, Lohnnebenkosten.
- Zinsen steigen z. B. aufgrund von Leitzinserhöhungen.
- Steuern für Unternehmen steigen.
- Rohstoffpreise steigen.

b) Gewinndruckinflation

Unternehmen wollen unabhängig von ihrer Kostensituation höhere Gewinne machen.
→ Preis steigt. → Menge bleibt gleich. → Linksverschiebung der Angebotskurve

Voraussetzungen:

- Marktmacht der Anbieter also auf Monopol- oder Oligopolmärkten
- unelastische Nachfrage aufgrund von Werbung oder fehlenden Substitutionsgütern

Inflation

= anhaltendes Steigen des Preisniveaus = Geldentwertung

Ursachen	Wirkungen
• Nachfrageinflation • sinkendes Angebot • Kosteninflation • importierte Inflation • Lohn-Preis-Spirale • zunehmende Konzentration • Gewinninflation (Monopole, Oligopole erhöhen die Preise.) • übermäßige Geldschöpfung der Kreditbanken und der Zentralbank	• sinkende Kaufkraft • Schuldner begünstigt • Gläubiger benachteiligt • Eigentümer von Sachvermögen erhalten ihren Vermögenswert i. Gs. zu Geldeigentümern: Flucht in Sachwerte. • evtl. **Stagflation** (= Inflation bei Stagnation): evtl. Arbeitslosigkeit bei steigenden Preisen • sinkendes Vertrauen in die Währung

Deflation

= anhaltendes Sinken des Preisniveaus = steigende Kaufkraft

Ursachen	Wirkungen
• Kürzungen der Staatsausgaben (Nachfr. sinkt) • pessimistische Zukunftserwartungen: – geringe Nachfrage, hohes Sparen – geringe Investitionsneigung	• Schuldner benachteiligt • Gläubiger begünstigt • Flucht in die Geldwerte • Betriebsstilllegungen, Kurzarbeit, Arbeitslosigkeit wegen sinkender Nachfrage • sinkende Steuereinnahmen

Kriterien einer starken Deflationsgefahr

- zu hoher **Wechselkurs**
- fallende Preise für **Immobilien**
- fallende **Aktienkurse**
- kollabierende **Konsumentennachfrage**
- sinkende **Kreditvergaben**
- restriktive Geldpolitik der **EZB**
- strenge **Fiskalpolitik**

Mögliche Folgen der Deflation

- Verbraucher verschieben Anschaffungen auf später (Hoffnung, Waren später noch günstiger zu bekommen).
- Gefährliche Abwärtsspirale wird in Gang gesetzt.
- Absätze und Gewinne der Unternehmen sinken.
- Investitionen werden zurückgestellt.
- Löhne werden gekürzt bzw. Mitarbeiter entlassen. Folge:
- Verbrauch sinkt noch stärker.
- Möglicher Teufelskreis: Deflation nährt Rezession.

Aufgaben (Grundwissen)

1. Was versteht man unter Inflation?
2. Nennen Sie mögliche Ursachen einer Inflation.
3. Erklären Sie den Begriff „importierte Inflation“.
4. Erklären Sie den Begriff „Lohn-Preis-Spirale“.
5. Welche Auswirkungen hat die Inflation?
6. a) Was versteht man unter Stagflation?
   b) Warum ist die Stagflation wirtschaftspolitisch schwer zu bekämpfen?
7. Erklären Sie die Begriffe „offene und verdeckte Inflation“.
8. Unterscheiden Sie schleichende und galoppierende Inflation.
9. Was versteht man unter Deflation?
10. Nennen Sie mögliche Ursachen einer Deflation.
11. Welche Auswirkungen hat die Deflation?
12. a) Wie würden Sie die Geldwertschwankungen in der Bundesrepublik bezeichnen?
    b) Woher rühren Ihrer Ansicht nach diese Schwankungen?

21.6 Geldschöpfung der EZB (primäre Geldschöpfung)

Stofftelegramm

Geldschöpfung der EZB: **EZB kauft Aktiva von Nichtbanken** (z. B. Kauf von Devisen, Wertpapieren, Gold von Nichtbanken oder Kreditvergabe an Nichtbanken). Geld fließt somit zu den Nichtbanken (Banknoten bzw. Einräumung von Sichtguthaben bei der EZB).

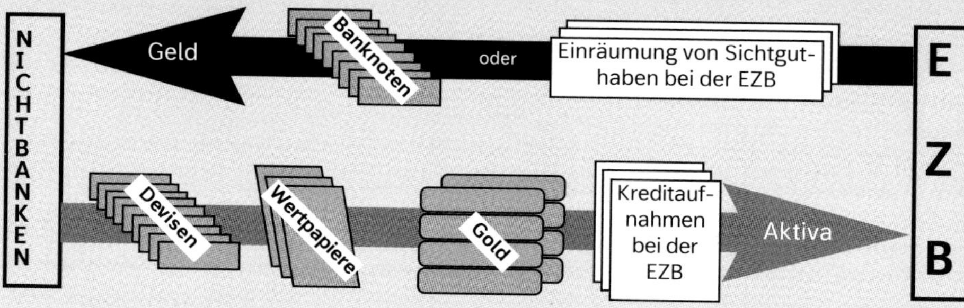

Geldvernichtung: **EZB verkauft Aktiva an Nichtbanken** (z. B. Verkauf von Devisen, Wertpapieren, Gold an Nichtbanken bzw. Kreditrückzahlung der Nichtbanken an EZB). Geld fließt somit zur EZB (Banknoten bzw. Verringerung der Sichtguthaben bei der EZB).

Hinweis: *Sichtguthaben bei der EZB zählen nicht zur Geldmenge! Geldschöpfung erst bei Abruf in Notengeld.*

Merke: Geldschöpfung erst, wenn Banknoten bzw. Einlagen den **Nichtbanken** zufließen.

Aufgaben (Grundwissen)

1. Erklären Sie kurz die Begriffe „primäre und sekundäre Geldschöpfung".
2. Erklären Sie die Geldschöpfung und Geldvernichtung der EZB allgemein und an einem Beispiel.
3. Zeigen Sie die Auswirkungen auf die EZB-Bilanz:
   a) EZB kauft Devisen von Unternehmen.
   b) EZB gewährt Kredit an einen Eurostaat.
   c) EZB kauft Wertpapiere aus einem Pensionsgeschäft zurück.
4.

Zentralbankbilanz 1

A		P	
Gold, Devisen	95	Banknotenumlauf	70
Wechsel	12	Sichteinlagen Staat	10
Kredite an Staat	14	Sichteinl. Unternehm.	57
Wertpapiere	6	Sonstige Passiva	30
Sonst. Aktiva	40		
	167		167

Zentralbankbilanz 2

A		P	
Gold, Devisen	90	Banknotenumlauf	82
Wechsel	18	Sichteinlagen Staat	14
Kredite an Staat	12	Sichteinl. Unternehm.	52
Wertpapiere	18	Sonstige Passiva	30
Sonst. Aktiva	40		
	178		178

Welche Vorgänge wirkten expansiv (+), welche kontraktiv (–) auf die Geldmenge?

21.7 Geldschöpfung der Geschäftsbanken (sekundäre Geldschöpfung)

Stofftelegramm

Giralgeldschöpfung der Geschäftsbanken:

1. Bankkunden machen **Einzahlungen** auf Sicht-, Termin- oder Spareinlagen.
2. Die Banken müssen einen bestimmten Prozentsatz der erhaltenen Einlagen bei der Bundesbank als **Mindestreserve** hinterlegen.
3. Darüber hinaus halten die Banken nochmals einen bestimmten Betrag als **Barreserve** (Erfahrungswert), um Barabhebungen der Kunden erfüllen zu können.
4. Der verbleibende Betrag steht den Banken zur Kreditvergabe zur Verfügung (= **Überschussreserve**). Jede Kreditvergabe führt zu einer Erhöhung der Geldmenge. Kreditschöpfung daher = Geldschöpfung; Kreditrückzahlung = Geldvernichtung.

Generell: Geldschöpfung der Bank durch Kauf von Aktiva (z. B. Devisen, Wertpapiere von Nichtbanken, Kredite an Nichtbanken) gegen Einräumung von Sicht-, Termin- bzw. Spareinlagen.

Merke: Kassenbestände der Banken zählen nicht zur Geldmenge!

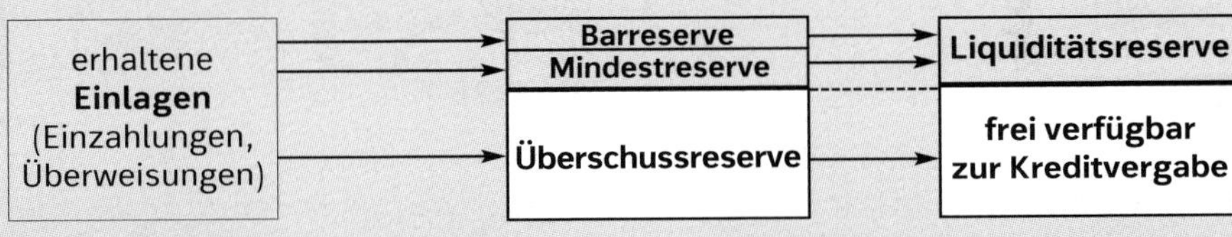

GELDSCHÖPFUNG: Bank „kauft“ Aktiva von Nichtbanken

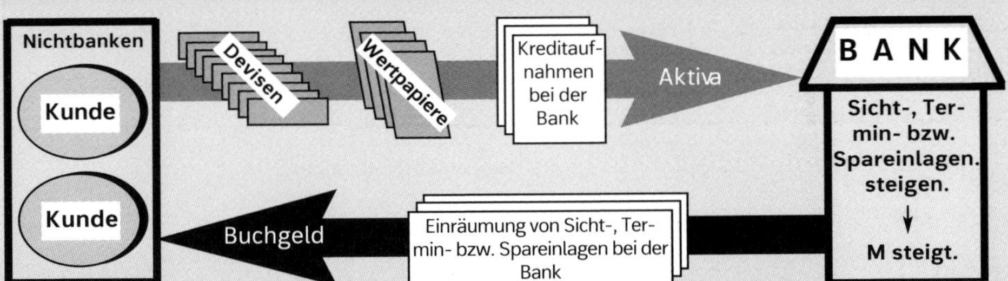

GIRALGELDVERNICHTUNG: Bank verkauft Aktiva an Nichtbanken (analog umgekehrt).

MULTIPLE GIRALGELDSCHÖPFUNG:

	Neueinlage	Mindest-/Barreserve, 20 %	Geldschöpfung
Bank 1	5.000	1.000	4.000
Bank 2	4.000	800	3.200
Bank 3	3.200	640	2.560
Bank 4	2.560	512	2.048
Bank 5	2.048	410	1.638
....	....	....	....
Summe	25.000	5.000	20.000

Maximale Geldschöpfung bei vollständigem Bargeldrückfluss

$$\textbf{Geldschöpfung} = \frac{\textbf{Überschussreserve}_1}{\textbf{Reservesatz}}$$

$$GS = \frac{Ü_1}{R} = \frac{4.000,00}{0,2} = \textbf{20.000,00 EUR}$$

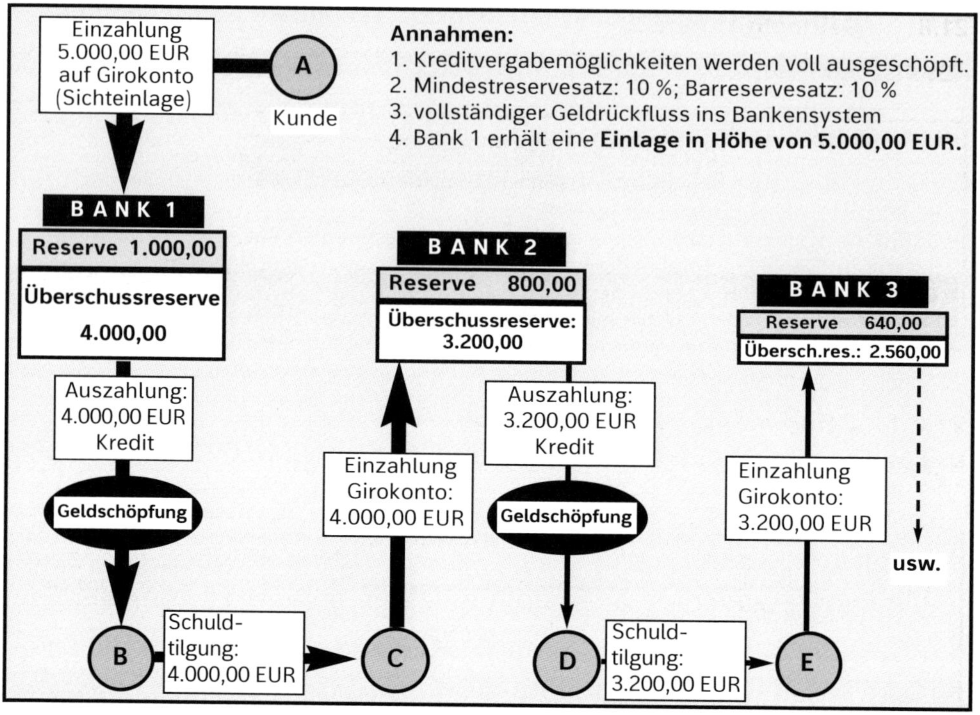

Aufgaben (Grundwissen)

1. Welche Faktoren beeinflussen die Geldschöpfungsmöglichkeit einer Geschäftsbank?
2. Erklären Sie den Geldschöpfungsvorgang der Geschäftsbanken.
3. Was versteht man unter Bargeldquote?
4. Welcher Zusammenhang besteht zwischen Bargeldquote und Kreditschöpfungsmöglichkeit des Bankenapparates?
5. Überschussreserve Bank A: 400.000,00 EUR; Mindestreservesatz: 12 %; Barreservesatz: 6 %.
   a) Wie hoch ist die Kreditschöpfungsmöglichkeit der Bank A allein?
   b) Wie hoch ist die Kreditschöpfungsmöglichkeit des Bankenapparates bei vollständigem Bargeldrückfluss?
   c) Wie hoch ist der Geldschöpfungsmultiplikator und was besagt er?
   d) Warum existieren in der Praxis Unterschiede zu den ermittelten Zahlen?
6. Eine Bank erhält eine Sichteinlage in Höhe von 1 Mio. EUR (Mindestreservesatz = 10 %; Barreservesatz = 6 %).
   Ermitteln Sie die maximale Geldschöpfungsmöglichkeit des Bankensystems bei vollständigem Bargeldrückfluss ins Bankensystem.
7. Warum können Kreditbanken nur Giralgeld schöpfen?

21.8 Geldpolitik der EZB

Stofftelegramm

Geldpolitische Instrumente der EZB

- **Offenmarktgeschäfte**
- **Ständige Fazilitäten**
- **Mindestreservepolitik**

21.8.1 Offenmarktgeschäfte der EZB

Stofftelegramm

Die Initiative zur Refinanzierung liegt beim ESZB.

Übersicht:
Offenmarktgeschäfte

Die Durchführung obliegt den nationalen Zentralbanken.

Hauptrefinanzierungsgeschäfte

- regelmäßige wöchentliche Standardtender:
  - Zinstender
  - Laufzeit je eine Woche
- entspricht ehemaligem **Wertpapierpensionsgeschäft** der Bundesbank
- Zinssatz = entscheidender **Leitzins** des ESZB

Längerfristige Refinanzierungsgeschäfte

- i. d. R. Zinstender
- Laufzeit: je drei Monate
- i. d. R. Erneuerung im monatlichen Rhythmus

Feinsteuerungsoperationen

nicht im Lehrplan

Strukturelle Operationen

nicht im Lehrplan

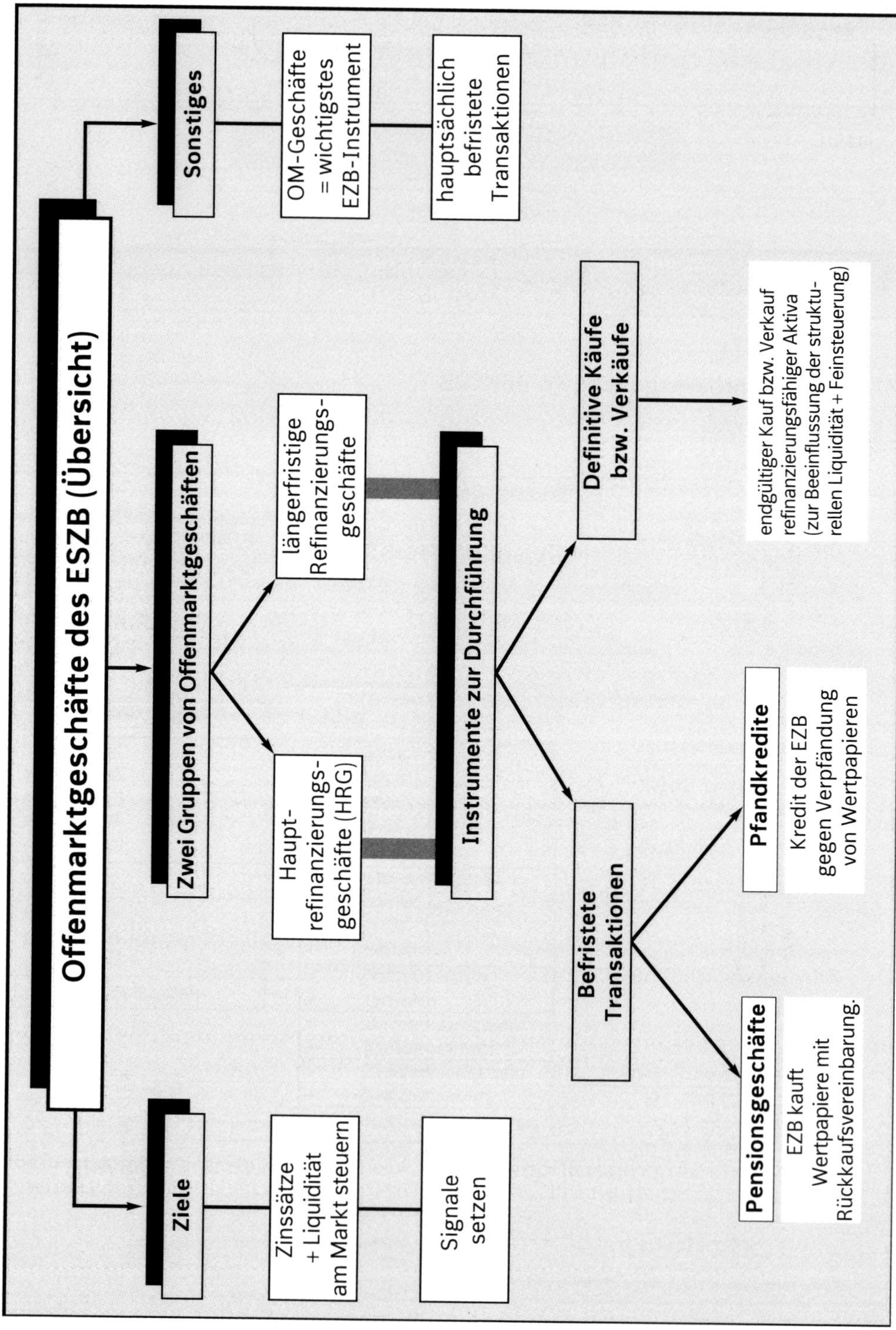
Offenmarktgeschäfte des ESZB (Übersicht)
Ziele
Zinssätze + Liquidität am Markt steuern
Signale setzen
Zwei Gruppen von Offenmarktgeschäften
Haupt-refinanzierungs-geschäfte (HRG)
längerfristige Refinanzierungs-geschäfte
Instrumente zur Durchführung
Befristete Transaktionen
Pensionsgeschäfte
EZB kauft Wertpapiere mit Rückkaufsvereinbarung.
Pfandkredite
Kredit der EZB gegen Verpfändung von Wertpapieren
Definitive Käufe bzw. Verkäufe
endgültiger Kauf bzw. Verkauf refinanzierungsfähiger Aktiva (zur Beeinflussung der strukturellen Liquidität + Feinsteuerung)
Sonstiges
OM-Geschäfte = wichtigstes EZB-Instrument
hauptsächlich befristete Transaktionen

Offenmarktgeschäfte der EZB
(Beispiel: befristete Transaktion als Pensionsgeschäft)

Abkürz.: **ESZB** = Europäisches System der Zentralbanken, **NZB** = nationale Zentralbank, **GP** = Geschäftspartner, **WP** = Wertpapier

Wertpapierkauf durch ESZB

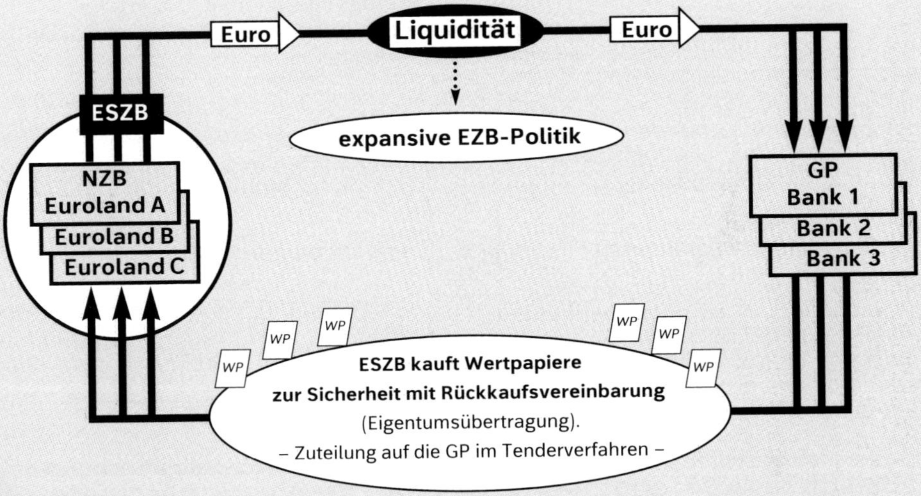

Rückkauf durch GP laut Rückkaufsvereinbarung bei Fälligkeit

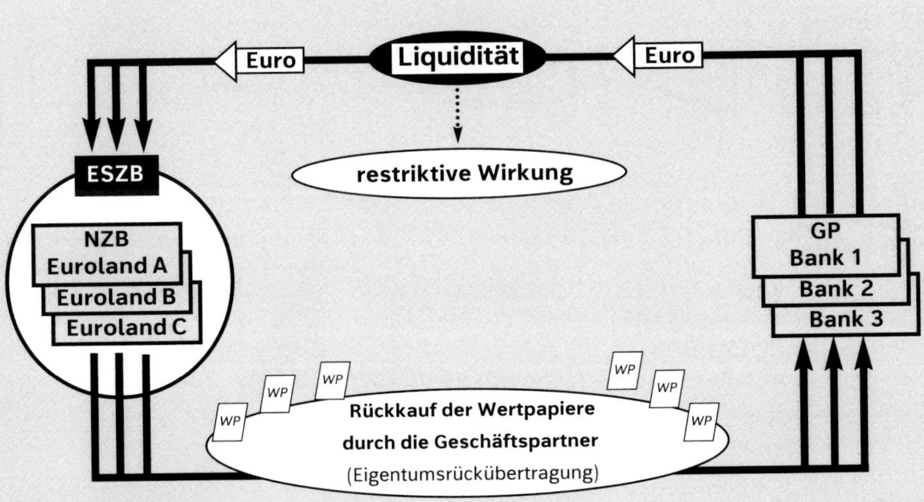

Das Tenderverfahren bei Offenmarktgeschäften

Tender: Ausschreibungs- und Zuteilungsverfahren des ESZB zum Kauf bzw. Verkauf von Wertpapieren

Standardtender:
- innerhalb von 24 Stunden von der Terminankündigung bis zur Bestätigung des Zuteilungsergebnisses durchgeführt
- stets bei **Hauptrefinanzierungsoperationen, langfristigen Refinanzierungsgeschäften und strukturellen Operationen** (außer: definitive Käufe/Verkäufe)

Zinstender

- Tender mit variablem Zinssatz (EZB legt Zinssatz nicht von vornherein fest.)
- Teilnehmer geben Gebote über Beträge + Zinssätze (max. 10) ab, zu denen sie Geschäfte mit den nationalen Zentralbanken abschließen würden.

Mengentender

- Tender mit festem Zinssatz (EZB legt Zinssatz von vornherein fest.)
- Teilnehmer geben Gebote über den Betrag ab, den sie bereit sind, zu diesem Festzins zu kaufen bzw. verkaufen.

Beispiele zum Tenderverfahren bei Offenmarktgeschäften

Beispiel 1 → Liquiditätszuführung mit Mengentender

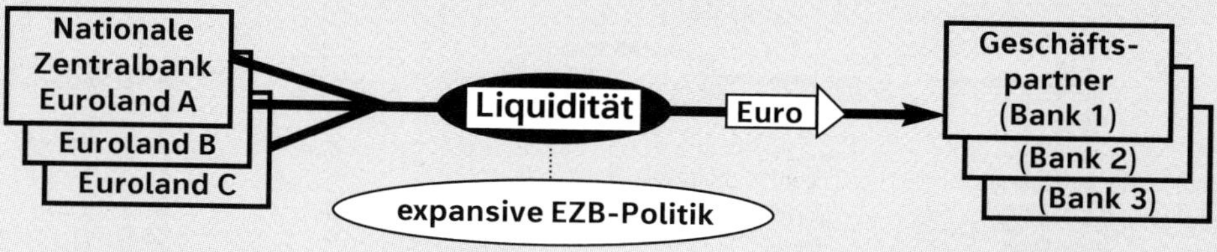

Aufgabe **Beschluss der EZB:**

Dem Markt soll Liquidität in Höhe von **105 Mio. EUR** über eine befristete Transaktion in Form des **Mengentenders** zugeführt werden.

Den Zinssatz gibt die EZB vor (z. B. 2,5 %).

Drei Geschäftspartner geben bei ihren nationalen Zentralbanken folgende **Gebote** ab (siehe rechts).

Ermitteln Sie die Zuteilungsbeträge der einzelnen Banken.

Geschäftspartner	Gebote (Mio. Euro)
Bank 1	30
Bank 2	40
Bank 3	70
Insgesamt	140

Lösung

Problem:

EZB teilt nur 105 Mio. EUR zu. → Banken können nur teilweise bedient werden.

→ Ermittlung **Zuteilungssatz:**

140 Mio. EUR = 100 %
105 Mio. EUR = x % → x = **75 %**

Zuteilung

Geschäftspartner	Gebote (Mio. Euro)	Zuteilung (75 %)
Bank 1	30	**22,5**
Bank 2	40	**30,0**
Bank 3	70	**52,5**
Insgesamt	140	**105,0**

Beispiel 2 → Liquiditätszuführung mit Zinstender (holländisches Verfahren)

Aufgabe

Beschluss der EZB:
Dem Markt soll Liquidität in Höhe von **94 Mio. EUR** über eine befristete Transaktion in Form des **Zinstenders** (holländisches Verfahren) zugeführt werden.

Drei Geschäftspartner geben bei ihren nationalen Zentralbanken folgende **Gebote** ab.
Ermitteln Sie die Zuteilungen für die einzelnen Geschäftspartner und die Zuteilung insgesamt.

	Zinssatz (%)	Beträge in Mio. Euro: Bank 1	Bank 2	Bank 3	Gebote insges.	Kumulative Gebote
volle Zuteilung	3,15				**0**	**0**
	3,10		5	5	**10**	**10**
	3,09		5	5	**10**	**20**
	3,08		5	5	**10**	**30**
	3,07	5	5	10	**20**	**50**
	3,06	5	10	15	**30**	**80**
teilweise Zuteilung	3,05	10	10	15	**35**	**115**
keine Zuteilung	3,04	5	5	5	**15**	**130**
	3,03	5		10	**15**	**145**
	Insges.	30	45	70	**145**	

Die EZB ermittelt einen marginalen Zinssatz von 3,05 % [niedrigster Zinssatz, zu dem noch (teilweise) Zuteilungen erfolgen]. Dieser Zinssatz gilt für alle Zuteilungen. Begründung:

Die EZB will 94 Mio. EUR zuteilen. 80 Mio. EUR (vgl. kumulierte Gebote zu für die EZB günstigsten Zinsen) werden voll zugeteilt. Die Gebote zu 3,05 % werden nur noch in Höhe von (94 – 80 =) 14 Mio. EUR zugeteilt. Der Zinssatz von **3,05 %** gilt beim holländischen Verfahren **einheitlich** für alle. (Beim amerikanischen Verfahren kämen unterschiedliche Zinssätze zur Verrechnung: Bank 1 erhielte z. B. 5 Mio. EUR zu 3,07 %, 5 Mio. EUR zu 3,06 % und 4 Mio. EUR zu 3,05 %.)

Zuteilungssatz bei 3,05 %: Gebote insges.: 35 Gebote = 100 %
Zuteilungen: 14 Gebote = x % → x = **40 %**

Beispiel Bank 1 (Zuteilung):

Zuteilung zu 3,05 %: 40 % von 10 =	4
weitere Zuteilung (für die Gebote 3,06 % und 3,07 %):	10
Zuteilung insgesamt:	14

Beträge in Mio. Euro

Geschäftspartner	Bank 1	Bank 2	Bank 3	Insges.
Gebote insgesamt	30,0	45,0	70,0	145
Zuteilung insges.	**14,0**	**34,0**	**46,0**	**94**

Aufgaben (Grundwissen)

1. Nennen Sie die drei geldpolitischen Instrumente der EZB.
2. Nennen und beschreiben Sie kurz die vier Gruppen von Offenmarktgeschäften der EZB.
3. Welche allgemeinen Ziele verfolgt die EZB speziell mit ihren Offenmarktgeschäften?
4. Nennen und beschreiben Sie kurz die Instrumente zur Durchführung von Offenmarktgeschäften.
5. Erklären Sie kurz die Begriffe „Pensionsgeschäft“, „Tender“, „Standardtender“, „Schnelltender“, „Mengentender“, „Zinstender“.
6. Beschluss der EZB: Dem Markt soll Liquidität in Höhe von 200 Mio. EUR über eine befristete Transaktion in Form des **Mengentenders** zum Zinssatz von 2,5 % zugeführt werden. Drei Geschäftspartner geben bei ihren nationalen Zentralbanken folgende Gebote ab (siehe rechts).

Geschäftspartner	Gebote (Mio. Euro)
Bank 1	70
Bank 2	80
Bank 3	100

Ermitteln Sie die Zuteilungsbeträge für die einzelnen Banken.

7. Beschluss der EZB: Dem Markt soll Liquidität in Höhe von 150 Mio. EUR über eine befristete Transaktion in Form des **Zinstenders** (holländisches Verfahren) zugeführt werden. Drei Geschäftspartner geben bei ihren nationalen Zentralbanken folgende Gebote ab:

	Beträge in Mio. Euro		
Zinssatz %	**Bank 1**	**Bank 2**	**Bank 3**
3,10			
3,05	5		
3,04	5	5	
3,03	5	5	
3,02	10	10	10
3,01	10	15	15
3,00	15	10	20
2,99	10		10
2,98	10		10
Insgesamt	70	45	65

Ermitteln Sie die Zuteilungen für die einzelnen Geschäftspartner und die Zuteilung insgesamt.

Für weitere Aufgaben vgl. Kapitel 21.8.6.

21.8.2 Ständige Fazilitäten[1]

Stofftelegramm

Ständige Fazilitäten

Initiative zum Geschäftsabschluss liegt bei den Geschäftsbanken.

Spitzenrefinanzierungsfazilität („Übernachtkredit")

- **„Übernachtkredit"**
- Nachfolger des bisherigen **Lombardkredits**
- Laufzeit: ein Geschäftstag
  - → über Nacht Liquidität in beantragter Höhe zu einem vorgegebenen Zinssatz
  - → eine am Ende eines Geschäftstages bestehende

    Kontoüberziehung = Antrag auf Inanspruchnahme eines Übernachtkredits in Höhe der Überziehung
  - → ein am Ende eines Geschäftstages

    offener Soll-Saldo → Überleitung in den Übernachtkredit
- kurzfristige Deckung von Liquiditätsbedarf über Nacht

Bank A

Tagesende: Kontoüberziehung bzw. offener Soll-Saldo bei der Bundesbank

↑ **Übernachtkredit** – Liquidität

Zentralbank

Kontoüberziehung/offener Soll-Saldo Bank A

Einlagefazilität („Übernachtanlage")

- **„Übernachtanlage"**
- Laufzeit: ein Geschäftstag
  - → über Nacht Liquiditätsanlage zu einem vorgegebenen Zinssatz
  - → eine am Ende eines Geschäftstages bestehender überschüssiger

    Haben-Saldo = Antrag auf Übernachtanlage in Höhe des Haben-Saldos
- Anlage überschüssiger Haben-Salden bei der Bundesbank jeweils über Nacht bis Beginn des nächsten Geschäftstages als Einlage zum vorgegebenen Zinssatz
- kurzfristige Anlage von Liquiditätsüberschüssen bei der Zentralbank über Nacht

Bank B

Tagesende: Haben-Saldo bei der Bundesbank

↓ **Übernachtanlage** – Liquidität

Zentralbank

Haben-Saldo der Bank A

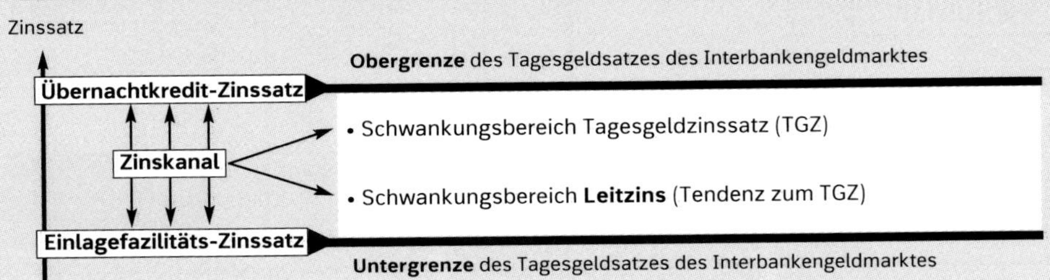

[1] *Aufgaben: Siehe Kapitel 21.8.6.*

21.8.3 Mindestreservepolitik der EZB[1]

Stofftelegramm

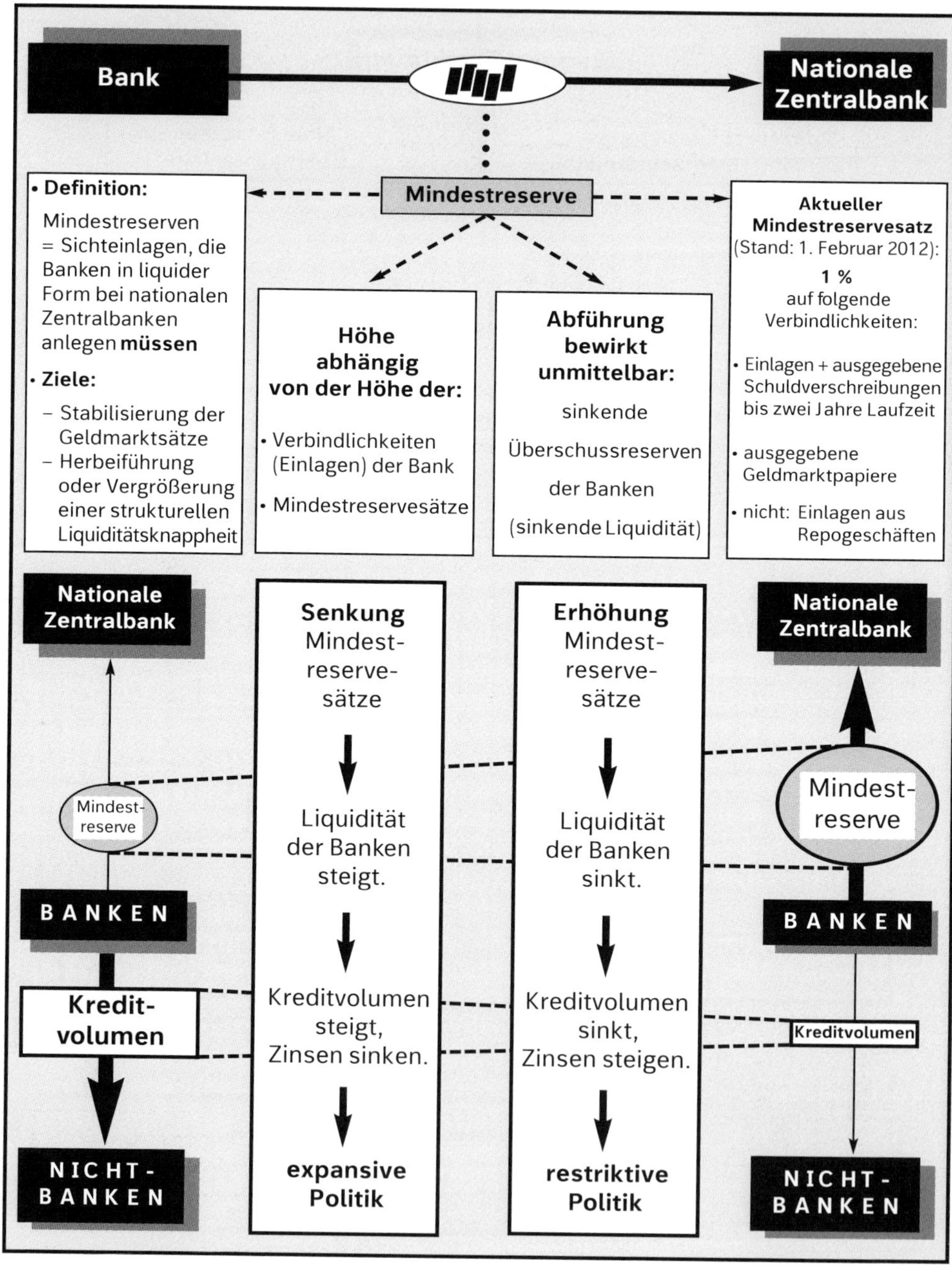

[1] *Aufgaben: Siehe Kapitel 21.8.6.*

21.8.4 Übersicht: Instrumente der EZB[1]

Stofftelegramm

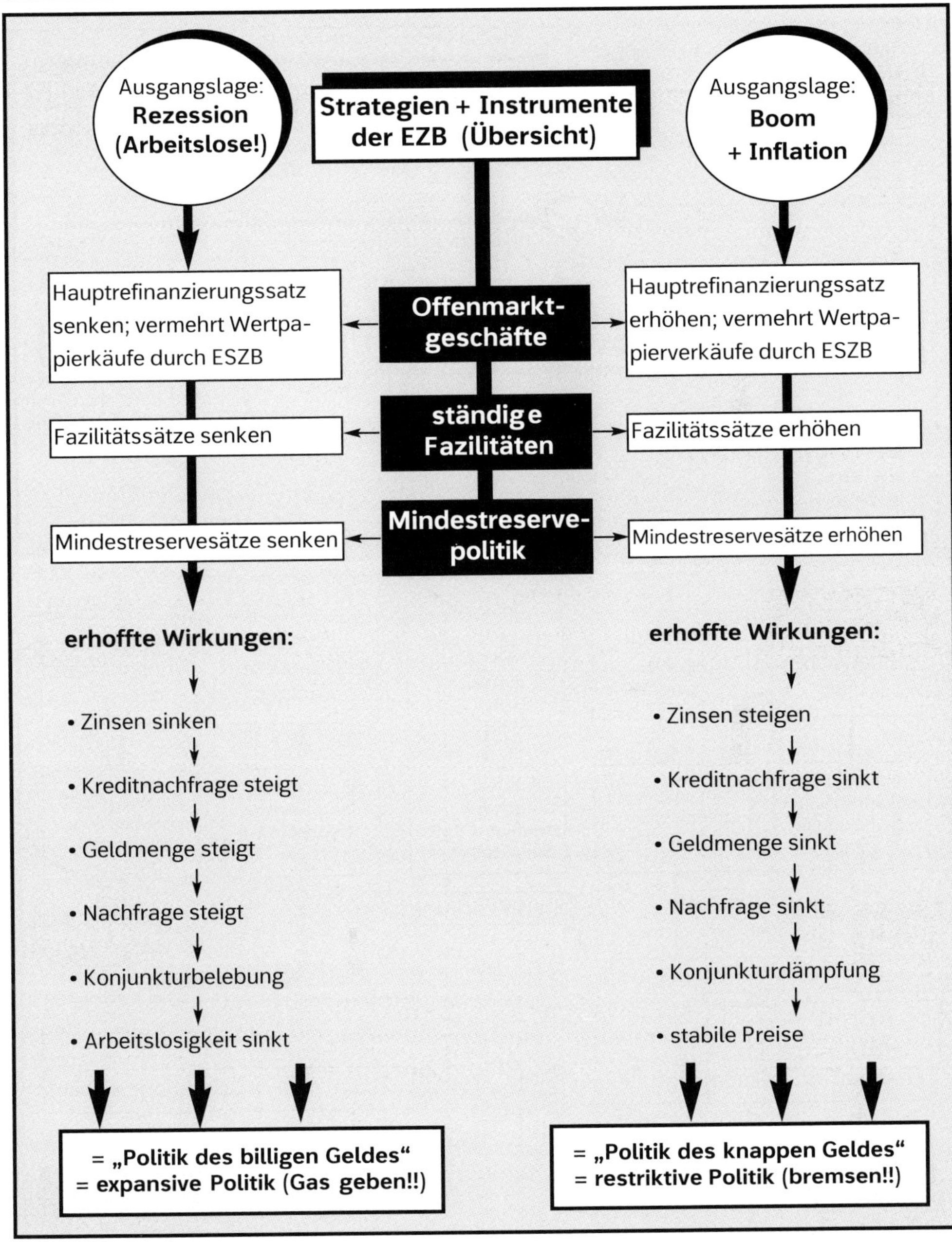

[1] *Aufgaben: Siehe Kapitel 21.8.6.*

Die Leitzinsen der EZB

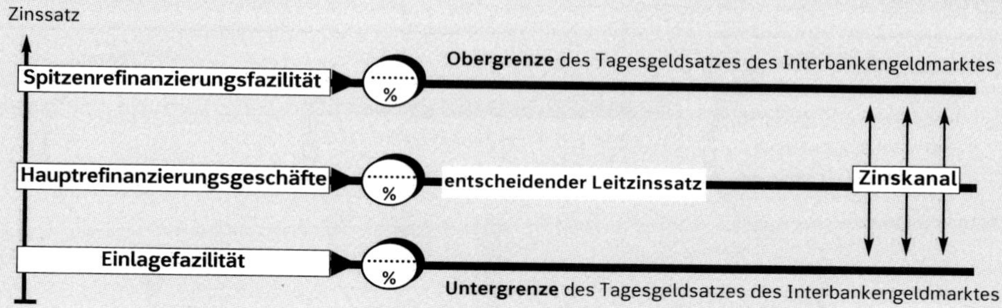

Leitzinspolitik der EZB (Übersicht)

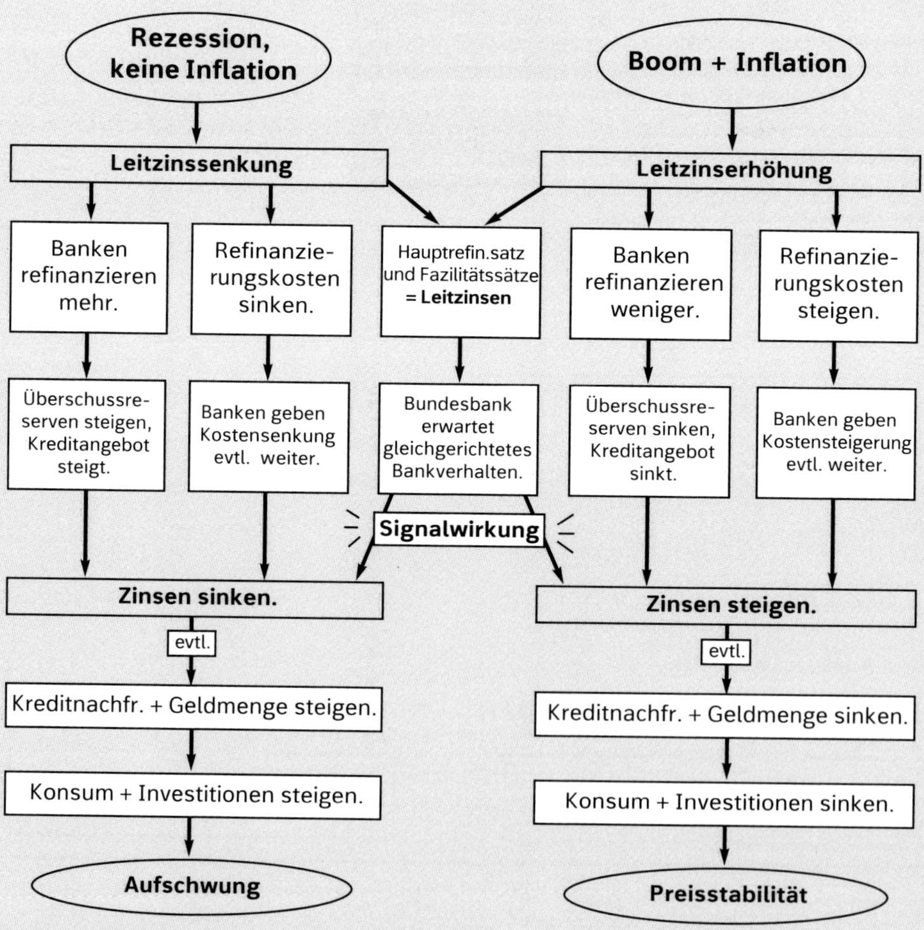

21.8.5 Probleme und Grenzen der Geldpolitik

Stofftelegramm

Probleme geldpolitischer Maßnahmen:

- zeitliche Verzögerungen der Maßnahmen (Timelag) zwischen der Erkenntnis, eine Maßnahme durchzuführen, und der Wirkung der Maßnahme:
  - Notenbank
  - Geschäftsbanken
  - Nichtbanken (HH, U, Staat)

  ↓ t_0 Zeitverlauf t_x

  → Eventuell wirkt die Maßnahme zum falschen Zeitpunkt und bringt damit nicht die gewünschten Effekte (z. B. Konjunktur ankurbeln, bremsen).
- Dosierungsproblem der Maßnahme:
  Höhe der Geldmengenänderung und/oder Zinsänderung (Wie viel ist nötig, um den gewünschten Effekt zu erreichen?)
- Ausweichreaktionen von Geschäftsbanken, Unternehmen, Haushalten, Staat:
  - Haushalte konsumieren nicht mehr aufgrund von pessimistischen Zukunftserwartungen trotz niedriger Zinsen.
  - Unternehmen investieren nicht mehr aufgrund von pessimistischen Zukunftserwartungen trotz niedriger Zinsen.
  - Geschäftsbanken legen ihr Geld in Wertpapiere an und weiten nicht ihr Geldangebot aus.

Störfaktoren bei der EZB-Politik ...

... bei Leitzinssenkung in der Rezessionsphase

(Ziel: Erhöhung der Geldmenge...)

PESSIMISMUS!

Negative Zukunftserwartungen der Unternehmen: trotz „billigen Geldes“ keine Kreditaufnahmen – keine Investitionen

Folge: **Geldmenge steigt nicht!!**

AUSLAND!

Evtl. Kapitalabfluss ins Ausland, falls $\text{Zinssatz}_{\text{Ausland}} > \text{Zinssatz}_{\text{Inland}}$

Folge: **Geldmenge sinkt!!**

Euroland

... bei Leitzinserhöhung in der Hochkonjunkturphase (Inflation!)

(Ziel: Senkung der Geldmenge...)

OPTIMISMUS!

Positive Zukunftserwartungen der Unternehmen: trotz „teuren Geldes“ intensive Kreditaufnahmen

Folge: **Geldmenge steigt weiter!!**

AUSLAND!

Evtl. Kapitalzufluss vom Ausland, falls $\text{Zinssatz}_{\text{Inland}} > \text{Zinssatz}_{\text{Ausland}}$

Folge: **Geldmenge steigt!!**

KOSTENDRUCK!

Zinsen steigen – Kosten steigen – Berücksichtigung bei Kalkulation: **Preise steigen!!**

ALTERNATIVEN!

Banken versorgen sich anderweitig mit Liquidität (z. B. im Ausland): **Geldmenge steigt!!**

21.8.6 Aufgaben zum Kapitel 21.8

Aufgaben (Grundwissen)

1. Erklären Sie folgende Begriffe:
   - Mindestreserve,
   - Leitzinsen,
   - Signalwirkung,
   - Spitzenrefinanzierungsfazilität,
   - Einlagefazilität,
   - Pfand-Pool.
2. Welche geldpolitischen Maßnahmen der EZB würden evtl. mithelfen, Boom und Inflation zu **bremsen?** Beschreiben Sie stichpunktartig die Wirkungen der Maßnahmen.
3. Welche geldpolitischen Maßnahmen der EZB würden evtl. mithelfen, die **Arbeitslosigkeit zu beseitigen?** Beschreiben Sie stichpunktartig die Wirkungen der Maßnahmen.
4. Welche Störfaktoren stellen die Erreichung der Ziele einer Leitzinserhöhung infrage?
5. a) Wie hoch ist der aktuelle **Mindestreservesatz** der EZB?
   b) Wie wird die Höhe der Mindestreserve einer Bank ermittelt?
   c) Welche Ziele verfolgt die EZB mit der Mindestreservepolitik?
6. Welchen Vorteil hat der sog. **„Pfand-Pool"?**
7. Jahresveränderungsraten des Verbraucherpreisindex und des Index der wahrgenommenen Inflation

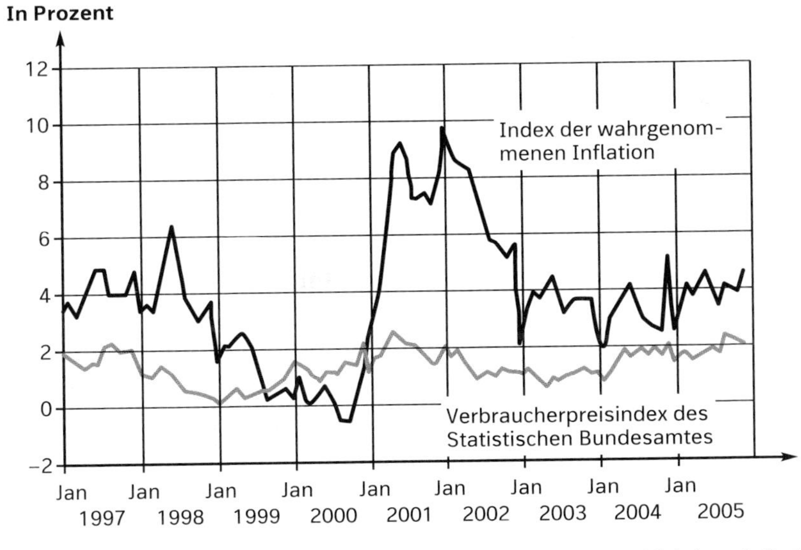

a) Erklären Sie den Widerspruch in der Grafik zwischen subjektiver Inflationswahrnehmung und den amtlichen Inflationszahlen. Gehen Sie bei Ihrer Begründung auch auf das Verfahren bei der Messung des Verbraucherpreisindex in Deutschland ein.
b) Beschreiben Sie, welche negativen Folgen diese subjektive Einschätzung der Verbraucher auf die Konjunkturentwicklung haben kann.

8. Es liegt Ihnen eine interne Mitteilung über die Entwicklung des Verbraucherpreisindex vor:

Jahr	August 2017	August 2018
Preisindex (2015 = 100)	103,5	104,6

a) • Berechnen Sie die prozentuale Preisveränderung von August 2017 auf August 2018.
   • Beurteilen Sie das Ergebnis hinsichtlich der Zielvorgabe der EZB für die Höhe der Inflationsrate.

b) Berechnen und beurteilen Sie die prozentuale Veränderung der Kaufkraft vom Basisjahr bis zum August 2018.

9. Im Modell einer Volkswirtschaft mit einer Zentralbank und Geschäftsbanken fließen der Geschäftsbank A aus dem Verkauf von Devisen an die Zentralbank 1 Mio. Geldeinheiten (GE) zu. Die Geschäftsbank A gewährt einem ihrer Kunden einen Kredit in dieser Höhe.

Für alle Geschäftsbanken gilt ein einheitlicher Reservesatz von 10 %.
Der Kunde der Bank A überweist den Betrag auf ein Konto bei der Geschäftsbank B.

a) Begründen Sie auch rechnerisch, wie sich dieser Vorgang auf die Kreditvergabemöglichkeit der Geschäftsbank B auswirkt.

b) Ermitteln Sie die Höhe des maximal möglichen Kreditschöpfungsspielraums für das gesamte Geschäftsbankensystem aus diesem Liquiditätszufluss.

c) Der Mindestreservesatz ist seit 18.01.2012 unverändert. Er beträgt für kurzfristige Einlagen 1 % und für längerfristige Einlagen 0 %. Beurteilen Sie die Zielsetzung und Bedeutung der Mindestreservepolitik der EZB unter Berücksichtigung dieser Festlegung.

10. Die Deutsche Bundesbank schreibt im Monatsbericht November 2002 zum Thema Geldpolitik und Finanzmärkte in der Europäischen Wirtschafts- und Währungsunion:

„Der EZB-Rat beließ die Leitzinsen des Eurosystems in den letzten Monaten unverändert. Die wöchentlichen Hauptrefinanzierungsgeschäfte wurden durchweg als Zinstender mit einem Mindestbietungssatz von 3,25 % ausgeschrieben, die Zinssätze für die Spitzenrefinanzierungs- und die Einlagefazilität betrugen nach wie vor 4,25 % beziehungsweise 2,25 %.“

Quelle: Deutsche Bundesbank: Monatsbericht November 2002. 54. Jahrgang Nr. 11, 15.11.2002. In: www.bundesbank.de/resource/blob/692122/ee55cc666e2a16cac307c1fd0d0bb51a/mL/2002-11-monatsbericht-data.pdf [21.04.2020], S. 15.

a) • Beschreiben Sie die im Sachverhalt genannten Instrumente.
   • Erläutern Sie, warum diese gleichzeitig angeboten werden.

b) Am 13.11.2002 wurden den Geschäftsbanken im Rahmen eines Hauptrefinanzierungsgeschäfts 51 Mrd. EUR zugeteilt. Nehmen Sie an, dass nachfolgend genannte Bietergruppen folgende Gebote abgegeben hätten:

Bietergruppen	Bietungsbeträge in Mio. Euro	Bietungssätze in %
A	11.100	3,28
B	21.300	3,29
C	18.213	3,29
D	9.400	3,26
E	10.180	3,27

Bietergruppen	Bietungsbeträge in Mio. Euro	Bietungssätze in %
F	11.874	3,28

b1) Bestimmen und begründen Sie den marginalen Bietungssatz.

b2) Geben Sie an, welcher Betrag zu welchem Zinssatz an die einzelnen Bietergruppen bei Anwendung des derzeit üblichen Zuteilungsverfahrens zugeteilt wird.

b3) Erläutern Sie die Abwicklung des Zinstenders nach dem amerikanischen Verfahren mithilfe des Modells der Preisbildung. Skizzieren Sie dazu die Zusammenhänge auch in einem Koordinatensystem.

b4) Im März 2003 senkte der EZB-Rat die Leitzinsen von 2,5 % auf 2,0 %. Der EZB-Rat erhoffte sich mit dieser Maßnahme Auswirkungen auf die Konjunktur. Zeigen Sie diese erhofften Auswirkungen schrittweise auf und erläutern Sie, welche Wirkungshemmnisse aufgetreten sein könnten.

11. • Beschreiben Sie den Zielkonflikt zwischen dem Ziel „hoher Beschäftigungsgrad" und einer Erhöhung der Leitzinsen durch die EZB.
    • Warum könnte ein solcher Zinsschritt aus Sicht der EZB dennoch sinnvoll sein?

12. In einer Volkswirtschaft haben sich die Preise für Verbrauchsgüter wie folgt entwickelt:

Jahr	Preisindex
00 (Basisjahr)	100
01	108
02	106

a) Berechnen Sie auf drei Nachkommastellen, wie sich die Kaufkraft ausgehend

- vom Jahr 02 gegenüber dem Jahr 01 und
- vom Jahr 01 gegenüber dem Basisjahr

verändert hat.

b) Erklären Sie, welche Auswirkung die von Ihnen ermittelte Kaufkraftveränderung vom Jahr 1 zum Jahr 2 auf den Lebensstandard hat, wenn in diesem Zeitraum das verfügbare Nominaleinkommen der Haushalte im Durchschnitt um 1 % abgenommen hat.

13. Die nachfragewirksame Geldmenge ist im Jahr 20.. um 3,5 % gestiegen. Die Preise sind im gleichen Zeitraum um 2 % gestiegen.

a) Zeigen Sie anhand der Verkehrsgleichung des Geldes, wie sich das Handelsvolumen verändert hat.

b) Beurteilen Sie die Aussagekraft der Verkehrsgleichung des Geldes.

21.9 Abituraufgaben Profil Internationale Wirtschaft

Abituraufgaben 2015 (Aufgabe 5, Teil 2, verändert)

Die Europäische Zentralbank bereitet die Finanzmärkte auf anhaltend niedrige Zinsen vor. Der EZB-Rat erwartet, dass die Schlüsselzinsen in der Eurozone bis auf Weiteres auf dem aktuellen oder einem niedrigeren Niveau bleiben, da die EZB ihren konjunkturstützenden Kurs der Geldpolitik so lange fortsetzen wird wie nötig.
Zuvor hatte die EZB-Spitze beschlossen, den Leitzins auf dem Rekordtief von 0,5 % zu belassen. Die EZB hatte diesen Zinssatz aufgrund der harten Rezession in weiten Teilen der Eurozone zuletzt gesenkt.

Quelle: Vgl. Mallien, Jan: „Die Zinsen bleiben lange Zeit niedrig", 04.07.2013. In: www.handelsblatt.com/finanzen/geldpolitik/ezb-chef-draghi-die-zinsen-bleiben-lange-zeit-niedrig/8446798.html [21.04.2020].

2.1 Erläutern Sie, was im vorliegenden Zusammenhang unter dem Leitzins zu verstehen ist.

2.2 Erläutern Sie die beabsichtigten Auswirkungen einer Senkung des Leitzinses bezogen auf

- Unternehmen und
- Verbraucher.

2.3 Ein weiteres geldpolitisches Instrument der Zentralbanken ist der Mindestreservesatz. Die folgende Tabelle zeigt (alte und neue) Mindestreservesätze (MR-Satz) der EZB:

MR-Satz ab 1. Januar 1999	2,00 %
MR-Satz ab 18. Januar 2012	1,00 %

2.3.1
- Erläutern Sie das Ziel der aktuellen Mindestreservepolitik der EZB.
- Beschreiben Sie den Wirkungszusammenhang, der durch die Änderung des Mindestreservesatzes sowie die Änderung der aktuellen Leitzinspolitik von der EZB beabsichtigt wird.

2.3.2 Der Kreditbank Stuttgart AG flossen sowohl am 04.01.2011 als auch am 04.01.2013 jeweils 20 Mio. EUR als Bareinlage zu. Für beide Zeiträume wird ein für alle Geschäftsbanken einheitlicher Barreservesatz von 3 % sowie eine volle Ausschöpfung der Kreditvergabemöglichkeiten durch die Geschäftsbanken bei vollständigem Bargeldrückfluss unterstellt.

Berechnen Sie die Differenz der jeweils durch den Bargeldzufluss ausgelösten Geldschöpfungsmöglichkeiten für das gesamt Geschäftsbankensystem.

2.4 Das Statistische Bundesamt weist im September 2013 die in **Materialien 1 und 2** dargestellten Preisindizes und Teuerungsraten für ausgesuchte Güter aus (im Vergleich mit den entsprechenden Vorjahreszeiträumen).

2.4.1 Berechnen Sie die prozentuale Preisänderung von August 2012 bis August 2013. Beurteilen Sie Ihr Ergebnis hinsichtlich des Ziels der Preisstabilität der Europäischen Zentralbank.

2.4.2 Laut Andreas Rees, Deutschland-Chefvolkswirt der Großbank UniCredit, lag die „gefühlte" Inflationsrate für 2013 bei knapp 3 %.
Begründen Sie den Widerspruch zwischen tatsächlicher und gefühlter Inflation. Berücksichtigen Sie dabei die **Materialien 1 und 2**.

Material 1 zu Aufgabe 2.4.1 und 2.4.2

Jahr, Monat		Verbraucherpreisindex für Deutschland (2010 = 100)	*Teuerungsrate:* Nahrungsmittel und alkoholfreie Getränke in %	*Teuerungsrate:* Alkoholische Getränke und Tabakwaren in %	*Teuerungsrate:* Bekleidung und Schuhe in %	*Teuerungsrate:* Wohnung, Wasser, Strom, Gas und andere Brennstoffe in %
2013	**Aug.**	106,1	4,4	2,7	0,8	1,8
	Juli	106,1	5,1	2,9	1,2	2,2
	Juni	105,6	4,7	1,3	1,7	2,2
	Mai	105,5	4,7	1,0	1,3	2,0
	Apr.	105,1	3,7	1,2	1,1	2,0
	März	105,6	3,2	1,1	2,2	2,0
	Feb.	105,1	2,8	2,1	0,7	2,3
2012	**Aug.**	104,5	1			

Material 2 zu Aufgabe 2.4.2

Verbraucherpreise im August 2013
Veränderung gegenüber dem Vorjahresmonat in %

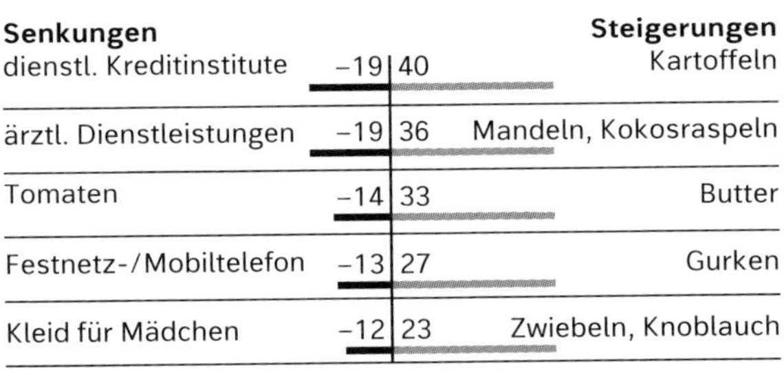

Abituraufgaben 2016 (Aufgabe 4, Teil 2)

2. „Das vorrangige Ziel des Europäischen Systems der Zentralbanken (im Folgenden ‚ESZB') ist es, die Preisstabilität zu gewährleisten. Soweit dies ohne Beeinträchtigung des Zieles der Preisstabilität möglich ist, unterstützt das ESZB die allgemeine Wirtschaftspolitik in der Union, um zur Verwirklichung der in Artikel 3 des Vertrags über die Europäische Union festgelegten Ziele der Union beizutragen. [...]"

Quelle: Art. 127 Abs. 1 AEUV (Vertrag über die Arbeitsweise der Europäischen Union)

2.1
- Definieren Sie den Begriff der Preisniveaustabilität im Sinne der EZB und erläutern Sie, warum ein stabiles Preisniveau für eine funktionierende Volkswirtschaft wichtig ist.
- Erläutern Sie, wie das ESZB die Wirtschaftspolitik der Union unterstützen kann, sofern Preisniveaustabilität gewährleistet ist.

2.2 Laut Art. 7 der ESZB-Satzung ist das ESZB ein unabhängiges System.

Nennen Sie zwei Aspekte dieser Unabhängigkeit und beurteilen Sie diese politische Vorgabe.

2.3 Zentrales geldpolitisches Instrument des ESZB ist die Offenmarktpolitik. Die EZB beschließt im Rahmen eines Hauptrefinanzierungsgeschäftes, dem Markt Liquidität über eine befristete Transaktion zuzuführen.

2.3.1 Seit dem Ausbruch der Finanzkrise führt die EZB die Hauptrefinanzierungsgeschäfte ausschließlich im Mengentenderverfahren durch.

Vergleichen Sie das Mengentender- mit dem Zinstenderverfahren (nur amerikanisches Verfahren).

2.3.2 Die EZB kündigt über ein Ausschreibungsverfahren die Vergabe von 1.200 Mio. EUR als Mengentender an. Folgende Gebote gehen bei der EZB ein:

Kreditinstitut A	40 Mio. EUR
Kreditinstitut B	60 Mio. EUR
Kreditinstitut C	50 Mio. EUR
Andere Kreditinstitute	1.850 Mio. EUR

Berechnen Sie, welche Summen die Kreditinstitute A und B zugeteilt bekommen.

2.4 Kreditinstitut A hat die Möglichkeit, das ihm in Aufgabe 2.3.2 zugeteilte Zentralbankgeld vollständig für die Vergabe von Krediten zu verwenden, und verzichtet auf die sonst übliche Barreserve.

Für das Geschäftsbankensystem in der Eurozone gelten folgende Annahmen:

- Der Mindestreservesatz beträgt 1 %.
- Die Geschäftsbanken halten Barreserven in Höhe von 24 %.
- vollständiger Bargeldrückfluss aller Kreditbeträge in das Bankensystem

Stellen Sie die Entwicklung der multiplen Giralgeldschöpfung des gesamten Geschäftsbankensystems für die Geschäftsbank A und zwei weitere Geschäftsbanken (D und E) dar, die ausschließlich durch die Kreditvergabe von Bank A ausgelöst wird (**Anlage 1**). Ermitteln Sie die maximale Giralgeldschöpfung des Geschäftsbankensystems durch die Kreditvergabe von Bank A.

2.5 Unterscheiden Sie die aktive und passive Geldschöpfung durch das Geschäftsbankensystem jeweils anhand eines Beispiels.

Anlage 1 zu Aufgabe 2.4

Bank	Erhöhung der Sichteinlagen	Mindest-reserve	Barreserve	Reservehaltung gesamt	Überschuss-reserve
A					
D					
E					

Abituraufgaben 2017 (Aufgabe 5, teilweise)

1. Wie Sie aus den Medien erfahren, wird Mario Draghi alles Erlaubte unternehmen, um den Euro und die Eurozone zu retten. Draghi und der EZB-Rat beschlossen Zinssenkungen und pumpten ab Ende 2011 hunderte Milliarden in Wirtschaft und Finanzmärkte. Folgende weitere Maßnahmen sind durchgeführt worden:

   - Das Bankensystem in Griechenland und Zypern wurde mit Krediten gestützt.
   - Kreditinstitute, die Geld bei der EZB hinterlegen, müssen Strafzinsen zahlen.
   - Seit März 2015 werden Staatsanleihen der Euro-Staaten gekauft.

1.1 Erläutern Sie, was im vorliegenden Zusammenhang unter einem Strafzins für Geschäftsbanken zu verstehen ist, und stellen Sie die zugrunde liegende Zielsetzung der EZB anhand einer Wirkungskette dar.

1.2 Seit März 2015 erwirbt die EZB Staatsanleihen der Eurostaaten auf dem Kapitalmarkt für 60 Mrd. EUR im Monat. Begründen Sie anhand von zwei Aspekten, warum dieses Vorgehen umstritten ist.

1.3 Beschreiben Sie die Konsequenzen der im Artikel beschriebenen Zinspolitik der EZB für

   - private Sparer und
   - den deutschen Staatshaushalt.

2. Frieda und Kuno Schmidt haben anlässlich ihrer Hochzeit Geldgeschenke in Höhe von insgesamt 3.480,00 EUR erhalten. Diese Summe zahlen sie auf ihr Girokonto bei der Sparkasse Freiburg ein.

2.1 Benennen Sie die vorliegende Art der Geldschöpfung und erklären Sie deren Auswirkung auf die Geldmenge M1.

2.2 Für das gesamte Geschäftsbankensystem gilt ein einheitlicher Barreservesatz von 11 %. Der von der EZB vorgegebene Mindestreservesatz beträgt 1 %. Die Sparkasse Freiburg gibt den maximal möglichen Betrag der von Frieda und Kuno Schmidt erhaltenen Einzahlung als Kredit weiter.

2.2.1 Berechnen Sie die durch diese Kreditvergabe ausgelöste maximale Geldschöpfung bei vollständigem Bargeldrückfluss in das Geschäftsbankensystem.

2.2.2 Aufgrund generell rückläufiger Bargeldnachfrage entschließen sich alle Geschäftsbanken des Eurosystems dazu, den Barreservesatz signifikant zu senken.

   - Erläutern Sie die Auswirkung dieser Maßnahme auf die maximale Geldschöpfung.
   - Nehmen Sie anhand von zwei Aspekten kritisch Stellung zu den Annahmen des Modells der maximalen Geldschöpfung.

21.10 Abituraufgaben Profil Wirtschaft

Abituraufgaben 2008 (Aufgabe 2)

Geldschöpfung und Geldpolitik, auch anhand wirtschaftspolitischer Tagesfragen

1. Das Statistische Bundesamt gibt regelmäßig die Veränderung des Verbraucherpreisindexes bekannt. Er ist ein wichtiger Indikator für die Messung von Geldwertschwankungen. Der Verbraucherpreisindex für die Bundesrepublik Deutschland entwickelte sich wie folgt (Basisjahr 2000):

Jahr	2006	2005	2004	2003	2002	2001	2000	1999
Gesamtindex	110,1	108,3	106,2	104,5	103,4	102,0	100,0	98,6

Quelle: Vgl. Statistisches Bundesamt: Preise. Verbraucherpreisindizes für Deutschland – Monatsbericht Mai 2007, 14.06.2007. In: www.destatis.de/GPStatistik/servlets/MCRFileNodeServlet/DEHeft_derivate_00008285/2170700071054.pdf%3Bjsessionid%3D3F38E802CBD31B0FC23A412BF49263E8 [21.04.2020], S. 78 f.

1.1 Ermitteln Sie die prozentuale Veränderung

- des Preisniveaus vom Jahr 2005 auf 2006,
- der Kaufkraft für den Gesamtzeitraum vom Basisjahr bis zum Jahr 2006.

1.2 Erläutern Sie anhand von drei Beispielen, warum die Aussagekraft des Verbraucherpreisindexes eingeschränkt ist.

1.3 Im Jahr 2000 betrug die jährliche Nettolohnsumme je beschäftigten Arbeitnehmer 16.217,00 EUR. Bis zum Jahr 2006 hat sich diese Summe auf 17.661,00 EUR erhöht. Von Gewerkschaftsseite wird diese Entwicklung als eine Ursache für die schwache Binnennachfrage angesehen.

Überprüfen Sie diese Einschätzung, indem Sie die prozentuale Veränderung der realen Nettolöhne für den Gesamtzeitraum 2000 bis 2006 berechnen.

2. Die Europäische Zentralbank (EZB) hat in den vergangenen Jahren die Leitzinsen mehrfach erhöht.

2.1 Nennen Sie das wirtschaftspolitische Ziel, das die EZB mit der Erhöhung der Leitzinsen verfolgt. Geben Sie an, wann dieses Ziel als erreicht gilt.

2.2 Erläutern Sie den beabsichtigten Wirkungsmechanismus der Leitzinserhöhungen.

2.3 Die Verfechter einer weichen geldpolitischen Linie kritisieren die Leitzinserhöhungen. Erläutern Sie, wie sich eine restriktive Geldpolitik der EZB auf die binnenwirtschaftlichen Ziele des „magischen Vierecks" auswirken kann.

3. In einer modernen Volkswirtschaft treten Zentralbank und Geschäftsbanken als „Geldproduzenten" auf.

3.1 Beschreiben Sie die Geldschöpfungsmöglichkeiten der Geschäftsbanken und unterscheiden Sie diese von der Geldschöpfung der Zentralbank.

3.2 Die Geldschöpfungsmöglichkeiten der Geschäftsbanken werden u. a. dadurch begrenzt, dass die Geschäftsbanken Mindestreserven bei der Zentralbank halten müssen.

Erklären Sie, was unter Mindestreserve zu verstehen ist und inwieweit die Zentralbank durch Mindestreservepolitik geldpolitischen Einfluss ausüben kann.

4. Angenommen, für das Geschäftsbankensystem einer Volkswirtschaft gilt ein Mindestreservesatz von 2,5 %. Die Geschäftsbanken halten einheitlich eine zusätzliche Barreserve in Höhe von 22,5 %. Es wird davon ausgegangen, dass alle Kredite vollständig in Anspruch genommen werden und ein vollständiger Bargeldrückfluss in das Bankensystem stattfindet. Die Kreditvergabemöglichkeit des Geschäftsbankensystems beträgt unter diesen Voraussetzungen am Ende des Geldschöpfungsprozesses 30 Mrd. EUR.

4.1 Berechnen Sie für diesen Fall die Überschussreserve und die Barreserve, die sich durch Einzahlung bei der ersten an der Geldschöpfung beteiligten Geschäftsbank ergaben.

4.2 Ermitteln Sie die Höhe der durch den Geldschöpfungsprozess insgesamt angefallenen Mindestreserve.

Abituraufgaben 2010 (Aufgabe 4, teilweise, verändert)

Material 3

Jahr	2004	2005	2006	2007	2008
VPI	98,5	100,0	101,6	103,9	106,6

Quelle: Vgl. Statistisches Bundesamt: Wirtschaft und Statistik 2/2009, März 2009. In: In: www.destatis.de/DE/Publikationen/WirtschaftStatistik/Monatsausgaben/WistaFebruar09.pdf?__blob=publicationFile [07.02.2019], S. 177.

1. [...]

1.4 • Berechnen Sie die Preisniveauänderung in Prozent von 2007 bis 2008 (siehe **Material 3**).
• Berechnen Sie, um wie viel Prozent sich die Kaufkraft von 2004 bis 2008 verändert hat (siehe **Material 3**).

1.5 • Beurteilen Sie Bedeutung und Notwendigkeit des wirtschaftspolitischen Ziels „Stabilität des Preisniveaus“.
• Überprüfen Sie, ob für das Jahr 2008 die Zielvorgabe der EZB bezüglich der Preisniveaustabilität erreicht wurde.

2. Im Juli 2008 hat der EZB-Rat eine Veränderung der Leitzinsen beschlossen.

2.1 Erklären Sie den Begriff „Leitzins“ und erläutern Sie die dazugehörigen geldpolitischen Instrumente.

2.2 [...]

3. [...]

3.1 • Begründen Sie, welche Absicht die EZB mit einer Absenkung der Leitzinsen verfolgt.
• Vervollständigen Sie die in der **Anlage** dargestellten beabsichtigten Ursache-Wirkungs-Zusammenhänge, indem Sie

– die Wirkungsrichtung „je mehr – desto mehr“ bzw. „je weniger – desto weniger“ an der jeweiligen Pfeilspitze mit einem (+) und
– die Wirkungsrichtung „je mehr – desto weniger“ bzw. „je weniger – desto mehr“ an der jeweiligen Pfeilspitze mit einem (–)

kennzeichnen.

- Ergänzen Sie die Abbildung durch weitere Ursache-Wirkungs-Zusammenhänge (einschließlich der Wirkungsrichtung) unter Einbeziehung der Größen
  - Produktion,
  - Preisniveau,
  - Beschäftigung

  und begründen Sie jeden von Ihnen ergänzten Zusammenhang.

3.2 Am 15. Januar 2009 wurden die Leitzinsen ein weiteres Mal gesenkt. Im Zusammenhang mit Leitzinssenkungen wird häufig die Auffassung vertreten, dass „die Waffen der Zentralbank stumpf" seien.

Begründen Sie diese Auffassung, indem Sie für den vorliegenden Fall drei Wirkungshemmnisse erläutern.

3.3 Die Leitzinsen in den USA und Japan betrugen Anfang 2009 nahezu 0 %.

Erläutern Sie, wie sich die mehrfache Leitzinssenkung der EZB Ende 2008/Anfang 2009 auf

- den Wechselkurs USD/EUR und
- den in USD abgewickelten deutschen Außenhandel ausgewirkt haben könnte.

Anlage zu Teilaufgabe 3.1

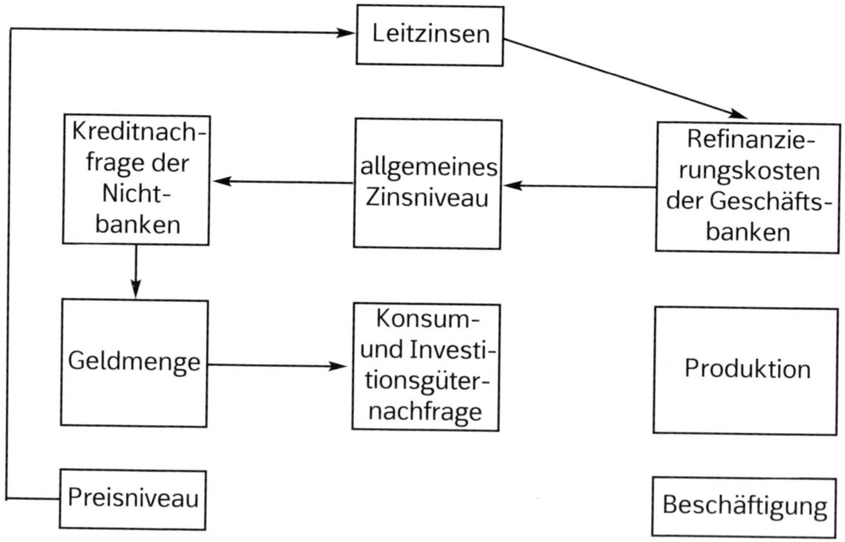

22 Employment and labour market policies

22.1 Labour market situation

Vocabulary list

English	German
indicator	Gradmesser, Anhaltspunkt
civilian labour force	zivile Erwerbspersonen
able-bodied	leistungsfähig
core unemployment	Sockelarbeitslosigkeit
in line with	in Übereinstimmung mit
extra shift	Sonderschicht
provision	Vorsorge

English	German
collective	hier: gemeinschaftlich
statutory	gesetzlich
to tackle	bewältigen
contributions	Beiträge
funding	Unterstützung, Zahlung
premiums	Prämien
to cover	abdecken

Stofftelegramm

Employment

- Degree of capacity utilisation in an economy
- Main indicator: **unemployment rate**

$$\textbf{unemployment rate} = \frac{\textbf{registered unemployed} \cdot 100}{\textbf{civilian labour force}}$$

Employment levels in an economy

Full employment

- Every able-bodied person who is willing to work at the prevailing wage rates can find employment.
- When the economy produces an output level at full capacity
- There is still "core unemployment" up to about 3 % caused by structural changes on the labour market.

Underemployment →

- Unemployment rate > 3 %
- People in the labour force are not employed full time or in regular jobs.
- People are employed in jobs not in line with their training or education.

Above capacity employment →

- Number of job vacancies > number of unemployed
- Overtime, extra shifts etc.

Germany's social security system

individual provision
= personal provision for emergencies

collective provision
= statutory insurance

Statutory Social Security

- health insurance
- old-age pension insurance
- unemployment insurance
- accident insurance
- social nursing care insurance

Statutory insurances in Germany – Issues to tackle –

Old-age pension insurance →

- Demographic changes: fewer children, more older people
- Lower contributions due to
  - longer education and training,
  - increasing number of part-time jobs,
  - more and more self-employed
- Long-lasting funding due to higher life-expectancy
- Decreasing contributions in times of recession

Health insurance →

- Increasing costs
- Demographic changes: older people are sick more often
- Decreasing insurance premiums in times of recession

Health insurance ➡	• Increasing costs • Demographic changes: older people are sick more often • Decreasing insurance premiums in times of recession
Unemployment insurance ➡	Increasing costs in times of high unemployment
Social nursing care insurance ➡	• Expanding number of persons in need of care due to – higher life expectancy and – more and more single households, i.e. less care by family members.
Accident insurance ➡	So far contributions (to be paid by employer only) cover expenses

22.2 Reasons for unemployment

Vocabulary list

English	German
real wages	Reallöhne
wage rate	Lohnniveau
union	Gewerkschaft

English	German
pay agreement	Lohntarifvertrag
mismatch	Nichtübereinstimmung
correlation	Zusammenhang

Stofftelegramm

Reasons for unemployment I

Classical

- Real wages above equilibrium wage rate

→ no minimum wage, no union pay agreements

Keynesian

- Lack of demand

→ Lower wages could lead to even lower demand.

Reasons for unemployment II

Structural		Cyclical	Frictional	Seasonal
regional mismatch	mismatch in skills	due to trends in the business cycle – → high cyclical unemployment in times of recession	caused by the time it takes to move between jobs	when people are unemployed at particular times of the year

The Beveridge Curve

- Shows the correlation between the job vacancy rate (y-axis) and the unemployment rate (x-axis)

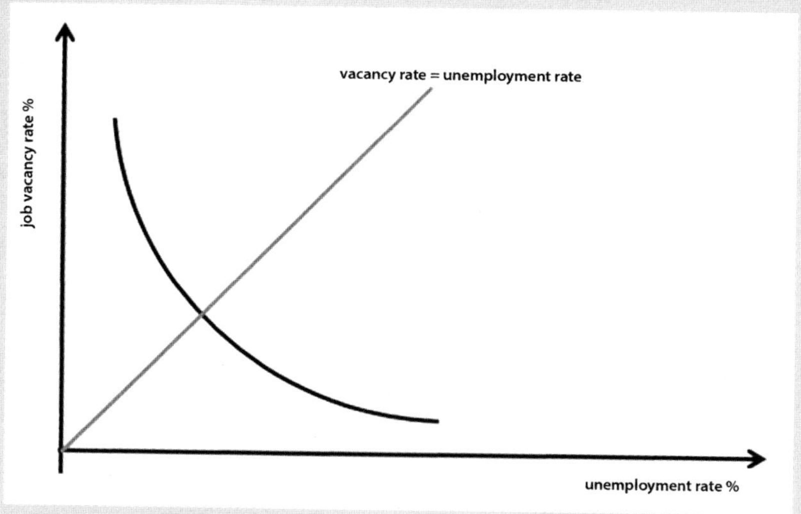

- Changes in structural unemployment → shift of the curve
- Changes in cyclical unemployment → movement along the curve

22.3 Effects of unemployment

Vocabulary list

English	German
hardship	Not
tension	Spannungen
stigma	Schmach

English	German
self-esteem	Selbstwertgefühl
VAT = value added tax	Mehrwertsteuer
indifference	Gleichgültigkeit

Stofftelegramm

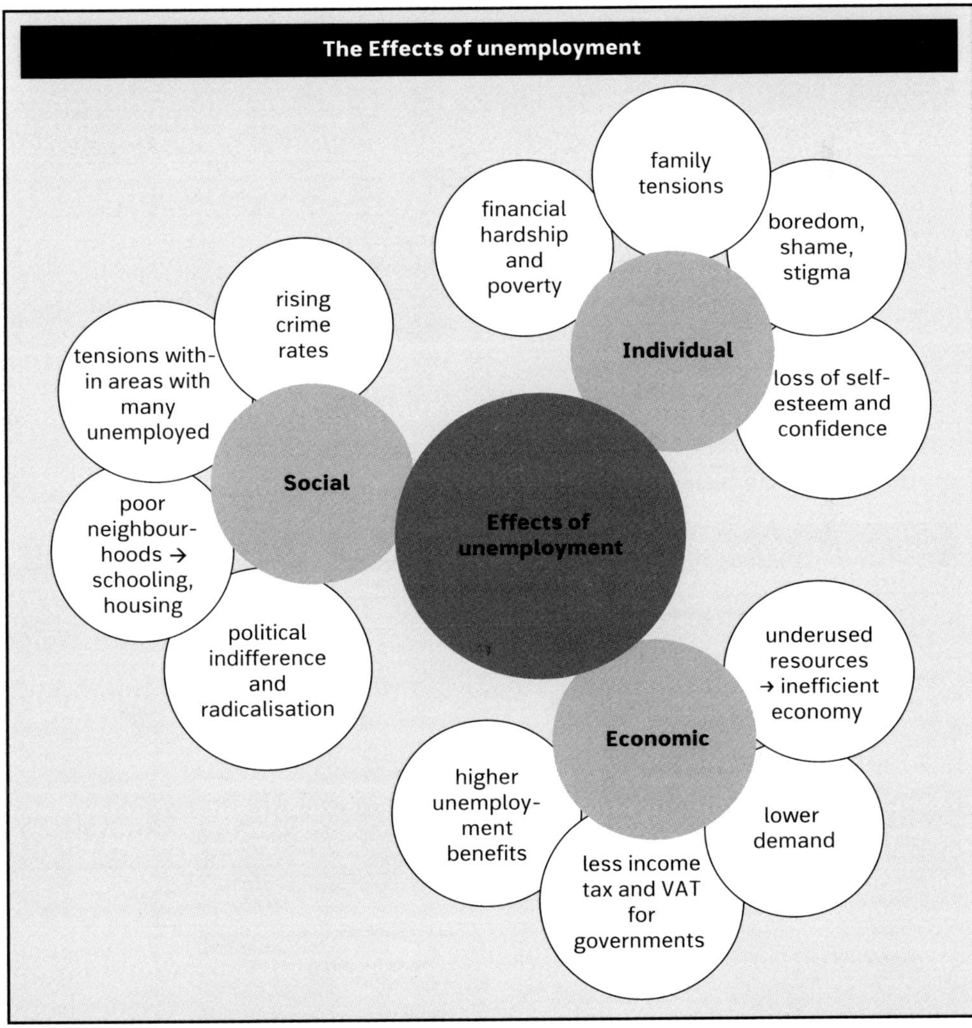

22.4 Employment and labour market policies

Vocabulary list

English	German
application training	Bewerbertraining
encouragement	Ermutigung
protection against dismissal	Kündigungsschutz
jobless growth	Aufschwung ohne Beschäftigungszunahme
insufficient	unzureichend, ungenügend

English	German
to absorb	aufnehmen
adjustment period	Anpassungszeit
anticipation	Vorausschätzung
to adapt	sich anpassen
obstacle	Hürde

Stofftelegramm

Employment policies	Labour market policies
→ Measures to influence labour supply and labour demand through **economic growth** and **job creation**, e.g. • Lower income taxes • Improving infrastructure and thus support labour mobility	→ **Labour market** regulations to help the unemployed find work → Improve pairing of unemployed and vacancies, e.g. • Job centers and labour exchanges for support • Vocational training measures • Hiring incentives for employers

Overall goal: connecting people with jobs

Selected examples of measures and intended outcome

Measure	Intended outcome
better information	➢ more efficient job search
application training	➢ increase chances to be hired
re-training and advanced training	➢ improve employability
lower unemployment benefits	➢ encouragement to find a job, even low-paid
loosen protection against dismissal	➢ encouragement for firms to hire
subsidies for hiring long-term unemployed	➢ increase chances to re-enter the labour market
reducing non-wage labour costs (social security)	➢ encouragement for firms to hire

Jobless growth

Definition: We have so-called "jobless growth" in an economy that is experiencing growth without an expansion of jobs.

Reasons:

- Recovery insufficient to absorb the unemployed, under-employed and new members entering the workforce
- Structural changes rather than a cyclical recovery
- New products may replace niche products or services (→ "old" skills do not match required "new" skills)
- Time lag because of adjustment periods (e.g. the education system needs to create the desired skills)
- Some companies move jobs to lower-cost countries.

Measures:

- Better anticipation of emerging skill needs
- Re-training and advanced training (developing and adapting employees' skills)
- Remove obstacles to geographical labour mobility within the country
- Education reform

Practice questions

1. Define "employment". How is employment usually measured?
2. How is the unemployment rate calculated?
3. Define the three possible employment levels in an economy.
4. Why is an economy still considered to be fully employed if there is an unemployment rate of 1.5% to 2%?
5. Which information does the Beveridge curve give?
6. What happens to the Beveridge curve if there are structural changes in the labour market?
7. Name one social, economic and individual effect of unemployment each.
8. What is the overall goal of labour market policies?
9. Name three different measures of labour market policies and their intended outcome.
10. Explain what "jobless growth" means and explain why it can occur.

22.5 Abituraufgaben Profil Internationale Wirtschaft

Abituraufgaben 2014 (Aufgabe 4, Teil 2, teilweise, verändert)

2. [...]

2.1 Explain the causes and characteristics of cyclical and structural unemployment.

2.2 [...]

2.3 Give an example of a government policy to fight cyclical unemployment. Explain why this same policy would not be suited to fight structural unemployment.

2.4 Traditional, neo-classical economic theory tells us that if the minimum wage is set above the competitive, market-clearing wage, employment will fall.
However, research in general finds no noteworthy negative impact of the minimum wage on employment.

Describe two reasons that may explain this result.

2.5 Describe an example of social costs of unemployment that will also translate into negative economic externalities.

Abituraufgaben 2015 (Aufgabe 4, Teil 1 teilweise, Teil 2)

3. Mit Wirkung zum 1. Januar 2013 beschloss die Bundesregierung u. a. eine Senkung des Rentenversicherungsbeitrags.

Zeigen Sie mithilfe einer Wirkungskette aus angebotsorientierter Sicht, wie sich die Senkung der Rentenversicherungsbeiträge auf die für 2013 prognostizierte Arbeitslosenquote ausgewirkt haben könnte.

4. In addition to the measure described in question 3, the German government decided to raise the minimum wage in selected sectors of the economy.

4.1
- Describe the main aim behind the introduction of a minimum wage.
- Explain what type of government intervention the introduction of a minimum wage is.

4.2 Assume that **Appendix 1** shows the supply-and-demand graph for the German waste management job market, in which a minimum wage has been introduced. Using **Appendix 1**, draw and describe the effect which critics of a minimum wage most commonly point out.

4.3 Explain one example each of how

- an individual business,
- an economy as a whole

might benefit from the introduction of a minimum wage.

5. While a minimum wage raises the income of those who receive it, it is not necessarily suited to reduce unemployment in Germany or other European countries, most of which is considered to be structural.

- Explain what structural unemployment is.
- Give a policy advice on how to reduce structural unemployment.

6. Assume there is an unemployment rate of 12%. To fight unemployment, Germany's largest trade unions demand a cut from a 40-hour to a 35-hour work week at full pay.

- Describe the intended effect.
- Outline a major reason why economists might reject the union's demand.

Appendix 1 for question 4.2

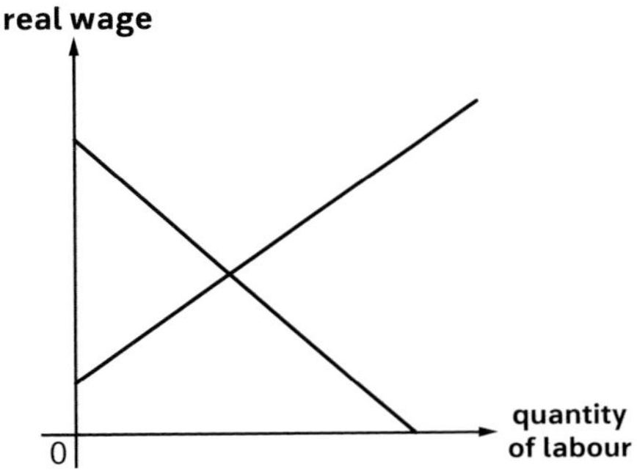

Abituraufgaben 2017 (Aufgabe 5, Teil 2, verändert)

3. Assume that in October 2015 83,492 fewer people were unemployed, down from 2,732,769 in October 2014. In October 2015, the civilian labour force consisted of 43,823,539 persons.

3.1
- Determine the unemployment rate of registered unemployed people for October 2015. Round to two decimal places.
- Actual unemployment is usually higher than the official figures suggest. Give two examples of hidden unemployment.

3.2 Outline two reasons why full employment is not defined by an unemployment rate of 0%.

4. The following workers are unemployed:

- Klaus Grube lives near Dresden. Having worked as a coal miner for 18 years, he lost his job three years ago.
- Due to the financial crisis, Pablo Martillo from Valencia, Spain, lost his job as a construction worker.

In each case, explain the type of unemployment and outline an appropriate government measure to tackle it.

5. Using neoclassical reasoning, some employers argue that unemployment is mainly due to the fact that the wages negotiated by trade unions exceed the equilibrium wage. Therefore collective bargaining should be abolished altogether.

Draw a diagram and give an explanation that would support this argument.

6. In 2014 the German government cut the retirement age from 65 to 63 years for individuals who have contributed to the pension system for a minimum of 45 years.

Explain what the government may have intended when implementing this measure and describe two risks it might bring to the German economy.

Abituraufgaben 2018 (Aufgabe 5, Teil 2, teilweise, verändert)

2.2 Assume that the constantly decreasing unemployment rate in Ireland is mainly due to successful employment and labour market policies.

Explain the difference between the two policy types and give two examples each.

2.3

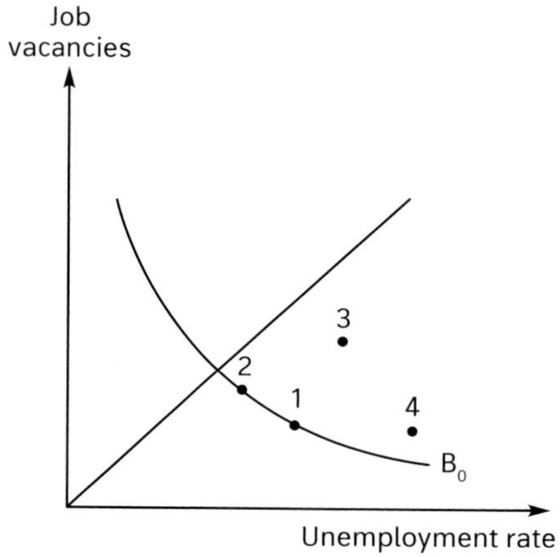

Assume that No. 2 represents Ireland and No. 4 stands for Spain.

- Outline the meaning of Ireland's relative proximity to the 45 degree line.
- Explain how Ireland's labour market policies would be different from Spain's.

2.4 The trade union density rate of a country states the proportion of employees who are union members.

Assume that the union density rate in Ireland has continually dropped over the years from 40% in 2000 to 26% in 2018.

Explain the effect of the change in union density rate on employment in Ireland which

- Irish businesses on the one hand and
- trade unions on the other hand

would point out respectively.

22.6 Abituraufgaben Profil Wirtschaft

Abituraufgaben 2009 (Aufgabe 5, teilweise, verändert)

2. [...]

2.2 An der zuverlässigen Aussagekraft der monatlich veröffentlichten Arbeitslosenquote als Maßstab für Unterbeschäftigung wird gezweifelt.

Erläutern Sie mit zwei Argumenten, wodurch die Aussagekraft der Arbeitslosenquote eingeschränkt wird.

2.3 Die strukturelle Arbeitslosigkeit stellt eine besonders bedeutsame Art der Arbeitslosigkeit dar. Nennen Sie zwei Ursachen der strukturellen Arbeitslosigkeit.

3. [...]

3.1 Skizzieren Sie in einem Lohn-Arbeitsmengen-Diagramm das modellmäßige Zustandekommen des Gleichgewichtslohnes unter der Annahme, dass Arbeitsangebots- und Arbeitsnachfragekurve normal verlaufen.

Kennzeichnen Sie in dieser Skizze die Situation, die sich nach Einführung eines Mindestlohnes ergibt.

3.2 Begründen Sie mit Argumenten des klassischen Arbeitsmarktmodells, warum Kritiker einen Mindestlohn ablehnen.

3.3 Die Gewerkschaften sprechen sich für die Einführung eines Mindestlohns aus. Erläutern Sie zwei Argumente der Gewerkschaften.

3.4 [...]

Abituraufgaben 2012 (Aufgabe 5, teilweise)

3. Im Herbst 2010 ist die Zahl der Arbeitslosen in Deutschland auf annähernd drei Millionen gesunken. Das war der niedrigste Stand seit 18 Jahren.

3.1 [...]

3.2 Stagnierende Reallöhne, mehr befristete Arbeitsverträge, ein gewachsener Niedriglohnsektor und mehr als eine Million Leiharbeiter werden als Gründe für das deutsche „Jobwunder" genannt.

- Erläutern Sie, weshalb sich „mehr befristete Arbeitsverträge" positiv auf die Beschäftigung auswirken können.
- Begründen Sie, auf welche wirtschaftspolitische Konzeption die für das „Jobwunder" genannten Ursachen hindeuten.

3.3 [...]

23 „Formelsammlung“

23.1 Wichtiges in Kürze

Kosten- und Leistungsrechnung

Kosten: Begriff der KLR, betrieblich bedingter Werteverzehr in einer Periode, kurz: betriebliche Aufwendungen

Leistungen: Begriff der KLR, betrieblich bedingter Wertezufluss in einer Periode, kurz: betriebliche Erträge

Neutrale (unternehmensbezogene) Aufwendungen: betriebsfremde, periodenfremde, außerordentl. Aufwendungen, Verluste aus Anlageabgängen

Kalkulatorische Kosten:
- kalkulatorische Abschreibungen
- kalkulatorische Zinsen
- kalkulatorischer Unternehmerlohn
- (• kalkulatorische Wagnisse)

Gemeinkostenzuschlagssätze:

Materialeinzelkosten = 100 % Materialgemeinkosten = x % (MGKZ)	Herstellkosten = 100 % Verwaltungsgemeinkosten = x % (VwGKZ)
Fertigungseinzelkosten = 100 % Fertigungsgemeinkosten = x % (FGKZ)	Herstellkosten = 100 % Vertriebsgemeinkosten = x % (VwGKZ)

Gesamtkalkulation

	MEK
+	MGK
+	FEK
+	FGK
+	SEKF
=	HK
+	VwGK
+	VtGK
+	SEKV
=	Selbstkosten

Stückkalkulation (Kostenträgerstückrechn.)

	MEK
+	MGK
+	FEK
+	FGK
+	SEKF
=	Herstellkosten
+	VwGK
+	VtGK
+	SEKV
=	Selbstkosten
+	Gewinn
=	Barverkaufspreis
+	Kundenskonti
=	Zielverkaufspreis
+	Kundenrabatt
=	Nettoverkaufspreis

Abkürzungen:

HK = Herstellkosten
MEK = Materialeinzelkosten
MGK = Materialgemeinkosten
FEK = Fertigungseinzelkosten
FGK = Fertigungsgemeinkosten
VwGK = Verwaltungsgemeinkosten
VtGK = Vertriebsgemeinkosten

Überdeckung: verrechnete Normalgemeinkosten > Ist-Gemeinkosten
Unterdeckung: verrechnete Normalgemeinkosten < Ist-Gemeinkosten

Abstimmung im Kostenträgerzeitblatt:

Umsatzergebnis + Überdeckung = Betriebsergebnis
Umsatzergebnis – Unterdeckung = Betriebsergebnis

$$\text{Beschäftigungsgrad (x \%)} = \frac{\text{tatsächliche Produktion} \cdot 100}{\text{Kapazität}}$$

Umsatzformel (Erlösformel)

Umsatz = Preis · Produktionsmenge

$U = p \cdot x$

Gesamtkostenformel

Kosten = variable Kosten + Fixkosten

$K = K_v + K_f$

$K = k_v \cdot x + K_f$

Gewinnformel

Gewinn = Umsatz – Kosten

Gewinn $= p \cdot x - (k_v \cdot x + K_f)$

Nutzenschwelle (Gewinnschwelle)

Umsatz = Kosten

$p \cdot x = k_v \cdot x + K_f$

Gewinnmaximum → an der **Kapazitätsgrenze**

Deckungsbeitragsrechnung

Stückbetrachtung

Preis · Stück =
– **variable Stückkosten** · Stück =
= **Deckungsbeitrag je Stück** · Stück =

Gesamtbetrachtung

Umsatzerlöse
– **variable Kosten**
= **Deckungsbeitrag insgesamt**

Schema einer Deckungsbeitragsrechnung →

Umsatzerlöse
– variable Kosten
= Deckungsbeitrag
– Fixkosten
= Betriebsergebnis

Rechtsformen und Finanzierung

Gewinnverteilung bei OHG und KG

Gesetzliche Regelung → **§ 121 HGB**

Jeder Gesellschafter erhält zunächst: **4 % seines Kapitalanteils**

Ist Gewinn hierdurch noch nicht verbraucht: **Restgewinnverteilung nach Köpfen**

Gesamtgewinn < 4 % der Kapitalanteile:
Verteilung zu niedrigerem Satz

Verlustverteilung:
nach Köpfen

Das Bezugsrecht bei der AG

$$\text{Bezugsverhältnis} = \frac{\text{altes Grundkapital}}{\text{Kapitalerhöhung}}$$

$$\text{Bezugsrecht} = \frac{Ka - Kn}{\frac{a}{n} + 1}$$

Mittelkurs = Ka − Bezugsrecht

Bezugsrecht = Ka − Mittelkurs

Kurs ex Bezugsrecht = Ka − Börsenkurs des Bezugsrechts

Schema: Verwendung des Jahresüberschusses

Jahresüberschuss (JÜ)
− Verlustvortrag (VV)
= Basis für gesetzliche Rücklage (bereinigter JÜ)
− Einstellung in **gesetzliche Rücklage**
= korrigierter Jahresüberschuss/-fehlbetrag
− Einstellung in **andere Gewinnrücklagen**
+ Gewinnvortrag (vom Vorjahr)
= Bilanzgewinn
− Einstellung weiterer Beträge in andere Gewinnrücklagen durch Hauptvers.
= verfügbar für Dividende
− Dividende
= **Gewinnvortrag**

Der Bilanzkurs

Grundkapital = 100 %
Eigenkapital = x %

$$\text{Bilanzkurs} = \frac{\text{Eigenkapital} \cdot 100}{\text{Grundkapital}}$$

Die Zinseszinsformel

$$K_n = K_0 \cdot (1 + \frac{p}{100})^n$$

$$K_n = K_0 \cdot q^n$$

Die Barwertformel

$$K_0 = K_n : (1 + \frac{p}{100})^n$$

$$K_0 = K_n \cdot \frac{1^n}{100}$$

Bewertung und Kennzahlen

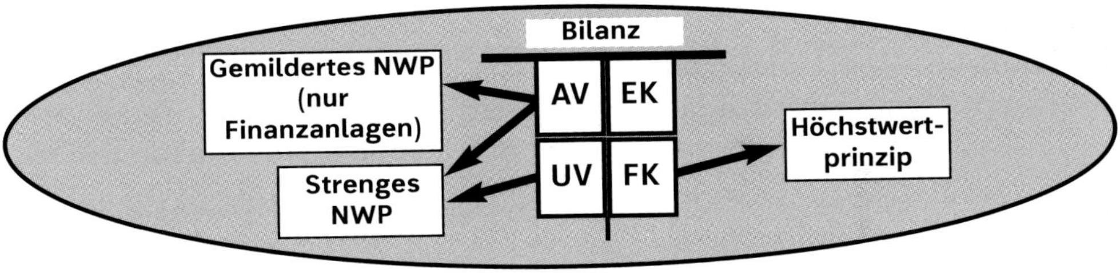

Die Herstellungskosten nach BilMoG

Handelsbilanz (BilMoG)

Obergrenze	Untergrenze	
MEK	MEK	**Kosten (Pflichtansatz),** die durch die Herstellung verursacht sind
MGK	MGK	
FEK	FEK	
FGK	FGK	
SEKF	SEKF	
Abschr.	Abschr.	
VwGK h	VwGK h	
VwGK nh		**Wahlrecht, d. h.** entweder Aufwand oder Anlagevermögen
Aufw. f. soz. Einr.		
freiw. soz. Leist.		
betr. Alt.		
Z FK		
↓ **Obergrenze**	↓ **Untergrenze**	

Abschr.	=	Abschreibungen verursacht durch die Herstellung
Aufw. f. soz. Einr.	=	Aufwendungen für soziale Einrichtungen
freiw. soz. Leist.	=	freiwillige soziale Leistungen
betr. Alt.	=	betriebliche Altersvorsorge
ZFK	=	Zinsen Fremdkapital, welche für die Finanzierung der Herstellung anfallen
h	=	herstellungsbezogen
nh	=	nicht herstellungsbezogen

Hinweis: *Bei der Ermittlung der Herstellungskosten ergeben sich eine Ober- und Untergrenze. Beim Wertansatz in der Bilanz ist die Ober- bzw. Untergrenze mit dem Marktpreis zu vergleichen* ***(str. NWP)****.*

Bilanzkennzahlen

Finanzierung (Kapitalstruktur)

Grad der finanziellen Unabhängigkeit (Eigenkap.quote) $= \dfrac{\text{EK} \cdot 100}{\text{Gesamtkapital}}$

Verschuldungsgrad $= \dfrac{\text{FK}}{\text{Eigenkapital}}$

Fremdkapitalquote $= \dfrac{\text{FK} \cdot 100}{\text{Gesamtkapital}}$

Selbstfinanzierungsgrad $= \dfrac{\text{Gewinnrücklagen}}{\text{gez. Kapital}}$

Investierung (Anlagendeckung)

Deckungsgrad I $= \dfrac{\text{EK} \cdot 100}{\text{AV}}$

Deckungsgrad II $= \dfrac{(\text{EK} + \text{lfr. FK}) \cdot 100}{\text{AV}}$

Liquidität (Zahlungsbereitschaft)

$$\text{Liquidität 1. Grades} = \frac{\text{flüssige Mittel} \cdot 100}{\text{kfr. Verbindlichkeiten}}$$

$$\text{Liquidität 2. Grades (einzugsbedingte Liquidität)} = \frac{(\text{flüssige Mittel} + \text{Forderungen}) \cdot 100}{\text{kfr. Verbindlichkeiten}}$$

Erfolgskennzahlen

Anteil der „Ergebnisse“ am Jahresergebnis

	Ergebnis aus gewöhnlicher Geschäftstätigkeit
+	**Ergebnis aus außergewöhnlicher Geschäftstätigkeit**
=	**Jahresüberschuss**

Bereinigung des Jahresergebnisses (i. d. R. nicht verlangt)

	Jahresüberschuss (JÜ)
+	**außerordentliche Aufwendungen**
–	**außerordentliche Erträge**
=	**korrigierter Jahresüberschuss**

Bei Einzelunternehmen und Personengesellschaften:

./. kalkulatorischer Unternehmerlohn

Ertragsstrukturanalyse (Rentabilität)

$$\text{Eigenkapital-Rentabilität} = \frac{\text{JÜ} \cdot 100}{\text{durchschn. Eigenkapital}}$$

$$\text{Gesamtkapital-Rentabilität} = \frac{(\text{JÜ} + \text{Zinsaufw.}) \cdot 100}{\text{durchschn. Gesamtkapital}}$$

$$\text{Umsatzrentabilität} = \frac{\text{JÜ} \cdot 100}{\text{Umsatzerlöse}}$$

Cashflow

=

Jahresüberschuss
\+ Abschreibungen auf Anlagen
\+ Zuführung zu lfr.Rückstellungen
– Auflösung lfr. Rückstellungen

Cashflow
=
momentan
verfügbarer Betrag
für
Dividendenzahlungen,
Investitionen,
Schuldtilgung ...

Cashflow
=
Maßstab
für
Ertragskraft,
Selbstfinanzierungskraft,
Kreditwürdigkeit,
Expansionsfähigkeit

EBIT =	Jahresüberschuss + Steueraufwand – Steuererträge + außerordentlicher Aufwand – außerordentliche Erträge + Zinsaufwand – Zinserträge

Außerordentliche Aufwendungen und Erträge, Zinsaufwendungen, -erträge, Steueraufwendungen und -erträge werden ignoriert. Begründung: Diese Positionen sind nicht durch die eigentliche betriebliche Tätigkeit entstanden. → Bereinigung des Gewinns notwendig

Anhand des EBIT können **Bilanzanalysten** z. B. den betrieblichen Gewinn verschiedener Geschäftsjahre oder Unternehmensbereiche direkt **vergleichen,** ohne dass die Resultate durch schwankende Steuersätze, Zinsaufwendungen oder sonstige außerordentliche Faktoren verzerrt werden.

Volkswirtschaftslehre

Elasticity of demand

Price elasticity of demand (PED) $= \dfrac{\text{percentage change in quantity demanded}}{\text{percentage change in price}} = \dfrac{\Delta Q \cdot P}{\Delta P \cdot Q}$

ΔQ = change in quantity
ΔP = change in price
Q = original quantity
P = original price

Elastic demand	fall in price → increase in revenue increase in price → fall in revenue

Inelastic demand	fall in price → fall in revenue increase in price → increase in revenue

Cross price elasticity of demand (XPED) $= \dfrac{\text{percentage change in quantity demanded of good A}}{\text{percentage change in the price of good B}} = \dfrac{\Delta Q_A \cdot p_B}{\Delta P_B \cdot Q_A}$

Geldmengenbegriffe (M1, M2, M3) der Europäischen Zentralbank (EZB)

Komponenten			
Bargeldumlauf + täglich fällige Einlagen (Giralgeld)	**= M1**	**= M2**	**= M3**
Einlagen mit vereinbarter Laufzeit bis zu zwei Jahren **Einlagen mit vereinb. Kündigungsfrist bis zu drei Monaten**		**= M2**	**= M3**
Von den Monetären Finanzinstituten (MFIs) ausgegebene Geldmengensubstitute (Repogeschäfte, Geldmarktfondsanteile, Schuldverschreibungen mit Laufzeit bis zwei Jahre)			**= M3**

Geldmengenziel (Referenzwert) 2003:
M3-Wachstum max. ca. 4,5 %

Preissteigerungsrate und Kaufkraftverlust

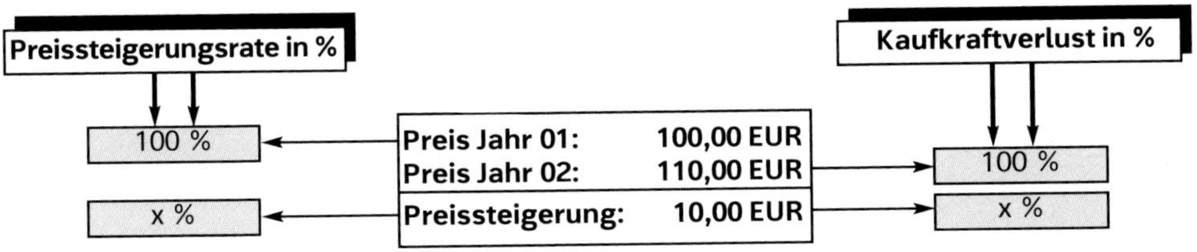

(Fishersche) Verkehrsgleichung (= Quantitätsgleichung des Geldes)

$$M \cdot U = H \cdot P$$

Maximale Geldschöpfung bei vollständigem Bargeldrückfluss

$$\text{Geldschöpfung} = \frac{\text{Überschussreserve}_1\text{(Ü)}}{\text{Reservesatz (R)}}$$

Employment

$$\text{Unemployment rate} = \frac{\text{registered unemployed} \cdot 100}{\text{civilian labour force}}$$

23.2 Tabelle mit Auf-, Abzinsungs- und Annuitätenfaktoren

Aufzinsungs-, Abzinsungs- und Annuitätenfaktoren

für Zinssätze (p) von 5 % bis 10 % $q = 1 + p/100$
und Laufzeiten (n) von 1–10 Jahren

Aufzinsungsfaktor: q^n

Annuitätenfaktor: $\frac{q^n (q-1)}{(q^n-1)}$

Abzinsungsfaktor: $\frac{1}{q^n}$

n \ 5 %	q^n	$\frac{1}{q^n}$	$\frac{q^n (q-1)}{(q^n-1)}$
1	1,050000	0,952381	1,050000
2	1,102500	0,907029	0,537805
3	1,157625	0,863838	0,367209
4	1,215506	0,822702	0,282012
5	1,276282	0,783526	0,230978
6	1,340096	0,746215	0,197017
7	1,407100	0,710681	0,172820
8	1,477455	0,676839	0,154722
9	1,551328	0,644609	0,140690
10	1,628895	0,613913	0,129505

n \ 6 %	q^n	$\frac{1}{q^n}$	$\frac{q^n (q-1)}{(q^n-1)}$
1	1,060000	0,943396	1,060000
2	1,123600	0,889996	0,545437
3	1,191016	0,839619	0,374110
4	1,262477	0,792094	0,288591
5	1,338226	0,747258	0,237396
6	1,418519	0,704961	0,203363
7	1,503630	0,665057	0,179135
8	1,593848	0,627412	0,161036
9	1,689479	0,591898	0,147022
10	1,790848	0,558395	0,135868

n \ 7 %	q^n	$\frac{1}{q^n}$	$\frac{q^n (q-1)}{(q^n-1)}$
1	1,070000	0,934579	1,070000
2	1,144900	0,873439	0,553092
3	1,225043	0,816298	0,381052
4	1,310796	0,762895	0,295228
5	1,402552	0,712986	0,243891
6	1,500730	0,666342	0,209796
7	1,605781	0,622750	0,185553
8	1,718186	0,582009	0,167468
9	1,838459	0,543934	0,153486
10	1,967151	0,508349	0,142378

n \ 8 %	q^n	$\frac{1}{q^n}$	$\frac{q^n (q-1)}{(q^n-1)}$
1	1,080000	0,925926	1,080000
2	1,166400	0,857339	0,560769
3	1,259712	0,793932	0,388034
4	1,360489	0,735030	0,301921
5	1,469328	0,680583	0,250456
6	1,586874	0,630170	0,216315
7	1,713824	0,583490	0,192072
8	1,850930	0,540269	0,174015
9	1,999005	0,500249	0,160080
10	2,158925	0,463193	0,149029

n \ 9 %	q^n	$\frac{1}{q^n}$	$\frac{q^n (q-1)}{(q^n-1)}$
1	1,090000	0,917431	1,090000
2	1,188100	0,841680	0,568469
3	1,295029	0,772183	0,395055
4	1,411582	0,708425	0,308669
5	1,538624	0,649931	0,257092
6	1,677100	0,596267	0,222920
7	1,828039	0,547034	0,198691
8	1,992563	0,501866	0,180674
9	2,171893	0,460428	0,166799
10	2,367364	0,422411	0,155820

n \ 10 %	q^n	$\frac{1}{q^n}$	$\frac{q^n (q-1)}{(q^n-1)}$
1	1,100000	0,909091	1,100000
2	1,210000	0,826446	0,576190
3	1,331000	0,751315	0,402115
4	1,464100	0,683013	0,315471
5	1,610510	0,620921	0,263797
6	1,771561	0,564474	0,229607
7	1,948717	0,513158	0,205405
8	2,143589	0,466507	0,187444
9	2,357948	0,424098	0,173641
10	2,593742	0,385543	0,162745

24 Abituraufgaben 2019

Aufgabe 1: Beliebige Unternehmensform mit Vollkostenrechnung in Form der Zuschlagskalkulation (Kostenstellenrechnung, BAB, Kostenträgerstückrechnung), Deckungsbeitragsrechnung

Die CarTech OHG mit Hauptsitz in Weingarten ist ein Zulieferbetrieb für die Automobilindustrie. Aufgrund der neuen technologischen Entwicklungen im Automobilbau hat sich die CarTech OHG auf die Produktion von Sensoren spezialisiert. Das Unternehmen wurde vor drei Jahren von dem Ingenieur für Elektrotechnik Frank Lay und dem Diplom-Kaufmann Manuel Miller gegründet. Zur Stärkung der Eigenkapitalbasis wird das Unternehmen Anfang 2019 in eine Kommanditgesellschaft umgewandelt und Katja Wagner als Kommanditistin aufgenommen. Der Gesellschaftsvertrag der CarTech KG wird am 10.01.2019 notariell beurkundet, die Eintragung in das Handelsregister erfolgt drei Wochen später.

Bezüglich der Geschäftsführung und Vertretung gelten die gesetzlichen Bestimmungen. Über die Kapitalverhältnisse der CarTech KG gibt folgende Tabelle Auskunft:

Gesellschafter	Kapitalanteile
Komplementär Frank Lay	500.000,00 EUR
Komplementär Manuel Miller	250.000,00 EUR
Kommanditistin Katja Wagner	250.000,00 EUR
75 % der Kommanditeinlage werden bei Gründung der KG eingezahlt, der Restbetrag ist zum 31.12.2019 fällig.	

1. Erläutern Sie zwei Gründe, die aus der Sicht von Frank Lay und Manuel Miller für die Aufnahme eines Teilhafters und nicht für die Aufnahme eines weiteren Vollhafters gesprochen haben könnten.

2. Zur Erweiterung des Produktionsstandortes in Weingarten beabsichtigen die beiden Komplementäre den Kauf eines Grundstücks zu einem Preis von 820.000,00 EUR. Katja Wagner findet den Grundstückspreis zu hoch und widerspricht dem Vorhaben. Die beiden Komplementäre entscheiden sich trotzdem für den Kauf des Grundstücks; Manuel Miller schließt den Vertrag am 01.03.2019 ab.

   Prüfen Sie die Rechtslage.

3. Nach den Unstimmigkeiten bezüglich des Grundstückskaufs möchte Katja Wagner regelmäßig Informationen zum Geschäftsverlauf erhalten. Sie verlangt daher, zeitnah anhand von Quartalsabschlüssen unterrichtet zu werden.

   Begründen Sie, ob Katja Wagner dazu berechtigt ist.

4. Am 15.03.2019 wendet sich die Bauunternehmung Schmid & Zwießler GmbH mit einer seit dem 20.12.2018 bestehenden Forderung in Höhe von 65.000,00 EUR an Katja Wagner und verlangt von ihr die Begleichung der noch offenen Rechnung. Gegenstand dieser

Rechnung waren Baumaßnahmen für die CarTech OHG, die im Herbst 2018 abgeschlossen worden waren. Katja Wagner verweigert die Zahlung der vorgelegten Rechnung.

Beurteilen Sie die Rechtslage unter Angabe der gesetzlichen Grundlagen.

5. Die aktuelle Kostensituation der CarTech KG soll analysiert werden. Dazu liegen folgende Informationen aus der Kosten- und Leistungsrechnung vor:

	Material	Fertigung	Verwaltung	Vertrieb
Ist-Gemeinkosten im Februar 2019	26.000,00 EUR	248.000,00 EUR	56.200,00 EUR	94.200,00 EUR
Normalgemeinkostenzuschlagsätze	8 %	180 %	8 %	12 %

- Verbrauch von Fertigungsmaterial (Februar 2019): 300.000,00 EUR
- Fertigungslöhne (Februar 2019): 140.000,00 EUR

5.1 Ermitteln Sie im Rahmen einer Gesamtkalkulation die Selbstkosten für den Monat Februar 2019 und berechnen Sie die Kostenüberdeckung bzw. Kostenunterdeckung in den einzelnen Kostenstellen.

5.2 Der Leiter der Kostenstelle Vertrieb soll gegenüber der Geschäftsleitung die Kostenabweichung in seiner Abteilung erklären.

Erläutern Sie für zwei Gemeinkostenarten je eine Ursache, die zu der vorliegenden Kostenabweichung geführt haben könnte.

5.3 Im Monat Februar 2019 wurde ein Betriebsergebnis in Höhe von 135.600,00 EUR erzielt. Berechnen Sie die Leistungen des Monats Februar 2019.

5.4 Die CarTech KG hat ein neues Sensorsystem entwickelt, welches einem großen Automobilhersteller angeboten wird. Erste Gespräche ergaben, dass ein Listenverkaufspreis für das neue Sensorsystem in Höhe von 275,00 EUR erzielt werden kann. Der Kunde fordert aufgrund der großen Abnahmemenge einen Rabatt in Höhe von 10 %. Des Weiteren werden 2 % Skonto eingeräumt.

Die CarTech KG geht für ein Sensorsystem von folgender Kostensituation aus:

- Fertigungsmaterial: 65,00 EUR
- Fertigungslöhne: 35,00 EUR
- Fertigungslizenz: 6,80 EUR

Ermitteln Sie den Gewinn in Euro und in Prozent, den die CarTech KG mit dem Sensorsystem realisieren kann.

6. Die CarTech KG produziert im Zweigwerk Baienfurt zwei Rückfahrkameramodelle für Wohnmobile. Für das zweite Quartal 2019 erwartet die Unternehmensleitung folgende Erlös- und Kostensituation:

Modell	**Kamera „Deluxe"**	**Kamera „Standard"**
Absatzmenge	6.000 Stück	11.000 Stück
Kapazität	6.800 Stück	12.500 Stück
Nettoverkaufserlös je Stück	290,00 EUR	145,00 EUR
Variable Kosten je Stück	180,00 EUR	99,50 EUR
Fixkosten	975.500,00 EUR	

6.1 Berechnen Sie das voraussichtliche Betriebsergebnis für das zweite Quartal 2019 mithilfe der Deckungsbeitragsrechnung.

6.2 Ein französischer Wohnmobilhersteller ist an einer Lieferung von 1.000 Stück der Kamera „Standard“ interessiert. Das Unternehmen ist allerdings nicht bereit, mehr als 118,00 EUR je Kamera zu bezahlen.

- Prüfen Sie anhand von zwei Aspekten, ob die CarTech KG den Zusatzauftrag annehmen sollte.
- Ermitteln Sie, welche prozentuale Veränderung das Betriebsergebnis durch die Annahme des Zusatzautrags aufweisen würde.

Aufgabe 2: Beteiligungsfinanzierung bei der Aktiengesellschaft

Multinationale Unternehmen (verändert)
Multinational companies (modified)

Die Collis AG in Radolfzell am Bodensee produziert Brühen und Würzmittel nach der europäischen Öko-Verordnung. Mit 200 Mitarbeitern generiert das Unternehmen mittlerweile einen Jahresumsatz von knapp 40 Millionen EUR. Seit 1990 werden die Aktien der Collis AG an der Stuttgarter Börse gehandelt. Die 4.629.000 Stückaktien wurden bei Börsenschluss am 31.12.2017 mit 5,96 EUR notiert. Für das abgelaufene Geschäftsjahr 2017 liegt die folgende verkürzte Bilanz vor:

Aktiva	**Bilanz zum 31.12.2017 in Euro**		**Passiva**
A. Anlagevermögen	25.000.000,00	**A. Eigenkapital**	
B. Umlaufvermögen	7.658.000,00	I. Gezeichnetes Kapital	9.258.000,00
		II. Kapitalrücklagen	11.000.000,00
		III. Gewinnrücklagen	3.350.000,00
		B. Fremdkapital	
		I. Langfristige Verbindlichkeiten	4.950.000,00
		II. Kurzfristige Verbindlichkeiten	4.100.000,00
	32.658.000,00		32.658.000,00

1. Begründen Sie, warum die Rechtsform der Aktiengesellschaft besonders gut geeignet ist, um große Eigenkapitalbeträge im Rahmen der Außenfinanzierung aufzubringen.

2. Der Bilanzkurs einer Aktie der Collis AG beträgt ca. 86 % des am 31.12.2017 an der Börse notierten Aktienkurses.

   Erläutern Sie zwei mögliche Gründe für diese Abweichung.

3. Für anstehende Investitionen hat die Hauptversammlung der Collis AG auf Vorschlag des Vorstands die Neuemission von 1 Million Stückaktien gegen Bareinlage beschlossen. Insgesamt wird ein Liquiditätszufluss von 5 Millionen EUR benötigt.

3.1 Begründen Sie die Ober- und Untergrenze für den Ausgabekurs einer jungen Aktie.

3.2 Berechnen Sie den von der Collis AG festzulegenden Bezugskurs sowie den Wert des rechnerischen Bezugsrechts je Aktie.

3.3 Erörtern Sie, warum der Gesetzgeber grundsätzlich ein Bezugsrecht für Altaktionäre vorsieht.

3.4 Berechnen und erläutern Sie die Veränderung der Bilanzpositionen der Collis AG durch die Kapitalerhöhung. Die Emissionskosten bleiben unberücksichtigt.

4. In order to expand internationally, Collis AG considers a new business location either in the Republic of Ireland or in Poland to produce and sell its products there.

4.1 Collis AG executes a detailed analysis of location factors and possible barriers to the company's expansion strategy.

4.1.1 Outline one political and one cultural barrier a company may face in general when expanding internationally.

4.1.2 The management has started creating a decision matrix shown in **appendix 1**.

- Calculate the intermediate result in the decision matrix in **appendix 1**.
- Based on the information in **evidence 1**, complete the decision matrix and explain your rating.
- Evaluate your final result in comparison with your intermediate result.

4.1.3 Discuss the decision matrix as a suitable tool for the choice of location.

4.2 Biodegradable packaging is a decisive factor in the organic food industry. Therefore, Collis AG's executives discuss the options of either cooperating with a local packaging producer or manufacturing the packaging by themselves in the new production site.

Outline two opportunities and two risks of vertically cooperating with a local packaging producer.

Evidence 1 for question 4.1.2

Consumers prefer organic food over conventional food. The Irish market for organic food and drinks has considerably grown over the last years. By now the value of the Irish organic market is assessed at more than EUR 200 million. However, standards in conventional farming are improving and consumers are negatively influenced by anti-organic commentary.

Source: Vgl. An Roinn Talmhaíochta, Bia agus Mara, Department of Agriculture, Food and the Marine: Review of organic food sector and strategy for its development 2019–2025. In: www.agriculture.gov.ie/media/migration/farmingsectors/organicfarming/organicsscheme/ReviewofOrganicFoodSector290119.pdf [24.05.2020].

So far, less than 1% of the Polish food market is organic. It has shown a solid growth though. By 2022 the 1% could be reached if consumer behavior continues as currently shown. This would equal a value of about USD 5 billion.

Source: Vgl. ITE Group PLC: Organic food: Poland's fastest growing food market, 24.08.2016. In: www.food-exhibitions.com/Market-Insights/Poland/Organic-food-Poland%E2%80%99s-fastest-growing-food-market [21.04.2016]..

Statistical information:
Population in Ireland and Poland in 2017:

- Ireland ~ 4.8 million
- Poland ~ 38 million

Source: Vgl. Statistisches Bundesamt: Europe in figures. In: www.destatis.de/Europa/EN/Topic/Key-indicators/GER_EU_Population.html [24.05.2020].

Appendix 1 for question 4.1.2

		Republic of Ireland		Poland	
Location factors	**Weighting**	**Rate (0 = lowest; 5 = highest)**	**Weighted rate**	**Rate (0 = lowest; 5 = highest)**	**Weighted rate**
Labour costs	25	4		3	
Corporate Tax		2	30	3	45
Traffic connection	15		30	3	
Proximity to customers and suppliers	20	3			40
Intermediate result (excluding market potential)		■		■	
Market potential					
Final result (including market potential)					
	$\sum = 100$	■		■	

Aufgabe 3: AG: Jahresabschluss, Gewinnverwendung

Unternehmensführung und Controlling
Strategic planning and management accounting including SWOT analysis

Die RP AG in Nürtingen stellt Brettspiele, Puzzles, Bücher und sonstige Spielwaren her. In den vergangenen Jahren beschäftigte das Unternehmen über 2.000 Mitarbeiter. Die Aktien sind im Familienbesitz und werden nicht an der Börse gehandelt. Der Nennwert einer Aktie beträgt 26,00 EUR. Die nachfolgende Abbildung zeigt die vereinfachte Bilanz der RP AG für das Geschäftsjahr 2017.

Aktiva	**Vereinfachte Bilanz 2017 in Mio. Euro**		**Passiva**
A. Anlagevermögen		**A. Eigenkapital**	
I. Immaterielle Vermögensgegenstände	37,00	I. Gezeichnetes Kapital	12,48
II. Sachanlagen	62,00	II. Kapitalrücklage	39,00
III. Finanzanlagen	61,00	III. Gewinnrücklage	
		1. gesetzliche Rücklage	1,50
		2. andere Gewinnrücklagen	80,10
		IV. Gewinnvortrag	12,00
		V. Jahresüberschuss	137,30
Summe	160,00	Summe	282,38
B. Umlaufvermögen		**B. Rückstellungen**	27,20
I. Vorräte	55,20	1. Pensionsrückstellungen	8,70
II. Forderungen aus Lieferung und Leistung	137,48	2. Steuerrückstellungen	56,60
		3. Sonst. Rückstellungen	
III. Kasse, Bank	74,00		
Summe	266,68	Summe	92,50
		C. Verbindlichkeiten	
		1. Verbindlichkeiten geg. Kreditinstituten	19,10
		2. Verbindlichkeiten aus Lieferung und Leistung	32,70
		Summe	51,80
	426,68		**426,68**

Weitere Angaben:

- Von den sonstigen Rückstellungen sind 30 % langfristig.
- Die bilanzierten Verbindlichkeiten gegenüber Kreditinstituten haben eine Restlaufzeit von mehr als 8 Jahren.

1. Nennen Sie zwei Adressaten des Jahresabschlusses der RP AG nach HGB und beschreiben Sie jeweils deren Interesse an den veröffentlichten Zahlen.

2. Erläutern Sie mithilfe des Gesetzes, welche Bestandteile des Jahresabschlusses von der RP AG erstellt und veröffentlicht werden müssen.

3. Auf der anstehenden Aufsichtsratssitzung soll die Gewinnverwendung beschlossen werden. Der Vorstand möchte dazu die aktuelle wirtschaftliche Situation des Unternehmens darstellen, wozu verschiedene Kennzahlen ermittelt werden sollen.

   - Berechnen Sie für das Geschäftsjahr 2017 die Fremdkapitalquote und den Anlagendeckungsgrad II (Rundung auf volle Prozent).
   - Erläutern und beurteilen Sie die Ergebnisse unter Einbezug der folgenden Werte.

Branchenrichtwerte	
Fremdkapitalquote	70–80 %
Anlagendeckungsgrad II	110–150 %

4. Aufgrund des zunehmenden Einflusses der Digitalisierung auf den Bücher- und Brettspielemarkt erwarten Vorstand und Aufsichtsrat weitgreifende Umstrukturierungen innerhalb des Produktportfolios, die hohe Erweiterungsinvestitionen bedingen. Daher soll ein möglichst großer Anteil des erwirtschafteten Jahresüberschusses im Unternehmen verbleiben. Die Hauptversammlung folgt der Empfehlung des Vorstands und des Aufsichtsrats und beschließt, vom Bilanzgewinn zusätzliche 30 % in die anderen Gewinnrücklagen einzustellen.

   - Berechnen Sie die Höhe der Dividende für das Jahr 2017 sowie den Gewinnvortrag bei einer auf volle 10,00 EUR gerundeten Dividende.
   - Zeigen Sie die Eigenkapitalpositionen nach vollständiger Gewinnverwendung auf.

5. As a future-oriented company RP AG decides to use suitable strategic planning instruments to succeed in the digital gaming industry. They have chosen the SWOT analysis as a basis for strategic decision making.

5.1 Describe the structure and purpose of a SWOT analysis.

5.2 The following aspects have been found in the SWOT analysis:

   - There are no digital products in RP AG's product range, which results in a decrease in customers aged 10–30 years.
   - The market for educational games booms.
   - Virtual and augmented reality games are going to outperform traditional board games in educational institutions.
   - The company is well-known around the world for its unique game design and exceptional gaming ideas.
   - Increasing product piracy set property rights at risk.
   - RP AG has been suffering from a severe shortage of highly-qualified IT personnel.
   - The gaming market is experiencing a revival of board games in retro-style.

   Based on the findings of the SWOT analysis above, develop and explain one strength-opportunity strategy (SO) and one weakness-threat strategy (WT) for RP AG.

5.3 The SWOT analysis has also defined the sole production in Germany as a strength. On the other hand, constant tightening of EU-wide health and safety regulations for toys and games are seen as a threat. However, seeing these aspects as positive or negative is often a matter of interpretation.

Explain how the above-mentioned strength can be interpreted as a weakness and the above-mentioned threat can be interpreted as an opportunity.

6. In the past years RP AG has been publicly criticised for focusing on the company's shareholders while neglecting other stakeholder groups.

6.1 Describe the difference between the shareholder value concept and the stakeholder value approach.

6.2 To improve the company's image, RP AG's management board suggests establishing a company-run childcare facility for children of company employees free of charge.

Identify two stakeholder groups affected by the company's decision, and outline a conflict of interest that may arise between them.

Aufgabe 4: Geldtheorie und Geldpolitik (verändert)

Preisbildung im Monopol
Price determination in a monopoly

1. **Leitzins bleibt bei null Prozent**

Auch nach einem Jahr, in dem sich der Leitzins bereits auf Rekordtief befand, bleibt der Zins in Europa bei null Prozent. Die Europäische Zentralbank (EZB) will mit dieser Maßnahme noch immer die Inflation steigern.

Bereits im März 2016 hatte die EZB den Leitzins auf 0,0 Prozent herabgesetzt. Monatlich werden von der EZB Milliarden an Euro in das Finanzsystem gesteckt, damit Unternehmen und Haushalte bei den Banken günstige Kredite erhalten, was zur Ankurbelung der Konjunktur und somit auch der Inflation führen soll.

Quelle: Vgl. NDR/ARD-aktuell: EZB fährt weiter Null-Kurs, 27.04.2017. In: www.tagesschau.de/wirtschaft/ezb-leitzins-123.html [21.04.2020].

1.1 Erläutern Sie unter Bezugnahme auf den Text, welche Art der Geldpolitik die EZB seit Jahren betreibt.

1.2 Stellen Sie mithilfe der Fisherschen Verkehrsgleichung dar, unter welchen Voraussetzungen sich durch die im Text beschriebene Geldpolitik der EZB die Inflation erhöhen lässt.

1.3 Zeigen Sie anhand des Textes, weshalb die EZB nicht sicher davon ausgehen kann, dass ihr geldpolitisches Ziel erreicht wird.

1.4 Analysieren Sie das im Text genannte Ziel der EZB, die Inflation zu steigern.

1.5 Neben der Zentralbank schöpfen auch Geschäftsbanken Geld. Nehmen Sie an, die Geschäftsbank A erhält von der Zentralbank einen Kredit in Höhe von 1 Million EUR. Gehen Sie im Weiteren von folgenden Annahmen aus: Der Bar- und Mindestreservesatz beträgt insgesamt 10 %. Alle Geschäftsbanken schöpfen ihre Kreditvergabemöglichkeiten voll aus. Jeder angebotene Kredit wird von den Bankkunden in Anspruch genommen, in voller Höhe bar abgehoben und vollständig auf ein Konto bei einer anderen Geschäftsbank eingezahlt.

1.5.1 Begründen Sie, in welcher Höhe die ersten drei am Geldschöpfungsprozess beteiligten Geschäftsbanken (A, B und C) jeweils Kredite vergeben können.

1.5.2 Weisen Sie rechnerisch nach, in welcher Höhe das gesamte Geschäftsbankensystem Kredite vergeben kann.

2. The German Football Association DFB is planning a unique football event. The expected profit will be donated to various charities. The tickets are sold exclusively by the German Football Association. The event will be held in the Mercedes-Benz Arena located in Stuttgart, seating a maximum of 60,000 spectators. According to a market survey, the following demand function applies:

$$Q^D = -750p + 60{,}000$$

Fixed costs amount to EUR 120,000.00 and the association has to cover variable costs of EUR 20.00 per ticket sold.

2.1
- Draw the demand curve into a coordinate system (horizontal axis: 14 cm, 1 cm ≙ 5,000 tickets, vertical axis: 9 cm, 1 cm ≙ EUR 10.00).
- Graphically determine the profit-maximising price-quantity combination.

2.2 To increase the amount of the donation the executives of the DFB agree on introducing different price categories. Apart from tickets at the profit-maximising price, tickets will be sold at EUR 70.00 and EUR 30.00 respectively.

2.2.1 With the help of examples, explain how the DFB can charge different prices for the same event.

2.2.2 Calculate total profit after implementing the suggested price scheme.

2.2.3
- Outline the connection between the change in consumer surplus and the additional profit generated by charging a price above the profit-maximising monopoly price.
- Determine how the DFB can maximise the amount of donation by applying further price discrimination.

2.3 It turns out that fixed cost are higher and variable cost are lower than expected.

Explain the effects of the cost changes on the profit-maximising price-quantity combination without price discrimination.

Aufgabe 5: Notwendigkeit, Ziele und Konzeptionen der Wirtschaftspolitik in Verbindung mit Wachstums- und Konjunkturpolitik (verändert)

Beschäftigungs- und Arbeitsmarktpolitik (verändert)
Labour market (modified)

1. Auch im dritten Quartal wuchs das Bruttoinlandsprodukt (BIP) in Deutschland weiter. Grund dafür waren steigende Investitionen von Unternehmen und die anhaltend hohe Nachfrage beim Export.

   Wirtschaftsexperten erwarten für 2017 das größte Wachstum seit sechs Jahren. Geringe Arbeitslosenzahlen und niedrige Zinsen führen zu Konsumfreude bei den Verbrauchern und Optimismus bei den Unternehmen.

   Preisbereinigt war im dritten Quartal eine Zunahme des BIP um 2,3 % zu verzeichnen. Volkswirte prognostizieren eine Fortsetzung der außergewöhnlich lange andauernden Expansion und rechnen für 2017 mit einem Wachstum der deutschen Wirtschaft um mehr als 2 %. Im Jahr 2016 war das BIP um 1,9 % gestiegen.

   Quelle: Vgl. la/dpa: Bremst das Polit-Chaos jetzt den deutschen Wirtschaftsboom?, 23.11.2017. In: www.manager-magazin.de/politik/konjunktur/wirtschaftswachstum-bip-waechst-in-q3-um-0-8-prozent-a-1179912.html [21.04.2020].

1.1 Konjunkturindikatoren lassen sich nach ihrem Zeitbezug im Verhältnis zum konjunkturellen Verlauf in Früh-, Gegenwarts- und Spätindikatoren unterscheiden.

Ordnen Sie diesen drei Arten von Konjunkturindikatoren je einen der im Text genannten Indikatoren zu. Begründen Sie Ihre Zuordnung.

1.2 Stellen Sie den idealtypischen Konjunkturverlauf grafisch dar und kennzeichnen Sie die einzelnen Konjunkturphasen.

1.3 Untersuchen Sie, inwieweit die deutsche Wirtschaft das Wachstumsziel des Stabilitätsgesetzes im dargestellten Zeitraum erreicht hat.

2. Nach der weltweiten Finanzkrise mussten Regierungen auf der ganzen Welt Konjunkturprogramme in Kraft setzen. Diese umfassten Bürgschaften ebenso wie milliardenschwere Investitionen.

   Die Bundesregierung verabschiedete im Jahr 2009 das sogenannte „Konjunkturpaket II", welches Sonderausgaben in Höhe von 2 % des Bruttoinlandsproduktes (rund 50 Mrd. EUR) umfasste. Vornehmlich sollten 17,3 Mrd. EUR in Bildungseinrichtungen, Infrastruktur und öffentliche Gebäude investiert werden sowie in eine sogenannte Abwrackprämie für die Verschrottung älterer Pkws.

   Quelle: Vgl. Horn, Prof. Dr. Gustav A.: Konjunkturpaket II, 03.01.2013. In: https://wirtschaftslexikon.gabler.de/definition/konjunkturpaket-ii-52230/version-158752 [21.04.2020].

2.1 Begründen Sie anhand des Textes, an welchem wirtschaftspolitischen Konzept sich die Wirtschaftspolitik der Bundesrepublik Deutschland orientiert hat.

2.2 Erläutern Sie die antizyklische Fiskalpolitik. Gehen Sie dabei auch auf zwei Kritikpunkte ein.

3. [...]

4. Using **evidence 1**, describe the type of unemployment Greece was mainly suffering from between 2008 and 2016.

5. Name four harmful effects of unemployment on a nation's budget.

6. Use a cause-and-effect chain to explain the multiplier effect of job losses in a recession.

7. There are different approaches for a government to fight unemployment.

7.1
- Outline the classical reasoning for unemployment.
- Based on classical reasoning for unemployment, outline two measures that could be taken to combat unemployment.

7.2. According to **evidence 1**, Greece has received EUR 289bn over eight years to fight its recession.

- Outline the Keynesian reasoning for unemployment.
- Suggest two options how the Greek government could have used the money they received to combat unemployment according to Keynes.

8. According to **evidence 1**, many young Greeks have left the country.

Outline three negative effects this emigration might have on the Greek economy.

Evidence 1 for questions 4, 7.2, 8

Finally, after having collected EUR 289bn in the last eight years from the EU and the International Monetary Fund (IMF), Greece finishes its financial bailout programme. A new study shows that 75% of Greeks believe that the rescue package has de facto done damage to Greece. Greeks still have to pay high taxes and expect the EU and the IMF to observe Greece's expenses closely in the coming years.

Due to bad job prospects in Greece, about 4% (> 400,000 persons) of the population emigrated between 2008 and 2016. This also effects the country's median age, which has increased by almost five years since 2008. Greece's share of citizens between 20 and 39 is now at less than a quarter, compared to about 29% in 2008.

Mainly young Greeks suffered from the continual economic decline. The unemployment rate for people younger than 25 stood at 58% in 2013 (compared to 27.5% overall). In 2017 more than 40% of Greek youngsters were still without a job.

Source: Vgl. Molloy, David: End of Greek bailouts offers little hope to young, 19.08.2018. In: www.bbc.co.uk/news/world-europe-45207092 [21.04.2020].

25 Abituraufgaben 2020

Aufgabe 1: Vollkostenrechnung in Form der Zuschlagskalkulation (Kostenstellenrechnung, BAB, Kostenträgerstückrechnung); Kosten- und Erlösfunktionen; Deckungsbeitragsrechnung

Die robdro KG mit Sitz in Mannheim produziert seit einigen Jahren Drohnen für verschiedene Einsatzarten im zivilen Bereich. In einem boomenden Markt herrscht für die robdro KG, insbesondere durch die starke Konkurrenz aus Fernost, sowohl Kostendruck als auch die Notwendigkeit, Produkte und Fertigungsabläufe einem ständigen Verbesserungsprozess zu unterziehen.

1. Im Hauptwerk Mannheim werden besonders leistungsstarke Drohnen produziert, die für die optische Überwachung im gewerblichen Bereich entwickelt wurden. Um die Effizienz der Produktion bei steigenden Stückzahlen zu gewährleisten, erstellt die robdro KG jährlich zur Verteilung ihrer Gemeinkosten einen Betriebsabrechnungsbogen (siehe **Anlage 1**).

1.1 In einer Sitzung mit der Unternehmensleitung werden die Kostenstellenleiter über die Zahlen aus dem Betriebsabrechnungsbogen 2019 unterrichtet. Es ergeben sich daraus die nachfolgenden Fragen.

1.1.1 Die Raumkosten wurden gemäß der genutzten Fläche verteilt. Weisen Sie die Flächen der einzelnen Kostenstellen rechnerisch nach, wenn die Gesamtfläche des Hauptwerks Mannheim 3.600 Quadratmeter beträgt.

1.1.2 Der Leiter der Kostenstelle Vertrieb ist über den ihm zugerechneten Anteil am kalkulatorischen Unternehmerlohn überrascht.

Ermitteln Sie den hier vorliegenden Verteilungsschlüssel und begründen Sie die vorgenommene Verteilung.

1.2 Ermitteln Sie im Rahmen einer Gesamtkalkulation die Istgemeinkostenzuschlagssätze für das Jahr 2019 (siehe **Anlage 1**).

1.3 Der Leiter der Kostenstelle Fertigung weist darauf hin, dass er im Jahr 2020 einige Bereiche der Produktion von manueller auf automatisierte Fertigung umstellen wird. Er verlangt daher eine entsprechende Anpassung des Normalgemeinkostenzuschlagssatzes für seine Kostenstelle.

Begründen Sie diese Forderung.

1.4 Die robdro KG möchte Anfang 2020 ein neu entwickeltes Modell mit hochauflösender Kamera und besonders langer Akkulaufzeit unter der Bezeichnung DSX 4K auf den Markt bringen. Dafür ist der Listenverkaufspreis zu kalkulieren. Die Geschäftsleitung beschließt, ungeachtet der Produktionsumstellung, die Istzuschlagssätze des Jahres 2019 zugrunde zu legen.

Des Weiteren liegen folgende Angaben vor:

- Fertigungsmaterial pro Stück 2.250,00 EUR
- Fertigungslöhne pro Stück 2.600,00 EUR
- Sondereinzelkosten der Fertigung 580,00 EUR
- Sondereinzelkosten des Vertriebs 466,00 EUR
- Gewinnzuschlagssatz 28 %
- Kundenskonto 3 %
- Kundenrabatt 36 %

Ermitteln Sie den Listenverkaufspreis für die Drohne DSX 4K.

2. Im Zweigwerk Walldorf produziert die robdro KG ausschließlich die Transportdrohne LDR 250. Die Geschäftsleitung möchte die Kostensituation genauer analysieren. Dazu liegen ihr folgende Informationen vor:

Im Jahr 2018 wurden 100 Drohnen mit Gesamtkosten in Höhe von 2.200.000,00 EUR hergestellt. Im Jahr 2019 fielen bei einer Kapazitätsauslastung von 80 % Gesamtkosten in Höhe von 2.440.000,00 EUR an. Das Zweigwerk Walldorf wäre mit 150 Drohnen voll ausgelastet. Dank einer verbesserten Effizienz haben sich die variablen Stückkosten und die Fixkosten im Jahr 2019 gegenüber dem Vorjahr nicht verändert. Der Verkaufspreis in Höhe von 24.500,00 EUR pro Drohne blieb in beiden Jahren unverändert.

Es ist von einem linearen Kosten- und Erlösverlauf auszugehen.

2.1 Bestimmen Sie die jährliche Produktionsmenge, bei der die Gewinnschwelle erreicht wird.

2.2 Für das Jahr 2020 geht die Geschäftsleitung von deutlichen Kostenerhöhungen aus; die variablen Stückkosten steigen voraussichtlich um 5 %, bei den Fixkosten wird sogar mit einem Anstieg von 10 % gerechnet.
Während die Geschäftsleitung als Reaktion auf die gestiegenen Kosten eine Preiserhöhung erwägt, möchte der Vertriebsleiter den Verkaufspreis unverändert belassen. Er geht davon aus, auf diese Weise den Marktanteil bei den Transportdrohnen so weit erhöhen zu können, dass die Kapazität im Zweigwerk Walldorf vollständig ausgelastet ist.

Vergleichen Sie die prozentuale Umsatz- und Gewinnveränderung gegenüber 2019, wenn sich der Vertriebsleiter gegenüber der Geschäftsleitung durchsetzen kann.

Begründen Sie das Ergebnis dieses Vergleichs.

3. Im Zweigwerk Ladenburg fertigt die robdro KG Drohnen der gehobenen Preisklasse für den Freizeitbereich.

Für den Mai 2020 liegen folgende Daten vor:

	XR 3	XR 5	XR 7
Geplante Stückzahl	600	400	300
Fertigungszeit in Stunden pro Stück	2	2,5	5
Verkaufspreis in Euro pro Stück	270	420	720
Fertigungsmaterial in Euro pro Stück	35	45	55
Sonstige variable Kosten in Euro pro Stück	14	30	45

Die Fertigungslöhne betragen 36,00 EUR pro Stunde. Die monatlichen Fixkosten belaufen sich auf 193.025,00 EUR.
Aufgrund unvorhergesehener Kündigungen im Fertigungsbereich stehen im Mai 2020 nur 3.000 anstatt 3.800 Arbeitsstunden zur Verfügung.

3.1 Erstellen Sie das optimale Produktionsprogramm für den Monat Mai 2020.

3.2 Die Geschäftsleitung wirft dem Leiter des Zweigwerks Ladenburg vor, für die Kündigungen verantwortlich zu sein und dadurch ein geringeres Betriebsergebnis im Monat Mai verschuldet zu haben.

Ermitteln Sie, um wie viel Prozent das Betriebsergebnis im Monat Mai 2020 durch die Kündigungen geringer ausgefallen ist.

Anlage 1 zu Teilaufgabe 1: Betriebsabrechnungsbogen der robdro KG 2019

	Kostenstellen				
Gemeinkostenarten	**Betrag**	**Material**	**Fertigung**	**Verwaltung**	**Vertrieb**
Hilfs- und Betriebsstoffe	1.169.000,00 EUR	12.500,00 EUR	879.000,00 EUR	21.500,00 EUR	256.000,00 EUR
Gehälter	2.995.000,00 EUR	50.000,00 EUR	1.620.000,00 EUR	547.000,00 EUR	778.000,00 EUR
Fremdinstandhaltung	812.800,00 EUR	4.500,00 EUR	736.000,00 EUR	11.700,00 EUR	60.600,00 EUR
Raumkosten	324.000,00 EUR	27.000,00 EUR	180.000,00 EUR	72.000,00 EUR	45.000,00 EUR
Versicherungen	301.700,00 EUR	30.500,00 EUR	231.000,00 EUR	15.000,00 EUR	25.200,00 EUR
Kalkulatorische Abschreibungen	2.509.900,00 EUR	30.600,00 EUR	2.210.000,00 EUR	89.300,00 EUR	180.000,00 EUR
Kalkulatorischer Unternehmerlohn	528.000,00 EUR	16.000,00 EUR	240.000,00 EUR	80.000,00 EUR	192.000,00 EUR
Sonstige Gemeinkosten	1.649.600,00 EUR	8.900,00 EUR	1.254.000,00 EUR	198.500,00 EUR	188.200,00 EUR
Summe der Gemeinkosten	10.290.000,00 EUR	180.000,00 EUR	7.350.000,00 EUR	1.035.000,00 EUR	1.725.000,00 EUR

Weitere Kosten im Jahr 2019:

- Verbrauch von Fertigungsmaterial 1.500.000,00 EUR
- Fertigungslöhne 2.100.000,00 EUR
- Sondereinzelkosten der Fertigung 370.000,00 EUR
- Sondereinzelkosten des Vertriebs 240.000,00 EUR

Aufgabe 2: AG: Jahresabschluss, Bewertung nach HGB; Analyse des Jahresabschlusses

Balanced Scorecard mit Schwerpunkt Finanzperspektive in Verbindung mit Unternehmenszusammenschluss und -übernahme

Balanced Scorecard focusing on the financial perspective in combination with merger and acquisition

Die börsennotierte Herzog Nahrungsmittel AG, zu deren Kerngeschäft Getränke, Milchprodukte, Snacks und Süßigkeiten sowie Fertignahrung gehören, betreibt weltweit 13 Produktionsstätten und beschäftigt rund 15.000 Mitarbeiter. Das international tätige Unternehmen mit Stammsitz in Rastatt vertreibt seine Produkte in über 120 Ländern. Im Geschäftsjahr 2019 erzielte das Unternehmen einen Umsatz von 10,5 Milliarden EUR.

Die Herzog Nahrungsmittel AG erstellt zum 31.12.2019 ihren Jahresabschluss nach den Vorschriften des HGB. Es soll ein möglichst hoher Jahresüberschuss ausgewiesen werden.

1. Nennen Sie zwei Adressaten und beschreiben Sie jeweils deren Interesse am Jahresabschluss.

2. Im Rahmen der Jahresabschlussarbeiten sind noch einige Bilanzierungs- und Bewertungsfragen zu klären.

2.1 Am 31.12.2019 befinden sich im Lager der Herzog Nahrungsmittel AG 10.000 im Laufe des Geschäftsjahres produzierte Dosen Ravioli, für welche die folgenden Informationen vorliegen:

Materialgemeinkostenzuschlagssatz	30 %
Fertigungsgemeinkostenzuschlagssatz	140 %
Verwaltungsgemeinkostenzuschlagssatz (allgemeine Verwaltung)	10 %
Vertriebsgemeinkostenzuschlagssatz	8 %
Fertigungsmaterial pro Dose	0,26 EUR
Fertigungslöhne pro Dose	0,13 EUR

Die Zuschlagssätze wurden auf Grundlage der handelsrechtlich ermittelten Gemeinkosten festgelegt.

- Ermitteln Sie den Wertansatz für die Raviolidosen.
- Begründen Sie den Wertansatz und erläutern Sie dessen Auswirkung auf die Gewinn- und Verlustrechnung.

2.2 Zur Steuerung einer Maschine für die Produktion von Nugat-Pralinen erstellte die hauseigene IT-Abteilung 2019 eine spezielle Software, die sich das Unternehmen patentieren ließ. Dafür fielen Forschungskosten in Höhe von 50.000,00 EUR sowie Entwicklungskosten in Höhe von 100.000,00 EUR an.

Ermitteln und begründen Sie den Wertansatz der Software mithilfe des Gesetzes.

2.3 Am 01.03.2019 beteiligte sich die Herzog Nahrungsmittel AG mit 25 % an der Hamburger Fischkonserven AG zur Etablierung einer langfristigen Beteiligung. Dazu wurden 50.000 Aktien zu Anschaffungskosten von insgesamt 875.000,00 EUR erworben.

Am 31.12.2019 wurden die Aktien der Hamburger Fischkonserven AG an der Börse zum Kurs von 15,00 EUR pro Stück notiert. Finanzexperten erwarteten zu diesem Zeitpunkt eine Erholung des Aktienkurses in den ersten drei Monaten des folgenden Geschäftsjahres, da die Fangquoten der Europäischen Union für Kabeljau ausgeweitet wurden.

Ermitteln und begründen Sie den Wertansatz des Aktienpakets zum 31.12.2019.

2.4 Ermitteln Sie die betragsmäßige Auswirkung, die durch die Ausnutzung der Bewertungsspielräume in den Teilaufgaben 2.1 bis 2.3

- auf den Jahresüberschuss sowie
- auf den Cashflow des Unternehmens

entsteht.

3. Having finished the annual report for 2019, Herzog Nahrungsmittel's management board compares the results with the annual report of the previous year. One striking outcome is that the return on investment (ROI) decreased from 10.5% to 4.7%.

Chief Financial Officer (CFO) Ayse Erturan of Herzog Nahrungsmittel is a strong supporter of the Balanced Scorecard as a management accounting tool. She wants to apply it to improve the company's profitability.

3.1 Describe the purpose and name the three non-financial perspectives of the Balanced Scorecard.

3.2 The CFO sees the financial perspective as the most important one and sets the objective to improve the ROI.

3.2.1 Suggest two parameters including target value and time frame and develop two corresponding initiatives each to achieve this objective. Use **appendix 1**.

3.2.2 Using a cause-and-effect chain, show why it can be counterproductive to exclusively rely on financial parameters.

4. In February 2020, Herzog Nahrungsmittel acquired a majority stake of the US-based company Foodstuffs Inc., a company selling dairy products, sweets and pet food.

4.1 Describe three motives Herzog Nahrungsmittel might have had in mind when they decided to acquire Foodstuffs.

4.2 Outline how the acquisition of Foodstuffs might positively influence Herzog's ROI.

Appendix 1 for Question 3.2.1

Financial perspective of Herzog Nahrungsmittel's Balanced Scorecard		
Strategic objective	**Parameter (including target values and time frame)**	**Initiative (precise description of measures)**
Increase ROI		

Aufgabe 3: AG: rechtliche Grundlagen, Beteiligungsfinanzierung

Multinationale Unternehmen: Arten und Formen der Kooperation und Integration, Franchising
Multinational companies: Types and forms of cooperation and integration, franchising

Die Geschwister Alexandra und Sara von Greifenstein gründen zusammen mit ihrer Hausbank, der Breisgau Bank, die Vegan Experience AG. Zweck der Gesellschaft ist der Betrieb von sechs veganen Hotel-Restaurants im süddeutschen Raum. Da der vegane Markt in den letzten Jahren stetig an Bedeutung gewann, wollen die Schwestern ihre Geschäftsidee mit ihrem kürzlich geerbten Kapital umsetzen.

1. Das Grundkapital soll in Inhaberaktien (9.600.000 Stück, Nennwert 5,00 EUR) und in vinkulierte Namensaktien (6.400.000 Stück, Nennwert 5,00 EUR) aufgeteilt werden. Die Inhaberaktien werden von der Breisgau Bank AG übernommen, die vinkulierten Namensaktien von den Schwestern je zur Hälfte. Alle notwendigen Einlagen werden in bar erbracht.

1.1 Erklären Sie den Unterschied zwischen Inhaberaktien und vinkulierten Namensaktien. Gehen Sie dabei auch auf die Eigentumsübertragung ein.

1.2 Der Ausgabekurs der vinkulierten Namensaktien und der Inhaberaktien beträgt 6,00 EUR.

Ermitteln Sie auch unter Berücksichtigung der Angaben in **Material 1** die Höhe der Einlagen, die vor der Eintragung ins Handelsregister mindestens geleistet werden müssen.

2. Die Geschäfte der Vegan Experience AG entwickelten sich von Anfang an sehr positiv. Das Unternehmen ging erfolgreich an die Börse und ist heute in zahlreichen deutschen Großstädten vertreten. Auch in den bisher noch nicht erschlossenen Großstädten sollen nun Hotels eröffnet werden. Dazu bedarf es einer weiteren Kapitalerhöhung.

Die Vorstände schlagen in der Hauptversammlung vor, das Grundkapital um weitere 200 Mio. EUR auf dann 800 Mio. EUR zu erhöhen. Der Kurs der alten Aktie liegt zum Zeitpunkt der Kapitalerhöhung bei 30,00 EUR je 5,00 EUR Nennwert. Die jungen Aktien werden zu 14,00 EUR ausgegeben.

2.1 In der Hauptversammlung sind 450 Mio. EUR Grundkapital vertreten.

Ermitteln und begründen Sie mithilfe des Gesetzes die Anzahl der Stimmen, die nötig sind, um die Kapitalerhöhung durchzusetzen.

2.2 Die den Altaktionären zustehenden Bezugsrechte können an der Börse gehandelt werden.

- Ermitteln Sie den rechnerischen Wert des Bezugsrechts.
- Nennen Sie zwei mögliche Ursachen, warum Bezugsrechte an der Börse häufig zu einem abweichenden Wert gehandelt werden.

2.3 Alexandra und Sara von Greifenstein haben zusammen vor der Kapitalerhöhung 33.600.000 Aktien in ihrem Besitz. Aktuell wird das Bezugsrecht mit 4,60 EUR an der Börse gehandelt. Das Geschwisterpaar möchte mit möglichst geringem Mittelaufwand seine Sperrminorität auch nach der Kapitalerhöhung erhalten.

Ermitteln Sie den dazu erforderlichen Kapitalaufwand.

3. After a few more years of successfully expanding across Germany, Vegan Experience decides to grow internationally. Alexandra's preferred strategy of going abroad is franchising, while Sara is convinced that opening wholly owned subsidiaries would be the best way of entering new markets since this has proved to be successful in Germany.

3.1 Compare franchising and opening a wholly owned subsidiary from a franchisor's point of view. Refer to the amount of capital to be raised and the organisational control Vegan Experience would have over its business activities abroad.

3.2
- Outline two additional arguments Alexandra could use to convince her sister that setting up a franchise would be a good strategy for their international expansion.
- Outline two additional arguments Sara could use to argue against her sister's proposal.

3.3 After careful consideration of the pros and cons, Alexandra and Sara von Greifenstein agree to offer their business model as a franchise in France, Switzerland and Austria.

Cecile de Oliveira, who has worked as a hotel manager for 15 years and is a vegan herself, would like to open a Vegan Experience franchise in Paris. She recently inherited a slightly run-down hotel in central Paris and some money. She now has EUR 660,000.00 in cash. Cecile would like to renovate the building and reopen it as a vegan hotel. The hotel has 150 rooms, a restaurant is included. The renovation and redecorating would cost EUR 610,000.00.

Regarding further costs, Cecile finds the following information on the Vegan Experience website:

Initial franchise fee	• EUR 30,000.00 for hotels with up to 100 rooms • For hotels with more than 100 rooms there is a fee of EUR 110.00 per additional room.
Ongoing royalty fee	2.5% of monthly total revenue
Marketing fee	1.5% of monthly total revenue
Other fees, e.g. consulting and computer equipment	0.4% of monthly total revenue

The following data is based on her own research:

Monthly hotel revenue when fully booked	EUR 1,125,000.00
Estimated occupancy rate in the first three months	55%

Based on the assumed occupancy rate Cecile has estimated the following figures:

Monthly restaurant revenue	EUR 425,000.00
Monthly labour costs	EUR 452,000.00
Monthly cost of goods	EUR 199,000.00
Monthly other costs	EUR 350,000,00

- Calculate the amount of cash Cecile de Oliveira will have left after the first three months in business, assuming that her estimates are correct.
- Evaluate the result.

4. Alexandra von Greifenstein has learned that the company InSpirit is looking for a new owner since the current owner wants to retire. InSpirit is a successful yoga school chain operating mainly in the southern part of Germany. She suggests that Vegan Experience makes an offer to buy the yoga school chain.

   Outline a potential motive why Alexandra von Greifenstein suggests this step by referring to the suggested type of integration.

5. Sara von Greifenstein vetoes buying the yoga school. She is much more interested in expanding along the supply chain.

   Suggest a suitable expansion for Vegan Experience by referring to the underlying type of integration. Give reasons for your choice.

Material 1 zu Aufgabe 1.2

Aktiengesetz: § 10 Aktien und Zwischenscheine

(1) Die Aktien lauten auf Namen. Sie können auf den Inhaber lauten, wenn
1. die Gesellschaft börsennotiert ist [...]

(2) Die Aktien müssen auf Namen lauten, wenn sie vor der vollen Leistung des Ausgabebetrags ausgegeben werden. Der Betrag der Teilleistungen ist in der Aktie anzugeben.
[...]

Aufgabe 4: Binnenwert des Geldes und Geldwertmessung

Verhalten der Marktteilnehmer unter Wettbewerbsbedingungen
Behaviour of market participants in competitive markets

1. Der Verbraucherpreisindex wird in regelmäßigen Abständen einer Überarbeitung unterzogen und auf ein neues Basisjahr umgestellt. Mit dem Berichtsmonat Januar 2019 erfolgte die Umstellung vom Basisjahr 2010 auf das Basisjahr 2015.

1.1 Begründen Sie, weshalb der Verbraucherpreisindex regelmäßig überarbeitet wird.

1.2 Der Verbraucherpreisindex beträgt für Januar 2019 nach der Überarbeitung 103,4.

Erläutern Sie diesen Wert in Bezug auf Preisentwicklung und Kaufkraft.

1.3 Für die Berechnung des Verbraucherpreisindex wird ein Warenkorb zugrunde gelegt. Die nachfolgende Grafik zeigt die Gewichtung der zwölf Warengruppen im Warenkorb.

Gewichtung im Verbraucherpreisindex
Wägungsschema zum Basisjahr 2015 in %

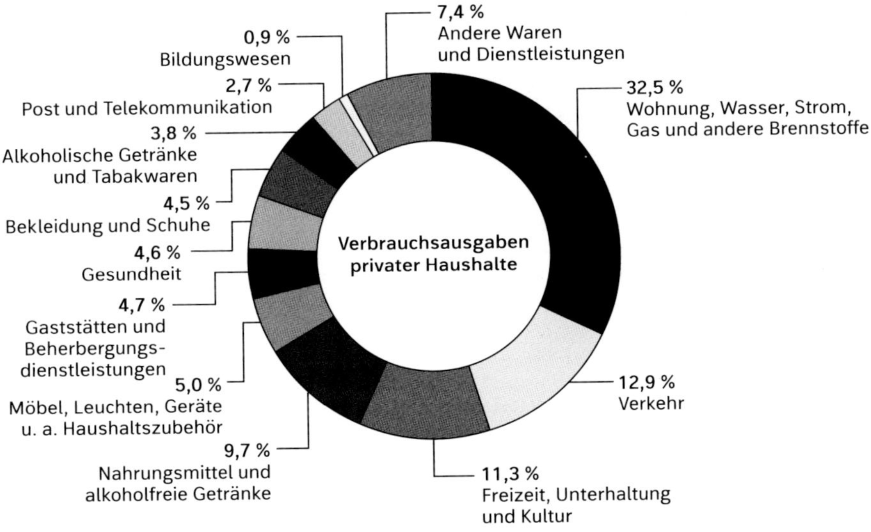

Nehmen Sie an, die Preise für „Nahrungsmittel und alkoholfreie Getränke" würden sich im Jahr 2019 um 20 % und die Preise für „Wohnung, Wasser, Strom, Gas und andere Brennstoffe" um 30 % erhöhen. Die Preise in den anderen Warengruppen verändern sich nicht.

Ermitteln Sie die Inflationsrate für das Jahr 2019.

1.4 Ein Verbraucher hat mithilfe eines Inflationsrechners die Inflationsrate für seinen Haushalt ermittelt. Dabei stellt er fest, dass diese erheblich von der veröffentlichten Inflationsrate abweicht.

Erläutern Sie eine Ursache für diese Abweichung.

1.5 Beschreiben Sie drei Möglichkeiten, wie private Haushalte durch eine Inflation beeinflusst werden können.

1.6 Die Verbraucherpreise erhöhten sich in Deutschland im Jahr 2018 um 1,8 %. Im selben Zeitraum lagen die Nominallöhne um 3,1 % über dem Vorjahreswert.

Beurteilen Sie diese Entwicklung mit rechnerischem Nachweis aus Sicht der Arbeitnehmer (Rundung auf zwei Nachkommastellen).

2. As society has become increasingly aware of the environmental impact that plastic has, there is an increased number of companies that manufacture biodegradable products for the American market.

2.1 OrganX Inc. focuses on the production of biodegradable straws. The company faces the cost pattern shown in **appendix 1**. At the moment, the market price is $3.00 per 1,000 straws.

2.1.1 Use **appendix 1** to determine OrganX's profit-maximising quantity graphically and explain your decision from an economic point of view.

2.1.2 As the market is rapidly developing, the management of OrganX considers different scenarios. In the first scenario it is assumed that the price decreases to $2.00 per 1,000 straws.

Give an explanation which effect that change in price would have on OrganX's quantity supplied in the short run and in the long run.

2.1.3 Another scenario for OrganX Inc. could be that fixed costs increase.

Explain which effect this change would have on OrganX's

- profit-maximising quantity and
- efficient scale.

2.2 The government intends to promote the use of biodegradable straws. This is why they want to find out which impact price changes have on the demand for biodegradable straws. The market demand is shown in **evidence 1**.

Calculate the price elasticity of demand if the price decreases from $3.00 to $2.00 and interpret your result.

2.3 Assume the market price for biodegradable straws is still at $3.00 with the corresponding quantity demanded.

The government wants to double the use of biodegradable straws. Therefore, they plan to tax conventional plastic straws. The government expects an increase in the price of conventional plastic straws from $2.00 to $4.00 per 1,000 straws. It is assumed that the cross-price elasticity (XPED) is +1.2.

2.3.1 Explain the relation between conventional plastic straws and biodegradable straws with reference to the absolute value of the given XPED.

2.3.2 Calculate the daily quantity demanded for biodegradable straws that would result from the increase in price of conventional plastic straws, and evaluate the intended measure.

Appendix 1 for Question 2.1.1

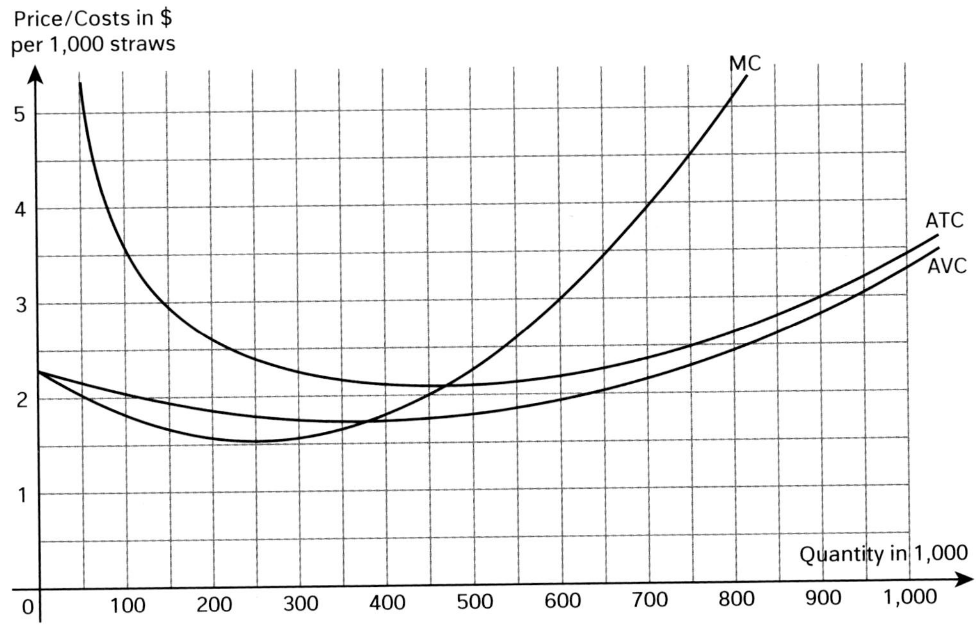

Evidence 1 for Question 2.2

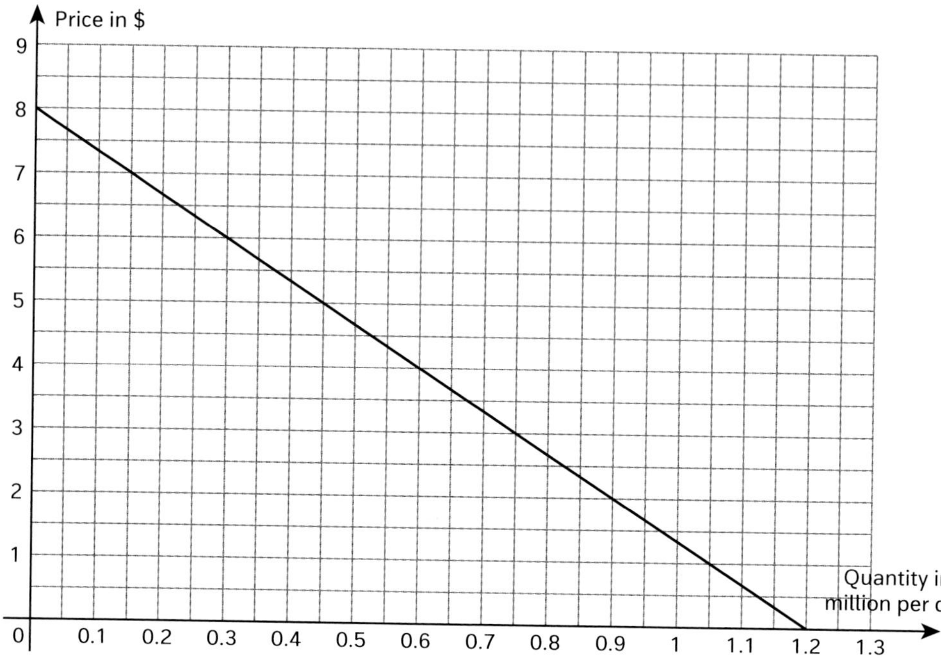

Aufgabe 5: Notwendigkeit, Ziele und Konzeptionen der Wirtschaftspolitik in Verbindung mit Wachstums- und Konjunkturpolitik

Beschäftigungs- und Arbeitsmarktpolitik: Arbeitsmarktsituation, Ursachen und Auswirkungen von Arbeitslosigkeit

Employment and labour market policies: labour market situation, reasons for unemployment and its effects

1. Italiens Regierung hat im Wahlkampf höhere Renten, Mindesteinkommen und Steuererleichterungen für Unternehmen versprochen. Allerdings hat Italien jetzt für seine Haushaltsplanung von der EU-Kommission eine scharfe Rüge erhalten. Italiens Plan sieht eine Zunahme der Neuverschuldung vor, was gegen den Stabilitäts- und Wachstumspakt verstößt. Auch die extrem hohe Staatsverschuldung Italiens von über 130 % im Verhältnis zur Wirtschaftsleistung stellt ein Problem dar.

Quelle: Vgl. Grabitz, Markus: Italien ignoriert Vorgaben der EU, 22.10.2018. In: www.stuttgarter-zeitung.de/inhalt.streit-um-haushaltsstabilitaet-italien-ignoriert-vorgaben-der-eu.7da61a23-58c9-4523-89f6-6403108434b2.html [12.06.2020]

1.1 Beschreiben Sie, unter welchen Bedingungen die im Text angesprochenen Kriterien des Stabilitäts- und Wachstumspaktes als erfüllt gelten.

1.2 Erläutern Sie zwei Folgen, die sich aus einer hohen Staatsverschuldung für ein Land ergeben können.

1.3 Der ehemalige Professor für Volkswirtschaftslehre am Massachusetts Institute of Technology (MIT) und Nobelpreisträger Franco Modigliani forderte in einem Artikel für das Handelsblatt, dass angebotsorientierte und nachfrageorientierte Wirtschaftspolitik zusammenwirken müssen.

1.3.1 Vergleichen Sie das Konzept der angebotsorientierten und nachfrageorientierten Wirtschaftspolitik hinsichtlich der Merkmale

- Funktionsweise des marktwirtschaftlichen Systems,
- wirtschaftspolitische Rolle des Staates.

1.3.2 Überprüfen Sie, inwiefern die italienische Regierung in ihrem Wahlprogramm den Ansatz von Modigliani berücksichtigt.

1.4 Beurteilen Sie die Auswirkungen der im Wahlkampf versprochenen Maßnahmen „Mindesteinkommen“ und „Steuererleichterungen auf Unternehmen“ für

- die Konjunktur und
- die Staatsverschuldung Italiens.

2. The McKinsey Global Institute describes future challenges of the labour market as follows:

The constitutive nature of work will forever be changed by mechanization, digital platforms, and further inventions. Continual transformations in the working world are taking place, leading to increased concerns within the working population. Labour-market opportunities for high- and low-skilled labour are increasingly divided. Businesses are mainly interested in gaining high-skilled workers who are willing to add new technologies to their scope of work. This leads to public discussions worldwide about the future of work and whether everybody will be able to find a suitable job.

Source: Vgl. Manyika, James: Technology, jobs, and the future of work, 24.05.2017. In: www.mckinsey.com/featured-insights/employment-and-growth/technology-jobs-and-the-future-of-work# [24.05.2020].

2.1 Assume the projected developments concerning labour demand and digitisation in general will come true on the EU labour market.

- Illustrate these developments using **appendices 1 and 2**.
- Explain the effects of digitisation on the demand for labour and the wage levels of high- and low-skilled workers.

2.2 Analyse two consequences for employers if the demand for workers exceeds q^{max}.

2.3 The EU members' governments want to help low-skilled workers find employment.

2.3.1 Give two arguments why helping low-skilled workers is in the interest of EU members' governments.

2.3.2 Suggest two labour market policies the governments could enact.

3. Before deciding on measures to improve the labour market situation, politicians are interested in the general development of the EU labour market. **Evidence 1** shows a Beveridge curve for the 28 EU member states.

3.1 Describe and interpret the development between the years 2013 and 2018.

3.2 In another article, McKinsey writes that some labour market problems can be lessened through online talent platforms. These online platforms (such as Monster.com or LinkedIn.com) make connections between jobseekers and job prospects more effective by matching jobseeker's résumés with job advertisements.

Source: Vgl. Manyika, James et al.: Connecting talent with opportunity in the digital age, 01.06.2015. In: www.mckinsey.com/featured-insights/employment-and-growth/connecting-talent-with-opportunity-in-the-digital-age [06.07.2020].

- Explain what type of unemployment is reduced by the emergence of online talent platforms.
- Outline the effect which online talent platforms may have on the Beveridge curve.

Appendices for Question 2.1

Appendix 1: Labour supply and demand for high-skilled workers

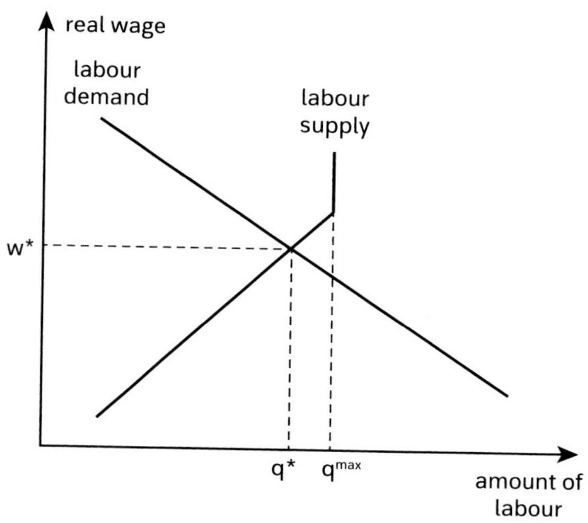

Appendix 2: Labour supply and demand for low-skilled workers

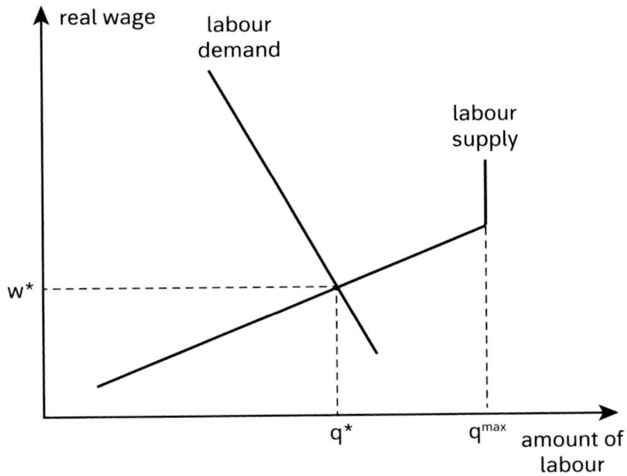

Evidence 1 for Question 3

Beveridge curve, 2006q4 to 2018q1 (four-quarter average rates)

Bildquellenverzeichnis

Picture-Alliance GmbH, Frankfurt/M.: S. 290.1

stock.adobe.com, Dublin: eyeQ S. 105.2, S. 105.3

© Statistisches Bundesamt (Destatis), Wiesbaden: S. 391.1

Wir arbeiten sehr sorgfältig daran, für alle verwendeten Abbildungen die Rechteinhaberinnen und Rechteinhaber zu ermitteln. Sollte uns dies im Einzelfall nicht vollständig gelungen sein, werden berechtigte Ansprüche selbstverständlich im Rahmen der üblichen Vereinbarungen abgegolten.